Michael Seiters
Das strafrechtliche Schuldprinzip im Spannungsfeld zwischen philosophischem, theologischem und juridischem Verständnis von Schuld

Juristische Zeitgeschichte
Abteilung 1, Band 26

Juristische Zeitgeschichte
Hrsg. von Prof. Dr. Dr. Dr. h.c. Thomas Vormbaum
(FernUniversität in Hagen, Institut für Juristische Zeitgeschichte)

Abteilung 1:
Allgemeine Beiträge
Hrsg. von Prof. Dr. Dr. Dr. h. c. Thomas Vormbaum

Band 26

Redaktion: Christoph Hagemann

De Gruyter

Michael Seiters

Das strafrechtliche Schuldprinzip im Spannungsfeld zwischen philosophischem, theologischem und juridischem Verständnis von Schuld

De Gruyter

ISBN 978-3-11-069635-6
e-ISBN (PDF) 978-3-11-069646-2
e-ISBN (EPUB) 978-3-11-069659-2

Library of Congress Control Number: 2020941594

Bibliografische Information der Deutschen Nationalbibliothek

Die Deutsche Nationalbibliothek verzeichnet diese Publikation in der Deutschen Nationalbibliografie; detaillierte bibliografische Daten sind im Internet über http://dnb.dnb.de abrufbar.

Druck und Bindung: CPI books GmbH, Leck

www.degruyter.com

Vorwort

Ähnlich wie die Frage nach der Freiheit kann auch die Frage nach der Schuld ein „Lebensthema" sein. Man sucht es sich eigentlich nicht aus, sondern stellt fest, dass es da ist und dass es einen irgendwie immer wieder angeht, ohne, dass man besonders danach gefragt hätte. Schon als Schüler hatte ich angefangen, dem Thema nachzugehen. Karl Jaspers nannte die Schuld eine *Grenzsituation*, der man nicht ausweichen könne. Dostojewskis Raskolnikow wurde meine Lieblingsromanfigur. Die Frage nach der Schuld war wohl auch der verborgene Grund dafür, dass ich anfing, mich für Philosophie zu interessieren und auch dafür, dass ich schließlich zu Jura wechselte. Ich wollte wissen, wie es anderen damit geht, in der „normativen" Wirklichkeit des Rechts. Nach langjähriger Tätigkeit als Anwalt entschloss ich mich schließlich, mich noch einmal so nachhaltig mit der Frage zu befassen, dass ich mit ihr endlich abschließen könnte. Allein, der Plan *konnte* nicht gelingen. Je mehr ich mich auch im Rahmen dieser Dissertation damit befasste, umso mehr verstrickte mich die Frage aufs Neue. Heute ahne ich, dass ich sie wohl nie loswerde. Mit der Schuld kann man nicht *fertig werden.* Wenn die Frage danach auch keine „leichte" ist, so betrifft sie doch ein schönes Thema, vielleicht weil sich so viele dafür zu interessieren scheinen, manchmal zu ihrer eigenen Überraschung. Ich bin sehr dankbar dafür, dass ich eine Zeit lang etwas intensiver damit umgehen durfte. „Erschöpfend" kann es wohl niemand bearbeiten. Ich selbst habe vieles von dem zunächst für stimmig Gehaltenen später wieder weggelassen.

Danke sagen ist im Vorwort einer Dissertation kein Anachronismus. Ich habe jedenfalls allen Grund dazu, zu aller erst gegenüber meiner Frau Ulrike. Sie hat mir nicht nur „den Rücken freigehalten", wo sie konnte, sondern mir auch dann vertraut, wenn mich das Thema mal wieder weit weg von allem und irgendwohin trug, manchmal an Orte, zu denen mir niemand anderes mehr folgen mochte. Besonderer Dank gebührt weiter jenen, die mir anlässlich der Auseinandersetzung zu Freunden geworden sind. Nennen möchte ich Annette Simonis, Michael Schwarte und Christian Schmitt, die sich immer wieder aus „gläubiger" Perspektive eingelassen und mich *ertragen* haben, in z.T. hitzigen, kontroversen Diskussionen, bei denen wir allerdings auch viel lachen mussten und *meistens* zu einem versöhnlichen Ende gelangten. Ich möchte keinen Moment von diesen Gesprächen missen. Die Genannten und viele nicht Genannte haben mir geholfen, meinen eigenen Standpunkt zu überprüfen und zu schärfen, immerhin soweit, dass ich den nächsten Schritt in Richtung auf ein

https://doi.org/10.1515/9783110696462-001

neues Zwischenergebnis hin gehen mochte. Manchem bin ich dabei vielleicht zu weit gegangen, manch anderem vielleicht nicht weit genug. Besonders danken möchte ich, last but not least, meiner treuen Mitarbeiterin, Frau Nadine Kuhn, die mir neben ihrer Tatkraft immer wieder auch ihren gesunden Menschenverstand geliehen hat. Ihr habe ich nicht nur mit Blick auf die Umsetzung der Arbeit zu danken, ich denke nur an die mühevollen, immer wieder geänderten Formatierungen der vielen Einschübe und Kantzitate, sondern auch wegen des ganzen Drumherums. Ohne sie wäre die Arbeit nicht fertig geworden.

Ein besonderer Glücksfall war es, auf der Suche nach einem Betreuer zu dem anfänglich noch etwas allgemeiner formulierten Thema: „Das Schuldprinzip im Spannungsfeld zwischen Interessenethik und Glaube" auf Herrn Prof. Stephan Stübinger zu treffen. Obwohl er sich schon seit Jahren viel gründlicher als ich damit befasst hatte, schien ihm die Frage nach der Schuld immer noch ein echtes Anliegen zu sein. Auch für ihn könnte es sich dabei um ein *Lebensthema* handeln. In inhaltlicher Hinsicht wurde er bald mein eigentlicher Sparringspartner und heute verdanke ich ihm mehr als man in diesem Rahmen sagen könnte. Vielleicht aber doch so viel: Herr Prof. Stübinger hat mir, als dem deutlich Älteren, trotz meiner Lücken, die eigentlich Krater waren, soviel Vertrauen geschenkt, dass ich das mir gesteckte Ziel tatsächlich erreichen konnte. Er war mir ein echter Lehrer, einer, wie man ihn sich nur wünschen kann.

Münster, im Mai 2020 *Michael Seiters*

Inhaltsverzeichnis

Abkürzungsverzeichnis

AA	Akademie Ausgabe
a.a.O.	am angeführten/angegebenen Ort
abgedr.	abgedruckt
Abs.	Absatz
a.F.	alter Fassung
AfkKR	Archiv für katholisches Kirchenrecht, Innsbruck 1857 ff. (Mainz 1862 ff.)
ahd.	althochdeutsch
Anm.	Anmerkung
an. skula	altnordisch skula
Art.	Artikel
AT	Altes Testament
Aufl.	Auflage
B.	Band
Bd.	Band
BGB	Bürgerliches Gesetzbuch
BGH	Bundesgerichtshof
BGHSt	Entscheidungen des Bundesgerichtshofes in Strafsachen
BRJ	Bonner Rechtsjournal
BT-Drs.	Bundestagsdrucksache
BVerfGE	Bundesverfassungsgericht
bzw.	beziehungsweise
Can.	Canon
cc	Canones
CIC	Codex Iuris Canonici
civ.	civitate Dei Augustinus

https://doi.org/10.1515/9783110696462-002

DBK	Deutsche Bischofskonferenz
d.h.	das heißt
d.i.	das ist
Dtn.	Deuteronomium
KKD	Rat der evangelischen Kirche Deutschlands
Einf.	Einführung
EÜ.	Einheitsübersetzung
Ex.	Exodus
f.	folgende
ff.	fortfolgende
FGM	Female Genital Mutilation
Fn.	Fußnote
geb.	geboren
gebr.	gebräuchlich
Gem.	Gemäß
Gen.	Genesis
Ggf.	gegebenenfalls
GMS	Grundlegung der Metaphysik der Sitten
Got.	Gotisch
gr.	griechisch
gest.	gestorben
hg.	herausgegeben
Hos	Hosea (Prophet des AT)
Hrsg.	Herausgeber
i.S.	in Sachen
Jer	Jeremias
Jes.	Jesaja
Jh.	Jahrhundert
JR	Juristische Rundschau

JZ	Juristen Zeitung
Kap.	Kapitel
KdU	Kritik der Urteilskraft
Kor.	Korinther
KpV	Kritik der praktischen Vernunft
KrV	Kritik der reinen Vernunft
lat.	lateinisch
MBO	Musterberufsordnung (der Ärzte)
mhd.	mittelhochdeutsch
Mo	Moses
MSR	Metaphysische Anfangsgründe der Rechtslehre
MST	Metaphysische Anfangsgründe der Tugendlehre
Mt.	Matthäus
m.w.N.	mit weiteren Nachweisen
m.V.a.	mit Verweis auf
n.	nach
Nr.	Nummer
NRW	Nordrhein-Westfalen
o.H.G.	offene Handelsgesellschaft
PND	Pränataldiagnostik
Rdnr.	Randnummer
RGV	Die Religion innerhalb der Grenzen der bloßen Vernunft
RW	Rechtswissenschaft
StRG	Strafrechtsreformgesetz
s.	siehe
S.	Seite
s.a.	siehe auch
s.o.	siehe oben
s.d.	siehe dort

Simpl.	Simplician
SJ	Societas Jesu
sog.	sogenannt/e
spätlat.	spätlateinisch
StGB	Strafgesetzbuch
StPO	Strafprozessordnung
Tob.	Tobit
u.	und
u.a.	unter anderem
u. dgl.	und dergleichen
v.	von oder vor
v. Chr.	vor Christus
Verw.	Verweis
Verm.	vermutlich
VG	Verwaltungsgericht
Vgl.	Vergleiche
Vorbem.	Vorbemerkung
z.B.	zum Beispiel
z.E.	zum Exempel
www.	world wide web
zit.	zitiert
ZIS	Zeitschrift für internationale Strafrechtsdogmatik
ZJS	Zeitschrift für das Juristische Studium

Einleitung

A) Die Frage nach der Schuld

Angenommen, wir sähen uns aufgrund einer gesellschaftspolitisch umstrittenen Straftat vor ein Strafgericht gestellt. Welche der beiden folgenden Einstellungen zu Sinn und Zweck der Strafe[1] wünschten wir uns von unserem Richter eher: Sollte er uns verurteilen wollen, weil sich die von der Bestrafung erhoffte Einwirkung als nützlich erweisen könnte, da sie uns und andere Mitglieder der Gesellschaft durch ihre abschreckende Wirkung davon abhalten könnte, künftig vergleichbare Taten zu begehen? Oder sollte es ihm eher darum gehen, uns durch die Verhängung einer Strafe für unsere Schuld einstehen zu lassen, so dass wir nach ihrer Verbüßung vor der Gemeinschaft und uns selbst wieder als rehabilitiert gelten? Die Antwort könnte von der Perspektive abhängen. Betrachten wir den Täter aus der Perspektive der Gesellschaft, ginge es wohl eher um die abschreckende Wirkung der Strafe. Betrachten wir uns dagegen selbst als möglichen Täter, aus der Ich-Perspektive, wäre es uns vermutlich wichtiger, dass wir die Strafe auch innerlich annehmen könnten.

Unter Zugrundelegung eines Strafrechts, das lediglich general- und/oder spezialpräventiv auf Abschreckung oder auf Normenschutz abzielt, müsste der Richter dem Täter die Tat nicht im Sinne einer persönlichen Schuld vorwerfen können. Es reichte aus, dass er ihm die Begehung einer nach geltendem Recht als Unrecht qualifizierten Tat nachweisen könnte. Die Beachtung des Schuldprinzips spielt für die abschreckende Wirkung und den Normenschutz allenfalls eine untergeordnete Rolle. Ohne die Vorstellung, dass der Täter persönlich schuldig geworden ist, würden wir von ihm die Bereitschaft, eine Strafe auch innerlich zu akzeptieren, allerdings nicht erwarten. Dass jemand nur nach Maßgabe seiner Schuld bestraft wird, halten wir für ein Gebot der Gerechtigkeit. Deshalb gilt in *strafprozessualer* Hinsicht die *Unschuldsvermutung*. Sie geht auf den französischen Kardinal Jean Lemoine (1250–1313) zurück und wurde 1631 im deutschsprachigen Raum mit der Formulierung „in dubio pro reo“ von dem Jesuiten Friedrich Spee (1591–1635) in der *Cautio Criminalis*[2],

---

1 Der Begriff *Strafe* wird im Folgenden eng im Sinne des deutschen Strafgesetzbuches (StGB) verwendet und umfasst keine sonstigen Maßnahmen oder Maßregeln (z.B. i.S. von §§ 61 ff. StGB).

2 Cautio Criminalis (Lat.) bedeutet „rechtlicher Vorbehalt“. Spee wandte sich mit seiner Schrift vor allem gegen die These, die Folter sei ein geeignetes Mittel, die Schuld der

https://doi.org/10.1515/9783110696462-003

einer umfangreichen Schrift gegen die Praxis der Hexenverfolgung, aufgegriffen und vertieft. Spee vertrat die Auffassung, dass die mit der Folter erzwungenen Geständnisse keinen Beleg für die Schuld der Angeklagten lieferten. Ihm ging es allerdings nur um die Frage nach der *Beweisbarkeit* der Schuld, nicht aber um das Wesen der Schuld selbst. Dass es sich bei der Hexerei um Unrecht handelt und sich der, der hext in Schuld verstrickt, stand für ihn nicht zur Debatte. Heute glauben die meisten Menschen in Deutschland nicht mehr an Hexerei, daran, dass jemand *wirklich* mit dem Teufel Unzucht treibt. Den gesetzlichen Tatbestand der Hexerei gibt es nicht mehr. Schuld scheint es also nur in Abhängigkeit von dem zu geben, was wir für Unrecht halten. Aber wäre dann das, was wir unter Schuld verstehen, vielleicht nur eine Frage des Glaubens?

B) „Schuld" im Strafrecht

Unser Strafrechtssystem sagt uns nicht, was mit Schuld eigentlich gemeint ist. Zwar gibt es Vorschriften, in denen direkt oder indirekt von Schuld die Rede ist. Es gibt Regelungen zur „Schuldunfähigkeit" (vgl. §§ 19, 20 StGB), zur „verminderten Schuldfähigkeit" (§ 21 StGB) und solche, die sich mit dem Eingreifen bzw. dem Nichteingreifen von „Entschuldigungsgründen" befassen, z.B. im Fall eines intensiven Notwehrexzesses (§ 33 StGB). An anderer Stelle sagt das Gesetz auch, dass jemand unter besonderen Umständen „ohne Schuld" handelt (§ 35 StGB – Entschuldigender Notstand). Das soll auch gelten, wenn dem Täter bei der Begehung der Tat die Einsicht fehlt, *Unrecht* zu tun und er einen dahin gehenden Irrtum nicht vermeiden konnte (§ 17 StGB – Verbotsirrtum). In den genannten Fällen[3] wird offenbar davon ausgegangen, dass es im Kern einen einheitlichen Begriff von *Schuld*[4] gibt. Allein, eine wie auch immer geartete Legaldefinition der Schuld finden wir nicht, weder im Strafrecht noch im bürgerlichen oder in einem anderen Gesetzbuch.

Aber auch wenn wir uns fragen, was wir eigentlich unter persönlicher Schuld verstehen, geraten wir schnell in Verlegenheit. Mit dem Hagener Strafrechtslehrer Stephan Stübinger ließe sich in Anlehnung an ein Diktum von Augusti-

---

Betroffenen zu beweisen, und legte dar, dass unter der Folter praktisch alles gestanden werde, was die Obrigkeit hören will bzw. als „zu beweisen" für nötig erachtet.

3 Vgl. zu weiteren Beispielen, in denen gesetzlich von Schuld die Rede ist, *Duro*, *Boris*, Reinhard Frank und der Schuldbegriff, ZJS 5/2012, S. 734.

4 Vgl. zur Entwicklung des Wortes „Schuld", das als Übersetzung von „culpa" zunächst nur die „Fahrlässigkeit" meinte, bis zur heutigen Bedeutung des Wortes „Schuld" im deutschen Strafrechtssystem, das nun als Oberbegriff den Vorsatz (dolus) und die Fahrlässigkeit umfasst: *Stübinger*, *Stephan*: Schuld, Strafrecht und Geschichte, S. 378 ff. (Notizen zur Entwicklung des Wortes Schuld).

nus (354–430) über die Zeit[5] auch über die Schuld sagen: „Was also ist Schuld? Wenn niemand mich danach fragt, weiß ich es; wenn ich aber gefragt werde und es erklären will, weiß ich es nicht."[6] Anders als der Begriff der *Zurechnung*, der manchmal nicht mehr meint als die *Zuschreibung* einer Tat, scheint „Schuld" selbst als Terminus technicus in die Krise gekommen zu sein. Das Strafrecht sei daher bemüht, die willkürliche Verwendung des Ausdrucks einzuschränken und Kriterien zu entwickeln, die einen konsistenten Gebrauch des Begriffs innerhalb des Strafrechtssystems erlauben.[7]

C) Schuld und Ethik

I. Schuld und Nützlichkeitsethiken

Je nachdem, von welchem Standpunkt aus wir uns der Frage nach dem Wesen der Schuld nähern, gelangen wir zu unterschiedlichen Ergebnissen. Vom Standpunkt einer an Nützlichkeitserwägungen orientierten Ethik[8] scheint die Feststellung einer persönlichen Schuld für die Bestrafung des Täters unerheblich. Dort könnte man ein für beanstandungswürdig erachtetes Verhalten ggf. treffender als *unnütz* bezeichnen. Der Begriff *Schuld* scheint nicht ohne weiteres zu passen. Umgekehrt würde aus dortiger Perspektive eher ein Schuh daraus: Vielleicht könnte man von der Nützlichkeit der Strafe mit Blick auf die Durchsetzung bestimmter, sich an gesellschaftlichen Interessen orientierenden Normen, dem, was man für Recht oder Unrecht hält, auf eine anzunehmende Schuld des Täters schließen. Konsequentialistische Ethiken beurteilen die moralische Qualität einer Handlung nach ihren Folgen, danach, ob sie einen bestimmten Nutzen bringen. Dazu gehören der ethische Egoismus[9] und die

---

5 *Augustinus*, Bekenntnisse (Confessiones), S. 394–401, XI.

6 *Stübinger*, *Stephan*, Nicht ohne meine „Schuld"! – Kritik der systemtheoretischen Reformulierung des Strafrechts am Beispiel der Schuldlehre *Günther Jakobs*, Kritische Justiz 26 (1993), S. 33–48.

7 Ebenda.

8 Der Begriff „Ethik" wurde von Aristoteles (384–322 v. Chr.) in die Philosophie eingeführt. Er bezeichnet zunächst „das sittliche Verständnis". Für Aristoteles ist Ethik eine philosophische Disziplin, die den Bereich menschlichen Handelns zum Gegenstand hat, den er einer normativen Beurteilung unterzieht um eine Anleitung für praktisches Handeln zu finden. Dabei geht es für ihn von Anfang an um die zentralen Fragen der Moral (Moral von lateinisch: mos = Gewohnheit, Sitte, Gebrauch): Was ist gut? Was sollen wir tun?

9 Der „Ethische Egoismus" bezeichnet eine philosophische Maxime und ihre ethische Begründung, gemäß derer man sich in seinem Handeln ganz von dem leiten lassen darf oder soll, was nach eigener Auffassung für einen selbst am besten ist. Vgl. *Robert Shaver*, Ethical Egoism, Stanfort Encyclopedia of Philosophy, Stand 2014.

verschiedenen Spielarten des Utilitarismus. Die Annahme eines inhaltlich angereicherten, d.h. „substantiellen“, Schuldbegriffs erscheint dort aber nicht nur als überflüssig, sondern vielmehr als hinderlich. Zwar unterwirft auch der Utilitarismus die moralische Beurteilung einer Handlung dem Prinzip der Transsubjektivität. Der utilitaristischen Ethik[10] geht es also nicht um die Durchsetzung irgendwelcher, etwa rein willkürlicher Interessen. Aber auch soweit sie sich dem Kriterium des größtmöglichen Nutzens der größtmöglichen Zahl der Mitglieder einer Gesellschaft verpflichtet sieht, beurteilt sie die Qualität einer Handlung im Ergebnis nach ihren Folgen. Der „Rest“ der Handlung, bzw. die Handlung selbst[11], ist für die Beurteilung ihrer Strafwürdigkeit unmaßgeblich. Die Interessen einer Gesellschaft können wechseln und etwaige Verstöße sollen dem Täter auch unabhängig von seiner persönlichen Einstellung angelastet werden können, aus Gründen der Abschreckung und zur Bekräftigung der Geltung der Norm.

II. Schuld und Pflichtenethiken

Nicht lediglich als Funktion zum Schutz gesellschaftlicher Interessen stellt sich der Begriff der Schuld für die Vertreter einer Ethik dar, die sich an vorgegebenen Pflichten orientiert. Zwar könnte man auch die utilitaristische Ethik als eine „Pflichtenethik“ verstehen, insoweit als sie das allgemeine Streben nach Nützlichkeit als „Pflicht“ postuliert. Die Pflichtenethik, auch deontologische[12] Ethik bzw. Deontologie genannt, bezeichnet jedoch eine Klasse ethischer Theorien, wonach Handlungen, die gemäß oder entgegen einem verpflichtenden Gebot begangen werden, bereits intrinsisch, d.h. aus sich heraus, gut oder schlecht bzw. böse sind. Dies gilt dort mehr oder weniger unabhängig von ihren Konsequenzen, je nachdem, ob man die zu befolgenden Gebote als unbedingt oder nur als relativ verpflichtend ansieht. Nach der christlichen Ethik etwa handelt *schuldhaft*, wer sich in seinem Tun nicht mehr auf Gott bezieht, sondern sich von ihm abwendet, wobei die Begriffe Schuld und Sünde dort häufig synonym verwandt werden. Ob jemand sündhaft gehandelt hat,

---

10 Unter „Utilitarismus“ (von lat. utilis = nützlich) versteht man eine auf Fr. Bacon (1561–1626) zurück gehende, später vor allem von Jeremy Bentham (1748–1832) und John Stuart Mill (1806–1873) ausgearbeitete Ethik, nach der diejenigen Handlungen geboten sind, die den jeweils größtmöglichen Nutzen (oder das größtmögliche Glück, die größtmögliche Lust) für die größtmögliche Zahl möglicher Betroffener herbeizuführen verspricht. (Wörterbuch der Philosophischen Begriffe, *Arnim Regenbogen und Uwe Meyer* (Hrsg.) Stichwort „Utilitarismus“, S. 694.

11 Vgl. z.B. *Honnefelder*, *Ludger*, Was soll ich tun, wer will ich sein? Vernunft und Verantwortung, Gewissen und Schuld, S. 135.

12 Von gr. „Deon“ = das Erforderliche, das Gesollte, Pflicht.

zeigt sich darin, dass er gegen die Gebote Gottes, den Dekalog, wie Gott ihn Moses offenbart hat, verstoßen und sich dadurch in Schuld verstrickt hat. Die Anerkennung Gottes erfordert allerdings einen bestimmten Glauben. Der kann in einer pluralistisch geprägten Gesellschaft zumindest in inhaltlicher Hinsicht nicht mehr ohne weiteres als konsentiert angenommen werden. Die Lehre der einen Kirche weicht in der Interpretation dessen, was Gott konkret vom Menschen erwartet, häufig von der Lehre einer anderen Kirche ab.

Auch außerhalb von Religionen gibt es Weltanschauungen, die das Wissen um „die Wahrheit" für sich beanspruchen. Was uns zur Orientierung bleibt, scheint dann manchmal nur ein Gefühl zu sein, ein bestimmtes oder eben auch nur unbestimmtes moralisches Empfinden bzw. bezogen auf das Recht, ein „Rechtsgefühl". Was der eine danach aber noch als „vertretbar" betrachtet, beurteilt der andere schon als verwerflich. Man denke etwa an interkulturelle Fragen wie z.B. die nach der Zulässigkeit der Beschneidung von Jungen aus religiösen Gründen[13] oder an medizinethische Fragen, z.B. zur Zulässigkeit der Pränataldiagnostik[14] oder zum Schwangerschaftsabbruch. Auch dem „Täter" selbst bleibt häufig nur ein unbestimmtes „Schuldgefühl".

III. Schuld als Verstoß gegen den kategorischen Imperativ

Was Schuld eigentlich ist, lässt sich mit Hilfe lediglich eines Gefühls aber nicht schlüssig begründen. Schuld scheint etwas mit dem eigenen Gewissen zu tun zu haben, in strafrechtlicher Hinsicht etwas mit dem „Gewissen der Nation". Nach dem Bundesverfassungsgericht soll zumindest die individuelle Gewissensentscheidung respektiert werden. Sie gilt dort als „ernste sittliche, d.h. an den Kategorien von Gut und Böse orientierte Entscheidung [...], die der Einzelne in einer bestimmten Lage als für sich bindend und unbedingt verpflichtend innerlich erfährt, so dass er gegen sie nicht ohne ernste Gewissensnot handeln könnte".[15]

Mit der Frage nach der Gewissenentscheidung, nach der sittlich richtigen Entscheidung, befassen sich außer den Gerichten auch Theologen[16] und Philo-

13 Der 2013 in das Bürgerliche Gesetzbuch aufgenommene § 1631d BGB erlaubt die medizinisch nicht indizierte Beschneidung von nicht einsichts- und urteilsfähigen Jungen aus religiösen Gründen auch in Deutschland.

14 Pränataldiagnostik bezeichnet Untersuchungen an Feten und schwangeren Frauen, z.B. zur Früherkennung von Krankheiten.

15 Beschluss vom 20.12.1960 – BVerfGE 12, 45, 55 – dort bezogen auf die Frage der Zulässigkeit der Kriegsdienstverweigerung.

16 Soweit im Folgenden von „Theologie" die Rede ist, beziehen sich die Darstellungen, vorbehaltlich besonderer Hinweise, auf die Lehre der katholischen Kirche.

sophen. Vor allem die Ansichten von Immanuel Kant (1724–1804) haben in unserer westlichen Kultur einen starken Einfluss. Sie werden auch im Zusammenhang der Auslegung unseres Grundgesetzes in Betracht gezogen, etwa bei der Heranziehung der sog. „Objektformel" für die inhaltlichen Prüfung eines Verstoßes gegen die Würde des Menschen i.S. von Art. 1. Abs. 1 GG. Danach dürfen wir einen Menschen nicht nur als Mittel, lediglich als Objekt behandeln, sondern zumindest auch als Zweck an sich. Kant wollte zeigen, was sittlich gut ist und eine Antwort auf die zentrale Frage der Ethik geben: „Was soll ich tun?" Aus dem von ihm formulierten Sittengesetz lässt sich im Umkehrschluss ggf. eine Antwort auf die Frage nach der Schuld entwickeln. Kant unterscheidet zwischen dem ethischen und dem juridischen Sittengesetz, wenngleich zwischen ihnen auch ein bestimmter Zusammenhang besteht. Während sich aus dem allgemeinen kategorischen Imperativ ein Verständnis subjektiver, ethischer Schuld ergibt, erhalten wir auf die Frage nach der juridischen Schuld eine Antwort aus Kants Überlegungen zum kategorischen Imperativ des Rechts. Auch wenn die Bereiche Ethik und Recht zu unterscheiden sind, lässt sich ein Zugang zu ihnen doch nur mit Blick auf ein sie verbindendes Element gewinnen: die Freiheit.[17] Sie steht daher auch im Mittelpunkt der Frage nach der Schuld. Kant spricht jedoch auch hinsichtlich des Strafgesetzes von einem kategorischen Imperativ, wobei Strafe für ihn nur nach Maßgabe von Schuld in Betracht kommt. Auch der Zugang zum Wesen bzw. zu Sinn und Zweck der Strafe gelingt jedoch nur über den Begriff der Freiheit.

---

17 S. zum Verständnis von Freiheit: Teil 1, 3. u. 4. Kap., sowie Teil 2, 2. Kap.

ERSTER TEIL:
ETHISCHE SCHULD – DIE MISSACHTUNG DER EIGENEN FREIHEIT

Erstes Kapitel

Als Einstieg in die Frage zunächst nach der ethischen Schuld sei mit Überlegungen des Theologen und Philosophen Ludger Honnefelder begonnen, der sich zur Begründung u.a. auf die Überlegungen des französischen Religionsphilosophen und Strukturalisten Paul Ricoeur (1913–2005) beruft.

In der Einleitung seiner Schrift mit dem Titel: „Was ist Schuld? Über das Verfehlen des Guten"[1] stellt Honnefelder fest, dass der Ausdruck „Schuld" zwar in der Debatte über gesellschaftliche und politische Missstände und deren Urheber häufiger als früher verwendet werde, man ihm aber er in der *philosophischen* Diskussion der Gegenwart nur noch selten begegne. Gehe man aber mit Ricoeur davon aus, dass die Philosophie dem Problem des Bösen[2] wahrscheinlich mehr verdankt als den Rätseln der Meteorologie[3], dann müsse diese Seltenheit selbst Anlass zu fragen sein. Der Wegfall des Terminus weise auf eine Verlegenheit hin, die einen Mangel an Auffangstrukturen für das mit Schuld eigentlich gemeinte Phänomen verrate.[4]

Ausgehend von dem sprachlich vorherrschenden Gebrauch, wie er sich vom etymologischen Ursprung beim Wort „sollen"[5] her entwickelt habe, unterscheidet Honnefelder den semantischen Gehalt des Begriffs Schuld in drei Bedeutungen: Zunächst meine Schuld das Gesollte, das debitum, das „Soll". Weiter bezeichne Schuld die Tat, insofern sie vom Täter als selbstbegangene Verfehlung übernommen oder ihm als solche zugerechnet werde, das „Schuldhaben an einem Schuldenhaben".[6] Und schließlich bedeute Schuld das böse

1 *Honnefelder, Ludger*, „Was soll ich tun, wer will ich sein? Vernunft und Verantwortung, Gewissen und Schuld", S. 87 ff. Der Beitrag geht zurück auf eine erste Fassung, die unter dem Titel: Zur Philosophie der Schuld publiziert wurde (Theologischen Quartalsschrift 155 (1975).

2 böse, ahd. bösi, mhd. boese „gering", schlecht, wertlos, das Gegenteil von gut; dazu das Böse (gr. Kakon, lat. malum, Übel) entspringt der Bedeutung des Begriffs des Guten; ursprünglich in vielfacher Bedeutung auch gebr. als das Unheilvolle, Verderbenbringende, Zerstörerische, das Verdorbene, vor allem das sittliche Verwerfliche, vgl. Wörterbuch der philosophischen Begriffe, S. 114 f., Stichwort: „böse".

3 *Honnefelder*, (Fn. 1), S. 89, mit Verweis (in Fn. 1) auf *Paul Ricoeur*, Symbolik des Bösen, Phänomenologie der Schuld II, Freiburg/München 1971.

4 *Honnefelder*, (Fn. 1), S. 89.

5 *Honnefelder*, (Fn. 1), S. 89, mit Verweis (in Fn. 2) auf die Herkunft des Wortes: Got. skulan = sollen, verpflichtet sein zu einer Leistung.

6 Ebenda, S. 89, mit Verweis (in Fn. 3) auf *M. Heidegger*, Sein und Zeit, Tübingen, 1957, S. 282.

https://doi.org/10.1515/9783110696462-004

Resultat dieses Tuns, Schuld als das durch die Tat Angerichtete, die Verschuldenswirklichkeit.[7] Von ihrer ersten und letzten Bedeutung her erscheine Schuld als eine gleichsam objektive, vom Bezug zum Täter ablösbare Größe. Die eigentliche Virulenz der Frage nach der Schuld folgt für Honnefelder aus ihrer zweiten Bedeutung – samt ihrer Konnotationen.[8] Damit nimmt Honnefelder für die Beurteilung von Schuld allerdings vorrangig die Perspektive ex post ein, in der Schuld sich dem Täter erst nach der Begehung der Tat darstellt. Das scheint insoweit problematisch, als sich ein etwaiger Vorwurf von Schuld als *Tat* nur aus der Perspektive des Täters ex ante rechtfertigen lässt.

Schuld meint für Honnefelder mehr als das Begriffspaar „gut" und „böse". Schuld als Tat verweise auf das handelnde Subjekt, auf den Urheber, dem die schuldhafte Tat in ihrer *Bosheit* zuzurechnen ist. „Zurechenbarkeit" setzt für ihn die bleibende Identität des Handelnden über die Tat hinaus voraus. Sie kennzeichne die Freiheit des Handelnden als den selbst nicht mehr ableitbaren Ursprung seiner Tat und stelle ihren Vollzug als etwa Irreversibles heraus. Aufgrund der Identität des Täters mit dem Vollzug seiner Freiheit („*Ich bin* der Schuldige")[9] und seiner Kontinuität über die Tat hinaus erfahre er Schuld als etwas, was ihn in seiner personalen Geschichte bleibend und unumkehrbar präge. Unter diesen Voraussetzungen werde der mit der Schuld verbundene „Ernst" und die darin liegende Erfahrung von Bestürzung und Bedrängnis verständlich („Wie konnte ich so etwas tun?"; „was muss ich für ein Mensch sein, dass ich solches tun konnte?"). Verbunden damit ist Honnefelder zufolge auch die Erfahrung von Unaufhebbarkeit und Ausweglosigkeit. Dabei sperre sich ethische Schuld gegen jede Verobjektivierung.[10]

Was ethische Schuld eigentlich kennzeichnet, lässt sich danach von außen betrachtet und allein mithilfe einer *objektiven* Analyse nicht begreifen. Das soll offenbar nicht bedeuten, dass ein Zugang zum Wesen der Schuld prinzipiell nicht möglich wäre. Dem Begriff scheint ein Moment innezuwohnen, das von einer besonderen *Subjektivität* gekennzeichnet ist. Ähnlich wie bei dem Verständnis des *Ich* und der *Freiheit* kommen wir bei dem Versuch, uns der Frage nach der ethischen Schuld zu nähern, nicht ohne persönliche Anteile

7 Ebenda, S. 89, mit Verweis (in Fn. 4) auf *W. Korff*, Norm und Sittlichkeit. Untersuchungen zur Logik der normativen Vernunft, Mainz 1973, S. 170.

8 Ebenda, S. 89, mit Verweis (in Fn. 5) auf die Analysen des Schuldphänomens bei: *M. Scheler*, Vom ewigen im Menschen, Leipzig 1921, S. 398; *N. Hartmann*, Ethik, Berlin 1962, S. 740 ff.; *A. Esser*, Das Phänomen der Reue, Köln/Ölten 1963, S. 55–78.

9 *Honnefelder*, (Fn. 1), S. 90, mit Verweis (in Fn. 6) zu „schuldig" als Prädikat des „ich bin" auf *M. Heidegger*, Sein und Zeit, Tübingen, 1957, S. 281.

10 *Honnefelder*, (Fn. 1), S. 91.

aus. Es geht, mit Honnefelders Sicht auf die Schuld, offenbar um eine Erkenntnis, die wesentlich in einem „Bekenntnis“ wurzelt.

A) Schuld vor einer Instanz der Verantwortung

Als Tat verweist die Schuld nicht nur auf das handelnde Subjekt. Sie verweist nach Honnefelder auch auf die Instanz, „vor“ deren Ansprüchen der Mensch als Subjekt schuldig wird. Als Gegenüber kämen dabei zunächst Gott und die anderen Subjekte in Betracht. Maßgebliche Instanz ist jedoch auch für Honnefelder das vom beurteilten, handelnden Ich als ideale Größe und beurteilende Instanz abgesetzte eigene Selbst. Erst diese Relation (wie sie in der mit Schuld verbundenen Vorstellung eines inneren Gerichtshofs deutlich werde) lasse das faktisch handelnde Subjekt als solches hervortreten. Diese Relation sei es auch, die dem Handelnden das Gute als ein zu Tuendes, d.h. als ein „Gesetz“ vorstellt. Die „Verantwortung vor“ konstituiere einerseits das Subjekt als ein seiner selbst mächtiges Wesen, dem der eigene Vollzug seiner Freiheit angelastet ist. Andererseits konstituiere sie die Schuld als einen Anspruch, der von einem frei wollenden Subjekt verfehlt wurde.[11]

Honnefelders Gedanken zur Schuld als Tat, die auf das handelnde Subjekt und die Instanz verweist, vor der sich der Täter für sein Tun zu verantworten hat, sind mit den Überlegungen zur Bedeutung von Schuld im Strafrecht vereinbar. Allerdings stellt Honnefelder mit dem von ihm als virulent ausgewählten Begriff der Schuld auf die Bewertung der Tat als eine persönlich „zu verantwortende“ ab. Zwar spricht er von Schuld als Tat, insoweit sie entweder vom Täter als selbstbegangene Verfehlung übernommen oder aber ihm als solche „zugerechnet“ werde. Der mit der ethischen Schuld verbundene Ernst werde indessen erst aus der Perspektive des Handelnden, des Täters, der sie sich selbst zurechnet, erkennbar: Ich bin der Schuldige und aufgrund meiner Identität mit dem Vollzug meiner Freiheit und meiner Kontinuität über die Tat hinaus erfahre ich ethische Schuld. Die Zurechnung durch andere knüpft an diese personale Erfahrung nur an. Inhaltlich Neues sagt sie, über die von dem Täter „bekannte“ Schuld hinaus, nur insoweit aus, als sie bestätigt, dass auch die Gesellschaft das, was er als *schuldhaft* bekennt, ggf. ihrerseits als strafwürdig beurteilt. Die Erkenntnis von ethischer Schuld ergibt sich mithin nicht bereits aus der Subsumtion eines Tatbestandes unter die Norm einer Rechtsordnung durch einen berufenen Richter. Sie ergibt sich auch nicht aus dem Vergleich einer Tat mit den Werten der betroffenen Gesellschaft. Die eigentliche Quelle

11 *Honnefelder*, (Fn. 1), S. 91.

der Erkenntnis von ethischer Schuld liegt im Täter selbst, soweit sich dieser in personaler Hinsicht einem bestimmten Beziehungsgefüge stellt, das er subjektiv als schuldhaft bewertet.

B) Zur Rede von Schuld innerhalb kultureller Bezugsrahmen

Nach Honnefelders Auffassung hängt die Authentizität der Rede von Schuld von bestimmten Rahmenbedingungen ab. Sie bildeten die Voraussetzungen dafür, dass der Begriff eine „ernsthafte Bedeutung" erhält. Dabei werde die Rede von Schuld umso legitimer, je mehr der Täter die Tat als Vollzug seiner eigenen Freiheit erfährt und damit zugleich als Vermögen eigener Selbstbestimmung und Gesamtverfügung. Honnefelder spricht von Schuld als einem das Heil oder Unheil der personalen Schicksalsgeschichte bestimmenden Faktor. Je stärker sich die Instanz konstituiere, vor der sich das Gute als Anspruch, die Tat als Schuld und der Täter als verantwortliches moralisches Subjekt ausweist, umso authentischer sei die Rede von Schuld. Dadurch werde Schuld eine „das faktische Subjekt transzendierende, reine und in ihrer Geltung absolute Größe". Mit diesem Verständnis wachsen nach Honnefelder auch die Anforderungen an die Rahmenbedingungen, welche die Erfahrung der Schuld als Kontingenz[12] der eigenen Freiheit auffingen.[13]

Als ein kulturell bedingtes Phänomen lässt sich über Schuld sinnvoll nicht losgelöst von raum-zeitlichen Bedingungen sprechen. Die Heranziehung bestimmter Bezugsrahmen erscheint erforderlich, um das erlebte Phänomen innerhalb einer kulturgeschichtlich geprägten Epoche zu verorten und zu verstehen. Die grundsätzliche Infragestellung der Geltung dieser „Bezugsrahmen" kann, Honnefelder zufolge, dazu führen, dass auch die Rede von Schuld einer partiellen oder totalen Illegitimität überantwortet werde. Als die drei wesentlichen Rahmen benennt er den politisch-kosmisch-metaphysische Bezugsrahmen der antik-mittelalterlichen Philosophie, die idealistische Philosophie einer transzendentalen[14] Subjektivität, vor allem von Immanuel Kant (1724–1804),

12 Kontingenz (lat. *contingere*: sich ereignen) ist ein in der Philosophie und in der Soziologie, vor allem der Systemtheorie (Niklas Luhmann, Talcott Parsons) gebräuchlicher Begriff, um die prinzipielle Offenheit und Ungewissheit menschlicher Lebenserfahrungen zu bezeichnen. Dabei bezeichnet Kontingenz auch das Nicht-Notwendige, etwas dessen Gegenteil nicht logisch ausgeschlossen ist. Z.T. wird Kontingenz auch als Zufälligkeit gedeutet.

13 *Honnefelder*, (Fn. 1), S. 92.

14 Das Wort „transzendental" (von latein. *transcendere*, „überschreiten") wird in erkenntnistheoretischen Zusammenhängen mit Bezug auf die Erfahrung verwendet – es bezeichnet Vorstellungen, die nicht durch empirische Erfahrung erworben werden kön-

und schließlich die geschichtsphilosophischen Entwürfe, besonders von Georg Wilhelm Friedrich Hegel (1770–1831).[15]

I. Schuld innerhalb des antik-mittelalterlichen Bezugsrahmens

In der antik-mittelalterlichen Philosophie fand das Menschenbild seinen Ursprung in der Annahme einer vorgegebenen transzendenten Ordnung. Das sittlich Gute wurde begriffen als „Gesundheit der Seele". Es wurde festgemacht an einer ontologisch interpretierten Idee des höchsten Guten als Inbegriff von vorgegebener Ordnung und Handlungsziel. Bei Platon wäre damit ein „eschatologischer"[16] Mythos der Unsterblichkeit, bei Aristoteles ein in der Polis vermitteltes Ethos eines „geglückten Lebens" und in der Stoa die Annahme einer normativ interpretierten, kosmischen, die menschliche Natur mitumfassenden Ordnung verbunden. Im Mittelalter sei das sittlich Gute an der diese Ansätze integrierenden Instanz eines göttlichen Schöpfers und Gesetzgebers festgemacht.

Nach Honnefelder hat sich das Verständnis von Schuld vor allem bedingt durch die christliche Idee eines personalen, die Geschicke der Menschen lenkenden Gottes und des Menschen als seines mit Freiheit ausgestatteten Abbildes verinnerlicht und radikalisiert. Innerhalb dieses Rahmens wäre zu der Prävalenz einer heteronom vorgegebenen Ordnung die wachsende Bedeutung des Wollens und der Freiheit des Menschen als Instanz seiner Selbstverfügung und damit des Sittlichen hinzugetreten. Der Möglichkeitsraum einer solchen Freiheit habe sich dann zunehmend gegenüber der determinierenden Notwendigkeit des bisher als unveränderlich angenommenen Vorgegebenen geöffnet. Nach Honnefelder ging es jedoch schon in der Antike um die Freiheit als Instanz der Selbstverwirklichung und des Sittlichen. So habe sich bereits bei Platon die gegenständliche Fassung des Guten mit einem „Selbstbezug" ver-

nen, deren Gültigkeit aber angenommen werden muss, damit die Erfahrung einen Sinn bzw. Wahrheitsgehalt hat und somit Erkenntnis und Wissen überhaupt möglich sind. Nach dem Theologen und Religionsphilosophen Klaus Müller wurden als „trancendentalia" seit dem späten Mittelalter bis zu seiner Bedeutungsänderung durch Kant die alle begriffliche Besonderheit übersteigenden allgemeinsten Bestimmungen des Seins bezeichnet, neben Gattungs- und Artbegriffen auch die der Kategorien. Kant gebraucht den Begriff „transzendental" dagegen als Prädikat der Erkenntnis des Seienden (vgl. *Klaus Müller*, Neues Handbuch philosophischer Grundbegriffe, B. 3, S. 2208).

15 *Honnefelder*, (Fn. 1), S. 92.

16 Eschatologie (aus altgriechisch *ta és-chata*: die letzten Dinge' und *lógos* 'Lehre') ist ein theologischer Begriff, der die prophetische Lehre von den Hoffnungen auf Vollendung des Einzelnen und der gesamten Schöpfung (*universale Eschatologie*) beschreibt (Quelle: www.Wiktionary.de).

bunden. „Die Schuld ist des Wählenden; Gott ist schuldlos.“[17] Im Mittelalter sei dann aus Schuld als mangelnder Einsicht in die Ordnung („Verblendung“) die dem freien Wollen des Menschen entsprungene, vor einem personalen Gott zu verantwortende Verfehlung der von ihm geschaffenen und deshalb guten Ordnung geworden. Gleichzeitig sei der Konflikt des freien Wollens zwischen Hinwendung und Abwendung gegenüber Gott mit dem Konflikt zwischen Geist und Sinnlichkeit (wie bei Augustinus) parallelisiert worden. Diese Parallelisierung erfolgte nach Honnefelder ebenfalls bereits in Anknüpfung an die Antike.[18] Vor allem drei Faktoren hätten den antik-mittelalterlichen Bezugsrahmen als Begründung von Sittlichkeit und Schuld jedoch als fragwürdig erscheinen lassen: Zunächst habe der neuzeitliche Prozess allgemeiner Kritik praktisch jeder Form von Erkenntnis zu einer Ausgrenzung der subjekttranszendenten Wesensordnung aus dem Bereich wissenschaftlicher Gewissheit geführt. Dann führten der Wandel und die Auflösung der naturwüchsigen sozialen Ordnungen zu der Erkenntnis, dass es sich bei diesen Ordnungen lediglich um Artefakte der menschlichen Geschichte handelt. Und schließlich lehrte die empirische Erforschung der Natur (einschließlich der des Menschen), dass es sich bei der Welt und ihren sozialen Gebilden insgesamt lediglich um ein vom Menschen gestaltbares Potential handelt.

II. Zur „transzendentalen Subjektivität“ als Bezugsrahmen von Schuld

Die mit der Fragwürdigkeit des antik-mittelalterlichen Bezugsrahmens entstandene Legitimationslücke sei durch Kants „idealistische Philosophie der transzendentalen Subjektivität“ zwar geschlossen worden.[19] Als Anknüpfungspunkt für die Begründung von Schuld seien seine Überlegungen aber nicht geeignet. Denn danach habe die Moralität ihren Grund in der praktischen Vernunft, die das unbedingt Gute als formale Struktur des Wollens erfasse und dem Willen als unbedingten Sollensanspruch auferlege, dem aus reiner „Achtung fürs Gesetz“ zu folgen erst den „guten Willen“ ausmache.[20] Nach Honnefelder liegt die Instanz, vor der sich Moralität und Schuld konstituierten, dann aber nicht mehr in einer vorgegebenen göttlichen Ordnung, in der Gott den Menschen nach seinem Ebenbild geschaffen hat, sondern nur

17 *Honnefelder*, (Fn. 1), S. 93 mit Verweis (in Fn. 7) auf: *W. Schulz*, Philosophie in der veränderten Welt, S. 278.

18 *Honnefelder*, (Fn. 1), S. 93, mit Verweis (in Fn. 8) auf *W. Schulz*, Jahrbuch für Psychologie, Psychotherapie und medizinische Anthropologie 16 (1968), S. 196 f.

19 *Honnefelder*, (Fn. 1), S. 92.

20 *Kant*, AA IV, GMS, S. 421 f.

noch im Menschen selbst – in der Identität von Autonomie, reiner praktischer Vernunft und Willen.[21]

Die Instanz „vor der sich Moralität und Schuld konstituieren“ ist das Gewissen. Glauben wir an einen Schöpfer, an Gott, wird unser Gewissen durch den Glauben an ihn motiviert. Ein Widerspruch zu dem Kantischen Sittengesetz muss sich daraus nicht zwingend ergeben. Kant hat uns mit seiner Begründung des Sittengesetzes an eine Grenze des mit unserem Verstand hinsichtlich der Struktur unseres moralischen Handelns überhaupt Erkennbaren geführt. Das Bewusstsein der Begrenztheit dieses Erkenntnisvermögens erlaubt es auch, die Frage nach Gott authentisch zu stellen. Voraussetzung einer Verbindung zwischen der Autonomie des Menschen und dem Glauben an einen Schöpfergott wäre indessen, dass der Gläubige sich nicht lediglich nach Maßgabe einer autoritären Doktrin, sondern zumindest auch nach dem autonomen Prinzip seines auf das aus seiner Sicht Gute gerichteten Wollens, d.h. aus Freiheit, zu ihm bekennt. Erfährt er seine Vernunft und seine Freiheit als ein unverdientes Geschenk jenes Gottes, könnte ihn dies auch zu einem Verständnis einer transzendental verankerten Aufgehobenheit führen.

---

21 *Honnefelder*, (Fn. 1), S. 92. Honnefelder meint allerdings, dass „eine alle Aspekte der Frage nach der Möglichkeit und Legitimität der Rede von Schuld hinlänglich aufnehmende und in sich kohärente Philosophie gegenwärtig nicht vorliegt“. Vgl. *Honnefelder*, (Fn. 1), S. 104.

Zweites Kapitel: Schuld als Verstoß gegen das Sittengesetz

Kant hat seine Begründung des Sittengesetzes in wesentlichen Teilen in seiner *Grundlegung der Metaphysik der Sitten* von 1785 entwickelt. Auf die Grundfrage der Ethik „Was soll ich tun?" antwortet er mit dem Kategorischen Imperativ.[1] Damit formuliert Kant ein Prinzip, von dem er annimmt, dass es unmittelbar aus der dem Menschen a priori, d.h. unabhängig von der empirischen (nach Lust und Unlust motivierten) Erfahrung vorgegebenen praktischen Vernunft folgt; ein Prinzip, das für alle vernunftbegabten Wesen gilt und erkennbar ist. Anders als Honnefelder und Ricoeur für die Schuld knüpft er zur Begründung des Sittengesetzes nicht an *das Böse* an, sondern an die Fähigkeit des Menschen, einen an und für sich *guten Willen* entfalten zu können.

A) Der gute Wille als Ausgangspunkt ethischer Überlegungen

Kant eröffnet seine Erläuterungen des Sittengesetzes mit den Worten:

> „Es ist überall nichts in der Welt, ja überhaupt auch außer derselben zu denken möglich, was ohne Einschränkung für gut könnte gehalten werden, als allein ein *guter Wille*. Verstand, Witz, Urtheilskraft und wie die *Talente* des Geistes sonst heißen mögen, oder Muth, Entschlossenheit, Beharrlichkeit im Vorsatze als Eigenschaften des *Temperaments* sind ohne Zweifel in mancher Absicht gut und wünschenswerth; aber sie können auch äußerst böse und schädlich werden, wenn der Wille, der von diesen Naturgaben Gebrauch machen soll und dessen eigenthümliche Beschaffenheit darum *Charakter* heißt, nicht gut ist. (...) Mäßigung in Affecten und Leidenschaften, Selbstbeherrschung und nüchterne Überlegung sind nicht allein in vielerlei Absicht gut, sondern scheinen sogar einen Theil vom *innern* Werthe der Person auszumachen; allein es fehlt viel daran, um sie ohne Einschränkung für gut zu erklären (so unbedingt sie auch von den Alten gepriesen worden)."[2]

Kant macht gleich zu Beginn seiner Ausführungen die Perspektive deutlich, auf die es ihm für die Frage der Sittlichkeit ankommt. Maßgeblich ist die innere Gesinnung, die Perspektive des Handelnden.

> „Der gute Wille ist nicht durch das, was er bewirkt oder ausrichtet, nicht durch seine Tauglichkeit zu Erreichung irgend eines vorgesetzten Zweckes, sondern allein durch das Wollen, d.i. an sich, gut und, für sich selbst betrachtet, ohne Vergleich weit höher zu schätzen als alles, was durch ihn zu Gunsten irgend einer

1 Vgl. zur Entwicklung des kategorischen Imperativs in seinen insgesamt fünf unterschiedlichen Ausprägungen: *Kant*, AA IV, GMS, S. 393 f.

2 *Kant*, AA IV, GMS, S. 393, 394.

https://doi.org/10.1515/9783110696462-005

> Neigung, ja wenn man will, der Summe aller Neigungen nur immer zu Stande gebracht werden könnte. Wenn gleich durch eine besondere Ungunst des Schicksals, oder durch kärgliche Ausstattung einer stiefmütterlichen Natur es diesem Willen gänzlich an Vermögen fehlte, seine Absicht durchzusetzen; wenn bei seiner größten Bestrebung dennoch nichts von ihm ausgerichtet würde, und nur der gute Wille (freilich nicht etwa als ein bloßer Wunsch, sondern als die Aufbietung aller Mittel, so weit sie in unserer Gewalt sind) übrig bliebe: so würde er wie ein Juwel doch für sich selbst glänzen, als etwas, das seinen vollen Werth in sich selbst hat. Die Nützlichkeit oder Fruchtlosigkeit kann diesem Werthe weder etwas zusetzen, noch abnehmen."[3]

Die Folgen einer Handlung sind für deren moralische Beurteilung unwichtig. Auf Nützlichkeitserwägungen kommt es für die Frage nach dem an sich Guten nicht an.

I. Der gute Wille als Bestandteil von Pflicht

Den Begriff des *guten Willens* entfaltet Kant aus dem Begriff der Pflicht.

> „Um aber den Begriff eines an sich selbst hochzuschätzenden und ohne weitere Absicht guten Willens, so wie er schon dem natürlichen gesunden Verstande beiwohnt und nicht sowohl gelehrt als vielmehr nur aufgeklärt zu werden bedarf, diesen Begriff, der in der Schätzung des ganzen Werths unserer Handlungen immer obenan steht und die Bedingung alles übrigen ausmacht, zu entwickeln: wollen wir den Begriff der *Pflicht* vor uns nehmen, der den eines guten Willens, obzwar unter gewissen subjectiven Einschränkungen und Hindernissen, enthält, die aber doch, (...) ihn (...) durch Abstechung heben und desto heller hervorscheinen lassen."[4]

Mit den „gewissen Einschränkungen und Hindernissen" spricht Kant die den guten Willen ggf. beeinträchtigenden Einflüsse des Sinnlichen an. Kant erkennt den Menschen einerseits als sinnliches (animalisches) und andererseits als vernünftiges Wesen. Soweit er ein sinnliches Wesen ist, ist er von Neigungen und Begierden beeinflusst. Insofern er ein vernünftiges Wesen ist, ist er zur Selbstreflexion und prinzipiell auch dazu befähigt, das moralisch Richtige zu tun. Aus dem Begriff der Pflicht folgt für Kant eine Handlungsanweisung, ein Sollen, mit dem sich der Handelnde dann schließlich selbst konfrontiert sieht. Diese Handlung „aus Pflicht", die für Kant allein gut ist, grenzt er scharf ab gegen eine nur *pflichtgemäße* Handlung.

> „Wohlthätig sein, wo man kann, ist Pflicht, und überdem giebt es manche so theilnehmend gestimmte Seelen, daß sie auch ohne einen andern Bewegungsgrund der Eitelkeit oder des Eigennutzes ein inneres Vergnügen daran finden, Freude um sich zu verbreiten, und die sich an der Zufriedenheit anderer, so fern sie ihr Werk ist, ergötzen können. Aber ich behaupte, dass in solchem Falle dergleichen Hand-

3 *Kant*, AA IV, GMS, S. 394.

4 *Kant*, AA IV, GMS, S. 397.

> lung, so pflichtmäßig, so liebenswürdig sie auch ist, dennoch keinen wahren sittlichen Werth habe, sondern mit andern Neigungen zu gleichen Paaren gehe, z.E. der Neigung nach Ehre, die, wenn sie glücklicherweise auf das trifft, was in der That gemeinnützig und pflichtmäßig, mithin ehrenwerth ist, Lob und Aufmunterung, aber nicht Hochschätzung verdient; denn der Maxime fehlt der sittliche Gehalt, nämlich solche Handlungen nicht aus Neigung, sondern *aus Pflicht* zu thun."[5]

Kant zufolge sind so, d.h. mit Blick auf die Pflicht, auch jene biblischen Stellen zu verstehen, wo Christus lehrt, seinen Nächsten, selbst unseren Feind, zu lieben.[6]

> „Denn Liebe als Neigung kann nicht geboten werden, aber Wohlthun aus Pflicht selbst, wenn dazu gleich gar keine Neigung treibt, ja gar natürliche und unbezwingliche Abneigung widersteht, ist *praktische* und nicht *pathologische* Liebe, die im Willen liegt und nicht im Hange der Empfindung, in Grundsätzen der Handlung und nicht schmelzender Theilnehmung; jene aber allein kann geboten werden. (...) Eine Handlung aus Pflicht hat ihren moralischen Werth *nicht in der Absicht*, welche dadurch erreicht werden soll, sondern in der Maxime, nach der sie beschlossen wird, hängt also nicht von der Wirklichkeit des Gegenstandes der Handlung ab, sondern blos von dem *Princip* des *Wollens*, nach welchem die Handlung unangesehen aller Gegenstände des Begehrungsvermögens geschehen ist."[7]

Im engeren Sinne liegt der Wert einer Handlung für Kant also

> „*im Princip des Willens* unangesehen der Zwecke, die durch solche Handlung bewirkt werden können; denn der Wille ist mitten inne zwischen seinem Princip a priori, welches formell ist, und zwischen seiner Triebfeder a posteriori, welche materiell ist, gleichsam auf einem Scheidewege, und da er doch irgend wodurch muß bestimmt werden, so wird er durch das formelle Princip des Wollens überhaupt bestimmt werden müssen, wenn eine Handlung aus Pflicht geschieht, da ihm alles materielle Princip entzogen worden."[8]

Die Auffassung, wonach es für den moralischen Wert einer Handlung auf die damit verfolgten Zwecke nicht ankommen soll, erscheint fragwürdig. Es kann für die moralische Beurteilung nicht gleichgültig sein, was wir mit unserer Handlung „bezwecken". Nach Kant findet eine Handlung, die aus Pflicht

---

5 *Kant*, AA IV, GMS, S. 398.

6 Vgl. *Paulus* Brief an die Galater: 5 ff. (14, 2). „Ihr seid zur Freiheit berufen, Brüder. Nur nehmt die Freiheit nicht zum Vorwand für das Fleisch, sondern dient einander in Liebe! Denn das ganze Gesetz ist in dem einen Wort zusammengefasst: Du sollst deinen Nächsten lieben wie dich selbst!" Vgl. weiter: Matthäus 22, 34 ff (39): „Du sollst den Herrn, deinen Gott, lieben mit ganzem Herzen, mit ganzer Seele und mit all deinen Gedanken. Das ist das wichtigste und erste Gebot. Ebenso wichtig ist das zweite: Du sollst deinen Nächsten lieben wie dich selbst. An diesen beiden Geboten hängt das ganze Gesetz samt den Propheten".

7 *Kant*, AA IV, GMS, S. 399, 400.

8 *Kant*, AA IV, GMS, S. 400.

geschieht, ihren eigentlichen *moralischen* Wert jedoch nicht in irgendwelchen Motiven, sondern im „*Princip des Wollens*“[9], das als solches auf das unbedingt Gute gerichtet ist.

II. Die Achtung fürs Gesetz

Als Wesen der Pflicht, die geeignet ist, den guten Willen scharf hervortreten zu lassen, wenn die Handlung *aus Pflicht* geschieht, benennt Kant die Achtung (als alleiniger Beweggrund), genauer: die Achtung vor dem Gesetz.

> „*Pflicht ist die Nothwendigkeit einer Handlung aus Achtung fürs Gesetz.* Zum Objecte als Wirkung meiner vorhabenden Handlung kann ich zwar Neigung haben, aber *niemals Achtung*, eben darum weil sie bloß eine Wirkung und nicht Thätigkeit eines Willens ist. Nur das, was bloß als Grund, niemals aber als Wirkung mit meinem Willen verknüpft ist, was nicht meiner Neigung dient, sondern sie überwiegt, wenigstens diese von deren Überschlage bei der Wahl ganz ausschließt, mithin das bloße Gesetz für sich kann ein Gegenstand der Achtung und hiemit ein Gebot sein. Nun soll eine Handlung aus Pflicht den Einfluß der Neigung und mit ihr jeden Gegenstand des Willens ganz absondern, also bleibt nichts für den Willen übrig, was ihn bestimmen könne, als objectiv das *Gesetz* und subjectiv *reine Achtung* für dieses praktische Gesetz, mithin die Maxime, einem solchen Gesetze selbst mit Abbruch aller meiner Neigungen Folge zu leisten.“[10]

Hier sei auf einen Einwand eingegangen, den Kant zur Verwendung des Wortes Achtung selbst anspricht. Man könnte ihm vorwerfen, so führt er aus, als suche er „hinter dem Wort *Achtung* nur Zuflucht in einem dunkelen Gefühle, anstatt durch einen Begriff der Vernunft deutlich zu machen, was er tatsächlich meint“.[11] Selbst wenn Achtung ein Gefühl sein sollte, so ist es doch nicht ein solches Gefühl, das der Mensch durch einen äußeren Einfluss empfangen hat, sondern ein Gefühl, das er durch „einen Vernunftbegriff selbstgewirkt“ hat. Deshalb ist es von Gefühlen, die ihren Ursprung in Neigung oder Furcht haben, in spezifischer Weise verschieden.

> „Was ich unmittelbar als Gesetz für mich erkenne, erkenne ich mit Achtung, welche bloß das Bewußtsein der *Unterordnung* meines Willens unter einem Gesetze ohne Vermittlung anderer Einflüsse auf meinen Sinn bedeutet.“[12]

Achtung meint für Kant die unmittelbare Bestimmung des Willens durch das *Gesetz* und das Bewusstsein dieser Bestimmung. Achtung ist allerdings erst die Wirkung des Gesetzes. Es ist also nicht etwa umgekehrt so, als wäre ich

---

9 *Kant*, AA IV, GMS, S. 400.

10 *Kant*, AA IV, GMS, S. 400, 401.

11 *Kant*, AA IV, GMS, S. 401, Fn.*.

12 *Kant*, AA IV, GMS, S. 401, Fn.*.

selbst die Ursache des Gesetzes, dem ich mich dann unterwerfe. Denn das hieße, dass ich mir einfach irgendein beliebiges Gesetz setzen könnte, das meinen Neigungen am ehesten entspricht und das mir für meine Zwecke gerade „nützlich“ erscheint. Eigentlich ist Achtung die Vorstellung von einem Wert, der nicht, bzw. zumindest nicht unmittelbar, meiner Selbstliebe, meiner Glückseligkeit dient. Gegenstand der Achtung ist nur dasjenige Gesetz, das wir uns nicht beliebig aussuchen, sondern das wir uns selbst als *unbedingt notwendig* auferlegen. Als

> „Gesetz sind wir ihm unterworfen, ohne die Selbstliebe zu befragen; (...) Alle Achtung für eine Person ist eigentlich nur Achtung fürs Gesetz (der Rechtschaffenheit zc.), wovon jene uns das Beispiel giebt.“[13]

Zur weiteren Erläuterung der Beziehung zwischen der Achtung und dem Gesetz weist Kant u.a. auf die Pflicht zur Entfaltung von Talenten hin:

> „Weil wir Erweiterung unserer Talente auch als Pflicht ansehen, so stellen wir uns an einer Person von Talenten auch gleichsam das *Beispiel eines Gesetzes* vor (ihr durch Übung hierin ähnlich zu werden), und das macht unsere Achtung aus. Alles moralische sogenannte *Interesse* besteht lediglich in der Achtung fürs Gesetz.“[14]

Die Bedeutung der Vorstellung von der Pflicht für unsere *Entscheidungen aus dem Herzen* erläutert er wie folgt:

> „Denn die reine und mit keinem fremden Zusatze von empirischen Anreizen vermischte Vorstellung der Pflicht und überhaupt des sittlichen Gesetzes hat auf das menschliche Herz durch den Weg der Vernunft allein (die hiebei zuerst inne wird, daß sie für sich selbst auch praktisch sein kann) einen so viel mächtigern Einfluß, als alle andere Triebfedern (...) im Bewußtsein ihrer Würde (...) verachtet und nach und nach ihr Meister werden kann; an dessen Statt eine vermischte Sittenlehre, die aus Triebfedern von Gefühlen und Neigungen und zugleich aus Vernunftbegriffen zusammengesetzt ist, das Gemüth zwischen Bewegursachen, die sich unter kein Princip bringen lassen, die nur sehr zufällig zum Guten, öfters aber auch zum Bösen leiten können, schwankend machen muss.“[15]

Tugend ist für Kant „die Stärke der Maxime des Menschen in Befolgung seiner Pflicht“.[16] Diese Stärke ist nötig, da „die sinnlichen Neigungen zu Zwecken (als der Materie der Willkür) verleiten, die der Pflicht zuwider sein können“.[17] Auf die Frage, warum denn die Lehren der Tugend, so viel Überzeu-

---

13 *Kant*, AA IV, GMS, S. 401, Fn.*.

14 *Kant*, AA IV, GMS, S. 401, Fn.*.

15 *Kant*, AA IV, GMS, S. 410, 411.

16 *Kant*, AA VI, MST, S. 394.

17 *Kant*, AA VI, MST, S. 380.

gendes sie auch für die Vernunft haben mögen, so wenig ausrichten können, antwortet Kant mit dem Hinweis,

> „(...) daß die Lehrer selbst ihre Begriffe nicht ins Reine gebracht haben, und indem sie es zu gut machen wollen, dadurch, daß sie allerwärts Bewegursachen zum Sittlichguten auftreiben, um die Arznei recht kräftig zu machen, sie sie verderben. Denn die gemeinste Beobachtung zeigt, daß, wenn man eine Handlung der Rechtschaffenheit vorstellt, wie sie von aller Absicht auf irgend einen Vortheil in dieser oder einer andern Welt abgesondert selbst unter den größten Versuchungen der Noth oder der Anlockung mit standhafter Seele ausgeübt worden, sie jede ähnliche Handlung, die nur im mindesten durch eine fremde Triebfeder afficirt war, weit hinter sich lasse und verdunkle, die Seele erhebe und den Wunsch errege, auch so handeln zu können. Selbst Kinder von mittlerem Alter fühlen diesen Eindruck, und ihnen sollte man Pflichten auch niemals anders vorstellen.“[18]

Nicht irgendeine, auf einen beliebigen Zweck hin orientierte Bedeutung, sondern unbedingten moralischen Wert hat eine Handlung nach Kant also erst dann, wenn sie aus reiner Achtung vor dem Sittengesetz, d.h. wenn sie aus Pflicht geschieht.

„Was“, so fragt Kant weiter,

> „kann das aber wohl für ein Gesetz sein, dessen Vorstellung, auch ohne auf die daraus erwartete Wirkung Rücksicht zu nehmen, den Willen bestimmen muss, damit dieser schlechterdings und ohne Einschränkung gut heißen könne? Da ich den Willen aller Antriebe beraubt habe, die ihm aus der Befolgung irgend eines Gesetzes entspringen könnten, so bleibt nichts als die allgemeine Gesetzmäßigkeit der Handlungen überhaupt übrig, welche allein dem Willen zum Princip dienen soll, d.i. ich soll niemals anders verfahren als so, *dass ich auch wollen könne, meine Maxime solle ein allgemeines Gesetz werden.* Hier ist nun die bloße Gesetzmäßigkeit überhaupt (ohne irgend ein auf gewisse Handlungen bestimmtes Gesetz zum Grunde zu legen) das, was dem Willen zum Princip dient und ihm auch dazu dienen muß, wenn Pflicht nicht überall ein leerer Wahn und chimärischer Begriff sein soll; hiemit stimmt die gemeine Menschenvernunft in ihrer praktischen Beurtheilung auch vollkommen überein und hat das gedachte Princip jederzeit vor Augen.[19] (...) Was ich also zu thun habe, damit mein Wollen sittlich gut sei, dazu brauche ich gar keine weit ausholende Scharfsinnigkeit. Unerfahren in Ansehung des Weltlaufs, unfähig auf alle sich eräugnende Vorfälle desselben gefaßt zu sein, frage ich mich nur: Kannst du auch wollen, daß deine Maxime ein allgemeines Gesetz werde? Wo nicht, so ist sie verwerflich und das zwar nicht um eines dir oder auch anderen daraus bevorstehenden Nachtheils willen, sondern weil sie nicht als Princip in eine mögliche allgemeine Gesetzgebung passen kann; für diese aber zwingt mir die Vernunft unmittelbare Achtung ab, von der ich (...) so viel verstehe: daß es eine Schätzung des Werthes sei, welcher allen Werth dessen, was durch Neigung angepriesen wird, weit überwiegt, und daß die Nothwendigkeit meiner

18 *Kant*, AA IV, GMS, S. 411, Fn.*.

19 *Kant*, AA IV, GMS, S. 402.

Handlungen aus *reiner* Achtung fürs praktische Gesetz dasjenige sei, was die Pflicht ausmacht, der jeder andere Bewegungsgrund weichen muß, weil sie die Bedingung eines *an sich* guten Willens ist, dessen Werth über alles geht."[20]

III. Praktische Vernunft und die Nötigung durchs Gebot

Als vernünftiges und nicht lediglich als ein natürliches (tierisches) Wesen, das nur nach Naturgesetzen abläuft bzw. funktioniert, ist der Mensch nach Kant mit Vernunft und einem Willen ausgestattet. Deshalb können wir uns im Rahmen unserer Handlungsfreiheit nach Maßgabe vernünftiger Überlegungen eigene Ziele nicht nur setzen, sondern sie auch verfolgen.

„Ein jedes Ding der Natur wirkt nach Gesetzen. Nur ein vernünftiges Wesen hat das Vermögen, *nach der Vorstellung* der Gesetze, d.i. nach Principien, zu handeln, oder einen *Willen.* Da zur Ableitung der Handlungen von Gesetzen *Vernunft* erfordert wird, so ist der Wille nichts anders als praktische Vernunft. Wenn die Vernunft den Willen unausbleiblich bestimmt, so sind die Handlungen eines solchen Wesens, die als objectiv nothwendig erkannt werden, auch subjectiv nothwendig, d.i. der Wille ist ein Vermögen, *nur dasjenige* zu wählen, was die Vernunft, unabhängig von der Neigung als praktisch nothwendig, d.i. als gut, erkennt. Bestimmt aber die Vernunft für sich allein den Willen nicht hinlänglich, ist dieser noch subjectiven Bedingungen (gewissen Triebfedern) unterworfen, die nicht immer mit den objectiven übereinstimmen; mit einem Worte, ist der Wille nicht *an sich* völlig der Vernunft gemäß (wie es bei Menschen wirklich ist): so sind die Handlungen, die objectiv als nothwendig erkannt werden, subjectiv zufällig, und die Bestimmung eines solchen Willens objectiven Gesetzen gemäß ist *Nöthigung*, d.i. das Verhältniß der objectiven Gesetze zu einem nicht durchaus guten Willen wird vorgestellt als die Bestimmung des Willens eines vernünftigen Wesens zwar durch Gründe der Vernunft, denen aber dieser Wille seiner Natur nach nicht nothwendig folgsam ist. Die Vorstellung eines objectiven Princips, sofern es für einen Willen nöthigend ist, heißt ein Gebot (der Vernunft), und die Formel des Gebots heißt *Imperativ.*"[21]

Imperative, die eine nötigende Kraft haben, können Sollensansprüche genannt werden. Kant analysiert diese normativen, handlungsbezogenen Urteile aus der Perspektive des Adressaten, des Handelnden selbst.[22] Dabei unterscheidet er bedingte von unbedingten Sollensansprüchen, „hypothetische" von „kategorischen" Imperativen.

20 *Kant*, AA IV, GMS, S. 403.

21 *Kant*, AA IV, GMS, S. 412, 413.

22 Vgl. *Steigleder*, *Klaus*, Neues Handbuch philosophischer Grundbegriffe, S. 2046, Stichwort „Sollen".

1. Bedingte Sollensansprüche – hypothetische Imperative

Bedingte Sollensansprüche sind solche, die durch bestimmte, zweckorientierte Zielsetzungen bedingt sind. Weil ich entschlossen bin, ein bestimmtes Ziel zu erreichen, besteht für mich die durch mein Ziel bestimmte Notwendigkeit, dasjenige Mittel anzuwenden, ohne das ich mein Ziel schlechterdings nicht erreichen kann. Wenn ich mich nun aufgrund meiner durch Lust oder Unlust („Neigungen") geprägten Antriebsstruktur nicht selbstverständlich konsistent auf mein Ziel hin verhalte, und daher nicht selbstverständlich tue, was mir aufgrund meiner Zielsetzung eigentlich notwendig erscheint, tritt mir die praktische Notwendigkeit als ein Anspruch entgegen. Sie wird zu einem „Sollen". Was von Natur aus abläuft, funktioniert ohne meinen steuernden Willen. Von Sollensansprüchen (Imperativen) zu sprechen, ergibt also nur da einen Sinn, wo wir aufgrund unserer Sinnlichkeit noch anderen Bestimmungsgründen unterworfen sind als allein den Weisungen unserer Vernunft.[23] Erst ein selbst gesetztes *Sollen*, etwas, das also in der Natur nicht bereits ohne mein Zutun vorkommt, kann auf meinen Willen jene innerlich nötigende Kraft entfalten. *Nötigende* Wirkung können auch Sollensansprüche entfalten, die nicht auf das unbedingt Gute gerichtet sind.

2. Hypothetische Imperative und das Streben nach Glück

> „Der hypothetische Imperativ, der die praktische Notwendigkeit der Handlung als Mittel zur Beförderung der Glückseligkeit vorstellt, ist assertorisch[24]. Man darf ihn nicht bloß als nothwendig zu einer ungewissen, bloß möglichen Absicht vortragen, sondern zu einer Absicht, die man sicher und a priori bei jedem Menschen voraussetzen kann, weil sie zu seinem Wesen gehört. Nun kann man die Geschicklichkeit in der Wahl der Mittel zu seinem eigenen größten Wohlsein Klugheit[25] im engsten Verstande nennen. Also ist der Imperativ, der sich auf die Wahl der Mittel zur eigenen Glückseligkeit bezieht, d.i. die Vorschrift der Klugheit, noch immer *hypo-*

---

23 *Steigleder, Klaus*, Neues Handbuch philosophischer Grundbegriffe Stichwort „Sollen", S. 2046.

24 Assertorisch, lat.: „die Behauptung betreffend", behauptend, als assertorisch werden solche Sätze oder logische Urteile bezeichnet, in denen ohne jeden Zusatz etwas als wahr behauptet oder geleugnet wird; hier vielleicht am ehestens im Sinne von „alternativlos" gemeint.

25 Kant unterscheidet hinsichtlich der Klugheit zwischen Weltklugheit, als Geschicklichkeit des Menschen, auf Andere Einfluss zu haben, um sie zu seinen Absichten zu gebrauchen und Privatklugheit, als die Einsicht, alle diese Absichten zu seinem eigenen, dauernden Vorteil zu vereinigen. Nach Kant könnte man den, der nur in der ersten, nicht aber zugleich in der zweiten Art klug ist, besser als „gescheit und verschlagen, im Ganzen aber doch unklug" nennen (vgl. *Kant*, AA IV, GMS, S. 416, Fn. 1).

> *thetisch*; die Handlung wird nicht schlechthin, sondern nur als Mittel zu einer andern Absicht geboten."[26]

Kant geht davon aus, dass alle Menschen „nach einer Naturnothwendigkeit" die „Absicht auf *Glückseligkeit*"[27] haben. Insoweit unterscheidet sich seine Auffassung nicht von der konsequentialistisch denkender, mit *Interessen* argumentierender Utilitaristen. Er verbindet diese Einsicht aber mit der Frage nach der Moral:

> „Seine eigene Glückseligkeit sichern, ist Pflicht (wenigstens indirect), denn der Mangel der Zufriedenheit mit seinem Zustande in einem Gedränge von vielen Sorgen und mitten unter unbefriedigten Bedürfnissen könnte leicht eine große *Versuchung zu Übertretung der Pflichten* werden. Aber auch ohne hier auf Pflicht zu sehen, haben alle Menschen schon von selbst die mächtigste und innigste Neigung zur Glückseligkeit, weil sich gerade in dieser Idee alle Neigungen zu einer Summe vereinigen. Nur ist die Vorschrift der Glückseligkeit mehrentheils so beschaffen, daß sie einigen Neigungen großen Abbruch thut und doch der Mensch sich von der Summe der Befriedigung aller unter dem Namen der Glückseligkeit keinen bestimmten und sichern Begriff machen kann."[28]

Um mich meinem Ziel zu nähern, glücklich zu werden, muss ich mich also bestimmten Sollensansprüchen unterwerfen. Allerdings sind hierfür bedingte, d.h. hypothetische Imperative ausreichend. Das sind solche, die lediglich auf relative Zwecke, d.h. auf solche gerichtet sind, die der Verwirklichung weitergehender, relativer Ziele dienen. Ein Beispiel: Einmal angenommen, wir dächten, das Ziel glücklich zu werden, schließt das Ziel mit ein, möglichst dauerhaft gesund zu leben. Gehen wir weiter davon aus, wir dächten, dieses Ziel am besten dadurch erreichen zu können, dass wir dreimal in der Woche ein Kreislauftraining absolvieren. Deshalb haben wir es zu unserer Gewohnheit gemacht, statt morgens auszuschlafen, an bestimmten Tagen eine Stunde früher aufzustehen um rechtzeitig mit dem Training zu beginnen. Sofern dies (nach unserem Urteil) ein notwendiges Mittel ist, um unser Ziel zu erreichen, möglichst dauerhaft gesund zu leben, ergibt sich für uns aus unserem (relativen) Fernziel, glücklich zu werden, die praktische Notwendigkeit, das dafür unserer Meinung nach notwendige Mittel anzuwenden, hier also: regelmäßig zu trainieren. Da es für uns aber eigentlich viel lustvoller wäre, es mit dem Training nicht so genau zu nehmen und stattdessen morgens lieber länger zu schlafen, verspüren wir zumindest eine Zeit lang, in der Umstellungsphase, den Drang, bei unserer früheren Gewohnheit zu bleiben. Entsprechend tritt uns die durch

26 *Kant*, AA IV, GMS, S. 416.

27 *Kant*, AA IV, GMS, S. 415.

28 *Kant*, AA IV, GMS, S. 399.

unser Ziel begründete praktische Notwendigkeit als Anspruch entgegen. Sie wird zu einem Sollen.[29]

Bedingte Sollensansprüche gehen für den Handelnden auf eine von Zielsetzungen abhängige praktische Notwendigkeit zurück. Ihre Befolgung kann lustvoll oder auch leidvoll sein. Im Ergebnis geht es in beiden Fällen ums Glück. Bei Kant beruht ein lediglich hypothetischer Imperativ auf einer Absicht, „die man sicher und a priori bei jedem Menschen voraussetzen kann, weil sie zu seinem Wesen gehört".[30] Der Mensch verfolgt *natürlich* sein Ziel, glücklich zu sein. Kant verleugnet das Streben nach Glückseligkeit also keineswegs. Andererseits werden wir dem, was uns als Menschen auszeichnet, der Menschheit in uns, allein durch die Erfüllung von Glückseligkeitsansprüchen noch nicht gerecht. Wäre der Mensch lediglich ein auf „Glückseligkeit" ausgerichtetes Wesen, wäre er, wie unsere immer wiederkehrende Unfähigkeit den Widrigkeiten des Lebens zu begegnen zeigt, nicht nur von Natur aus relativ schlecht ausgestattet. Als einzig sinnstiftendes Ziel unseres Handelns bliebe uns nur, den auf unser persönliches Glück bezogenen Lebensstil zu optimieren. Dazu wären wir, je nach unserer Ausstattung, nur sehr begrenzt fähig. Das Streben des Menschen nach möglichst optimierter Glückseligkeit kann daher nach Kant, wollen wir unserer eigentlichen Natur als Menschen gerecht werden, nicht der tiefere Beweggrund menschlichen Handelns sein. Anders als Tiere können Menschen einen an und für sich guten Willen bilden und umsetzen. Diese ureigene Fähigkeit des Menschen gilt es daher zu entwickeln, wollen wir uns in unserem Menschsein gerecht werden. Geht es nun um unser *gutes* Handeln, dann muss unser *natürliches* Streben nach Glückseligkeit hinter das Gebot des Sittengesetzes, gerichtet auf die Umsetzung unseres guten Willens, zurücktreten. Dann erst hat unser Handeln nach Kant auch einen sittlichen Wert. Ist unser Tun dagegen *allein* in dem Streben nach Glückseligkeit begründet, so hat es, soweit es nicht lediglich um unsere Selbsterhaltung geht, für sich genommen noch keinen *moralischen* Wert.

Unter „Glückseligkeit" versteht Kant den Glücksbegriff der eudämonistischen Tradition. „Eudämonie"[31] ist für ihn, auch in der von Aristoteles vertretenen Konzeption eines insgesamt geglückten Lebens, aber nicht bereits die eigentliche Triebfeder sittlichen Handelns. Der Bestimmungsgrund des *sittlichen Willens* ist vielmehr das Sittengesetz. Das Streben nach Glückseligkeit korre-

29 Ein ähnliches Beispiel findet sich bei *Steigleder, Klaus*, Neues Handbuch philosophischer Grundbegriffe, Stichwort „Sollen", S. 2046.

30 *Kant*, AA IV, GMS, S. 415, 416.

31 Eudämonie, altgriechisch = Glückseligkeit.

liert Kant mit diesem sittlichen Willen über sog. Postulate[32]. Dabei handelt es sich nicht etwa um *Behauptungen*, sondern um Denkforderungen, d.h. um angenommene Bedingungen, ohne die das Sittengesetz nicht sinnvoll gedacht werden kann.[33] Die Postulate der Unsterblichkeit der Seele, der Freiheit sowie des Daseins Gottes sollen darüber hinaus sicherstellen, dass sich die Forderungen der Moral mit dem menschlichen Glücksstreben zur Übereinstimmung bringen lassen.[34]

3. Hypothetische Imperative und Schuld

Anders als in Bezug auf „Fehler", deren Begehung sich als „unklug" erweisen kann, geht es bei der Frage nach der Schuld um etwas, das uns in jener, uns gerade als Menschen betreffenden Hinsicht angeht. Insoweit fragen wir nicht lediglich danach, ob und warum wir mit Blick auf ein nur relatives Ziel hin *nicht richtig funktioniert* haben. Auf die Frage nach dem Wesen der Schuld bekommen wir in einem „Bezugsrahmen", der den Sinn menschlichen Daseins lediglich unter Nützlichkeitsaspekten bzw. danach begreift, wie es dem Menschen gelingen könnte, eine Optimierung seines Glücks im Sinne von Lust oder eine Vermeidung von Unglück im Sinne von Unlust zu erreichen, keine befriedigende Antwort. Wenn wir also meinen, dass es Schuld als „Tat, insofern sie vom Täter als selbstverantwortete Verfehlung übernommen oder ihm als solche zugerechnet wird"[35], überhaupt gibt, dann reicht die Einsicht in die Missachtung lediglich hypothetischer Sollensgebote nicht aus. Dort könnte es

32 Postulat, lat. das „Geforderte".

33 Von Postulaten spricht man zunächst in der gr. Mathematik, wo bestimmte Gegenstände und ihre Begriffe erst durch bestimmte Denkforderungen verständlich werden. Nach Euklid („Elementen") ist es z.B. eine Denkforderung, dass von einem beliebigen Punkte zu einem anderen beliebigen Punkte eine gerade Linie gezogen werde. Hierdurch entstehen die durch zwei Punkte begrenzte *Strecke* und zugleich ihr definierbarer Begriff. Von einem dem mathematischen Begriff ähnlichen Konstrukt geht Kant bei der Aufstellung seiner Postulate aus (Vgl. Wörterbuch der philosophischen Begriffe, S. 511, „Postulat"), wobei er den Begriff Postulat in zwei nicht mathematischen Kontexten verwendet: bei der Erörterung der Modalbegriffe, d.h. den Postulaten des empirischen Denkens und bei jenen theoretischen Sätzen, die aus rein praktischen Gründen für wahr gehalten werden, den Denkforderungen der reinen praktischen Vernunft. Kant definiert den Begriff „Postulat" als einen a priori gegebenen, keiner Erklärung seiner Möglichkeit (mithin auch keines Beweises) fähigen praktischen Imperativ bzw. als einen unmittelbar gewissen Satz oder Grundsatz, der eine mögliche Handlung bestimmt, bei welcher vorausgesetzt wird, dass die Art sie auszuüben, unmittelbar gewiss ist. (Vgl. *Sebastian Gardner*, in der Übersetzung von *Birger Brinkmeier*, Kant-Lexikon, B. 2, S. 1813, „Postulat").

34 Vgl. *Christoph Horn*, Kant-Lexikon, B. 1, S. 879, Stichwort „Glückseligkeit".

35 Vgl. *Honnefelder*, Kapitel 1, Fn. 1, S. 89 f.

eher um Widersprüchlichkeiten bzw. um Inkonsequenzen in Bezug auf die Umsetzung relativer Zwecke gehen, nicht bereits um Schuld.

IV. Unbedingte Sollensansprüche – kategorische Imperative

Im Gegensatz zu bedingten (hypothetischen) Sollensansprüchen sind unbedingte (kategorische) Sollensansprüche solche, die auf eine unbedingte praktische Notwendigkeit zurückgehen. Für Kant ist der Mensch einerseits ein Wesen, das wir nach Merkmalen der Natur begreifen. Betrachtet lediglich aus der Beobachterperspektive gibt es nichts, was sich nicht aus einer vorhergehenden Ursache erklären lässt. Jeder Zustand in der Wirklichkeit hat seine nach Naturgesetzen beschreibbaren Ursachen, deren Kenntnis uns verstehen lässt, warum wir sind, wie wir sind, warum wir tun, was wir tun. Darüber hinaus ist der Mensch aber mit Vernunft und Freiheit ausgestattet. Er muss nicht zwingend im Sinne einer „Naturnotwendigkeit" lediglich bedingten Sollensansprüchen folgen, die ihm zwar ggf. zu einem Mehr an Befriedigung persönlicher Bedürfnisse verhelfen, die für sich aber noch keinen moralischen Wert haben. Weil der Mensch prinzipiell frei ist, kann er seinen Willen nach vorgestellten, selbstgesetzten Zielen ausrichten, die über das nur relativ Nützliche hinausgehen.

> „Endlich giebt es einen Imperativ, der, ohne irgend eine andere durch ein gewisses Verhalten zu erreichende Absicht als Bedingung zum Grunde zu legen, dieses Verhalten unmittelbar gebietet. Dieser Imperativ ist *kategorisch.* Er betrifft nicht die Materie der Handlung und das, was aus ihr erfolgen soll, sondern die Form und das Princip, woraus sie selbst folgt, und das Wesentlich-Gute derselben besteht in der Gesinnung, der Erfolg mag sein, welcher er wolle. Dieser Imperativ mag der *der Sittlichkeit* heißen."[36]

Anders als bedingte (hypothetische) Sollensansprüche sind unbedingte (kategorische) Sollensansprüche solche, die auf das *Unbedingte* (das als unbedingt notwendig erkannte Gute) gerichtet sind. Da sie von allen materialen Zwecken losgelöst sind, betreffen sie allein die Form.

> „Dagegen, wie der Imperativ der *Sittlichkeit* möglich sei, ist ohne Zweifel die einzige einer Auflösung bedürftige Frage, da er gar nicht hypothetisch ist und also die objectiv-vorgestellte Nothwendigkeit sich auf keine Voraussetzung stützen kann, wie bei den hypothetischen Imperativen. Nur ist immer hiebei nicht aus der Acht zu lassen, daß es durch kein Beispiel, mithin empirisch, auszumachen sei, ob es überall irgend einen dergleichen Imperativ gebe, sondern zu besorgen, daß alle, die kategorisch scheinen, doch versteckter Weise hypothetisch sein mögen."[37]

---

36 *Kant*, AA IV, GMS, S. 416.

37 *Kant*, AA IV, GMS, S. 419.

Wir können nicht mit letzter Sicherheit erkennen, dass es solche unbedingten, d.h. den (auf das an sich Gute gerichteten) Willen „nötigende" Gebote der Sittlichkeit tatsächlich gibt. Letztlich zwingende Beispiele finden dafür wir in unserer Erfahrung nicht. Um festzustellen, ob überhaupt jemand (uns selbst miteingeschlossen) in seinem Verhalten jemals tatsächlich das Gute an sich anstrebt oder nicht, doch letztlich andere Bedürfnisse im Sinn hat, müssten wir ihm direkt ins Herz hineinschauen können. Wir können uns z.B. letztlich nie sicher sein, dass jemand, der uns ein aufrichtiger Kerl zu sein scheint, jemand, auf dessen Versprechen wir uns jederzeit verlassen würden, in seiner Einstellung letztlich wirklich lauter ist, d.h. letztlich aus Achtung vor dem Gebot der Aufrichtigkeit handelt. Er könnte auch einen im Grunde durchaus unaufrichtigen Charakter haben und nur deshalb den Eindruck der Lauterkeit zu vermitteln suchen, um sich andere Vorteile zu sichern, etwa die Wahl zu einem Präsidentenamt, das ihm Ansehen in dieser oder jener Hinsicht verleihen würde. Lediglich anhand der Erfahrung lässt sich der Umstand, dass es nicht doch eine solche fragwürdige Ursache ist, die ihn in seiner Gesinnung antreibt, nicht beweisen.

> „Wer kann das Nichtsein einer Ursache durch Erfahrung beweisen, da diese nichts weiter lehrt, als daß wir jene nicht wahrnehmen?"[38]

Um den kategorischen Imperativ zu fassen, sucht Kant einen Weg, der von der nachweisbaren Erfahrung moralischer Aufrichtigkeit unabhängig ist und deshalb formal bleiben muss. Nur unbedingte Gebote sind für ihn „Gesetze, denen gehorcht, d.i. auch wider Neigung Folge geleistet, werden muß".[39] Von einem kategorischen Sollensanspruch, und damit von einem Gesetz, spricht Kant in Abgrenzung zu einem hypothetischen Gebot, wenn es für unseren Willen *unbedingt* verbindlich ist.

> „Wir werden also die Möglichkeit eines *kategorischen* Imperativs gänzlich a priori zu untersuchen haben, da uns hier der Vortheil nicht zu statten kommt, daß die Wirklichkeit desselben in der Erfahrung gegeben und also die Möglichkeit nicht zur Festsetzung, sondern bloß zur Erklärung nöthig wäre. So viel ist indessen vorläufig einzusehen: daß der kategorische Imperativ allein als ein praktisches *Gesetz* laute, (...) weil, was bloß zur Erreichung einer beliebigen Absicht zu thun nothwendig ist, an sich als zufällig betrachtet werden kann, und wir von der Vorschrift jederzeit los sein können, wenn wir die Absicht aufgeben, dahingegen das unbedingte Gebot dem Willen kein Belieben in Ansehung des Gegentheils frei läßt, mithin allein diejenige Nothwendigkeit bei sich führt, welche wir zum Gesetze verlangen."[40]

38 *Kant*, AA IV, GMS, S. 419.

39 *Kant*, AA IV, GMS, S. 416.

40 *Kant*, AA IV, GMS, S. 419, 420.

Kant nähert sich dem kategorischen Imperativ weiter, indem er die Begriffe „Maxime“ und „Gesetz“ erläutert.[41]

1. Das subjektive und das objektive Prinzip des Wollens

Unter Maxime versteht er das „subjective Princip des Wollens“. Diesem subjektiven steht das „objective Princip“ gegenüber. Das objektive Prinzip ist dasjenige Gebot des Wollens, das „allen vernünftigen Wesen auch subjectiv zum praktischen Princip dienen würde, wenn Vernunft volle Gewalt über das Begehrungsvermögen hätte“.[42] Dieses objektive Prinzip nennt Kant das praktische Gesetz. Gemeint ist also nicht etwa ein Gesetz, das seine Legitimation einer staatlichen Setzung verdankt.

> „Denn da der Imperativ außer dem Gesetze nur die Nothwendigkeit der Maxime enthält, diesem Gesetze gemäß zu sein, das Gesetz aber keine Bedingung enthält, auf die es eingeschränkt war, so bleibt nichts als die Allgemeinheit eines Gesetzes überhaupt übrig, welchem die Maxime der Handlung gemäß sein soll, und welche Gemäßheit allein der Imperativ eigentlich als nothwendig vorstellt.“[43]

Da dieses für alle Menschen gültige Prinzip des Wollens frei von materialen Einflüssen bzw. Bestimmungsgründen und nicht mehr auf Mittel gerichtet ist, die ihrerseits der Erreichung eines übergeordneten, sinnlich erlebbaren Zweckes sind (wie die Erlangung der Glückseligkeit), kann es nur formal sein. Diesen nur noch formal zu fassenden und allein deshalb *kategorischen* Imperativ formuliert Kant wie folgt:

> *„Handle nur nach der jenigen Maxime, durch die du zugleich wollen kannst, daß sie ein allgemeines Gesetz werde.“*[44]

2. Der Imperativ der „Goldenen Regel“

Um einem weiteren von Kant selbst angesprochenen Missverständnis zuvor zu kommen, sei nun auf die „Goldene Regel“ eingegangen. Sie dient uns häufig als die erste moralische Legitimation unseres Verhaltens: „Was du nicht willst, das man es dir tue, das füg auch keinem andern zu“.[45] Oder: An meiner Stelle hättest du doch wohl genau so gehandelt, usw.

---

41 *Kant*, AA IV, GMS, S. 400, Fn. 1.

42 *Kant*, AA IV, GMS, S. 401, vgl. dort Fn. 1.

43 *Kant*, AA IV, GMS, S. 420, 421.

44 *Kant*, AA IV, GMS, S. 421.

45 Die goldene Regel wurde in ihrer zentralen Aussage schon früh, z.B. von Konfuzius (um 500 v. Chr.) gelehrt: „Wenn er selbst den Wunsch hat auf der Welt zu bestehen, dann verhilft er auch anderen dazu. Und wenn er etwas erreichen will, dann verhilft er

> „Man denke ja nicht, daß hier das triviale: quod tibi non vis fieri etc. zur Richtschnur oder Princip dienen könne. Denn es ist, obzwar mit verschiedenen Einschränkungen, nur aus jenem abgeleitet; es kann kein allgemeines Gesetz sein, denn es enthält nicht den Grund der Pflichten gegen sich selbst, nicht der Liebespflichten gegen andere (denn mancher würde es gerne eingehen, daß andere ihm nicht wohlthun sollen, wenn er es nur überhoben sein dürfte, ihnen Wohlthat zu erzeigen), endlich nicht der schuldigen Pflichten gegen einander; denn der Verbrecher würde aus diesem Grunde gegen seine strafenden Richter argumentiren, usw."[46]

Mit der goldenen Regel lassen sich auch moralisch problematische Handlungen legitimieren: Stellen wir uns vor, ein Freund klingelte abends an unserer Tür und bittet uns, ihn in sein Haus zu lassen. Er ist aufgeregt und erzählt, er sei mit seinem Fahrrad in einen tragischen Verkehrsunfall verwickelt worden. Da er für solche Fälle keine Versicherung habe, habe er die Flucht ergriffen. Nun sei ihm einer der hinzugerufenen Polizisten auf den Fersen. Zumal der Tatbestand der Fahrerflucht bereits erfüllt sei, wolle er Zeit gewinnen und sich morgen „freiwillig" bei der Polizei stellen. Ich habe Mitleid mit ihm und lasse ihn herein. Als wenige Minuten später der Polizist vor meiner Haustür steht und nach ihm fragt, erkläre ich, bei mir zuhause sei niemand außer mir selbst. Zur Legitimation meiner Lüge berufe ich mich vor mir selbst auf die Goldene Regel: Auch ich möchte nicht, dass mich ein Freund, den ich in einer Notsituation um Hilfe bitte, verpfeift. Aus Mitgefühl unterwerfe ich mich einem vermeintlichen Sollensanspruch: meinem Freund zu helfen. Wenn ich mich nun aber frage, ob ich ihm die beschriebene Hilfeleistung *schuldig* war, kommen mir Zweifel. Auch wenn ich mir vorgenommen habe, meinem Freund stets zu helfen: eine *Verpflichtung* zu lügen ergibt sich daraus nicht. Das folgt in der beschriebenen Situation zunächst aus der Überlegung, dass die erbetene Hilfe ggf. für sich genommen fragwürdig, gar eine strafbare Handlung sein könnte. Für die Frage nach der Abgrenzung zwischen der Goldenen Regel und dem kategorischen Imperativ kommt es indessen auf die Verallgemeinerbarkeit der

auch anderen dazu. Sich darauf zu verstehen, das (einem selbst) Nahe als Beispiel (für das Verhalten gegenüber anderen) zu nehmen, das kann als Methode der Menschlichkeit gelten." – Vgl. *Konfuzius*, Lun Yu 6, 30. Die christliche Theologie sah in der goldenen Regel seit Origenes (185–254 n.Chr.) den Inbegriff eines allgemein einsichtigen Naturrechts, durch das Gottes Wille von jeher bekannt sei. (Quelle: Wikipedia: „Goldene Regel", m.w.N.). Anglikanische Christen prägten den Ausdruck *golden rule* seit 1615 für die in der Bibel benannten Regelbeispiele: Tob. 4, 15: „Was dir selbst verhasst ist, das mute auch keinem andern zu." Vgl. auch Mat 7, 12 EÜ: „Was ihr von anderen erwartet, das tut auch ihnen. Darin besteht das Gesetz der Propheten" sowie Lk. 6, 31 EÜ: „Was Ihr von anderen erwartet, das tut ebenso auch ihnen." Von der „güldenen Regel des Herrn Christi" ist im 17. Jahrhundert auch schon in deutschsprachigen Texten die Rede: vgl. *v. Seckendorff, Veit Ludwig*, Teutscher Fürsten-Stat, S. 62.

46 *Kant*, AA IV, GMS, S. 430, Fn. 1.

Maxime meiner Handlung an. Würden alle Menschen in einer solchen Situation nicht nur schweigen, sondern lügen, wäre ein vertrauensvolles Miteinander praktisch unmöglich. Bei der Goldenen Regel handelt es sich, ohne weitere, z.B. theologische Grundannahmen hinzuzudenken[47], um einen nur bedingten Imperativ, der auch nur besagt, was man ggf. nicht tun soll. Sie verfolgt einen relativen Zweck, nämlich die Vermeidung von Dingen, die ich, situativ bedingt, selbst nicht wollen würde. Ein Umkehrschluss aus der Ausgangsformulierung macht deutlich, dass es bei der Goldenen Regel für sich genommen nicht um ein positives, sittliches Handlungsprinzip geht: Was ich will, dass man mir tue, das füge ich auch anderen zu. Damit ließe sich im Zweifel auch Tyrannei legitimieren.

Um *moralisch* zu handeln reicht es nicht aus, wenn wir uns auf das Ich als Maßstab aller Dinge berufen und zwar auch dann nicht, wenn unser Verhalten zu Vorteilen für andere führt. Denn dann fehlt es an dem für eine moralische Handlung im Kantischen Sinne erforderlichen Prinzip der Verallgemeinerbarkeit. Kant fragt nach der Maxime des Prinzips meines Wollens, einer Maxime, die für alle Menschen, die sich von den Maßstäben der im Menschsein angelegten Vernunft leiten lassen wollen, Gültigkeit hat. Wenn ich mich frage, ob ich wollen könnte, dass das Prinzip meines Verhaltens (in dem Beispiel also zu lügen, wenn ich meine, damit einem Freund in seiner Not helfen zu können) ein allgemeines Gesetz werde, stelle ich fest, dass das nicht der Fall ist. Wenn jeder, der seinem Freund helfen will, deshalb bereits lügen dürfte, würde jede Aussage, deren Wert von ihrer Wahrhaftigkeit abhängt, unglaubhaft.[48]

> „Das moralische Gesetz ist der alleinige Bestimmungsgrund des reinen Willens. Da dieses aber blos formal ist (nämlich allein die Form der Maxime als allgemein gesetzgebend fordert), so abstrahirt es als Bestimmungsgrund von aller Materie, mithin von allem Objecte des Wollens.“[49]

---

47 Mit einem theologisch interpretierten Verständnis des in der goldenen Regel in Bezug genommen „Wollens“ kann man auch zu einem positiven Handlungsprinzip gelangen, dessen Verallgemeinerungsfähigkeit allerdings erst einen bestimmten Glauben voraussetzt. Augustinus zufolge schrieb der Schöpfer jedem die Regel als Gewissen ins Herz, um ihn unmittelbar davor zu warnen, den Anderen zu verletzen und um uns an unser Geschaffensein als soziale Wesen zu erinnern. In ihr habe Gott seinen Willen als praktische Leitlinie für alltägliches Handeln konzentriert. Als gewöhnliches Sprichwort appelliere sie an die Selbstliebe, die indessen Gottes- und Nächstenliebe verbinde und sie dem natürlichen Menschen einleuchtend mache (*De ordine* II, 25). In Mt 7,12 sei daher nur der gute, nicht jeder Wille gemeint. (Quelle: www.Wikipedia.de, Stichwort: „Goldene Regel“, m.w.N.).

48 Vgl. zur Auseinandersetzung mit Kants Aufsatz: Über ein vermeintes Recht aus Menschenliebe zu lügen, (*Kant*, AA VIII, S. 425) unten Teil 2, Kap. 2, A), III.

49 *Kant*, AA V, KpV, S. 109.

Nach der Interpretation des Philosophen Klaus Steigleder führt die Vorstellung von einer unbedingten praktischen Notwendigkeit zu der Annahme eines unbedingt notwendigen Zwecks. Da ein solcher Zweck nicht ein Zweck sein kann, der sich aus der sinnlichen Antriebsstruktur des Menschen ergibt, muss er sowohl durch Allgemeinheit als auch durch Notwendigkeit gekennzeichnet sein. Allgemeinheit und Notwendigkeit sind Kennzeichen des Vernünftigen. Handelte es sich bei einem solchen Zweck aber um etwas, das stets von Neuem zu bewirken oder herzustellen ist, dann wäre die Verwirklichung dieses Zwecks an die Kontingenz der Umstände gebunden. Das vertrüge sich nicht mit der Idee eines schlechthin notwendigen Zwecks.[50]

V. Der Mensch als Zweck an sich

> „Gesetzt aber, es gäbe etwas, dessen Dasein an sich selbst einen absoluten Wert hat, was als Zweck an sich selbst, ein Grund bestimmter Gesetze sein könnte, so würde in ihm, und nur in ihm allein, der Grund eines möglichen kategorischen Imperativs liegen.
>
> Nun sage ich, der Mensch und überhaupt jedes vernünftige Wesen existiert als Zweck an sich selbst, nicht bloß als Mittel zum beliebigen Gebrauche für diesen oder jenen Willen, sondern muss in allen seinen, sowohl auf sich selbst, als auch auf andere gerichteten Handlungen, jederzeit zugleich als Zweck betrachtet werden. Alle Gegenstände der Neigungen haben nur einen bedingten Wert; denn wenn die Neigungen und darauf gegründete Bedürfnisse nicht wären, so würde ihr Gegenstand ohne Wert sein. (...) Die Wesen, deren Dasein zwar nicht auf unserm Willen, sondern der Natur beruht, haben dennoch, wenn sie vernunftlose Wesen sind, nur einen relativen Werth, als Mittel, und heißen daher *Sachen*, dagegen vernünftige Wesen *Personen* genannt werden, weil ihre Natur sie schon als Zwecke an sich selbst, d.i. als etwas, das nicht bloß als Mittel gebraucht werden darf, auszeichnet, mithin so fern alle Willkür einschränkt (und ein Gegenstand der Achtung ist). Dies sind also nicht bloß subjective Zwecke, deren Existenz als Wirkung unserer Handlung *für uns* einen Werth hat; sondern *objective* Zwecke, d.i. Dinge, deren Dasein an sich selbst Zweck ist und zwar ein solcher, an dessen Statt kein anderer Zweck gesetzt werden kann, dem sie *bloß* als Mittel zu Diensten stehen sollten, weil ohne dieses überall gar nichts von *absolutem Werthe* würde angetroffen werden.“[51]

Nach Kant kommt uns mit Blick auf unsere Fähigkeit, uns von einem an und für sich guten Willen, d.h. von reiner, praktischer Vernunft leiten zu lassen, die uns als *Personen* auszeichnet, ein besonderer Wert zu. Die unbedingte praktische Notwendigkeit, entsprechend sittlich zu handeln, ergibt sich daraus, dass wir diesem uns allen gerade als Menschen gegebenen Wert im Sinne einer

---

50 *Steigleder, Klaus*, Neues Handbuch philosophischer Grundbegriffe, B. III, Stichwort „Sollen“, S. 2047.

51 *Kant*, AA IV, GMS, S. 428.

Selbstverwirklichung Rechnung zu tragen haben; dem Wert also, den wir einerseits für uns selbst, andererseits aber auch für alle anderen und damit wechselseitig für einander bedingungslos darstellen.

> „Wenn es denn also ein oberstes praktisches Princip und in Ansehung des menschlichen Willens einen kategorischen Imperativ geben soll, so muß es ein solches sein, das aus der Vorstellung dessen, was nothwendig für jedermann Zweck ist, weil es *Zweck an sich selbst* ist, ein *objectives* Princip des Willens ausmacht, mithin zum allgemeinen praktischen Gesetz dienen kann. Der Grund dieses Princips ist: *die vernünftige Natur existirt als Zweck an sich selbst.* So stellt sich nothwendig der Mensch sein eignes Dasein vor; so fern ist es also ein *subjectives* Princip menschlicher Handlungen. So stellt sich aber auch jedes andere vernünftige Wesen sein Dasein zufolge eben desselben Vernunftgrundes, der auch für mich gilt, vor; also ist es zugleich ein *objectives* Princip, woraus als einem obersten praktischen Grunde alle Gesetze des Willens müssen abgeleitet werden können.“[52]

Da wir aber trotz unseres Vermögens praktischer Vernunft (d.h. unserer Fähigkeit zu einem guten Willen) durchaus nicht *selbstverständlich* vernünftig handeln, erwächst uns mit Blick auf den Menschen als Zweck an sich[53] die Nötigung eines unbedingten Sollens, der *kategorische* Imperativ.[54] Folgen wir diesem unbedingten Anspruch nicht, setzten wir uns mit Blick auf den „Grund in uns“ in einen Widerspruch zu uns selbst. Mit seiner sog. „Menschheits-“ oder „Selbstzweckformel“ des kategorischen Imperativs formuliert Kant noch einmal anders das Kriterium, worauf es ihm bei der Frage nach der Universalisierbarkeit der Maximen ankommt:

> *„Handle so, daß du die Menschheit sowohl in deiner Person, als in der Person eines jeden andern jederzeit zugleich als Zweck, niemals bloß als Mittel brauchst.“*[55]

1. Menschheit

Unter dem Begriff der „Menschheit“ versteht Kant, in Abgrenzung zur Tierheit im Menschen, das reine Wesen in ihm. Kein Wesen entspricht dem Vollkommensten seiner Art „so wenig wie der Mensch mit der Idee der Menschheit, die er sogar selbst als Urbild seiner Handlungen in seiner Seele trägt.“[56]

---

52 *Kant*, AA IV, GMS, S. 428, 429.

53 Die Formulierung: *der Mensch als Zweck an sich selbst* wird im Folgenden außerhalb der Originalzitate in der Formulierung: *der Mensch als Zweck an sich* verwendet. Die ältere Formulierung enthält mit dem Wort „selbst“ keine darüber hinaus gehende Aussage.

54 *Steigleder, Klaus*, Neues Handbuch philosophischer Grundbegriffe, Band III, Stichwort „Sollen“, S. 2047.

55 *Kant*, AA IV, GMS, S. 429.

56 *Kant*, AA IV, KrV, tr. Dial.1.B.1 Abs. (I 332-Rc 399), zitiert nach *Eisler, R.*, Kant Lexikon S. 352, Stichwort „Menschheit“.

> „Der Mensch ist zwar unheilig genug, aber die Menschheit in seiner Person muss ihm heilig sein. In der ganzen Schöpfung kann alles, was man will, und worüber man etwas vermag, auch *blos als Mittel* gebraucht werden; nur der Mensch, und mit ihm jedes vernünftigste Geschöpf, ist *Zweck an sich selbst*. Er ist nämlich das Subjekt des moralischen Gesetzes, welches heilig ist, vermöge der Autonomie seiner Freiheit.“[57]

Es ist die Würde der Menschheit in der *Person* des Einzelnen, die erhalten und geehrt werden muss.[58]

2. Autonomie als Grund der Würde des Menschen

> „Und was ist es denn nun, was die sittlich gute Gesinnung oder die Tugend berechtigt, so hohe Ansprüche zu machen? Es ist nichts Geringeres als der *Antheil*, den sie dem vernünftigen Wesen *an der allgemeinen Gesetzgebung* verschafft und es hiedurch zum Gliede in einem möglichen Reiche der Zwecke tauglich macht, wozu es durch seine eigene Natur schon bestimmt war, als Zweck an sich selbst (…) in Ansehung aller Naturgesetze als frei, nur denjenigen allein gehorchend, die es selbst giebt und nach welchen seine Maximen zu einer allgemeinen Gesetzgebung (der es sich zugleich selbst unterwirft) gehören können. Denn es hat nichts einen Werth als den, welchen ihm das Gesetz bestimmt. Die Gesetzgebung selbst aber, die allen Werth bestimmt, muß eben darum eine Würde, d.i. unbedingten, unvergleichbaren Werth, haben, für welchen das Wort *Achtung* allein den geziemenden Ausdruck der Schätzung abgiebt, die ein vernünftiges Wesen über sie anzustellen hat. *Autonomie* ist also der Grund der Würde der menschlichen und jeder vernünftigen Natur.“[59]

Als Menschen haben wir Teil an der in uns wohnenden Menschheit, unserem „reinen Wesen“ und an der daraus resultierenden Vernunft. Weil wir deshalb auch als Einzelne mit praktischer Vernunft ausgestattet sind, sind wir befähigt, dem Prinzip (Gebot) unseres aus dem Wert der Menschheit in uns resultierenden Wollens zu folgen. Die prinzipielle Fähigkeit, uns in einer moralisch relevanten Situation den Inhalt eines an und für sich guten Willens in Ansehung der Menschheit im Menschen als Zweck an sich zu erkennen und im Sinne eines selbst gesetzten Sollens auch umzusetzen, ist es, die uns als Menschen auszeichnet. Es ist deshalb die Autonomie[60] des Menschen, aus der wir seine Würde ableiten, das, was dem Menschsein seine innere Ehrbarkeit verleiht. Dabei geht es nicht um *irgendeine* Form von „Selbstbestimmung“. Selbstbe-

57 *Kant*, AA V, KpV, S 87.

58 Ebenda mit Verweis auf *Kant*, KpV 1. T. 1. B. 3. H (II 112 f.).

59 *Kant*, AA IV, GMS, S. 435, 436.

60 Autonomie (gr. = Selbstgesetzlichkeit), meinte in der griechischen Antike zunächst die Möglichkeit u. Fähigkeit einer Gemeinschaft, sich ihre Rechtsnormen in eigener Verantwortung, also „selbstgesetzgebend“ zu verordnen. (vgl. z.B. *Vorgrimler*, Neues Theologisches Wörterbuch „Autonomie“).

stimmen können wir uns auch nach Maßgabe hypothetischer Imperative, nach der Goldenen Regel oder allgemein irgendwelcher, uns subjektiv reizvoll erscheinender Gelüste. Im Begriff der Autonomie als *Kernkompetenz* unserer praktischen Vernunft, unseres guten Willens, geht es nicht nur um das, was „ich" will. Mit Blick auf die *Menschheit* in uns schwingt darin vielmehr immer zugleich ein „Wir" mit.

> „Autonomie des Willens ist die Beschaffenheit des Willens, dadurch derselbe ihm selbst (unabhängig von aller Beschaffenheit der Gegenstände des Wollens) ein Gesetz ist. Das Princip der Autonomie ist also: nicht anders zu wählen als so, daß die Maximen seiner Wahl in demselben Wollen zugleich als allgemeines Gesetz mit begriffen seien. (...) dadurch findet sich, daß ihr Princip ein kategorischer Imperativ sein müsse, dieser aber nichts mehr oder weniger als gerade diese Autonomie gebiete."[61]

Während äußere Ehrbarkeit als konventionelle Größe in der Fremdbestimmung des Menschen, der Heteronomie durch materiale, sinnlich erfahrbare Einflüsse (z.B. in der Belohnung der Erfüllung gesellschaftlicher Normen und Erwartungen) begründet ist, liegt der Grund der inneren Ehrbarkeit des Menschen als vernunftbegabtes Wesen in seiner Fähigkeit, sich aus Freiheit selbst das sittliche Gesetz zu setzen, dem er allein aus Achtung zu folgen verpflichtet ist. Autonomie in diesem Sinne bedeutet mithin freiwillige Selbstbindung an ein selbst gesetztes Gesetz, das sich der praktischen Vernunft gemäß erweisen muss: den kategorischen Imperativ.[62] Weil die Vernunft des Menschen überall die gleiche ist und es an sich nur eine Vernunft gibt, bedeutet die Subjektivität in der Ethik nicht lediglich eine beliebige, von situativ bedingten Wünschen und Interessen abhängige Willkür. Folgt das Wollen des Menschen seinem vernunftgemäßen eigenen Gesetz, handelt es gleichzeitig allgemein.[63]

VI. Die Missachtung der Autonomie als Widerspruch zu uns selbst

Jetzt, im Zusammenhang des Verständnisses eines nicht nur bedingten, sondern unbedingten moralisch relevanten Imperativs gewinnt im Umkehrschluss

---

61 *Kant*, AA IV, GMS, S. 440.

62 Vgl. *Vorgrimler, H.*, Neues Theologisches Wörterbuch, S. 78 „Autonomie". Vorgrimler gehört zu den katholischen Theologen, die erklären, der kategorische Imperativ sei für eine Verständigung von Menschen unterschiedlicher Religionen und Weltanschauungen über ethisches Verhalten unentbehrlich sei. Er weist auch darauf hin, dass bereits die klassische theologische Ethik von der Verpflichtung jedes Menschen in Freiheit und entsprechend der Vernunft zu handeln gesprochen und hierin die Begründung der Verantwortung gesehen habe (vgl. *Vorgrimler*, Neues Theologisches Wörterbuch, S. 342, „kategorischer Imperativ").

63 *Vorgrimler, H.*, Neues Theologisches Wörterbuch, S. 78, Stichwort „Autonomie".

auch die Rede von Schuld an Bedeutung. Wenn wir uns einem, mit Blick auf den Menschen als Zweck an sich, unbedingt zu beachtenden Sollensanspruch verweigern, ignorieren wir unser eigenes Wollen, soweit es Ausdruck der Menschheit auch in uns persönlich ist. Dabei geht es nicht um irgendeine kognitive Dissonanz, wie sie sich auch aus der Missachtung eines uns selbst „vorgenommenen" hypothetischen Imperativs ergeben könnte. Es geht um einen Widerspruch mit uns selbst, der uns in dem trifft, was wir unter der Menschheit in uns verstehen, und zugleich in dem, was uns mit allen Menschen an innerer Ehrbarkeit verbindet: unsere Autonomie. Da wir uns in unserem eigenen Wollen des aus unserer Sicht Guten, d.h. in unserer Autonomie als Ausfluss unserer in der Vernunft angelegten Freiheit selbst achten, erwächst in uns das Bewusstsein, diese Achtung grundsätzlich auch allen anderen mit praktischer Vernunft begabten Wesen, d.h. prinzipiell auch allen anderen Menschen zu *schulden*. Der Maßstab meines Wollens ergibt sich also nicht, wie bei der Goldenen Regel, aus unseren subjektiven (beliebigen) Bedürfnissen und Wünschen, sondern aus der Menschheit in allen Menschen, die für uns als Zweck an sich einen absoluten und deshalb unbedingt nötigenden Wert darstellt.

Sittlich gut handeln wir, soweit wir uns im Einklang mit unserem aus Achtung vor dem inneren Gebot selbst gesetzten Sollen, unserem kategorischen Imperativ, verhalten. Handeln wir in Bezug auf die Menschheit im Menschen entgegen diesem unbedingten Sollensanspruch, handeln wir entgegen unserer praktischen Vernunft und damit gegen die Weisungen der Instanz, „vor" der wir uns verantworten.

B) Gewissen

Die Umsetzung unseres praktisch vernünftigen Wollens, die autonome Anwendung unserer praktischen Vernunft, erfolgt in der konkreten, moralisch relevanten Konfliktsituation nach Maßgabe unseres Gewissens.[64]

I. Gewissen bei Kant

Für Kant ist Gewissen

> „nicht etwas Erwerbliches, und es giebt keine Pflicht sich eines anzuschaffen; sondern jeder Mensch, als sittliches Wesen, hat ein solches ursprünglich in sich. (...)

64 Gewissen, mhd. Gewizzen, als Lehnübersetzung von lat. conscientia, das seinerseits gr. Syneidesis „Gewissen" und „Bewusstsein" wiedergibt. Allgemein bezeichnet man als Gewissen das innere Wissen, das die moralische Beurteilung des Menschen durch sich selbst ermöglicht. vgl. Wörterbuch der philosophischen Begriffe, a.a.O., S. 263, Stichwort: „Gewissen".

Gewissen ist die dem Menschen in jedem Fall eines Gesetzes seine Pflicht zum Lossprechen oder Verurtheilen vorhaltende praktische Vernunft. Seine Beziehung also ist nicht die auf ein Object, sondern blos aufs Subject (das moralische Gefühl durch ihren Act zu afficiren); also eine unausbleibliche Thatsache, nicht eine Obliegenheit und Pflicht."[65]

1. Das „irrende Gewissen" als Unding.

Dabei ist Kant der Überzeugung, dass

> „ein *irrendes* Gewissen ein Unding sei. Denn in dem objectiven Urtheile, ob etwas Pflicht sei oder nicht, kann man wohl bisweilen irren; aber im subjectiven, ob ich es mit meiner praktischen (hier richtenden) Vernunft zum Behuf jenes Urtheils verglichen habe, kann ich nicht irren, weil ich alsdann praktisch gar nicht geurtheilt haben würde; in welchem Fall weder Irrthum noch Wahrheit statt hat. *Gewissenlosigkeit* ist nicht Mangel des Gewissens, sondern Hang sich an dessen Urtheil nicht zu kehren. Wenn aber jemand sich bewußt ist nach Gewissen gehandelt zu haben, so kann von ihm, was Schuld oder Unschuld betrifft, nichts mehr verlangt werden. Es liegt ihm nur ob, seinen *Verstand* über das, was Pflicht ist oder nicht, aufzuklären; wenn es aber zur That kommt oder gekommen ist, so spricht das Gewissen unwillkürlich und unvermeidlich. Nach Gewissen zu handeln kann also selbst nicht Pflicht sein, weil es sonst noch ein zweites Gewissen geben müßte, um sich des Acts des ersteren bewußt zu werden. Die Pflicht ist hier nur sein Gewissen zu cultiviren, die Aufmerksamkeit auf die Stimme des inneren Richters zu schärfen und alle Mittel anzuwenden (mithin nur indirecte Pflicht), um ihm Gehör zu verschaffen."[66]

Es geht nicht darum, „nach meinem Gewissen" zu handeln, sondern darum, das Gute nach Maßgabe des kategorischen Imperativs zu tun. Ob ich das tue oder was das in einer konkreten Situation ist, darüber entscheidet mein Gewissen. Niemand kann mich moralisch verpflichten, wenn ich mich in meinem Gewissen dazu nicht selbst verpflichtet weiß. Arno Anzenbacher weist mit einem Thomas-Text darauf hin, dass auch Gott den Menschen nur über dessen Gewisseneinsicht verpflichtet:

> „Darum bindet eine bestimmte Verpflichtung jemanden ausschließlich, sofern diese Verpflichtung durch ein Wissen vermittelt ist. Ist also jemand nicht im Besitz dieses Wissens, so ist er durch die Verpflichtung auch nicht gebunden. Auch wenn einer ein Gebot Gottes nicht kennt, ist er nicht gebunden, das Gebot Gottes zu erfüllen, außer wenn er das Gebot kennen sollte. Wäre er jedoch nicht verpflichtet es zu kennen und hätte er davon keine Kenntnis, so wäre er in keiner Weise durch das Gebot gebunden. Wie also im Bereich der Körper ein körperliches Agens nur

65 *Kant*, AA VI, MST, S. 400.

66 *Kant*, AA VI, MST, S 401, „Vom Gewissen".

> durch Bewegung wirkt, so bindet im geistigen Bereich eine Verpflichtung nur durch ein Wissen."[67]

Im Falle der danach nur theoretisch konstruierbaren Entscheidung aus einem „irrenden Gewissen" entfällt die ethische Schuld, sofern der Täter von Anfang an nicht gegen sein (subjektives) Gewissen verstoßen hat. Stellt er nachträglich fest, dass er nicht richtig gehandelt hat, war es nicht sein Gewissen, sondern sein Verstand bzw. sein Erkenntnisvermögen, die versagt haben. Das Gewissen kann nach Kant nicht „irren", sondern ist in seinem Urteil unbedingt verpflichtend.

2. *Die Pflicht zur Gewissensbildung*

Das müsste dann auch für den „Überzeugungstäter" gelten, der ebenfalls nicht gegen sein Gewissen verstößt, sondern ihm gerade gehorcht. Allerdings ist auch er an seine *Pflicht zur Gewissensbildung* gebunden. Moralisches Handeln ist immer Handeln nach bestem Wissen und Gewissen. Ich kann nicht moralisch handeln, wenn ich nicht überzeugt bin, dass das, was mir mein Gewissen gebietet, nach *bestem* Wissen erfolgt. Moralische Autonomie setzt allerdings die Anstrengung der praktischen Vernunft voraus, nach diesem besten Wissen aufrichtig zu streben.[68]

Gegen das Gebot der Gewissensbildung verstößt etwa, wer unreflektiert einen Menschen nur deshalb tötet, weil es ihm „von oben" befohlen wurde, obwohl er die Umsetzung dieses Befehls aus seiner Perspektive auch hätte verweigern können und, bei gehöriger Anspannung seines Gewissens, mit Blick auf den Menschen als Zweck an sich, auch hätte verweigern müssen. Hat er dazu in der konkreten Situation deshalb nicht mehr die Möglichkeit, weil er, z.B. als Soldat im Schützengraben, Gefahr läuft, von den auf ihn zustürmenden gegnerischen Truppen selbst getötet zu werden, handelt er dann nicht gegen sein Gewissen, wenn er subjektiv zu dem Ergebnis gelangt, in der konkreten Situation nicht anders handeln zu können. Ultra posse nemo obligatur.[69] Wenn sich allerdings z.B. die oberen Funktionäre eines Unrechtsregimes angesichts der Tötung von Millionen von Andersgläubigen darauf berufen, sie hätten gar nicht anders gekonnt, als ihrerseits Befehlen „von oben" zu gehorchen, klingt

67 *Thomas von Aquin*, Über die Wahrheit, 17, 3, zit. nach *Anzenbacher*, *Arno*, Einführung in die Philosophie, S. 317.

68 Vgl. hierzu auch *Anzenbacher*, *Arno*, Einführung in die Philosophie S. 318.

69 Lateinisch: „Über das Können hinaus wird niemand verpflichtet." Vgl. in strafrechtlicher Hinsicht auch die Regelungen zur Schuldunfähigkeit bzw. zur verminderten Schuldunfähigkeit in §§ 20, 21 StGB sowie zum Ausschluss zivilrechtlicher Leistungspflichten bei subjektiver Unmöglichkeit die Regelungen des § 275 Abs. 2 und 3 BGB.

dieses „nicht anders gekonnt" unglaubwürdig, soweit sie sich von Anfang an nicht der Menschheit in ihrer und in der Person des anderen verpflichtet sahen, sondern sich stattdessen unreflektiert einer verordneten Rassenideologie unterworfen haben. Wer unbedacht und ohne Rücksicht auf den von ihm als Zweck an sich zu behandelnden Menschen einfach tut, wie ihm befohlen, kann sich zu seiner Entlastung nicht auf das Urteil seines Gewissens berufen, weil er von Anfang an pflichtwidrig gar nicht geurteilt hat.

II. „Gewissen" als Signum der Person – Robert Spaemann

Für den katholischen Philosophen Robert Spaemann (1927 bis 2018) bedeutet Gewissen zu haben das eigentliche und eindeutigste Signum der *Person.* Seiner Auffassung nach vereinzelt es den Menschen radikal und entreißt ihn zugleich jedem egozentrischen Individualismus. In der Unmittelbarkeit einer durch das Gewissen aufgehobenen Reflexion geht es zwar für jeden zunächst nur um sich selbst. Für den gläubigen Menschen handelte es sich bei dieser Selbstbezogenheit aber nicht um ein eigenes *Interesse* oder darum, sich selbst zu gefallen, sondern um Verantwortung *für* sich selbst sowie darum, sein Leben „schön" zu leben. Das bedeutet nach Spaemann, die Herrlichkeit seines Schöpfers in sich selbst darzustellen. Auch der Existenzialist Jean-Paul Sartre (1905–1980) habe festgestellt, dass die Sorge um die eigene Seele für den gläubigen Menschen nicht egoistisch sei. Nur der Atheist sei zum Utilitarismus verpflichtet. Eine vorrangige Verantwortung für sich selbst hätte unter atheistischen Voraussetzungen keinen Sinn. Für den Atheisten gebe es kein *Wovor* einer solchen Verantwortung, ein Wovor, das verpflichte und zugleich entlaste.[70] Für Spaemann liegt die letzte Instanz also nicht in meinem eigenen Gewissen, sondern in Gott.

1. Interessen als Prima-Facie-Gründe für die Gewissensentscheidung

Zur Erläuterung der Gewissensentscheidung führt Spaemann das Beispiel eines Menschen an, der sich dadurch eine einträgliche Lebensstellung verschaffen kann, dass er durch eine gezielte Verleumdung einen ihm ohnehin unsympathischen Konkurrenten aus dem Rennen wirft. Er habe einen Grund dies zu tun und einen anderen, es nicht zu tun. Der Grund, es zu tun, sei das vitale Interesse an einem gesicherten und reichlichen Lebensunterhalt. Solche Interessen bedürften keines weiteren Grundes, um Handlungen zu motivieren. Interessen seien als solche ausreichende *prima-facie*-Gründe. Der Grund, es

70 *Spaemann, Robert,* Personen, Versuche über den Unterschied zwischen „etwas" und „jemand", S. 179 m.V.a. *J.-P. Sartre*, Cahiers pour une morale, Paris 1983 (posthume).

nicht zu tun, sei das dem Interesse entgegenstehende Verbot, einen anderen Menschen zu verleumden. Dieses Verbot könne den prima-facie-Grund „entmächtigen". Zur Begründung, warum der Mensch seinen Konkurrenten nicht verleumdet, könnte er sagen, es sei nicht *schön*, so etwas zu tun. Schließlich wolle er auch nicht verleumdet werden und nicht einer sein, der so etwas tut. Er könnte auch sagen, er sei nun einmal so veranlagt oder so erzogen, dass er sich über solche Gründe nicht hinwegsetzen könne. Vielleicht würde er auch sagen, er wolle sein Seelenheil nicht aufs Spiel setzen. Alle diese Gründe laufen Spaemann zufolge darauf hinaus, dass es *nicht schön* sei, so etwas zu tun. Nur deshalb wolle jemand nicht ein Mensch sein, der so etwas tue, oder fühle sich nach einer solchen Tat nicht wohl. Und nur deshalb setze er damit sein Seelenheil auf Spiel. Dass etwas „sittlich hässlich", und das heißt nach Spaemann *böse* ist, hat seiner Auffassung nach mit vitalen Gründen gemeinsam, dass es für sich selbst Grund genug ist, es zu lassen. Auf die Frage: „Warum willst Du nicht tun, was böse ist", könne man nach Spaemann nur antworten: „Weil es böse ist." Ausschlaggebend für die Gewissensentscheidung sei damit der *sittliche Grund*, den Spaemann offenbar in einem Gott sieht, von dem alles Schöne stamme. Wer sein Interesse an einem beruflichen Fortkommen, dass er nur dadurch realisieren kann, dass er einen anderen verrät, zurückstellt um seinem sittlichen Handlungsgrund, dem *Schönen,* zu folgen, habe sein (eigentliches) Interesse nicht verletzt, weil er nichts an Einsicht und nichts von seiner Integrität geopfert habe. Auf den Handlungsgrund, dem Schönen zu folgen, kann man nach Spaemann nicht verzichten. Für ihn gibt dieser Grund entweder den Ausschlag für die Entscheidung, oder der Handelnde, der ihn für sich wahrnimmt, verletze etwas in sich selbst, weil er gegen seine bessere Einsicht handelt. Als *Person* brauche der Mensch keinen dritten Grund, um zwischen den beiden Handlungsalternativen zu entscheiden. Der (offenbar intuitiv erfassbare) sittliche Grund sei nicht lediglich ein Grund, der zu anderen in Konkurrenz trete. Er sei vielmehr entweder ausschlaggebend oder aber er verschwinde ganz. Wenn sich ein sittlicher Grund in einem Konflikt mit unseren Interessen meldet, dann, so Spaemann, sprechen wir von Gewissen.[71] Das Wesen bzw. den Inhalt des für die Gewissensentscheidung ausschlaggebenden sittlichen Grundes führt Spaemann, abgesehen davon, dass es um etwas *Schönes* oder *Hässliches* gehe, allerdings nicht näher aus. Für ihn scheint das Sittengesetz vor allem gefühlsmäßig erfassbar zu sein, womit auch das Gewissen zu einer Instanz würde, dessen Urteil vor allem Ausdruck eines Gefühls wäre.

71 *Spaemann, R.*, Personen (…), S.180.

2. Das Gewissen als Ausdruck konkret werdender Vernunft

Spaemanns Auffassung zufolge ist es nicht primär die Autonomie des Menschen, sondern vielmehr unmittelbar sein (an Gott gebundenes) Gewissen, das die *Würde der Person* ausmacht. Allein dieses Gewissen mache den Menschen in letzter Instanz zum Richter in eigener Sache. Voraussetzung dafür sei, dass die Person im Stande ist, das Sittliche auch zu erkennen. Dazu muss sie nach Spaemann über praktische Vernunft verfügen. Diese Vernunft sei als solche allgemein und unabhängig von der Frage, um wessen Vernunft es sich bezogen auf den einzelnen Menschen konkret handele. Als Vernunftobjekte seien alle Menschen prinzipiell einer durch den anderen ersetzbar. Weil aber das partikulare und momentane Interesse des Einzelnen sein Urteil trüben könne und die meisten Sachen viele Aspekte hätten, sei es ein Zeichen sittlicher Aufrichtigkeit, wenn jemand bereit ist, seinem Urteil in eigener Sache zu misstrauen und es in Zweifelsfällen mit anderen zu prüfen. Wegen der personalen Indifferenz der Vernunft gebe es keinen Grund, das eigene Urteil für verlässlicher zu halten als das Urteil anderer. Es sei vielmehr wahrscheinlich, dass es zu jedem vernünftigen Menschen immer noch einen vernünftigeren gebe. Darum sei es für einen Unweisen besser, von einem Weisen als von sich selbst, das heiße: von „irrationalen" Antrieben, regiert zu werden. Die Entdeckung des (so verstandenen) Gewissens bedeute zugleich die Entdeckung, dass *Personen* nicht bessere oder schlechtere Instantiierungen einer gegen das Individuelle indifferenten Vernunft seien, sondern dass Vernunft selbst *konkret* sei.

3. Die Gewissensentscheidung als Subsumtion unter die Vernunft

Das Problem der Trübung des Urteils durch Parteilichkeit ist nach Spaemann weniger ein Problem der Erkenntnis sittlicher Normen, als vielmehr ein Problem der Subsumtion. Fremde Interessenkonflikte würden wir nach Spaemann in der Regel gerechter entscheiden als solche, bei denen wir selbst involviert sind, jedenfalls dann, wenn sie mit denen, in die wir selbst involviert sind, nicht zu gefährliche Ähnlichkeit haben. Die Parteilichkeit bestehe meistens darin, die Regel entweder so eng zu formulieren, dass sie eigentlich nur auf den eigenen Fall passe, oder sie soweit zu fassen, dass der eigene Fall als Sonderfall gelten könne. Die Gewissensentscheidung lasse sich rekonstruieren als eine Subsumtion des eigenen Handelns unter eine Regel der sittlichen Vernunft, welche ihrerseits in einer Werteinsicht fundiert sei. Diese Subsumtion sei mit einem Aufforderungscharakter verbunden, einer „Stimme". Zwar seien das allgemeine Werturteil und die allgemeine sittliche Norm noch eine Sache der Vernunft und der Einsicht. Die Subsumtion selbst aber, das Urteil, dass dieses mein Handeln unter diese und nicht unter eine andere Regel fällt, sei eine Sache des Gewissens. In Vernunft gründend sei das Gewissen das, was allem „Vernünfteln“ ein Ende mache. Anders als das Wort „Gewissensurteil“ sei das Wort „Gewissensentscheidung“ irreführend. Entscheidungen könnten dem Gewissen entsprechen oder widersprechen. Aber wenn sie dem Gewissen entsprechen, heiße das nicht, dass „das Gewissen entschieden hat“, sondern dass der Mensch so entschieden hat, wie es dem Urteil des Gewissens entspreche.[72] Das Gewissen verbiete es uns, unsere Einzigkeit als Einzigartigkeit miss zu verstehen und unsere Handlungen der Subsumtion unter ein Allgemeines zu entziehen. Nach Spaemanns Auffassung verwirklicht die Person ihre Einzigartigkeit gerade darin, dass sie auf ihre persönliche und unwiederholbare Weise „rationabilis natura“[73] sei und also am Allgemeinen nicht bloß als bewusstlose Instantiierung, sondern als bewusste Teilhabe an einem Gemeinsamen Anteil habe. Entzögen wir uns diesem Gemeinsamen und weigerten wir uns, unser Handeln daran zu orientieren, verfielen wir der bloßen Naturwüchsigkeit und würden zu einem „Fall von …“ Im Individualismus drücke sich deshalb nicht aus, was die Person ausmache. Personen erwiesen sich gerade darin als „incommunicabilis“, dass sie nicht beanspruchten, Ausnahmen zu sein. Ausnahme sein, so beschließt Spaeman seine Überlegungen, möchte nämlich jeder.[74] Offenbar geht Spaemann hier von zwei Gewissen aus, dem Gewissen des Menschen, der bloß irgendeine „Gewissenentscheidung“ trifft, und dem (übergeordneten) Gewissen, das, als unmittelbar in einer allgemeinen Vernunft gründend, erst zu einem *richtigen* „Gewissensurteil“ fähig ist. Dem Menschen als Individuum, der sich in einer konkreten Konfliktsituation gerade so entscheidet, wie es ihm, unter Berücksichtigung seines individuellen Motivationshorizontes, d.h. eben nach seinem Gewissen, tunlich erscheint, scheint er damit ein personales Urteil eigentlich gar nicht mehr zuzumuten.

III. Zum „irrenden Gewissen“ bei Spaemann

Dementsprechend ist die Absolutheit des Gewissens für Spaemann nur eine formale, was bedeute, dass sich aus der „Autonomie“ des Gewissens keine inhaltlichen Forderungen ergeben. So schließe die Autonomie des Gewissens als solche auch den Gehorsam oder die Unterordnung bei sittlich relevanten Entscheidungen nicht aus. Sei jemand der Überzeugung, eine bestimmte Auto-

72 *Spaemann, R.*, Personen (…), S.183.

73 In der klassischen Philosophie gilt die Definition des Boethius (480–524 n.Chr.) als Ausgangspunkt des Verständnisses vom Menschen als Person. Nach ihm handelt es sich dabei um eine mit Vernunft begabte Natur mit individueller Substanz. „*Persona est rationalis naturae individua substantia.*“ (Vgl. *Brasser, M.*, Person, S. 50).

74 *Spaemann, R.*, Personen (…), S.183.

rität sei moralisch legitim und begründet, gebiete das Gewissen diesen Gehorsam – wenn nicht der Untergebene zu der Überzeugung gelangt, der Inhaber der Autorität überschreite die Grenzen seiner Autorität oder gebiete etwas, das im Widerspruch zu den sittlichen (Spaemann meint offenbar: göttlichen) Normen steht, die seine Autorität legitimierten.[75] Das Gewissen sei weiter in dem Sinne absolut, dass gegen es kein Leben möglich wäre, das als Darstellung der *Person* gelten könne. Das bedeute indessen nicht, dass ein Leben, das dem Gewissen gemäß geführt werde, bereits ein *gutes Leben* sei. Zwar gebe es nichts Gutes gegen das Gewissen. Aber nicht alles, was das Gewissen gebiete, sei deswegen schon gut. Das Gewissen dränge den Menschen zu einer Einheit mit sich selbst, die zugleich Totalität sei. Zwar habe diese Einheit nichts außer sich, nichts, wovon sie nur Teil oder Funktion wäre oder von wo aus betrachtet ihr eigener Sinnhorizont relativiert würde. Das garantiere aber nicht bereits, dass alles, was mit dem Gewissen übereinstimme, auch wirklich gut sei. Das Gewissen greife als Stimme der praktischen Vernunft wesentlich auf ein Ganzes von Sinn aus und bleibe nicht einfach bei sich. Weil es somit Wahrheit intendiere, könne es auch irren. Als bloß unmittelbares Bei-sich-bleiben wäre die Stimme des Gewissens von beliebigen Wünschen, die wiederum mit anderen Wünschen in Konkurrenz treten könnten, gar nicht unterscheidbar. Einsicht ist nach Spaemann nicht das Ergebnis von Introspektion, sondern das einer *Intuition*, die am Ende rationaler Erwägungen stehe oder diese antizipiere. Weil das Gewissen mit dem Anspruch auf Gültigkeit urteile, könne es deshalb auch falsch urteilen. Die Auffassung, ein irrendes Gewissen verpflichte genauso wie ein nicht irrendes Gewissen, und wer ihm folge, handelte immer gut, sei daher abzulehnen. Denn dann wäre das Urteil des Gewissens gar kein Urteil über „gut" und „böse" als einer von dem Gewissen selbst unabhängigen Größe. Das sittlich Richtige und Falsche sei aber gerade das, was wir das Gute und das Böse nennten. Wenn jedes Urteil hierüber bereits per definitionem *wahr* wäre, handelte es sich gar nicht um ein Urteil. Und wenn es in jedem Falle „gut" wäre, dem eigenen Urteil zu folgen, dann könnte das Gute nicht gleichzeitig Gegenstand dieses möglicherweise falschen Urteils sein. Wessen Gewissen also irre, der könne (insofern) gar nicht gut handeln.[76]

1. Das „irrende Gewissen" als eine Frage des Standpunktes

Spaemann scheint das Gewissen des Einzelnen nur insoweit zu einem richtigen Urteil fähig zu sein, als es in einer (göttlichen) Vernunft gründet. Die Erkennt-

75 *Spaemann, R.*, Personen (…), S.184.

76 *Spaemann, R.*, Personen (…), S.187.

nis des Inhaltes dieser Vernunft scheint er dabei letztlich der Intuition zu überlassen. Irrte der Mensch in seiner „Gewissensentscheidung", irre sich nur sein individuelles Gewissen. Spaemann geht von einem prinzipiell objektiv richtigen Gewissensurteil nur insoweit aus, als es einer göttlichen und mithin theologisch als maßgeblich angenommenen Intuition entspricht. Nur die letztere Entscheidung scheint für ihn überhaupt erst eine *personale Entscheidung* zu sein, eine solche also, die den Menschen erst als Person kennzeichne. Mit dieser Relativierung der „Autonomie" des individuellen Menschen scheint Spaemann dem Menschen hinsichtlich seiner Gewissenentscheidung aber zugleich seine im Individuum angelegte Freiheit[77] abzusprechen. Auf den für das Verständnis der Freiheit erforderlichen Perspektivwechsel geht er zur Begründung in seinen Ausführungen zum irrenden Gewissen nicht ein. Betrachte ich mein Handeln aus der Ich-Perspektive, dann bin ich immer an mein Gewissen gebunden. Ich muss ihm vertrauen und kann mich ihm nicht mit dem Hinweis entziehen, ich könnte mit meinem Urteil normativ falsch liegen, weil sich mein Gewissen ja irren könnte. Denn folgte ich meinem Gewissen nicht, bedeutete dies, dass ich mir selbst nicht traue und im Ergebnis, dass ich „guten Gewissens" gar keine handlungsorientierten Entscheidungen mehr treffen könnte. Als Mensch kann ich nicht umhin zu werten und zu handeln. Ich *muss* mich immer wieder entscheiden – jedoch als vernünftiges Wesen als Ausfluss meiner Freiheit und nach Maßgabe meines rational, d.h. nicht lediglich intuitiv geleiteten, individuellen Gewissens. Andererseits ist mein Erkenntnisvermögen begrenzt: Wir können nur in den Dimensionen von Raum und Zeit denken. Zudem sind wir historisch-kulturell geprägt, so dass wir unsere Entscheidungen nur vor einem bestimmten Erkenntnihorizont treffen können, innerhalb der Grenzen unserer biografischen Erfahrungen und unserer persönlichen sittlichen Reife. Menschen können sich mit Blick auf ihre Bewertungen ändern und dazulernen. Betrachte ich mein Handeln von einem späteren Standpunkt aus, beurteile ich die relevante Situation ggf. vor einem geänderten Motivationshorizont. Aus einer aufgeklärteren Rückschau betrachtet, kann es also sein, dass meine Handlungen mir im Nachhinein als sachlich unangemessen erscheinen. Dann hätte sich bezogen auf die relevante Situation aber allenfalls mein insoweit unaufgeklärter Verstand „geirrt", nicht aber bereits mein Gewissen.

2. Das „irrende Gewissen" als sittlicher Defekt?

Spaemann scheint der Ansicht zu sein, bei einem „Gewissensirrtum" handele es sich grundsätzlich nicht um einen intellektuellen, sondern immer schon um

77 S. zur „Freiheit" das nachfolgende Kapitel, s.o. Teil 1, 3. Kap.

einen sittlichen *Defekt.* Der Mensch, dessen Gewissen „erwacht" und der plötzlich bemerkt, dass er einen Menschen jahrelang ungerecht behandelt hat, würde sein früheres Verhalten seiner Meinung nach nicht für unschuldig halten, weil er sich des Unrechts bis jetzt nicht bewusst gewesen sei. Er hielte es vielmehr für seine Schuld, *dass* er sich des Unrechts nicht bewusst gewesen wäre. Andernfalls gäbe es nach Spaemann überhaupt keinen Grund, das eigene Gewissen zu prüfen oder einem anderen bei der Aufklärung seines Gewissens behilflich zu sein oder ihn umgekehrt um Hilfe zu bitten. Es wäre dann seiner Auffassung nach besser, sich und anderen den daraus resultierenden Konflikt gleich zu ersparen. Die Auffassung, solange jemand bei dem Unrecht, das er tut, ein gutes Gewissen habe, sei er ein guter Mensch, ist nach Spaemann eine Art von „moralischem Hedonismus". Sich selbst und jeden anderen bei seinem Gewissen lassen, ungeachtet dessen, was sein Gewissen sage, heiße, den Menschen in seinem Ausgreifen auf Wirklichkeit, also als Wesen der Transzendenz, nicht respektieren, ihn vielmehr als wesentlich unzurechnungsfähiges Wesen betrachten. Es hieße zu unterstellen, dass es dem Menschen nur darum gehe, sich mit sich selbst „anzuwärmen".[78]

3. Zum Gewissen vor oder nach der Handlung

Zu Spaemanns Position stellt sich erneut die Frage, auf welchen Zeitpunkt wir hinsichtlich der Beurteilung der moralischen Qualität einer Handlung abstellen müssen, auf unser Gewissen vor oder nach der Handlung? Unsere moralischen Einschätzungen und unser darauf gestütztes Handeln können sich im Nachhinein als falsch herausstellen. Dass Menschen prinzipiell „fehlbar" sind, bedeutet indessen nicht, dass sie sich ihr vor der Handlung gebildetes, *gewissenhaftes* Urteil bereits als *Schuld* zurechnen lassen müssen. Spaemanns Ansicht wäre ggf. berechtigt, wenn der Betroffene den Fehler nicht vermieden hätte, obwohl ihm das leicht möglich war bzw. wenn er sich in der Bewertung der moralisch relevanten Situation und seiner sich anschließenden Gewissensentscheidung von Anfang an nicht um Wahrhaftigkeit bemüht hätte. Dann hätte er aber bereits gar nicht *gewissenhaft* gehandelt. Spaemann scheint in seiner Argumentation gerade jenes von Kant angesprochene „zweite Gewissen" begründen zu wollen, dass aber, gäbe es so etwas tatsächlich, das „erste Gewissen" doch nicht entlastete. Ein Beispiel: Stellen wir uns einen gläubigen Bestattungshelfer vor, der von dem Pfarrer seiner Kirche erfährt, dass diejenigen Mitglieder der Gemeinde, die aus der Kirche austreten, keine echten Christen mehr seien, weil sie sich mit Blick auf ihren Kirchenaustritt sündhaft

78 *Spaemann, R.*, Personen (...), S.187.

von Gott abgewandt und deshalb auch keinen Anspruch mehr auf eine christliche Bestattung hätten. Vielleicht ist er in seinem Vertrauen auf die Glaubwürdigkeit des Pfarrers geneigt, sich seiner Bewertung anzuschließen und verweigert nun seine Mitwirkung an der Bestattung des „Ausgetretenen“ auf dem für Christen vorgesehenen Teil des Gemeindefriehofs. Erfährt er später, dass der Kirchenaustritt über die Sündhaftigkeit im theologischen Sinne gar nichts aussagt und die Verweigerung eines christlichen Begräbnisses allein wegen des Kirchenaustritts kirchenrechtlich sogar unzulässig ist, wird er seine Meinung vielleicht korrigieren. Dann hätte sich der sein Gewissen motivierende Horizont verändert und er wird seinen „Irrtum“ möglicherweise bedauern. Allerdings wird er sich seine falsche Annahme nicht bereits als Schuld anlasten, sondern, wenn überhaupt, dann eher dem Pfarrer, der ihn falsch informiert hätte. Dabei legte er bereits seinen neuen Erkenntnishorizont zugrunde, den, welchen er nun für „wahrer“ hält. Aus der Ich-Perspektive betrachtet, hätte sich also nicht sein Gewissen geirrt. Sein Verstand hätte lediglich vor dem Horizont unzureichender Erkenntnisse falsch geurteilt. Spaemann selbst könnte irren, wenn er bereits einen *unverschuldeten* „Gewissensirrtum“ für die Zurechnung von Schuld ausreichen ließe. Der Verstand kann sich durchaus irren, nicht das Gewissen.

Anzenbacher zufolge kann sich die Applikation des sittlichen Apriori sowohl auf das Handeln vor als auch nach der Handlung beziehen. Vor der Handlung gehe es darum, zu entscheiden, was ich tun *soll*. Die Antwort auf die Frage, ob ich tatsächlich *richtig* gehandelt habe, ergebe sich dagegen erst aus der Beurteilung zeitlich nach der Handlung. Das dem in Rede stehenden Tun oder Unterlassen nachfolgende Gewissen mache mir entweder die geschehene, nun ggf. als *böse* beurteilte Handlung zum Vorwurf, in Form eines „schlechten Gewissens“, oder es bestätige mir die von meinem Gewissen auch noch nach der Tat als *gut* beurteilte Handlung in Form eines „guten Gewissens“. Allerdings hängt für Anzenbacher die Frage nach dem *moralischen Wert* einer Handlung ausschließlich vom vorhergehenden Gewissen ab, von dem, was mir aus der ex-ante-Perspektive zum Zeitpunkt ihrer Ausführung richtig zu sein schien.[79] Das scheint Spaemann zu verkennen, wenn er annimmt, wir müssten uns auch den erst im Nachhinein erkannten „Irrtum“ bereits als ethische Schuld zurechnen. Im Übrigen ist fraglich, nach welchen Kriterien Ansbachers nachgehendes Gewissen die Frage nach der „Richtigkeit“ beurteilen soll. Geht es dabei um einen konsequentialistischen Schluss in dem Sinne, dass mir die ggf. nicht bedachten Folgen meines Verhaltens später als problematisch er-

---

79 Vgl. *Anzenbacher, Arno*, Einführung in die Philosophie, S. 318.

scheinen und ich mein Verhalten im Nachhinein lediglich als *unklug* bewerte? Oder regt sich unser nachfolgendes Gewissen auch in moralischer Hinsicht zu Recht, wenn wir, trotz Beachtung des kategorischen Imperativs in der ethisch relevanten Konfliktsituation, allein mit Blick auf die nicht bedachten Folgen unseres Handelns in Entsetzen geraten? Nehmen wir an, der besagte Soldat im Schützengraben hätte auf die Angreifer geschossen und dann als glücklicher Überlebender erfahren, dass es sich bei den von ihm Getöteten vor allem um schlechtausgerüstete Jugendliche handelte, deren Waffenmagazine längst leergeschossen waren, die ihn umgekehrt also gar nicht hätten töten können. Da liegt es nicht fern, wenn er sein Verhalten mit Blick auf sein nachfolgendes Gewissen als furchterregend erachtet. Das nachfolgende Gewissen ist nicht weniger ernst zu nehmen als das vorgängige. Es ermahnt uns, unsere Lebensführung rückwirkend zu überdenken. Das führt aber nicht bereits dazu, dass sich der Betroffene seine „Tat" deshalb bereits als ethische Schuld zurechnen müsste, bezöge sich ein daran anknüpfender „Schuldvorwurf" doch allenfalls auf seine „Lebensführungsschuld"[80].

4. Zum Gegensatz von Autonomie und Theonomie

Im Zusammenhang der Frage nach dem Gewissen werden die Begriffe „Theonomie"[81] und „Autonomie" häufig gegenübergestellt. In der Theonomie ist Gott die Quelle für human-ethische Reflexionen, so dass mit einem bestimmten monotheististischen Verständnis die Bibel die wichtigste Quelle ethischer Reflexionen ist. Der Grund dafür liegt in der Ansicht, dass der Mensch Gott gehöre, weil er ihn erschaffen habe. Für die Frage nach der Gültigkeit des kategorischen Imperativs als Beurteilungsmaßstab von sittlicher Schuld kommt es nach Anzenbacher jedoch nicht darauf an, ob wir unser Gewissen an den Geboten Gottes orientierten oder an den Vorgaben unseres Gewissens. Seiner Auffassung nach handelt es sich bei dem Gegensatz von Autonomie und Theonomie innerhalb der Moralität um ein Scheinproblem.[82] Der Wille Gottes verpflichte uns moralisch in unserem Gewissen nur, soweit wir seine Autorität in unserem Motivationshorizont[83] anerkennten. Gläubige Menschen

---

80 S. zur „Lebensführungsschuld" u. Teil 1, 8. Kap., C), IV.; sowie in Teil 2, 1. Kap., B).

81 Theonomie (von gr. theos = Gott und nomos = Gesetz) beschreibt in der christlichen Ethik die Unterwerfung von Handlungen unter Gottes Gesetze als Autorität.

82 *Anzenbacher, Arno*, Einführung in die Philosophie, S. 317, 318.

83 Unter „Motivationshorizont" sei hier mit Anzenbacher der Inbegriff der Motive verstanden, die uns in unserer Lebenspraxis bestimmen können bzw. die für unsere Überlegung, was zu tun ist, relevant werden können. (Vgl. *Anzenbacher, Arno*, Einführung in die Philosophie s. z.B. S. 318).

würden den kategorischen Anspruch immer theologisch, als einen Anspruch Gottes an den Menschen und an seine Lebenspraxis interpretieren.[84] Diese Auffassung erscheint problematisch, wenn wir *den* Willen Gottes nicht erkennen. Ein *Gläubiger*, der sich den Vorgaben seiner Kirche in einer Konfliktsituation widersetzt, könnte dennoch die Menschheit in seiner Person oder in der Person eines anderen ernst nehmen. Dann folgte er seinem Gewissen, weniger den Autoritäten seiner Kirche, die den Willen Gottes in moralischen Fragen manchmal als „Wahrheit" zu verwalten vorgeben.

84 Ebenda.

Drittes Kapitel: Willensfreiheit und Zurechnung

Die Vorstellung, dass wir sittlich gut handeln können, geht wie selbstverständlich davon aus, dass wir als Menschen die Fähigkeit besitzen, uns dem als richtig erkannten, selbst gesetzten Sollen aus freiem Willen unterwerfen können. Wäre das unproblematisch immer so, bräuchten wir nur unser Gewissen zu befragen und einfach zu tun, was es uns sagt. Tatsächlich erfahren wir uns jedoch als Menschen, die dem Gebot ihres Gewissens nicht immer folgen. Wir halten uns nicht konsequent an das in uns allen wohnende Sittengesetz – weder in Bezug auf uns selbst noch auf andere. Fraglich ist daher, ob wir in Wahrheit doch nicht frei sind, sondern nach Maßgabe der natürlichen Umstände gerade so handeln, wie wir handeln *müssen*.

Bevor wir diese Frage näher untersuchen, sei noch etwas allgemeiner auf den Begriff der Freiheit eingegangen. Viele Menschen haben dazu tatsächlich einen *intuitiven* Zugang, wobei der Begriff Freiheit in unterschiedlichen Bedeutungen verwandt wird. So kann Freiheit ein letztlich nicht konkret fassbares *Ideal* meinen, wie es etwa in den politischen Losungen der französischen Revolution von 1789 zum Ausdruck kommt: „Freiheit, Gleichheit, Brüderlichkeit“. Manchmal *empfinden* wir das *Ideal von Freiheit* auch unmittelbar. Verlässt jemand die Schule mit dem ersehnten Abschluss in der Tasche, ohne recht zu wissen, was ihn als Nächstes erwartet, benennt er häufig *die Freiheit*, die ihn an seiner Zukunft vor allem reizt. Mit dem Begriff der allgemeinen *Handlungsfreiheit* verbinden wir umgangssprachlich ein Mehr oder Weniger an Selbstbestimmungsmöglichkeiten. Deren Spielräume können groß oder klein oder auch gar nicht gegeben sein. Weiter unterscheiden wir die äußere von der inneren Freiheit, die Freiheit *von* etwas und die Freiheit *zu* etwas. Um äußere und innere Freiheit scheint es auch bei der „Gewissensfreiheit“ zu gehen. Unser Gewissen kann durch viele Faktoren beeinflusst sein: unsere Sozialisation, unsere Bildung usw. Andererseits ist es als innerer „Gerichtshof“, als letzte Instanz der Beurteilung der moralischen Qualität unserer Handlungen, unserer Fähigkeit entzogen, darüber nach Belieben zu verfügen. Im Zusammenhang des Sittengesetzes fragen wir nach einer Freiheit, die es uns erlaubt, unserem selbst gesetzten Sollen überhaupt gehorchen zu können und mithin nach der Freiheit unseres Willens schlechthin.

https://doi.org/10.1515/9783110696462-006

A) Freiheit als Eigenschaft der Kausalität unseres Willens

Kant spricht von Freiheit als einer Eigenschaft der Kausalität unseres Willens.

> „Der *Wille* ist eine Art von Causalität lebender Wesen, so fern sie vernünftig sind, und *Freiheit* würde diejenige Eigenschaft dieser Causalität sein, da sie unabhängig von fremden sie *bestimmenden* Ursachen wirkend sein kann: so wie *Naturnothwendigkeit* die Eigenschaft der Causalität aller vernunftlosen Wesen, durch den Einfluß fremder Ursachen zur Thätigkeit bestimmt zu werden."[1]

Der Mensch erfährt sich als jemand, der sich nach seiner Vorstellung ein Ziel setzen kann und sich mit Blick auf dieses Ziel willentlich selbst zu einem Tun oder Unterlassen bestimmt; nicht weil er es naturnotwendig *muss*, sondern weil er es freiwillig *kann*. Der Mensch kann sich ein Sollen setzten und prinzipiell auch danach handeln. Diese Freiheit wäre nach Kant für sich genommen jedoch noch „unfruchtbar (...) um ihr Wesen einzusehen." Denn dieser „negative" Begriff von Freiheit stellt nur eine Grundbedingung dar, die uns eine freie, autonome Willensbetätigung erst ermöglicht. Allerdings fließt Kant zufolge aus diesem negativen Begriff ein positiver Begriff von Freiheit, „der desto reichhaltiger und fruchtbarer ist".[2]

I. Freiheit in einem negativen und einem positiven Verstand

Kant unterscheidet zwischen transzendentaler und praktischer Freiheit.

1. Transzendentale Freiheit

Nach der Darstellung des Philosophen Bernd Ludwig[3] macht er allerdings nur in Bezug auf den Begriff der *transzendentalen Freiheit* explizit Gebrauch von den Begriffsprädikaten „positiv" und „negativ". Von *negativer Freiheit* bzw. *positiver Freiheit* spricht Kant nicht.[4] Zeitlich nach der Abfassung der *Grundlegung* hat er sich in der *Kritik der praktischen Vernunft* (1787/1788) mit dem Begriffspaar näher befasst:

> „Jene *Unabhängigkeit* aber ist Freiheit im *negativen, diese eigene Gesetzgebung* aber der reinen und als solche praktischen Vernunft ist Freiheit im *positiven* Verstande."[5]

1 *Kant*, AA IV, GMS, S. 446.

2 *Kant*, AA IV, GMS, S. 446.

3 Die folgende Darstellung zu den Begriffen der Freiheit bei Kant orientiert sich an der Darstellung von Bernd Ludwig.

4 *Ludwig, Bernd*, „Positive und negative Freiheit" bei Kant? S. 272.

5 *Kant*, AA V, KpV, S. 33.

Die Freiheit im negativen Verstande charakterisiert Kant durch eine *Unabhängigkeit* der Willkür[6], wobei dieser negative Begriff der transzendentalen Freiheit der einer Kausalität sei, die von allen sinnlichen Antrieben unabhängig ist. Der positive Begriff von transzendentaler Freiheit beschreibt dagegen ein bestimmtes *Vermögen*: das *Vermögen der Vernunft*, für sich selbst praktisch zu sein. Nach Ludwig geht es dabei, technisch gesprochen, „darum, von einem negativen Begriff, der zunächst nur durch ein *verneinendes* Urteil expliziert werden kann (Die fragliche Kausalität / ist nicht / sinnlich-bedingt) zu einem solchen Begriff überzugehen, der durch das korrespondierende *unendliche* Urteil (Die fragliche Kausalität / ist / nicht-sinnlich-bedingt) explizierbar ist. Das führe dann zu einer „bejahenden" Bestimmung des Begriffs, wenn es gelänge, das bloß negative „Prädikat" durch ein „echtes", positives Prädikat zu ersetzen und damit bei einem (echten) bejahenden Urteil als Explikation eines dann positiven Begriffs anzukommen („Die fragliche Kausalität / ist / durch die reine praktische Vernunft bedingt").[7]

Wenn, so fährt Ludwig fort, der *positive* Begriff Objektivität besitze, er also der Begriff eines *möglichen* Gegenstandes sei, dann sei die Extension dieses positiven Begriffs Teilmenge der Extension des negativen. Wenn man von den möglichen Handlungsalternativen (die zunächst nur den Begriff der Freiheit im negativen Verstande angehe) eine nach der anderen abziehe, dann bleibe für das Vermögen praktischer Vernunft (die den Begriff der Freiheit in einem positiven Verstande betreffe) schließlich nichts mehr übrig. Mit dem vollständigen Wegfall der Freiheit in einem negativen Verstande bliebe also auch für die Freiheit im positiven Verstande nichts mehr übrig. Ein Beispiel: Wenn ich unter meiner Seele die *Substanz* verstehe, die in mir, d.h. in meinem Ich, das ausmacht, was das vielfältige, zunächst unbestimmte *Vermögen der Liebe* hat, und ziehe dann die Attribute („Akzidenzien") dieser Substanz, das, was mich als Mensch insgesamt ausmacht, eine nach der anderen ab, was (immerhin) theoretisch denkbar wäre, dann verschwinden am Ende nicht nur meine Möglichkeiten zu lieben, sondern schließlich mein Vermögen der Liebe selbst. Für das Verständnis des Begriffs der transzendentalen Freiheit gilt das in ähnlicher Weise. Eine Freiheit im positiven Verstande kann es nicht ohne eine solche in einem negativen Verstande geben. Es gibt keine Freiheit außerhalb von uns selbst. Freiheit als bloße Unabhängigkeit von etwas wäre, so Ludwig, „Unfug".[8]

---

6 S. zum Begriff „Willkür" Teil 2, 1. Kap., A).

7 *Ludwig, Bernd*, „Positive und negative Freiheit" bei Kant? S. 274.

8 *Ludwig, Bernd*, „Positive und negative Freiheit" bei Kant? S. 275.

2. Praktische Freiheit

Zur praktischen Freiheit schreibt Kant in der Kritik der reinen Vernunft[9]:

> „Die praktische Freiheit kann durch Erfahrung bewiesen werden. Denn nicht bloß das, was reizt, d.i. die Sinne unmittelbar afficirt, bestimmt die menschliche Willkür, sondern wir haben ein Vermögen, durch Vorstellungen von dem, was selbst auf entferntere Art nützlich oder schädlich ist, die Eindrücke auf unser sinnliches Begehrungsvermögen zu überwinden; Diese (*Die Vernunft*) giebt daher auch Gesetze, welche Imperativen, d.i. objective *Gesetze der Freiheit*, sind, und welche sagen, *was geschehen soll*, ob es gleich vielleicht nie geschieht, und sich darin von *Naturgesetzen*, die nur von dem handeln, *was geschieht*, unterscheiden, weshalb sie auch praktische Gesetze genannt werden. (…) Wir erkennen also die praktische Freiheit durch Erfahrung als eine von den Natursachen, nämlich (*die praktische Freiheit ist*) eine Causalität der Vernunft in Bestimmung des Willens, indessen daß die transcendentale Freiheit eine Unabhängigkeit dieser Vernunft selbst (in Ansehung ihrer Causalität, eine Reihe von Erscheinungen anzufangen) von allen bestimmenden Ursachen der Sinnenwelt fordert und so fern dem Naturgesetze, mithin aller möglichen Erfahrung zuwider zu sein scheint und also ein Problem bleibt."

Der negative Begriff der praktischen Freiheit der menschlichen Willkür ist danach der einer Kausalität, die insoweit von den *unmittelbaren* sinnlichen Affektionen *unabhängig* ist, als sie diese (und mithin auch den sie bestimmenden, natürlichen Kausalnexus) „überwinden" kann. Der positive Begriff der menschlichen Willkür ist der Begriff eines *Vermögens,* die menschliche Willkür durch *Gesetze der Vernunft* zu bestimmen. Wie bei dem Begriffspaar negativ und positiv hinsichtlich der transzendentalen Freiheit gilt also auch hier: Derjenige, der praktisch frei im positiven Verstande ist, muss es auch im negativen sein. „Weil und insofern der Mensch sich vermöge seiner Vernunft durch die Vorstellung von entfernteren Gütern (und Übeln) zu bestimmen vermag (bejahendes Urteil), ist er von Nicht-Unmittelbar-Sinnlichem bestimmbar (unendliches Urteil) und damit *nicht* allein von seinen unmittelbaren sinnlichen Affektionen bestimmbar (verneinendes Urteil)."[10]

3. Praktische und transzendentale Freiheit

Ob die praktische Freiheit in Bezug auf die konkrete Handlung mit der transzendentalen Freiheit einhergeht, ist für Kant weder eine praktische, geschweige denn eine empirische Frage, sondern eine Frage der bzw. an die Metaphysik.

> „Ob aber die Vernunft selbst in diesen Handlungen, dadurch sie Gesetze vorschreibt, nicht wiederum durch anderweitige Einflüsse bestimmt sei, und das, was in Absicht auf sinnliche Antriebe Freiheit heißt, in Ansehung höherer und entfern-

9 Die KrV erschien 1781 (Auflage A) und verändert 1787 (Auflage B).

10 *Ludwig, Bernd,* „Positive und negative Freiheit" bei Kant? S. 274.

> terer wirkenden Ursachen nicht wiederum Natur sein möge, das geht uns im Praktischen, da wir nur die Vernunft um die *Vorschrift* des Verhaltens zunächst befragen, nichts an."[11]

Die transzendentale Freiheit betrifft nicht die Möglichkeit von Verpflichtungen („Vorschriften"), sondern *ausschließlich* die Frage nach der persönlichen *Zurechenbarkeit* von Handlungen, der „Imputabilität" derselben. Die *praktische* Freiheit meint dagegen die Bedingung bereits der *Zuschreibung* von Handlungen.[12] Für die Frage der *Zurechnung* kommt es also tatsächlich auf die transzendentale Freiheit an, die uns zwar für die Frage lediglich der *Zuschreibung* von Handlungen, gleichgültig sein könnte, nicht aber für die Frage nach der persönlichen Zurechnung. Dabei ist es für das Verständnis des Begriffs der transzendentalen Freiheit wichtig zu sehen, dass es insoweit nur um den Erweis der *Denkmöglichkeit von Freiheit* angesichts der Notwendigkeit der Naturkausalität geht.

4. „Zurechnung" und „Zuschreibung" bei Kant

> „Zurechnung (imputatio) in moralischer Hinsicht ist das Urteil, wodurch jemand als Urheber (causa libera) einer Handlung, die alsdann Tat (Factum) heißt und unter Gesetzen steht, angesehen wird."[13]

Stübinger weist darauf hin, dass in dieser Bestimmung, genau besehen, zwei Stufen unterschieden werden. Und zwar verberge sich hinter der Wendung, dass die zunächst in einem ersten logischen Schritt als Factum zurechenbare Handlung „unter Gesetzen steht", ein zweiter Zurechnungsschritt.[14] Kant definiert die Zurechnung als

> „das Urtheil von einer Handlung, so fern sie aus der Freyheit der Person entstanden ist, in Beziehung auf Gewisse practische Gesetze. Es muss also bey der Zurechnung eine freye Handlung und ein Gesetz seyn…Habe ich nun auf die That Acht, so ist das impotatio *facti*; habe ich aufs Gesetz acht, so ist das impotatio legis…Wenn das factum gleich soll aufs Gesetz imputieret werden, so sind gleich zwey imputationes. Die imputatio legis ist die Frage, ob die Handlung unter diesem oder jenem Gesetze stehe?"[15]

Später findet sich bei Kant die Unterscheidung „zuschreiben – und zurechnen", wobei die „Zurechnung…immer die Wirkung, welche eine legale Folge

---

11 *Kant*, AA III, KrV, 2. Aufl. 1787, S. 521.

12 *Ludwig, B.*, „Positive und negative Freiheit" bei Kant? S. 278.

13 *Kant*, MSR, AA VI., S. 227.

14 *Stübinger, Stephan*, Von der alten Imputationen-Lehre zum klassischen Verbrechensbegriff, (RW, Heft 2, 2011, S. 154–176 (163).

15 *Kant*, Vorlesung zur Moralphilosophie, hg. W. Stark, 2004, S. 87 f.

hat“, betreffe; daher „wird ein factum zuerst zugeschrieben und nachher zugerechnet“. „Jemandem ein factum imputieren heißt nicht: es ihm Zurechnen, sondern zuschreiben, beymessen; wenn das factum ausgemacht ist, einem die legale folgen davon beymessen, heißt zurechnen. D.i. es als eine Handlung der freyheit in Verhältnis auf Gesetze ansehen“. Deshalb heiße es auch: „Ein Handlung wird zugeschrieben, die Wirkung zugerechnet.“ Nach Stübinger hebe eine Zuschreibung in diesem Sinne zunächst die Handlung als einen Akt der Freiheit aus dem übrigen rein kausalen Naturgeschen hervor und ermögliche so die eigentliche Zurechnung als Verbindung zwischen der Tat, deren reale Wirkungen und den der Beurteilung zu Grunde liegenden Gesetzen.[16]

5. Das Bewusstsein des Ich als „Beleg“ transzendentaler Freiheit?

In seiner frühen Phase folgt Kant, worauf Ludwig weiter hinweist, der Annahme, dass der sich seiner selbst bewusst Handelnde sich bereits prinzipiell als der *Zurechnung* fähig ansehen muss, mit der Folge, dass die transzendentale Freiheit seines Willens *notwendig* vorausgesetzt werde. Diese Vorstellung legt der in der philosophischen Tradition bis dahin vertretene „Ich“-Gedanke nahe.[17] Bis 1785 findet sich nach Ludwig kein Zeugnis dafür, dass Kant Zweifel an der Richtigkeit der letztlich Cartesischen Vorstellung[18] gehegt hätte, wonach das für die praktische Urteilstätigkeit vorauszusetzende Ich-Bewusstsein von einer Teilhabe an einer nicht-sinnlichen, intelligiblen Welt zeuge und damit die gleichsam hinreichende (metaphysische) Bedingung der Selbstzuschreibung transzendentaler Freiheit – und folglich der Imputabilität – sei. Spätestens ab 1787 gehe es Kant dagegen nicht mehr um die mögliche *Vernunftbedingtheit* des Handelns, die als Voraussetzung einer nicht sinnlichen, transzendentalen Freiheit bei einem selbstbewusst handelnden Menschen

---

16 *Stübinger, Stephan*, Von der alten Imputationen-Lehre zum klassischen Verbrechensbegriff, RW Heft 2, 2011, S. 154–176 (164).

17 Cogito ergo sum (lat. *Ich* denke, also bin ich.). Für den französichen Philosophen der Aufklärung René Descartes (1596 bis 1650) ist es letztlich das Ich, dessen ich mir als sicher bewusst sein darf. Wenn auch alles trügen mag, so steht doch fest, dass jedenfalls er selbst (als Ich) es ist, der das denkt, was er denkt, und mithin auch existieren muss.

18 *Ludwig, B.*, „Positive und negative Freiheit“ bei Kant? S. 280, m.V.a. *Descartes* vierte Meditation in: Meditationes (de vero et falso): „Der Urteilsakt enthält neben der Verstandes- eine Willenskomponente, wodurch er dem Urteilenden zugerechnet werden kann – und der Schöpfer dadurch von der Verantwortung für die menschlichen Irrtümer freigesprochen ist“.

notwendig sei.[19] Seine neue Position habe Kant in einer Vorlesung von 1793 formuliert:

> „Man nimmt zwar ferner an, (...) daß der handelnde Mensch von aller Naturnothwendigkeit unabhängig sey, insofern seine Handlungen durch motiven geleitet, mithin durch Verstand und Vernunft determinirt würden; dies ist aber falsch. Der Mensch wird dadurch nicht vom Natur-Mechanismo befreit, daß er bey seiner Handlung einen actum der Vernunft vornimmt. Jeder Actus des Denkens, Ueberlegens ist selbst eine Begebenheit der Natur, wobey der Verstand die Verknüpfung der Ursachen der Dinge mit ihren Wirkungen aufsucht, und darnach die Mittel zum Handeln wählt: nur dieser Actus ist eine innerliche Begebenheit, da sie in dem Menschen selbst geschieht; (...).“[20]

6. Das doppelte Ich: Objekt und Person

Wir können den Begriff von unserem Ich im Sinne eines „doppelten Ichs“ unterscheiden.[21] Unser innerer Sinn wird Kant zufolge „von uns selbst“ affiziert und nimmt so unser Ich als Erscheinung wahr. Der Gedanke: „Ich bin mir meiner selbst bewusst“ geht schon darüber hinaus und enthält zweierlei: das Ich der inneren sinnlichen Anschauung (als Objekt) und das Ich als denkendes Subjekt und Akteur.

> „Wie es möglich sei, daß ich, der ich denke, mir selber ein Gegenstand (der Anschauung) sein und mich so von mir selbst unterscheiden könne, ist schlechterdings unmöglich zu erklären, obwohl es ein unbezweifelbares Faktum ist; es zeigt aber ein über alle Sinnenanschauung so weit erhabenes Vermögen an, daß es, als der Grund der Möglichkeit eines Verstandes, die gänzlich Absonderung von allem Vieh, dem wir das Vermögen, zu sich selbst Ich zu sagen, nicht Ursache haben beizulegen, zur Folge hat, und in eine Unendlichkeit von selbst gemachten Vorstellungen und Begriffen hinaussieht.“[22]

Mit dem doppelten Ich sind keine zwei Persönlichkeiten gemeint.

> „Ich der ich denke und anschaue, ist die Person, das Ich aber des Objekts, was von mir angeschaut wird, ist gleich anderen Gegenständen außer mir die Sache. (...) Von dem Ich in der ersten Bedeutung (dem Subjekt der Apperzeption), dem logischen Ich als Vorstellung a priori, ist schlechterdings nichts weiter zu erkennen möglich, was es für ein Wesen und von welcher Naturbeschaffenheit es sei; es ist gleichsam wie das Substantiale, was übrig bleibt, wenn ich alle Akzidenzen, die ihm inhärieren, weggelassen habe, das aber schlechterdings gar nicht weiter erkannt werden kann, weil die Akzidenzen gerade das waren, woran ich seine Natur

---

19 Vgl. *Ludwig, B.*, „Positive und negative Freiheit“ bei Kant? S. 280.

20 *Kant*, Vorlesungen über Moralphilosophie, Metaphysik der Sitten Vigilantius, AA XXVII, S. 503/504.

21 *Eisler, R.*, Kant-Lexikon, S. 248 f.

22 Zitiert nach *Eisler, R.*, Kant-Lexikon, S. 249.

erkennen konnte. (...) Das Ich aber in der zweiten Bedeutung (das Subjekt der Perzeption) das psychologische Ich als empirisches Bewußtsein, ist mannigfacher Erkenntnis fähig, worunter die Form der inneren Anschauung, die Zeit, diejenige ist, welche a priori allen Wahrnehmungen und deren Verbindung zum Grunde liegt, deren Auffassung (apprehensio) der Art, wie das Subjekt dadurch affiziert wird, d.i. der Zeitbedingung gemäß ist, in dem das sinnliche Ich vom intellektuellen Ich zur Aufnahme desselben im Bewußtsein bestimmt wird."[23]

7. Die Person als Subjekt der Zurechnung

Von dem vom „Ich" als Objekt unterschiedenen „Ich", dem Subjekt des Ich, können wir allenfalls sagen, dass es das ist, was unsere *Person* ausmacht. Kant unterscheidet zwischen dem Begriff der „unsterblichen Seele" als einem Postulat und dem Begriff der Person als Vernunftwesen. Als solches ist der Mensch Zweck an sich und deshalb ein Gegenstand der Achtung.[24] Für Kant ist Person

„dasjenige Subjekt, dessen Handlungen einer Zurechnung fähig sind."[25]

Kants Bestimmung des Begriffs *Person* ist knapp, insoweit er darüber, von seinen Ausführungen zum Begriff der Zurechnung abgesehen, keine inhaltlichen Aussagen trifft. Dem entsprechend werden auch in der modernen Philosophie der Person sprachliche Verdinglichungen zur Erfassung des Begriffs möglichst umgangen, was vor allem für Ausdrücke eines egologischen Vokabulars wie „Ich" oder „Selbst" gilt.[26] Zwar könnten Aktivitäten von Personen aus subjektiver Perspektive mit Sätzen wie „ich denke", „ich zweifle", „ich wünsche", „ich fühle" oder „ich habe Schmerzen" beschrieben werden. Aus diesem Sachverhalt folge aber nicht, dass Personen ein „Ich" oder ein „Selbst" *haben*. „Ich" oder „Selbst" bezeichnen keine psychischen Objekte. „Rechtfertigungsfähig können sie", dem Philosophen Dieter Sturma zufolge, allenfalls als metaphorische Umschreibungen für ein System selbstreferentieller Aktivitäten eingesetzt werden. Dieses System ermögliche, dass Personen sich im

---

23 Zit. n. *Eisler, R.*, Kant-Lexikon, S. 248 f. mit Verweis auf: *Kant*, Fortschritte der Metaphysik 1. Abh. Geschichte der Transzendentalphilosophie (V. 393 ff.).

24 Vgl. *Kant*, AA IV, GMS, S. 428; Bereits die klassische Philosophie (Boethius) kennzeichnet den Menschen insoweit als Person, als unter Person die unteilbare („individuelle") Substanz rationaler (vernünftiger) Natur (lateinisch: *Persona est rationalis naturae individua substantia*) zu verstehen ist. Danach liegt der Erscheinung des Menschen als denkendem Lebewesen ein sinnlich nicht wahrnehmbarer, d.h. metaphysischer Wesenskern zugrunde.

25 *Kant*, AA VI, MST, S. 223.

26 *Sturma, D.*, Neues Handbuch philosophischer Grundbegriffe, B. 2 „Person", S. 1728 f. (1736).

sozialen Raum als Subjekte zu verhalten. Betrachte man die verschiedenen philosophiegeschichtlichen und disziplinären Entwicklungen, kristallisiere sich allenfalls ein semantischer Kern des Begriffs der Person heraus, der sich auf selbstbewusste Akteure bezieht, die im sozialen Raum körperlich präsent sind und sich als *Subjekte im Raum der Gründe* verhalten könnten. Mit dem Begriff der Autonomie erschließe sich der Sachverhalt, dass Personen aufgrund ihrer Vernunft – ihrer Fähigkeit sich durch Gründe bestimmen zu lassen – als Zweck an sich existieren und nicht instrumentalisiert werden dürften. Nach Sturma sind Personen Akteure im Raum der Gründe, die nicht umhinkönnten, sich mit Gründen zu sich selbst zu verhalten. Sie erwägen Handlungsalternativen, bewerten eigene wie fremde Verhaltensweisen und etablieren Werte oder Maximen für die Lebensführung. So eröffne die „Präsenz im Raum der Gründe" die praktische Normativität mit ihren Bestimmungen von Zurechenbarkeit, Anerkennung und Menschenrechten.[27]

So wie das Ich als Objekt unserer Anschauung uns keine *Erklärung* für das Ich als Subjekt und als Person gibt, so erlaubt uns unsere praktische Freiheit keinen Schluss auf unsere transzendentale Freiheit. Für die Frage nach der *Richtigkeit* des Sittengesetzes ist der Schluss von der praktischen auf die transzendentale Freiheit Kant zufolge aber auch nicht nötig. Die Vorstellung, dass wir praktisch frei sind, ist auch ohne die Erklärung bzw. die Vorstellung einer transzendentalen Freiheit möglich und lässt sich zudem an Hand unserer Erfahrung *beweisen*. Die transzendentale Freiheit lässt sich dagegen im Sinne eines solchen *Beweises* nicht erfahren. Freiheit in einem positiven Verstande ist das *Vermögen* des Menschen als Person nach einer Maxime handeln zu können, durch die er zugleich wollen kann, dass sie ein allgemeines Gesetz werde. Aus der *Annahme* praktischer Vernunft folgt für Kant, dass der Mensch *sittlich gut* allerdings auch nur unter der Idee der Freiheit handeln kann. Kant reichte die Zugrundelegung der Freiheit nur als Idee zum Verständnis des kategorischen Imperativs zunächst aus. Wenn transzendentale Freiheit (die ja für die Annahme der *Zurechenbarkeit* erforderlich bleibt) auch theoretisch nicht *bewiesen* werden kann, so darf sie, mit Blick auf das *Vermögen* des Menschen praktisch vernünftig, d.h. nach einem selbst gesetzten Sollen handeln zu können, doch als für vernünftige Wesen gegeben angenommen werden.[28]

---

27 Ebenda.

28 *Kant*, AA IV, GMS, S. 448, Fn. 1.

II. Das Sollen als Wollen

Warum aber, fragt Kant schon in der Grundlegung weiter, soll ich mich überhaupt einem kategorischen Sollensanspruch unterwerfen?

> „Ich will einräumen, daß mich hiezu kein Interesse *treibt*, denn das würde keinen kategorischen Imperativ geben; aber ich muß doch hieran nothwendig ein Interesse *nehmen* und einsehen, wie das zugeht; denn dieses Sollen ist eigentlich ein Wollen, das unter der Bedingung für jedes vernünftige Wesen gilt, wenn die Vernunft bei ihm ohne Hindernisse praktisch wäre; für Wesen, die wie wir noch durch Sinnlichkeit als Triebfedern anderer Art afficirt werden, bei denen es nicht immer geschieht, was die Vernunft für sich allein thun würde, heißt jene Nothwendigkeit der Handlung nur ein Sollen, und die subjective Nothwendigkeit wird von der objectiven unterschieden."[29]

Nach Kant *sollen* wir uns dem kategorischen Imperativ unterwerfen, weil wir seine Befolgung nach Maßgabe der Menschheit in unserer Person selbst *wollen* und weil wir es mit Blick auf unser Vermögen praktischer Freiheit im positiven Verstande prinzipiell auch können. Wir sind nicht nur Naturwesen, die sich nach Lust- und Unlustmotiven bestimmen, sondern zugleich mit Vernunft, Freiheit und in ihrer Folge mit Würde ausgestattet. Deshalb sind wir in Ansehung unserer Personalität genötigt, einem selbstgesetzten Sollen unter Zurückstellung unserer Neigungen auch in Bezug auf uns selbst zu folgen. Ich soll also kann ich. Das *Bewusstsein* aber, entgegen unserer aktuell wirkenden Neigungen *unbedingt genötigt* zu sein, die Menschheit in meiner Person bzw. in der Person eines anderen nicht lediglich als Mittel, sondern zugleich als Zweck an sich behandeln zu sollen, zeigt mir, dass ich praktisch gut handeln kann (wenn ich es auch trotzdem nicht immer tue) und insoweit, dass mein Wille tatsächlich ein freier Wille ist.

1. Zwei mögliche Standpunkte

Zur Realisierung des Bewusstseins, durch das Sittengesetz in mir genötigt zu sein, bedarf es wiederum jenes bestimmten Standpunktes, aus dem heraus ich mich selbst betrachte. Wie bereits bei der Darstellung des „doppelten Ich" angedeutet, gehören wir nach Kant prinzipiell zwei Welten an, der Welt der Phänomena[30] (der sinnlich wahrnehmbaren Objekte) und der Welt der Noumena[31] (den Dingen an sich). Weil das so ist, können wir einen unterschiedlichen Standpunkt einnehmen, aus dem heraus wir uns denken und vorstellen. Wir können

29 *Kant*, AA IV, GMS, S. 449.

30 Phaenomenon = altgriechisch: ein Zeigendes, Erscheinendes.

31 Noumenon, Partizip Präsens, Singular, Neutrum von altgriechisch: denken: „Das Gedachte".

uns einmal „selbst nach unseren Handlungen als Wirkungen, die wir vor unseren Augen sehen, (…) vorstellen“.[32] Damit gelangen wir zu einer Erkenntnis der uns empirisch vorgegebenen, sinnlich wahrnehmbaren Objekte, d.h. in Bezug auf uns selbst zu dem Ich als Phänomen. Zum anderen können wir uns aus der Perspektive des Handelnden, des Ich als „Noumenon“, betrachten. Zwar können wir zu einer Erkenntnis dieses „Ich an sich“ mit Hilfe unseres theoretischen Erkenntnisvermögens nicht vordringen. Trotzdem können wir uns eine von der Sinnenwelt verschiedene *intelligible*[33] Verstandeswelt immerhin vorstellen. Während die Sinnenwelt nach der Verschiedenheit derer, die sie betrachten, unterschiedlich sein kann, weil sie unterschiedlich wahrgenommen wird, bleibt die Verstandeswelt, insofern sie Teil unserer Vernunft ist, für alle Menschen die gleiche. Da sich der Mensch also selbst auch nur innerhalb seiner Wahrnehmungsmöglichkeiten von Raum und Zeit erkennen kann, bleibt ihm sein eigentliches Ich (das „Ich an sich“) „so wie es an sich selbst beschaffen (...) sein mag“, das wir zur intelligiblen Welt zählen müssen, letztlich verborgen.[34]

> „Dergleichen Schluß muß der nachdenkende Mensch von allen Dingen, (...) fällen; vermuthlich ist er auch im gemeinsten Verstande anzutreffen, der, wie bekannt, sehr geneigt ist, hinter den Gegenständen der Sinne noch immer etwas Unsichtbares, für sich selbst Thätiges zu erwarten, es aber wiederum dadurch verdirbt, daß er dieses Unsichtbare sich bald wiederum versinnlicht, d.i. zum Gegenstande der Anschauung machen will, und dadurch also nicht um einen Grad klüger wird.“[35]

2. *Von der Selbsttätigkeit der Vernunft*

Kant unterscheidet den Verstand von der Vernunft. Letztere ist als reine Selbsttätigkeit dem Verstand überlegen. Der Verstand kann aus seiner Tätigkeit keine neuen Begriffe hervorbringen. Er hat die Aufgabe, die sinnlichen Vorstellungen unter Regeln zu ordnen. Die Vernunft beweist ihr vornehmstes Geschäfte dagegen darin, „Sinnenwelt und Verstandeswelt voneinander zu unterscheiden“. Dadurch zeigt sie dem Verstande seine Schranken. Deshalb „muß ein vernünftiges Wesen sich selbst *als Intelligenz* (...) nicht als zur Sinnen-, sondern zur Verstandeswelt gehörig, ansehen“.[36]

> „Als ein vernünftiges, mithin zur intelligibelen Welt gehöriges Wesen kann der Mensch die Causalität seines eigenen Willens niemals anders als unter der Idee der

32 *Kant*, AA IV, GMS, S. 450.

33 Intelligibel, lateinisch: „verstehbar“, „erkennbar“.

34 Vgl. *Kant*, AA IV, KrV, A 532/B 560-A 558/B 586.

35 *Kant*, AA IV, GMS, AA. S. 451, 452.

36 *Kant*, AA IV, GMS, AA. S. 452.

> Freiheit denken; denn Unabhängigkeit von den bestimmenden Ursachen der Sinnenwelt (dergleichen die Vernunft jederzeit sich selbst beilegen muß) ist Freiheit. Mit der Idee der Freiheit ist nun der Begriff der *Autonomie* unzertrennlich verbunden, mit diesem aber das allgemeine Princip der Sittlichkeit, welches in der Idee allen Handlungen *vernünftiger* Wesen eben so zum Grunde liegt, als das Naturgesetz allen Erscheinungen."[37]

Soweit sich der Mensch als zur Sinnenwelt gehörend denkt, erkennt (denkt) er sich nach Naturgesetzen. Damit betrachtet er den Menschen, sich selbst, als Objekt. Soweit er sich als zur intelligiblen, d.h. zu der gedachten, Welt zugehörig denkt, erkennt (denkt) er sich unter Gesetzen (der Freiheit) handelnd, die von der Natur unabhängig, nicht empirisch, sondern bloß in der Vernunft gegründet sind. Damit nimmt er die Perspektive des Handelnden ein. Denn

> „wenn wir uns als frei denken, so versetzen wir uns als Glieder in die Verstandeswelt und erkennen die Autonomie des Willens samt ihrer Folge, der Moralität; denken wir uns aber als verpflichtet, so betrachten wir uns als zur Sinnenwelt und doch zugleich zur Verstandeswelt gehörig."[38]

III. Zur Zurechenbarkeit auch der bösen Handlungen

Betrachte ich mich lediglich als Glied der intelligiblen Welt, würden meine Handlungen vollkommen dem Prinzip der Autonomie des reinen Willens entsprechen. Betrachte ich mich lediglich als Glied der Sinnenwelt, folgen sie gänzlich dem Naturgesetz, meinen Begierden und Neigungen. Die ersteren würden also auf dem Prinzip der Sittlichkeit beruhen, die zweiten auf dem Prinzip der Glückseligkeit.

> „Weil aber *die Verstandeswelt den Grund der Sinnenwelt, mithin auch der Gesetze derselben enthält*, also in Ansehung meines Willens (der ganz zur Verstandeswelt gehört) unmittelbar gesetzgebend ist und also auch als solche gedacht werden muß, so werde ich mich als Intelligenz, obgleich andererseits wie ein zur Sinnenwelt gehöriges Wesen, dennoch dem Gesetz der ersteren, d.i. der Vernunft, die in der Idee der Freiheit das Gesetz derselben enthält, und also der Autonomie des Willens unterworfen erkennen, folglich die Gesetze der Verstandeswelt für mich als Imperativen und die diesem Princip gemäße Handlungen als Pflichten ansehen müssen."[39]

Selbst „der ärgste Bösewicht, wenn er nur sonst Vernunft zu brauchen gewohnt ist, der nicht, wenn man ihm Beispiele der Redlichkeit in Absichten, der Standhaftigkeit in Befolgung guter Maximen (...) vorlegt"[40], wünscht sich, redlich in seinen Absichten und standhaft in der Befolgung seiner Maximen zu

---

37 *Kant*, AA IV, GMS, S. 452, 453.

38 *Kant*, AA IV, GMS, S. 453.

39 *Kant*, AA IV, GMS, S. 453, 454.

40 *Kant*, AA IV, GMS, S. 454.

sein. Er kann diesen Wunsch nur wegen seiner ihm an sich lästigen Neigungen und Antriebe, von denen er gerne frei wäre, nicht umsetzen. Allein durch diesen Wunsch beweist er jedoch, dass er sich aufgrund seines von Antrieben der Sinnlichkeit freien Willens immerhin in Gedanken in eine andere Ordnung der Dinge versetzen kann, von der er einen höheren inneren Wert seiner Person erwartet.[41]

> „Diese bessere Person glaubt er aber zu sein, wenn er sich in den Standpunkt eines Gliedes der Verstandeswelt versetzt, dazu die Idee der Freiheit, d.i. Unabhängigkeit von *bestimmenden* Ursachen der Sinnenwelt, ihn unwillkürlich nöthigt, und in welchem er sich eines guten Willens bewußt ist, der für seinen bösen Willen als Gliedes der Sinnenwelt nach seinem eigenen Geständnisse das Gesetz ausmacht, dessen Ansehen er kennt, indem er es übertritt. Das moralische Sollen ist also eigenes nothwendiges Wollen als Gliedes einer intelligibelen Welt und wird nur so fern von ihm als Sollen gedacht, als er sich zugleich wie ein Glied der Sinnenwelt betrachtet.“[42]

Als verantwortlich handelnde Wesen wissen wir aufgrund unserer Erfahrung, dass wir nicht nur in unserer Vorstellung, sondern auch praktisch tun können, was wir sollen. Allerdings muss noch ein Drittes hinzukommen, um von einem kategorischen Sollen sprechen zu können. Das ist die „über meinen durch sinnliche Begierden afficirten Willen“ noch hinzukommende „Idee“ eines „zur Verstandeswelt gehörigen reinen, für sich selbst praktischen Willens“, „welcher die oberste Bedingung des ersteren nach der Vernunft enthält“.[43] Kant spricht also vom Willen in zweierlei Hinsicht. Zum einen erwächst er aus unserer unmittelbaren, von Neigungen und Begierden affizierten Natur. Zum anderen ist er unabhängig davon und zwar insofern er für sich selbst praktisch ist. Hier benötigen wir das Postulat unserer Freiheit. Wir alle wissen um sie, eben weil wir mit Vernunft, d.h. mit der Fähigkeit ausgestattet sind, uns ein Urteil zu bilden, die Zusammenhänge und die Ordnung dessen, was wir wahrnehmen, zu erkennen und uns in unserem Handeln danach zu richten. Zwar gelingt uns das nicht immer. Dennoch können wir uns nicht nur ein hypothetisches, sondern, mit Blick auf den Menschen als Zweck an sich, ein kategorisches Sollen vorstellen. Wir tun das, weil wir uns, als Ausfluss unserer Würde, selbst als gut vorstellen. Dabei stellen wir uns das Sollen als ein unbedingtes Gebot vor Augen, dem wir uns als Ausdruck unserer Achtung unterwerfen *sollten*. Dass das auch nach unserer praktischen Erfahrung so ist, dass wir uns (zumindest hin und wieder) tatsächlich unserem selbst gesetzten Sollen unterwerfen indem wir uns nötigen lassen, ist nach Kant ein hinreichend starkes

41 *Kant*, AA IV, GMS, S. 454.

42 *Kant*, AA IV, GMS, S. 454, 455.

43 *Kant*, AA IV, GMS, S. 454.

Indiz dafür, dass wir auch tatsächlich frei sind und damit fähig, von unserer Autonomie Gebrauch zu machen.

Allerdings wird am Beispiel des Bösewichts auch jene, von Kant erst später überwundene, in der *Grundlegung der Metaphysik der Sitten* noch vorhandene Problematik der Zurechnung auch der bösen Handlungen deutlich. *Böse* und *gut* werden hier noch auf einen sinnlichen und einen hinzukommenden intelligiblen Willen verteilt. Das hat nach Ludwig jedoch die fatale Konsequenz, dass letztlich allenfalls die guten Handlungen, d.i. die, bei denen der von der Sinnenwelt unabhängige, intelligible Wille gesetzgebend obsiegt, auch *zugerechnet* werden könnten. Denn nur dieser *gute* Wille kann aufgrund seines besonderen Kausalgesetzes ein autonomer und somit unbedingter, d.i. ein freier Wille, sein. Die vermeintliche Bosheit des gesetzesübertretenden Willens bliebe damit – tertium non datur – eine bloße Wirkung der affizierenden Naturkausalität. Was Kant in der Grundlegung (noch) fehle, sei eine begriffliche Absetzung des Willens als (a) Kausalität der Handlung von dem Willen als (b) Ursprung der sittlichen Nötigung, derart, dass die Kausalität der Handlung ihrerseits durch das Sittengesetz bestimmt sein kann, ohne dass dabei jedoch zugleich das Sittengesetz selbst notwendig zum Kausalgesetz aller freien, d.i. eigenen Handlungen wird.[44]

> „Jede Wirkung war nur nach dem Gesetze möglich, daß etwas anderes die wirkende Ursache zur Causalität bestimmte; was kann denn wohl die Freiheit des Willens sonst sein als Autonomie, d.i. die Eigenschaft des Willens, sich selbst ein Gesetz zu sein? Der Satz aber: der Wille ist in allen Handlungen sich selbst ein Gesetz, bezeichnet nur das Princip, nach keiner anderen Maxime zu handeln, als die sich selbst auch als ein allgemeines Gesetz zum Gegenstande haben kann. Dies ist aber gerade die Formel des kategorischen Imperativs und das Princip der Sittlichkeit: also ist ein freier Wille und ein Wille unter sittlichen Gesetzen einerlei."[45]

Ein Wille, der nicht von äußeren Reizen bestimmt ist, der also *rein* und mithin praktisch vernünftig ist, ist frei. Insoweit, d.h. für die Frage nach dem Wesen der Freiheit selbst, scheint es auf ein nötigendes Moment, jenes Element, das uns als ein Sollen begegnet, nicht anzukommen. Allerdings zeigt uns erst dieses Sollen jene Freiheit an. Dass unser Wille, soweit er sich selbst das Gesetz gibt, frei ist, erläutert Kant in der Grundlegung noch wie folgt:

> „(...) Nun behaupte ich: daß wir jedem vernünftigen Wesen, das einen Willen hat, nothwendig auch die Idee der Freiheit leihen müssen, unter der es allein handle. Denn in einem solchen Wesen denken wir uns eine Vernunft, die praktisch ist, d.i. Causalität in Ansehung ihrer Objecte hat. Nun kann man sich unmöglich eine Ver-

44 *Ludwig, Bernd*, Die Freiheit des Willens und die Freiheit zum Bösen, in: Kants Rechtfertigung des Sittengesetzes in Grundlegung III, Deduktion oder Faktum?, S. 249.

45 *Kant*, AA IV, GMS, S. 446, 447.

nunft denken, die mit ihrem eigenen Bewußtsein in Ansehung ihrer Urtheile anderwärts her eine Lenkung empfinge, denn alsdann würde das Subject nicht seiner Vernunft, sondern einem Antriebe die Bestimmung der Urtheilskraft zuschreiben. Sie muß sich selbst als Urheberin ihrer Principien ansehen unabhängig von fremden Einflüssen, folglich muss sie als praktische Vernunft, oder als Wille (…) von ihr selbst als frei angesehen werden; d.i. der Wille desselben kann nur unter der Idee der Freiheit ein eigener Wille sein und muss also in praktischer Absicht allen vernünftigen Wesen beigelegt werden."[46]

1. Der „Beleg" der Freiheit nur durch das Bewusstsein der Nötigung

Kant hat seine Auffassung zu der Frage, woraus wir entnehmen können, dass wir frei sind, mit Blick auf die oben, anhand des Beispiels des Böswichts, aufgezeigte Problematik geändert. Die unmittelbare Ineinssetzung der Freiheit mit einem bestimmten Gesetz aller Selbsttätigkeit hatte sich als Fehler erwiesen.[47] Wir müssen die Freiheit unseres Willens nicht deshalb voraussetzen, weil wir dem Willen eines jeden vernünftigen Wesens die Idee der Freiheit leihen müssen, unter der es allein handle. Nun gilt vielmehr folgendes:

> „Dass wir frey sind können wir nicht durch unmittelbares Bewustseyn unserer Spontaneität (denn dieser begrif ist alsdann negativ) sondern nur (!) durchs moralische Gesetz in uns erkennen. Wir erkennen eher daß wir sollen (!) als wir den Bestimmungsgrund unserer Causalität und daß wir können, erkennen (…)."[48]

Kants Änderung seiner Auffassung ist auf den ersten Blick nicht sonderlich spektakulär. Besondere Klimmzüge in die intelligible Welt sind dafür nicht erforderlich. Um zu belegen, dass es sich bei der Freiheit um eine Kausalität handelt, die von den Gesetzen der Natur unabhängig ist, bedarf es eines Dritten. Das ist das *Bewusstsein der Nötigung* durch das Sittengesetz.[49] Nichts anderes als das Bewusstsein des in uns wohnenden kategorischen Imperativs zeigt uns tatsächlich unsere Freiheit in einem positiven Begriff an. Kant verdeutlicht das in seinem Galgenbeispiel in der Kritik der praktischen Vernunft aus dem Jahre 1788:

> „Fragt ihn aber, ob, wenn sein Fürst ihm unter Androhung derselben unverzögerten Todesstrafe zumuthete, ein falsches Zeugniß wider einen ehrlichen Mann, den er gerne unter scheinbaren Vorwänden verderben möchte, abzulegen, ob er da, so

---

46 *Kant*, AA IV. GMS, S. 448.

47 *Ludwig, Bernd*, Die Freiheit des Willens und die Freiheit zum Bösen, in: Kants Rechtfertigung des Sittengesetzes in Grundlegung III, Deduktion oder Faktum? S. 252.

48 Kant, zit. n. *Ludwig, Bernd*, Die Freiheit des Willens und die Freiheit zum Bösen, in: Kants Rechtfertigung des Sittengesetzes in Grundlegung III, Deduktion oder Faktum? S. 253 m. H. a. *Kant*, AA XXIII, S. 245 bzw. KpV, AA V, S. 29.

49 *Ludwig, Bernd*, „Positive und negative Freiheit" bei Kant? S. 280.

> groß auch seine Liebe zum Leben sein mag, sie wohl zu überwinden für möglich halte. Ob er es thun würde, oder nicht, wird er vielleicht sich nicht getrauen zu versichern; daß es ihm aber möglich sei, muß er ohne Bedenken einräumen. Er urtheilt also, daß er etwas kann, darum weil er sich bewußt ist, daß er es soll, und erkennt in sich die Freiheit, die ihm sonst ohne das moralische Gesetz unbekannt geblieben wäre."[50]

Dass unser Wille frei ist, erkennen wir ausschließlich an einem unabweislichen sittlichen Sollen, aus dem das Bewusstsein unseres Könnens dann unmittelbar folgt. Nicht das Sollen überhaupt, sondern allein das Sittengesetz als ein kategorischer Imperativ belegt uns die Glaubwürdigkeit der Freiheit unseres Willens. Niemand kann sich der Verbindlichkeit des Sittengesetzes mit Blick auf sein Verständnis vom Menschen als Zweck an sich entziehen. Erkennen wir in einer konkreten Konfliktsituation das mit Blick auf den Menschen als Zweck an sich nach Maßgabe unseres Gewissens unbedingt zu Tuende, bzw. zu Unterlassende, zeigt uns die Möglichkeit, prinzipiell auch danach handeln zu können, zunächst unsere Freiheit an, als eine Kausalität unserer Vernunft. Verweigern wir uns dieser Erkenntnis, obwohl wir ihr auch entsprechen könnten, unterlaufen wir gewissermaßen diese Kausalität unserer Vernunft, d.h. unsere Freiheit. An diese Art von Außerachtlassung bzw. von „Missbrauch" unserer Freiheit knüpft der Gedanke der Schuld an. Schuldhaft handeln wir, wenn wir, entgegen unserem eigentlichen Wollen, dem, was wir subjektiv mit Blick auf den Menschen als Zweck an sich für praktisch vernünftig, d.h. für unbedingt gut halten, und mithin gegen das in uns wohnende Sittengesetz verstoßen, *obwohl* wir frei sind und ihm auch hätten entsprechen können.

Ob allerdings derjenige, der für den Fall der Befolgung des kategorischen Imperativs mit der Todesstrafe rechnen muss, sich bereits in Schuld verstrickt, wenn er ihm nicht folgt, betrifft eine andere Frage. In Kants Beispiel hat der Betroffene ggf. keine echten Handlungsoptionen und mithin keine Freiheit im negativen Verstande mehr. Wem die Handlungsfreiheit, innerhalb derer er praktisch vernünftig handeln könnte, nur noch für den Fall bleibt, dass er bereit ist, für sein sittliches Tun zu sterben, handelt er mit seiner ihm im Sinne einer Notwehr abgenötigten Falschaussage ggf. ohne Schuld.[51] Das ändert nichts an dem Bewusstsein seiner inneren Freiheit, zu dem ihn seine Erkenntnis der Nötigung durch das Sittengesetz geführt hat. Ob er bereit sein sollte, für seine Überzeugung ggf. auch zu sterben, hängt von seinem Gewissen ab.

---

50 *Kant*, AA V, KpV, S. 30.

51 S. zur juridischen Schuld unten: Teil 2.

2. Freiheit und Zurechenbarkeit pflichtwidriger Handlungen

Wir können uns also der Objektivität der Idee unserer Freiheit durch das Bewusstsein der Nötigung durch das Sittengesetz vergewissern. Daraus folgt nicht nur, dass wir wissen können, was in der konkreten Situation pflichtgemäß oder aber pflichtwidrig ist. Aufgrund meiner in Folge der Nötigung zutage getretenen Freiheit ist die jeweilige Handlung mir auch als *meine* Tat *zurechenbar*. Bernd Ludwig führt dazu aus:

> „Zurechenbar ist eine *pflichtwidrige*, böse Handlung also, weil der Adressat des einschlägigen kategorischen Imperativs weiß, dass es *allein an ihm selbst* liegt, sie zu unterlassen. Denn für die Unterlassung ist sein Wille *als ein freier* auf das Gegebensein geeigneter *sinnlicher* Bestimmungsgründe nicht angewiesen. *Sittlichen Wert* bekommt sein (freies) Handeln allerdings erst dann, wenn er das *Pflichtgemäße* insofern unabhängig von sinnlichen Bestimmungsgründen tut, als er es sich zu seiner Maxime macht. Er weiß dies alles freilich nur, weil (a) der Pflichtimperativ ihm *kategorisch*, d.h. ohne Voraussetzung irgendeiner besonderen Neigung, gebietet, (b) dieser Imperativ 'unwidersprechlich' (06:225) 'a priori' und 'apodiktisch gewiss' (05:47) ist, und weil, kurz gesagt, gilt (c): *ultra posse nemo obligatur*."[52]

In der Folge sind nach Ludwig nicht nur gute Handlungen zurechenbar. Sittlichkeit drückt nicht als solche exklusiv unsere Freiheit aus, etwa in dem Sinne, dass der Mensch allein im sittlichen Handeln wirklich frei wäre. Ebenso wenig gilt umgekehrt: „Wer aus Neigung handelt, handelt unfrei". Sittlichkeit ist die durch die Freiheit selbst gebotene Form, von ihr (d.h. der Freiheit) Gebrauch zu machen.[53] Anlässlich des Bewusstseins der sittlichen Nötigung erkennt der Mensch seine Freiheit. Er selbst ist damit die Ursache seiner Handlungen. Er selbst, der als Person der Zurechnung auch seiner pflichtwidrigen Taten fähig ist, nicht ein anderer, von dem er glaubt, seine Freiheit ableiten zu können, z.B. Gott. Sein eigener Wille ist ihm der einzige Erfahrungsgegenstand, das einzige Phaenomenon, dessen intelligible Ursache ihm zugänglich ist, denn diese Ursache liegt in ihm selbst.[54]

B) Was Willensfreiheit nicht ist

Zur Vermeidung von Missverständnissen sei, ebenfalls mit Ludwig, noch darauf hingewiesen, was Willensfreiheit, Kant zufolge, nicht ist.

---

52 *Ludwig, Bernd*, Die Freiheit des Willens und die Freiheit zum Bösen, in: Kants Rechtfertigung des Sittengesetzes in Grundlegung III, Deduktion oder Faktum? S. 255.

53 Vgl. *Ludwig, Bernd*, Die Freiheit des Willens und die Freiheit zum Bösen, in: Kants Rechtfertigung des Sittengesetzes in Grundlegung III, Deduktion oder Faktum? S. 256.

54 Vgl. *Ludwig, Bernd*, Die Freiheit des Willens und die Freiheit zum Bösen, in: Kants Rechtfertigung des Sittengesetzes in Grundlegung III, Deduktion oder Faktum? S. 257.

I. Die Freiheit der Wahl[55]

„Die Freiheit der Willkür aber kann nicht durch das Vermögen der Wahl, für oder wider das Gesetz zu handeln, (libertas indifferentiae) definirt werden – wie es wohl einige versucht haben, – obzwar die Willkür als *Phänomen* davon in der Erfahrung häufige Beispiele giebt. Denn die Freiheit (so wie sie uns durchs moralische Gesetz allererst kundbar wird) kennen wir nur als *negative* Eigenschaft in uns, nämlich durch keine sinnliche Bestimmungsgründe zum Handeln *genöthigt* zu werden. Als *Noumen* aber, d.i. nach dem Vermögen des Menschen bloß als Intelligenz betrachtet, wie sie in Ansehung der sinnlichen Willkür *nöthigend* ist, mithin ihrer positiven Beschaffenheit nach, können wir sie *theoretisch* gar nicht darstellen."[56]

Als vernünftige Wesen handeln wir *naturgemäß* aufgrund von „Überlegung", was *erfahrungsgemäß* zu gesetzeskonformen oder aber auch zu gesetzeswidrigen Handlungen führen kann. Dieses *Wahlvermögen* kann nach Kant nicht bereits Ausdruck unserer Freiheit sein, denn als Akte verbleiben solche Entscheidungen zunächst gänzlich im Bereich der Natur. Eine Definition der Freiheit der Willkür im Sinne einer absoluten Wahlfreiheit hinsichtlich des Ge- und Verbotenen würde eine solche „Wahl aufgrund von Überlegung" nicht nur ohne Not und gegen jede Einsicht zu einer völlig gesetzlosen erklären müssen. Sie würde auch der für Kant entscheidenden intelligiblen Dimension der Freiheit nicht gerecht.[57]

II. Die intelligible Dimension der Freiheit

„Nur das können wir wohl einsehen: daß, obgleich der Mensch als *Sinnenwesen* der Erfahrung nach ein Vermögen zeigt dem Gesetze nicht allein gemäß, sondern auch *zuwider* zu wählen, dadurch doch nicht seine Freiheit als *intelligiblen* Wesens definirt werden könne, weil Erscheinungen kein übersinnliches Objekt (dergleichen doch die freie Willkür ist) verständlich machen können, und daß die Freiheit nimmermehr darin gesetzt werden kann, daß das vernünftige Subjekt auch eine wider seine (gesetzgebende) Vernunft streitende Wahl treffen kann; wenngleich die Erfahrung oft genug beweißt, daß es geschieht (wovon wir doch die Möglichkeit nicht begreifen können)."[58]

---

55 Vgl. zum theoriegeschichtlichen Zusammenhang, in dem Kant diese Abgrenzung vornimmt, die Auseinandersetzung mit C.L. Reinhold u.a. über den Begriff einer libertas indiefferentiae (Vgl. *H.F. Klemme*, Internationales Jahrbuch des Deutschen Idealismus 9 (2011), 22–50.

56 *Kant*, AA VI, MSR, S. 226. Vgl. zur „Willkür" in Kants Rechtsbegriff: Teil 2, 2. Kap., B).

57 Vgl. *Ludwig, Bernd*, Die Freiheit des Willens und die Freiheit zum Bösen, in: Kants Rechtfertigung des Sittengesetzes in Grundlegung III, Deduktion oder Faktum? S. 259.

58 *Kant*, AA VI, MSR, S. 226.

Auf die intelligible Dimension der Freiheit kommt es Kant deshalb an, weil die Fähigkeit, Maximen oder Handlungen „für oder wider" das Gesetz durch vernünftige Überlegung zu wählen, der *Erfahrung* nach zwar der freien Willkür *des Menschen* als einem vernünftigen selbstbewussten Sinnenwesen zukomme. Gleichwohl *beweist* diese Fähigkeit weder die Freiheit des Menschen als solche noch gehört ein derartiges Wahlvermögen notwendig zu einer freien Willkür. *Heilige Wesen* z.B. wären, so erklärt uns Ludwig weiter, zwar frei, weil sie ihre Willkür durch das Gesetz und damit unabhängig von der Sinnlichkeit bestimmen könnten. Nach ihrer besonderen Natur hätten sie jedoch nicht das Vermögen dem Gesetz zuwider zu wählen. Ihnen fehlten die dazu nötigen pflichtwidrigen Neigungen. Die Möglichkeit „für oder wider das Gesetz zu handeln", betrifft gar nicht den Begriff der Freiheit der Willkür selbst, sondern allenfalls das in der Psychologia empirica abzuhandelnde „Phänomen" einer praktischen (Wahl-)Freiheit – die zwar den einschlägig affizierten freien Menschen (auch) zukomme, heiligen freien Wesen aber eben z.B. nicht.[59]

III. Das Vermögen der Willensbestimmung durch das Sittengesetz

Die adäquate Definition der Freiheit der Willkür ist, mit Ludwig, dagegen eine solche, die sich direkt auf jenen intelligiblen Grund der menschlichen (wie auch jeder anderen) freien Willkür bezieht, der dann auch die Zurechnungsfähigkeit „erklärt". Gemeint ist das *Vermögen der Willensbestimmung durch das Sittengesetz* (*positiver* Begriff der transzendentalen Willensfreiheit) und folglich durch keine sinnlichen Bestimmungsgründe zum Handeln genöthigt zu werden (*negativer* Begriff der Willensfreiheit).[60] Dass diese Freiheit *beim Menschen* (der ja eben kein heiliges Wesen ist) einschließt, dass er selbst auch wider das Gesetz handeln kann, zeigt folglich gar kein besonders Vermögen, sondern allenfalls, ein (paradoxerweise zurechenbares, denn: er *kann* ja, weil er soll!) partielles „Unvermögen"[61], sich über die einschlägigen Neigungen hinwegzusetzen.[62]

Abschließend lässt sich mit Kant sagen,

> „daß reine Vernunft praktisch sein, d.h. für sich, unabhängig von allem Empirischen, den Willen bestimmen könne – und dieses zwar durch ein Factum, worin

59 Vgl. *Ludwig, Bernd,* Die Freiheit des Willens und die Freiheit zum Bösen, in: Kants Rechtfertigung des Sittengesetzes in Grundlegung III, Deduktion oder Faktum? S. 260.

60 *Kant,* AA VI, MSR, S. 226.

61 *Kant,* AA VI, MSR, S. 227.

62 Vgl. *Ludwig, Bernd,* Die Freiheit des Willens und die Freiheit zum Bösen, in: Kants Rechtfertigung des Sittengesetzes in Grundlegung III, Deduktion oder Faktum? S. 260.

> sich reine Vernunft bei uns in der That praktisch beweiset, nämlich die Autonomie in dem Grundatze der Sittlichkeit, wodurch sie den Willen zur That bestimmt."[63]

Im Faktum des kategorischen Sollens werden wir uns der unwidersprechlichen Nötigung unserer Willkür durch ein Gesetz unseres Willens bewusst, das aufgrund seiner Formalität kein Naturgesetz sein kann, sondern nur das Gesetz unserer reinen praktischen Vernunft. Weil aber das unleugbare, kategorische Sollen das Können impliziert, ist unsere Willkür notwendig eine freie. Wenn wir auch nicht wissen können, wie eine solche intelligible Bestimmung möglich ist, ist sie als solche doch unbestreitbar. Der Mensch ist nach allem wirklich frei und er kann das sogar wissen. Diese seine Freiheit ist der eigentliche Grund seiner Imputabilität und, nach Kant, seiner Persönlichkeit.[64]

C) Zu Kants Grenze aller praktischen Philosophie

Bereits in der Grundlegung hat Kant dargelegt, dass (transzendente) Freiheit für ihn im Letzten kein Erfahrungsbegriff ist, weil Freiheit unabhängig von der Erfahrung immer bleibt.[65]

> „Naturnothwendigkeit ist auch kein Erfahrungsbegriff, (...) weil er den Begriff der Nothwendigkeit, mithin einer Erkenntniß a priori bei sich führt. Aber dieser Begriff von einer Natur wird durch Erfahrung bestätigt und muß selbst unvermeidlich vorausgesetzt werden, wenn Erfahrung, d.i. nach allgemeinen Gesetzen zusammenhängende Erkenntniß der Gegenstände der Sinne, möglich sein soll. Daher ist Freiheit nur eine *Idee* der Vernunft, deren objective Realität an sich zweifelhaft ist, Natur aber ein *Verstandesbegriff*, der seine Realität an Beispielen der Erfahrung beweiset und nothwendig beweisen muß."[66]

Für Kant ist deshalb

> „*in praktischer Absicht* der Fußsteig der Freiheit der einzige, auf welchem es möglich ist, von seiner Vernunft bei unserem Thun und Lassen Gebrauch zu machen; daher wird es der subtilsten Philosophie eben so unmöglich, wie der gemeinsten Menschenvernunft, die Freiheit wegzuvernünfteln. Diese muß also wohl voraussetzen: daß kein wahrer Widerspruch zwischen Freiheit und Naturnothwendigkeit ebenderselben menschlichen Handlungen angetroffen werde, denn sie kann eben so wenig den Begriff der Natur, als den der Freiheit aufgeben."[67]

---

63 *Kant*, AA V, KpV, S. 42.

64 Vgl. *Ludwig, Bernd*, Die Freiheit des Willens und die Freiheit zum Bösen, in: Kants Rechtfertigung des Sittengesetzes in Grundlegung III, Deduktion oder Faktum? S. 266, m.w.N.

65 *Kant*, AA IV, GMS, S. 455.

66 *Kant*, AA IV, GMS, S. 455.

67 *Kant*, AA IV, GMS, S. 455, 456.

Allerdings würde die Vernunft, wie Kant bereits in der Grundlegung ausgeführt hat,

> „alle ihre Grenze überschreiten, wenn sie es sich zu *erklären* unterfinge, *wie reine Vernunft praktisch sein* könne, welches völlig einerlei mit der Aufgabe sein würde, zu erklären, *wie Freiheit möglich sei.* (...) Freiheit aber ist eine bloße Idee, deren objective Realität auf keine Weise nach Naturgesetzen, mithin auch nicht in irgend einer möglichen Erfahrung dargethan werden kann, die also darum, weil ihr selbst niemals nach irgend einer Analogie ein Beispiel untergelegt werden mag, niemals begriffen, oder auch nur eingesehen werden kann. Sie gilt nur als nothwendige Voraussetzung der Vernunft in einem Wesen, das sich eines Willens, d.i. eines vom bloßen Begehrungsvermögen noch verschiedenen Vermögens, (nämlich sich zum Handeln als Intelligenz, mithin nach Gesetzen der Vernunft unabhängig von Naturinstincten zu bestimmen) bewußt zu sein glaubt. Wo aber Bestimmung nach Naturgesetzen aufhört, da hört auch alle *Erklärung* auf."[68]

Man müsste nach Kant allenfalls der menschlichen Vernunft den Vorwurf machen, dass sie den kategorischen Imperativ und die dafür als Bedingung anzunehmende Freiheit ihrer absoluten Notwendigkeit nach nicht begreiflich machen kann,

> „denn daß sie dieses nicht durch eine Bedingung, nämlich vermittelst irgend eines zum Grunde gelegten Interesse, thun will, kann ihr nicht verdacht werden, weil es alsdann kein moralisches, d.i. oberstes Gesetz der Freiheit sein würde. Und so begreifen wir zwar nicht die praktische unbedingte Nothwendigkeit des moralischen Imperativs, wir begreifen aber doch seine *Unbegreiflichkeit*, welches alles ist, was billigermaßen von einer Philosophie, die bis zur Grenze der menschlichen Vernunft in Principien strebt, gefordert werden kann."[69]

Da wir als Mensch frei sind, haben wir das Vermögen praktischer Vernunft – mit der Folge, dass wir uns mit Grund Würde zuerkennen dürfen. Missachtet der Mensch sein Vermögen, sittlich zu handeln, indem er die Menschheit in seiner oder in der Person eines anderen nicht mehr als Zweck an sich, sondern nur noch als Mittel behandelt, setzt er sich in Widerspruch zu sich selbst und verstrickt sich so in Schuld.

D) Versuch einer Definition der schuldhaften Handlung

Als Antwort auf die Frage nach dem Inhalt der ethischen Schuld können wir nach allem sagen: Ethische Schuld bedeutet die Missachtung der Freiheit zur Autonomie als das zentrale Moment der Menschheit in meiner oder in der Person eines anderen. Aus Kants sog. Menschheits- bzw. Selbstzweckformel[70]

68 *Kant*, AA IV. GMS, S. 458, 459.

69 *Kant*, AA IV. GMS, S. 463.

70 *Kant*, AA IV, GMS, S. 429.

des kategorischen Imperativs ließe sich dann die folgende Definition einer schuldhaften Handlung ableiten:

> Schuldhaft im ethischen Sinne handelt, wer in seinem Tun oder Unterlassen die Menschheit in seiner Person oder in der Person eines jeden anderen nicht zugleich als Zweck, sondern bloß als Mittel gebraucht.

Ob die hier versuchte Definition richtig ist, mag man bezweifeln. Die Annahme, dass wir überhaupt einen freien Willen haben und mithin in einem grundsätzlichen Sinne auch schuldig werden können, wird aus unterschiedlichen Richtungen bestritten. So wird etwa angenommen, wir seien deshalb nicht frei, weil wir als Menschen prinzipiell zum Bösen geneigt seien. Andere meinen, unsere Willensfreiheit sei überhaupt nur ein trügerisches Gefühl, das nach den Erkenntnissen der Naturwissenschaft für unser Handeln letztlich keine Bedeutung habe, sowenig wie die Annahme von Schuld. Mit einigen der Hauptangriffe gegen das kantische Freiheitsverständnis und das sich daraus ergebende Verständnis von Schuld befassen sich daher die folgenden Kapitel.

Viertes Kapitel: Zur Beeinträchtigung der Freiheit durch das Böse

A) Das Böse als Quelle der Schuld

Einer der zentralen Einwände gegen den aus dem Kantischen Sittengesetz abgeleiteten Begriff von Schuld[1] entspringt einer bestimmten theologischen Ansicht. Auch für Honnefelder erschließt sich das Wesen der Schuld nicht aus dem Kategorischen Imperativ. Denn durch

> „die Zurückführung der Moralität auf die unbedingte Selbstgestaltung der Freiheit, auf das 'Wollen des Wollens'[2] erscheint als Schuld nicht mehr die böse Tat, sondern deren unbedingter Grund, nämlich die Freiheit, insofern sie sich selbst zu bösen Maximen bestimmt."[3]

„Schuld an der Schuld", so scheint Honnefelder anzunehmen, ist nicht der seine Autonomie missachtende Mensch, sondern die Freiheit selbst. Und zwar habe das „Böse" den Menschen bereits vorgängig so weit in seiner Freiheit infiziert, dass er deshalb schuldig werde.

Ob man es in den Herzen der Menschen verortet oder es als strukturelles Böse in den je besonderen, historisch gewachsenen Lebensumständen erkennt: Im Bösen wird häufig die eigentliche Quelle von Schuld gesehen. Ihm seien wir als schwache Menschen ausgeliefert, ohne uns seiner aus eigener Moralität erwehren zu können. Dabei sei unsere Freiheit das Einfallstor jenes Bösen, das uns, wie der Mythos von der Ursünde zeige, immer wieder schuldig werden lässt. Vor diesem Hintergrund reiche das Kantische Verständnis von Freiheit

---

1 Kant selbst verwendet den Ausdruck Schuld (und entsprechend verwandte Ausdrücke, wie „schuldig", „Schuldigkeit" und „Verschuldung"), wenn er die negative Qualität von Handlungen bestimmt, die pflicht- bzw. gesetzwidrig sind oder sein können, aber auch wenn er die Charakterzüge des Handelnden beschreibt, der solche Handlungen ausführt oder ausführen kann. Im Übrigen spielt Schuld für Kant eine Rolle in seinen Erörterungen der menschlichen Bosheit. (Vgl. *Jeffrey Edwards*, Kant-Lexikon, Band 3, Stichwort: „Schuld").

2 *Honnefelder*, *L.*, s.o. Kapitel 1, Fn. 1, S. 94 mit Verweis (in Fn. 13) auf *Wagner*, *Hans*, Philosophie und Reflexion, München/Basel 1959, S. 252 f., 245 f.

3 *Honnefelder*, *L.*, s.o. Kapitel 1, Fn. 1, S. 94.

https://doi.org/10.1515/9783110696462-007

als einer „Idee“, unter der vernünftiges Handeln erst möglich sei, zur Erklärung von Schuld nicht aus.[4]

I. Vom Hange zum Bösen in der menschlichen Natur

Um seine Annahmen zur Disposition des Bösen in der menschlichen Freiheit zu begründen, bezieht sich Honnefelder zunächst seinerseits auf Kant. Auch nach Kant hänge die Entstehung des Bösen mit einem in der menschlichen Natur liegenden Hang (propensio) zusammen. Damit meint Kant allerdings „den subjectiven Grund der Möglichkeit einer Neigung (habituellen Begierde, concupiscentia), sofern sie für die Menschheit überhaupt zufällig ist“.[5] Hang ist nach Kant

> „eigentlich nur die *Prädisposition* zum Begehren eines Genusses, der, wenn das Subject die Erfahrung davon gemacht haben wird, *Neigung* dazu hervorbringt. (...) Zwischen dem Hange und der Neigung, welche Bekanntschaft mit dem Object des Begehrens voraussetzt, ist noch der *Instinct*, welcher ein gefühltes Bedürfniß ist, etwas zu thun oder zu genießen, wovon man noch keinen Begriff hat (wie der (...) Trieb zum Geschlecht).“[6]

Zu der These, der Mensch sei an sich böse, erklärt uns Kant:

> „Der Satz: der Mensch ist böse, kann (...) nichts anders sagen wollen als: er ist sich des moralischen Gesetzes bewußt und hat doch die (gelegenheitliche) Abweichung von demselben in seine Maxime aufgenommen. Er ist *von Natur böse*, heißt soviel als: dieses gilt von ihm in seiner Gattung betrachtet; nicht als ob solche Qualität aus seinem Gattungsbegriffe (dem eines Menschen überhaupt) könne gefolgert werden (denn alsdann wäre sie nothwendig), sondern (...) man kann es als subjectiv nothwendig in jedem, auch dem besten Menschen voraussetzen. Da dieser Hang nun selbst als moralisch böse, mithin nicht als Naturanlage, sondern als et-

4 Honnefelder steht mit seiner Kritik an Kant nicht allein. Die Hauptströmung der theologischen Kantrezeption des 20. Jahrhunderts geht von einem anderen Vernunftideal als Kant aus. Sie ist davon überzeugt, dass für die kritische Abwehr „rationalistischer Einseitigkeiten“ die aristotelisch-thomistische Lehre von der „analogia entis“ ausreicht und im Übrigen auch deshalb unüberbietbar ist, weil sie für die Reflexion der Offenbarung eine tragfähige Grundlage liefert. Auch heute noch kommt Kant in der katholischen Theologie nur am Rande vor. *Kants* „Kritik der reinen Vernunft“, die immerhin als eine der einflussreichsten Schriften der Philosophiegeschichte betrachtet wird, wurde von der katholischen Kirche im Juni 1827 durch Indizierung verboten. Alle Exemplare mussten den Ordinarien und Inquisitoren ausgehändigt werden. Bis 1967 durfte das Werk in keiner Sprache mehr gelesen, aufbewahrt oder zitiert werden. Heute hat sich in Teilen der katholischen Moraltheologie die Überzeugung herauskristallisiert, dass die kantische Ethik und speziell der Autonomiebegriff wenigstens als kritische Messlatte zugleich in die eigene Reflexionsarbeit aufzunehmen seien. (vgl. zum Ganzen: *Fischer, Norbert* (Hrsg.), Kant und der Katholizismus, Stationen einer wechselhaften Geschichte).

5 *Kant*, AA VI, RGV, S. 28.

6 *Kant*, AA VI, RGV, S. 28 u. 29. (vgl. dort die Fußnote 1).

> was, was dem Menschen zugerechnet werden kann, betrachtet werden (...) muß; (...) so werden wir diesen einen natürlichen Hang zum Bösen, und da er doch immer selbst verschuldet sein muß, ihn selbst ein *radicales*[7], angebornes, (nichts destoweniger aber uns von uns selbst zugezogenes) Böse in der menschlichen Natur nennen können."[8]

Zu der Frage, welchen letzten Grund das Böse im Menschen hat, sagt Kant:

> „Der Vernunftursprung aber dieser Verstimmung unserer Willkür (...), d.i. dieses Hanges zum Bösen, bleibt uns unerforschlich, weil er selbst uns zugerechnet werden muß, folglich jener oberste Grund aller Maximen wiederum die Annehmung einer bösen Maxime erfordern würde. Das Böse hat nur aus dem Moralisch-Bösen (nicht den bloßen Schranken unserer Natur) entspringen können; und doch ist die ursprüngliche Anlage (die auch kein anderer als der Mensch selbst verderben konnte, wenn diese Corruption ihm soll zugerechnet werden) eine Anlage zum Guten; für uns ist also kein begreiflicher Grund da, woher das moralische Böse in uns zuerst gekommen sein könne."[9]

Nach Kant entspringt das Böse dem Moralisch-Bösen und hat damit seine Wurzel in dem, was der Mensch in seine Maxime aufnimmt. Damit bleibt es aber immer der Mensch selbst und nicht etwa seine Freiheit, die für die „böse Tat" verantwortlich ist. Das Böse ist nach Kant nicht das Resultat seiner Freiheit. Vielmehr ist es umgekehrt so, dass dem Menschen seine Freiheit erst durch das Vermögen praktischer Vernunft offenbar wird und ihm zeigt, dass er tatsächliche (auch) gut handeln könnte. Honnefelder vertritt dagegen im Anschluss an Ricoeur die Auffassung, dass das Böse zwar einerseits vom Menschen selbst gesetzt ist, andererseits jedoch in Form von Prädispositionen zugleich vom Menschen immer schon vorgefunden werde.[10] Dadurch verbleibe die Deutung des Bösen „in einer letzten unaufgelösten Spannung".[11] Während wir uns nach Ricoeur die Existenz des Guten leichter zugestehen, verbänden wir mit dem „Bösen" eher die Vorstellung von etwas, das es nur zu verstehen gelte, um es als nicht existent zu entlarven.[12] Ricoeurs Hinweis könnte indessen auch für das Gute gelten, das wir uns, betrachtet aus der Beobachterperspektive, als Folge eines dem Naturgesetz unterworfenen Prozesses erklären können, statt es, aus der Ich-Perspektive betrachtet, als Ergebnis einer sittlichen Entscheidung zu behandeln. In beiden Fällen kommt es auf den Standpunkt an.

---

7 von lat. „radix" = „Wurzel" bzw. „Ursprung".

8 *Kant*, AA VI RGV, S 32.

9 *Kant*, AA VI, RGV, S. 43.

10 *Honnefelder, L.*, s.o. Kapitel 1, Fn. 1 S. 95.

11 *Honnefelder, L.*, s.o. Kapitel 1. Fn. 1, S. 95.

12 *Ricoeur, P.*, Hermeneutik und Psychoanalyse, S. 273–279.

II. Zur nachträglichen Entlarvung des Bösen durch die Freiheit

Die Freiheit zu bejahen führt nach Ricoeur zu der Notwendigkeit, damit auch „den Ursprung des Bösen" auf sich zu nehmen. Zwar habe das Böse kein von uns unabhängiges Sein. Es gebe nur das „Ich-tue-Böses".[13] Dennoch sei das Böse nicht vorrangig unser eigenes Werk, das wir mittels unseres „bösen" Willens umsetzten, sondern das Werk unserer Freiheit. Eine nähere Erklärung seiner These, warum nicht das handelnde Ich, das ggf. seine Autonomie missachtet, sondern die Freiheit selbst der Ursprung einer bösen Tat sein soll, finden wir weder bei Honnefelder noch in den Ausführungen Ricoeurs. Gleichwohl scheint auch Ricoeur anzunehmen, dass die Freiheit so wenig wie die Vernunft außerhalb des handelnden Subjektes existiert.

1. Zur Konstitution der Bedeutungen von „frei" und „böse"

Sich seine Taten zurechnen bedeutet nach Ricoeur allerdings weiter, im Blick auf die Zukunft auch die Folgen der Tat zu übernehmen; es bedeute die Setzung: Derjenige, der das getan hat, ist derselbe wie der, der die Konsequenzen des Vergehens tragen werde. „Indem ich mich nach vorn, an die Spitze der Folgen meiner Tat stelle, versetze ich mich zugleich nach rückwärts, hinter meine Tat zurück, betrachte ich mich als derjenige, der sie nicht nur vollbracht hat, sondern der auch anders gekonnt hätte."[14] Das erste Reflexionsmoment der Erfahrung des Bösen sei daher die wechselseitige Konstitution der Bedeutung von *frei* und der Bedeutung des *Bösen.* Diese Konstitution erfolge im „Geständnis" (offenbar im Sinne eines Bekenntnisses vor sich selbst oder vor Gott, gefehlt bzw. gesündigt zu haben und jedenfalls schuldig geworden zu sein.). In der Möglichkeit dieses Geständnisses scheint für Ricoeur offenbar auch der eigentliche Beleg der menschlichen Freiheit zu liegen, soweit sie dem Menschen, der das Böse ja immer schon vorfindet, überhaupt noch zur Verfügung steht.

2. Die Konstituierung des Bösen und der Pflicht

Das zweite Reflexionsmoment, in dessen Zentrum die Freiheit steht, betrifft nach Rcoeur den Zusammenhang zwischen dem Bösen und der *Pflicht.* Die Aussage „Ich hätte anders gekonnt" impliziere den Akt, mit dem ich mir die Verantwortung für eine vergangene Handlung zuschreibe. Das nachträgliche Bewusstsein, dass ich anders gekonnt hätte, führe dann zu der Einsicht, dass

13 *Ricoeur, P.*, Hermeneutik und Psychoanalyse, S. 273.

14 *Ricoeur, P.*, Hermeneutik und Psychoanalyse, S. 274.

ich auch hätte anders handeln *sollen*: Weil ich mir Pflichten zuerkenne, gestehe ich mir auch das *Vermögen* zu, sie pflichtemäß erfüllen zu können. Das Sollen diene dabei als eine Art Detektor. Ich „fühle oder glaube oder weiß mich verpflichtet", weil ich ein Wesen bin, das nicht nur unter dem Antrieb oder Zwang des Wunsches und der Furcht handeln kann, sondern auch unter der Voraussetzung eines Gesetzes, das ich mir vorstelle. Dieses Vermögen, der Vorstellung eines Gesetzes entsprechend zu handeln, sei der Wille.[15]

3. Zur gleichzeitigen Bestimmung des Bösen und der Freiheit

Mit seinen Überlegungen zu den beiden Reflexionsmomenten (die Bedeutungen von frei und böse sowie den Zusammenhang zwischen dem Bösen und der Pflicht), in deren Zentrum jeweils die Freiheit stehe, scheint Ricoeur sein Verständnis von Schuld begründen zu wollen. Nach ihm entdeckt man „zusammen mit dem Vermögen, das Gesetz, das man als solches für sich betrachtet, zu befolgen, das *beängstigende* Vermögen, auch *gegen* diese Einsicht handeln zu können."[16] Die Erfahrung der Gewissensbisse sei deshalb eine „*Erfahrung der Beziehung der Freiheit zur Pflicht*". Sie bedeutet nach Ricoeur zweierlei: Einerseits schreibe man sich ein Sollen zu, ein Vermögen, das diesem Sollen entspricht, andererseits gestehe man sich ein, gegen das Gesetz gehandelt zu haben, das man nach wie vor für sich als verpflichtend betrachtete. Das „Vorandrängen des Entwurfs von Schuldbewusstsein (‘Ich könnte schuldig geworden sein')" belade sich sodann mit der Rückschau („Wie konnte ich so ein Mensch sein?"). Während bei den Gewissensbissen aber die bekümmerte Betrachtung des Vergangenen bereits in die Gewissheit einer möglichen Erneuerung mit eingelassen sei, springe der Entwurf eines echten Schuldbewusstseins, mit Gedächtnis angereichert, schließlich um in *Reue*. Indem „das Schuldbewusstsein die Vergangenheit und die Zukunft im Herzen der Freiheit zusammenspannt", lasse es die „Kausalität des Ich" jenseits seiner Einzelakte in Erscheinung treten. Das Schuldbewusstsein zeige uns unsere Kausalität zusammengezogen, eingegrenzt in einen Akt an, „der ganz mich und meine Autonomie bezeuge". Der (vergangene) Akt wiederum, den ich nicht getan haben wollte, zeige mir „eine Kausalität, die hinter jedem determinierten Akt endlos zurückweicht".[17] Warum, inwieweit oder wie überhaupt der vergangene Akt, den ich nicht getan haben wollte, ganz mich, meine Autonomie bezeugt und eine Kausalität bezeugt, die hinter jedem determinierten Akt

15 *Ricoeur, P.*, Hermeneutik und Psychoanalyse, S. 275.

16 Ebenda S. 275.

17 Ebenda S. 275.

endlos zurückweicht, führt Ricoeur nicht näher aus. „Während sich diese Kausalität für ein bloß auf den Entwurf gerichtetes Nachdenken in eine diskontinuierliche Erfindung meiner Selbst ausmünzt und zerstreut" so fährt Ricoeuer fort, „verwurzele ich im reuevollen Zurückschauen der Akte in der einfachen Kausalität des Ich". Zu diesem Ich hätten wir keinen weiteren Zugang. Das Schuldbewusstsein lasse in diesen Akten und über sie hinaus jedoch den Ganzheitsanspruch erkennen, der uns konstituiere. Dabei handele es sich um einen „Rückgriff auf das originäre Ich jenseits seiner Akte". Zwar existiere das Böse, so führt Ricoeur weiter aus, *allein durch den Akt, der es auf sich lade*, der es akzeptiere und es in seine Verantwortung übernehme. Auf diese Weise träten aber die Bestimmung des Bösen und die Bestimmung der Freiheit gleichzeitig in Erscheinung.[18]

Mit seinen Überlegungen scheint Ricoeur den Kantischen Ansatz umzudrehen: Nicht das Bewusstsein der Nötigung durch das Sittengesetz belegt uns unsere Freiheit, sondern das Bewusstsein unseres Vermögens, auch gegen das als richtig anerkannte Gesetz handeln zu können. Dieses „beängstigende Vermögen" zeigt uns unsere Autonomie allerdings gerade nicht. Habe ich mich dem „beängstigenden Vermögen" im Sinne Ricoeurs hingegeben, eine *böse Tat* zu begehen (soweit sie denn tatsächlich „böse" war), zeigt mir dies vor allem ein Unvermögen, nämlich das Unvermögen, mich im Sinne meines eigentlichen Wollens zu einem praktisch vernünftigen Sollen bestimmt zu haben.

4. Zur Beurteilung des Bösen aus der Perspektive ex post

Anders als Ricoeur das offenbar für das Böse beansprucht, zeigt sich die Schuld nicht erst „durch den Akt, der sie auf sich nimmt", sondern in der ex ante absehbaren Beeinträchtigung bzw. dem Missbrauch von Freiheit, meiner eigenen oder der eines anderen. Offenbar sieht Ricoeur in seiner Beurteilung des Bösen nur noch auf das *nachgehende* Gewissen. Die Beurteilung der Frage, ob ich mich in einer ethisch relevanten Konfliktsituation dem kategorischen Imperativ entsprechend oder aber schuldhaft verhalten habe, bedarf in der Rückschau einer vernunftgeleiteten, alle für meine Entscheidung wesentlichen Aspekte berücksichtigenden Prüfung. Dabei habe ich die von mir zu verantwortende Tat allein aus der Ich-Perspektive vor der Tat, ex-ante, zu beurteilen. Ob ich sie später bereue oder nicht, ändert nichts an dem vorhandenen oder aber ggf. auch nicht vorhandenen Schuldgehalt. Komme ich bei der Prüfung zu der Einsicht, dass ich zum Zeitpunkt meiner Handlung in den Grenzen meiner subjektiven Möglichkeiten das aus meiner Sicht Richtige

18 Ebenda S. 276.

getan habe, dann entsprach sie dem aus meiner Perspektive guten Willen. Das gilt selbstverständlich auch dann, wenn meine Tat nun von anderen, die die relevanten Aspekte nach ihrem Gewissen ggf. anders beurteilt hätten, als „böse“ beurteilt wird und selbst dann, wenn auch mir das Ergebnis meiner „Tat“ im Nachhinein als problematisch erscheint. Wie im Zusammenhang der Ausführungen zum Gewissen erläutert, hängt der moralische Wert meiner Handlung ausschließlich vom vorhergehenden Gewissen ab.[19]

5. Die „böse Tat“ als Ausdruck lediglich eines Schuldgefühls

Ricoeur scheint, auch insoweit ähnlich wie Spaemann, nicht zwischen dem bloßen Gefühl, etwas Böses getan zu haben und einer ethisch tatsächlich verwerflichen Handlung zu unterscheiden. Für sich genommen drückt „Reue“ bezogenen auf die Frage nach der Schuld zunächst nur ein Gefühl aus. Das kann zwar auf die Einsicht in eine reale Verstrickung hindeuten. Andererseits könnte „Reue“ auch Ausdruck eines lediglich fremd induzierten „Schuldgefühls“ sein. Reale Schuld wird nicht bereits durch das Gefühl eines mehr oder weniger unreflektierten „schlechten Gewissens“ belegt, das dann „beladen mit der Rückschau (wie konnte ich so ein Mensch sein?)“ und „mit Gedächtnis angereichert“, schließlich in *Reue* umspringt, die mir schließlich meine Schuld anzeigt. Ebenso schwer nachvollziehbar scheint, wie „das Schuldbewusstsein die Vergangenheit und die Zukunft im Herzen der Freiheit zusammenspannt“ und auf diese Weise die „Kausalität des Ich jenseits seiner Einzelakte in Erscheinung“ treten soll oder, dass das „Schuldbewusstsein, das uns unsere Kausalität zusammengezogen, eingegrenzt in einen Akt anzeigt“ dann „ganz mich und meine Autonomie bezeugen“ soll. Soweit ich Schuld nur deshalb „auf mich lade“, weil mein Tun z.B. nicht den Erwartungen anderer entsprach, von deren moralischer Beurteilung ich meine moralische Integrität ggf. lieber abhängig machen möchte als von meinem eigenen Gewissen, ist sie keine. Die Auffassung, wonach der Grund der Schuld, wie Ricoeur das in Bezug auf die böse Tat anzunehmen scheint, nicht in der mit Willensfreiheit ausgestatteten Person selbst liegen soll, sondern in der erst aufgrund der nachträglich als verwerflich beurteilten Tat offenbar werdenden Freiheit, ist nicht überzeugend.

B) Vom radikal Bösen als Grund der bösen Maximen

Allerdings hat man sich nach Ricoeur in der Reflexion des Bösen noch nicht weit genug vorgewagt, solange man, vermittelt über das sich verdichtende

19 Vgl. o. u. Kapitel 2, B), sowie: *Anzenbacher, A.*, Einführung in die Philosophie, S. 319.

Gefühl der Reue, getrennt erst eine böse Absicht betrachtet, dann eine andere, dann noch eine andere usw.[20] Auch dazu beruft Ricoeur sich zunächst auf Kant:

> „Also müßte sich aus einigen, ja aus einer einzigen mit Bewußtsein bösen Handlung a priori auf eine böse zum Grunde liegende Maxime und aus dieser auf einen in dem Subject allgemein liegenden Grund aller besondern moralisch-bösen Maximen, der selbst wiederum Maxime ist, schließen lassen, um einen Menschen böse zu nennen."[21]

Während Kant den letzten Grund des Hanges des Menschen zum Bösen allerdings für unerforschlich hält, bildet für Ricoeur die Annahme eines Vertiefungsprozesses, der von den bösen Maximen zu deren bösem Grund führt, die philosophische Transposition des Weges von den vielen Sünden zu *der* Sünde. Das werde in dem biblischen Adamsmythos offenbar, wonach sich alle Sünden auf eine einzige Wurzel zurückführen lassen. Diese gehe jeder partikulären Äußerung des Bösen voran.

I. Der Adamsmythos

Mit dem Adamsmythos wird in der Bibel der Mythos von dem Fall des Menschen, dem „Sündenfall" (Gen 3) bezeichnet, der in dem Verzehr der verbotenen Frucht des Baumes der Erkenntnis (der Erkenntnis des Guten und des Bösen) durch das erste Menschenpaar (Adam und Eva) liegt. Die christliche Theologie deutet den Sündenfall als die die Unheilsgeschichte der Menschen begründende Ursünde. Die von Adam begangene Sünde führte zur Vertreibung der Menschen aus dem Paradies mit der Folge des Verlustes ihrer Unsterblichkeit. Nach christlichem Verständnis führt die Ursünde aber auch dazu, dass wir als Nachkommen Adams in unserer Freiheitsgeschichte vorbelastet sind. Die Freiheit und die Endlichkeit des Menschen hingen danach untrennbar miteinander zusammen.

Der auf den Menschen durch Adam gekommenen Unheilsgeschichte stellt das Christentum die durch Christus zu den Menschen gekommene Heilsgeschichte gegenüber. Durch seine freiwillige Selbsthingabe habe Christus die Sünde Adams gesühnt. Damit habe er den Tod (die Sterblichkeit) überwunden und den Menschen durch Gottes Angebot, ihm (Christus) im Glauben an seine aufopferungsvolle Liebe nachzufolgen, die Möglichkeit eröffnet, sich wieder mit Gott zu versöhnen und das ewige Leben im Paradies zurückzugewinnen. Christus wird deshalb auch als der neue Adam angesehen. Dazu schreibt

20 *Ricoeur, P.*, Hermeneutik und Psychoanalyse, S. 276.

21 *Kant*, AA VI, RGV S. 20.

Paulus: „Durch einen einzigen Menschen kam die Sünde in die Welt und durch die Sünde der Tod und auf diese Weise gelangte der Tod zu allen Menschen, weil alle sündigten. (…) Wie durch den Ungehorsam des einen Menschen die vielen zu Sündern wurden, so werden (…) durch den Gehorsam des einen die vielen zu Gerechten gemacht werden“ (Röm. 5, 12 f, 19). Der Ungehorsam gegenüber Gott beschreibt nach Paulus das Wesen der Sünde: Durch die Missachtung seiner Gebote missbraucht der Mensch seine ihm von Gott gewährte Freiheit.[22] Ohne den Gottesbezug bzw. rein säkular gesprochen könnte man allerdings auch formulieren: Durch die Missachtung seiner Autonomie missbraucht der Mensch seine Freiheit.

II. Vom Einbruch der Sünde in die Menschheitsgeschichte

Die klassische Theologie leitet aus dem Adamsmythos zunächst die Auffassung ab, dass der „erste Mensch“ (Adam) eine persönliche Sünde, die Ursünde (lat. „peccatum originale originans“) beging. Die Unheilsfolgen dieser Sünde gingen auf die Menschheit und damit auf alle Menschen über („peccatum originale originatum“).[23] Die negative Sicht der Apokalypse[24] und deren Einfluss auf Paulus breitet dieses Verständnis weiter aus. Später wird der paulinische Rückgriff auf den mythologischen „Adam“, dessen Ungehorsam und die Folgen[25] allerdings als klassischer Beleg für die Begründung der Lehre von der Erbsünde genommen. Tatsächlich lehrt Paulus selbst noch keine *Erbsünde*. Vielmehr führt er nur den Tod, die Sterblichkeit der Menschen, auf die persönlichen Sünden aller zurück: Die Menschen sind dem Tod verfallen, „*weil* alle gesündigt haben“. Die lateinische Bibelübersetzung gab dieses „weil“ (= griech. Eph'hoo) jedoch nicht mit „quia“, sondern fälschlich mit „in quo“ („in welchem“, nämlich in „Adam“)[26] wieder. Die spätere Erbsündentheologie sieht daraufhin alle Menschen im *Samen* Adams eingeschlossen und deshalb

22 *Vorgrimler, H.*, Neues theologisches Wörterbuch, S. 604 Stichwort „Sünde“.

23 Deshalb wird der in Gen 3 erzählte „erste Sündenfall“ bereits in der biblischen Weisheitsliteratur als Einbruch der Sünde in die Menschheitsgeschichte gedeutet, der den Tod zur Folge hatte (Sir 25, 24; Weish. 2, 24).

24 „Apokalypse“ (griechisch = „Enthüllung“, wörtlich „Entschleierung“) wird im Christentum übersetzt mit „Offenbarung“, worunter eine thematisch bestimmte Gattung der religiösen Literatur verstanden wird, die „Gottes Gericht“, „Weltuntergang“, „Zeitenwende“ und die „Enthüllung göttlichen Wissens“ in den Mittelpunkt stellt. In prophetisch-visionärer Sprache berichtet eine Apokalypse vom katastrophalen „Ende der Geschichte“ und vom Kommen und Sein des „Reiches Gottes“ (Quelle: Wikipedia.de).

25 Röm. 5,12 ff; 7, 7–12; 8, 20.

26 Vgl. Paulus (1. Kor. 15, 22): „Denn wie in Adam alle sterben, so werden auch in Christus alle lebendig gemacht werden“.

von Geburt an von seiner Sünde mitbetroffen.[27] Mit Paulus ist es also noch möglich, dem einzelnen Menschen die von ihm begangenen Sünden jeweils persönlich anzulasten. Stattdessen bindet die spätere Theologie die Sünde des Einzelnen in ihrer Entstehung jedoch an Adam und delegiert damit auch die Verantwortung dafür letztlich an ihn. Eine den Übersetzungsfehler vermeidende Interpretation des Mythos vom Sündenfall kommt dagegen zu dem Ergebnis, dass wir, *wie* Adam, dem Tod verfallen sind, weil wir (letztlich als Folge unseres Unglaubens) unsere Freiheit zur Begehung von Sünden missbrauchen.

III. Der Weg von der Ursünde zur „ererbten Schuld"

Auch dem Urchristentum ist die Erbsündenlehre noch fremd. Erst der Kirchenlehrer Tertullian (ca. 155–ca. 220)[28] vertritt die Auffassung, dass das Böse von außen an den Menschen herantritt, in seine Seele einwächst und so „gewissermaßen eine Natureigentümlichkeit" wird.[29] Durch den Sündensamen werde das ganze Menschengeschlecht befleckt und zum Überträger seiner eigenen Verdammnis. Allerdings sieht auch Tertullian in der Ursünde noch keine „Erbschuld", wenn auch bereits eine erblich übertragbare Krankheit, eine „Erbkrankheit" (contagium = Ansteckung).[30] Erste Ansätze einer Lehre von der „Erbsünde" ergeben sich im 3. Jahrhundert u.a. durch die Praxis der Kindertaufe. Daraus folgerte man, dass „etwas" im Kind der Vergebung bedürftig ist. Vor Augustinus[31] und in der östlichen Theologie gilt die Aufmerksamkeit dagegen weniger dem Schuldcharakter der Sünde, als vielmehr der Frage nach der Ausstattung des Menschen im „Urzustand" und dem Verlust seines paradiesischen Zustandes als Folge der Ursünde.[32]

27 *Vorgrimler, H.*, Neues Theologisches Wörterbuch, S. 158 Stichwort „Erbsünde".

28 Von Quintus Septimius Florenz Tertullianus, genannt Tertullian wird auch der Satz überliefert: Credo quia absurdum (ich glaube, denn es ist absurd) zit. nach *Anzenbacher, A.*, Einführung in die Philosophie, a.a.O. S. 31.

29 *Tertulian*, De Anima 41. Zit. n. Wörterbuch der Philosophischen Begriffe, „Erbsünde", S. 192.

30 *Tertulian*, De testimonio animae 3, zit. nach Wörterbuch der philosophischen Begriffe, S. 192.

31 Augustinus von Hippo (354–430), auch Augustinus von Thagaste genannt, war einer der ersten vier lateinischen Kirchenväter und gilt als einflussreichster Kirchenlehrer auf der Schwelle der Antike zum Frühmittelalter. Er hatte sich 373 dem Manichäismus zugewandt, einer staatlich verbotenen, gnostischen Glaubensgemeinschaft, deren Lehre durch eine besondere Polarisierung von Gut und Böse gekennzeichnet war. Nach einer intellektuellen, psychischen und körperlichen Krise bekannte er sich 382 unter dem Einfluss seiner Mutter zum Christentum. Ab 395/396 war er Bischoff von Hippo (Quelle: Wikipedia. de).

32 *Vorgrimler, H.*, Neues Theologisches Wörterbuch, Stichwort „Erbsünde", S. 158.

Der Schluss aus der beobachteten Praxis der Kindertaufe darauf, dass in den Kindern „etwas" sein muss, was der Vergebung bedarf, erscheint schwer nachvollziehbar. Im Alten wie im Neuen Testament ist davon nicht die Rede. Eine Mutter dürfte in ihrem hilfsbedürftigen Neugeborenen ohne weiteres kaum ein „Etwas" erkennen, das auf eine bereits mit der Geburt vorgegebene Schuld hindeuten könnte.

Zur eigentlichen Erbsünde wird die Ursünde allerdings bei Augustinus. Der mit der Freiheit des Willens zum „Nicht-Sündigen-Können" (posse non peccare) ausgestattete erste Mensch habe Gott durch seine Sünde verlassen und sei deshalb auch von Gott verlassen und verdammt worden. Als solcher könne der Mensch seinerseits nur noch Sünder und Verdammte zeugen („alle Menschen sind in ihm, denn sie waren einst er"). Die Schuld Adams sei auf die ganze Menschheit übergegangen, so dass sie bis auf ganz wenige Gerettete auf ewig verdammt seien. Die Weitergabe geschehe durch die sexuelle Begierde. Die Straffolgen der Erbsünde (bei Augustinus erstmals „peccatum hereditarium") seien neben der Höllenstrafe die Begierde selbst, zum anderen aber vor allem der Verlust der *Freiheit*, aus eigenem Antrieb *gut* handeln zu können, darüber hinaus auch intellektuelle Defekte und schließlich der leibliche Tod.[33] Dadurch, dass der menschliche Wille die Freiheit zum Guten verlor, sei er in den Stand des „Nicht-Nichtsündigen-Könnens" (non posse non peccare) geraten. Daraus könne ihn nur Gottes Gnade erlösen, durch die Erweckung des guten Willens, der wieder zum „Nicht-Sündigen-Können" befähigt.[34]

Augustinus entwickelt seine Lehre von der Erbsünde als Bischof von Hippo und zwar im geistigen Machtkampf gegen den aus Irland stammenden Bettelmönch Pelagius (ca. 350–420).[35] In dem Streit ging es u.a. um das richtige Verständnis von dem Wesen und der Bedeutung der Gnade Gottes für den Menschen und seine Freiheit.

IV. Gnade

Als religiöser Begriff bezeichnet Gnade die sich aktiv, frei und ungeschuldet dem Menschen zuwendende Zuneigung Gottes sowie die Wirkung dieser

33 *Vorgrimler, H.*, Neues Theologisches Wörterbuch, Stichwort „Erbsünde", S. 158.

34 *Augustinus*, De civitate Dei XIII 14, zit. n.: Wörterbuch der Philosophischen Begriffe, S. 192, Stichwort „Erbsünde".

35 Pelagius kam um 390 als Prediger nach Rom und ging 411 zunächst nach Karthago und später nach Palästina.

Zuneigung, in der Gott sich dem Menschen selber mitteilt.[36] Nach christlichem Verständnis gipfelt sie in der Hingabe seines Sohnes, des neuen Adam, Jesus, der sich als Ausdruck der Gnade Gottes, d.h. aus Liebe für uns geopfert hat, zur Vergebung unserer Schuld.

Auf die Gnade Gottes geht daher nach Paulus auch die Umkehr, der Glaube und die Rechtfertigung zurück (1 Kor 15,10; 2 Kor 12,9). Es ist die Gnade Gottes, die den Lebensraum der Gläubigen prägt, die wiederum erst dank seiner Gnade die Praxis des Guten vollbringen können (2 Kor, 8 u. 9). Paulus geht davon aus, dass der Mensch von sich aus nur zu egoistischen Handlungen fähig ist (Röm. 7,18). Tertullian denkt die Gnade gemäß stoischen Vorstellungen als Einhauchung (*inspiratio*) eines göttlichen Kraftstoffs. Dieser Begriff einer Gnadensubstanz setzt sich im abendländischen Katholizismus durch.[37] Die Kirche hebt die Bedeutung der Gnade vor allem als Gottes Vergebung der individuellen Sünde hervor.

1. Das Verständnis von Gnade bei Pelagius

Pelagius, der als Mönch von einem asketischen Frömmigkeitsstreben geprägt ist, glaubt an die schöpfungsmäßig geschenkten Kräfte des Menschen, seine Vernunft, seine Freiheit und an seine Willenskraft.

a) Schöpfungsgnaden und heilsgeschichtliche Gnaden

Er unterscheidet unter den von Gott gewährten Gnadengaben die universalen Schöpfungsgnaden von den speziellen heilsgeschichtlichen Gnaden. Die Gnade Gottes beginnt bei der Schöpfung des Menschen und zeigt sich immer wieder neu in der Geschichte, dort durch ein besonderes Eingreifen Gottes zum Heil des Menschen. Als geliebte Geschöpfe Gottes hätten die Menschen vor allem zwei Schöpfungsgnaden erhalten. Das erste Geschenk bestehe darin, dass Gott sie als sein Abbild (imago) geschaffen habe. Da Gott als Geist wesentlich Vernunft und Freiheit sei, verleihe auch das Abbildsein den Menschen, als immerwährende Gaben, Vernunft und Freiheit. Alle Menschen haben deshalb die Fähigkeit, das ihnen ins Herz geschriebene Gesetz auch zu erfüllen. Nach Pelagius können sie bereits von ihrer Naturanlage her sündelos

---

36 Vgl. *Vorgrimler, H.*, S. 241, Stichwort: „Gnade". Gnade, mhd. G (e) nade, Übersetzung von gr. Charis, lat. Gratia, Huld, Hilfe von oben, ist einer der Grundbegriffe des Christentums zur Bezeichnung des nicht von Menschen, sondern von Gott ausgehenden Heils, das die Sündenvergebung, die Rechtfertigung und damit die Erlösung einschließt. (Vgl. *Meiner*, Wörterbuch der philosophischen Begriffe, S. 267, Stichwort: „Gnade").

37 Vgl. Wörterbuch der philosophischen Begriffe, a.a.O. S. 267, Stichwort: „Gnade".

leben, wenn sie sich nur kraft ihrer Vernunft und ihres freien Willens gegen das Böse und für das Gute entscheiden. Die zweite Grundgnade, die Gott den Menschen gewährt habe, liege in seinem Angebot auf aktuellen Beistand. Diese Beistandsgnade sei wiederum unterteilt in eine Erleuchtungsgnade, die den Menschen das Gute erkennen lasse und eine Stärkungsgnade für alle, die sich in Freiheit für das Gute entscheiden. Anders als Augustinus gegen Pelagius erklärt, ist die Umsetzung der Fähigkeit des Menschen, sündelos zu leben, also nicht ein isoliertes menschliches, sondern ein erst mit Gottes Beistandsgnade durchführbares Werk.[38]

Allerdings ist durch den Fall Adams auch nach Pelagius die Vernunft des Menschen verdunkelt und sein Wille geschwächt. In der Folge habe die Macht der Sünde aufgrund von schlechtem Beispiel und Gewohnheit überhandgenommen. Um den Menschen wiederaufzurichten, habe Gott ihm jedoch weitere, spezielle heilsgeschichtliche Gnaden geschenkt. Die sieht Pelagius in der Gnade der Offenbarung, d.h. der Verkündigung der 10 Gebote durch Mose und der weiteren Willensbekundungen Gottes durch die Propheten, und vor allem in der Christusgnade. Jesus Christus, der den Kreuzestod zur Erlösung der Menschen von ihrer Schuld in einer menschlich unverdienten Liebe auf sich genommen habe, bringe die Versöhnung der Menschen mit Gott. Im praktischen Lebenswandel wirke Jesus Christus vor allem als Vorbild durch seine Lehre und sein Verhalten. Christliches Leben sei nach Pelagius daher wesentlich Nachahmung (imitatio) des Beispiels Christi.[39]

b) Zum Verhältnis von Gnade und Freiheit bei Pelagius

Es ist Pelagius ein besonderes Anliegen, die Würde der menschlichen Freiheit zu verteidigen. Entgegen den Vorstellungen des Manichäismus, der die Menschen der Zwangsmacht des Bösen ausgeliefert sieht, glaubt Pelagius, dass die Menschen durch die immer bleibende Schöpfungsgnade der Freiheit zwischen Gut und Böse wählen können. Unter Berufung auf den frühen Augustinus erklärt er, dass das Böse seinen Grund in den Herzen der Menschen habe. Die Auffassung, wonach die menschliche Natur durch die Erbsünde völlig verdorben und deshalb ohne jedes positive Vermögen auf die Gnade Gottes angewiesen ist, lehnt Pelagius allerdings ab. Es gebe keine ererbte Sünde, sondern nur die Sünde des einzelnen Menschen. Neugeborene Kinder seien daher ohne Schuld. Nach Pelagius besteht kein Gegensatz zwischen der Gnade Gottes und der menschlichen Freiheit. Die Freiheit sei selbst Gnade. Allerdings benötige

---

38 *Kraus, G.*, Gnadenlehre – das Heil als Gnade, S. 157 f., S. 206.

39 *Kraus, G.*, Gnadenlehre – das Heil als Gnade, S. 157 f., S. 206.

sie zur Verwirklichung des Guten der aktuellen Hilfe der Gnade Gottes. Bei konkreten Heilsvollzügen erfolge ein positives Zusammenwirken von Gnade und Freiheit: „Weder handelt der Mensch ohne die Gnade noch die Gnade ohne ihn."[40] Das zeige sich etwa auch zu Beginn und bei der Auswirkung des christlichen Glaubens. Gottes Güte zeige allen Menschen den Anruf zum Glauben. Und dennoch sei der Glaube ein ureigener Akt des einzelnen Menschen, insofern der Glaubende den Anruf Gottes frei und ohne Zwang annehme. Dabei bleibe der Vorrang der Gnade gewahrt: „Niemand wird aus eigenem Verdienst, sondern alle gleichermaßen aus der Gnade Gottes gerettet."[41] Die Vorstellung, dass allein die Gnade Gottes im Sinne einer Prädestination einzelner zum Heil wirke, lehnt Pelagius ebenfalls ab. Die Lehre von der Prädestination[42] beschreibt ein Konzept, dem zufolge Gott von Anfang an das Schicksal des Menschen vorherbestimmt hat. Das gilt auch für die Frage, ob seine Seele zum ewigen Leben oder aber zur ewigen Verdammnis bestimmt ist. In der Konsequenz würde die Prädestination Gottes die menschliche Freiheit zur Illusion werden lassen. Allerdings geht auch Pelagius davon aus, dass Gott um die freien Handlungen der Menschen im Vorhinein wisse und sie in sein Gnadenwirken mit einbeziehe.[43]

2. Das Verständnis von Gnade bei Augustinus

Anders als Pelagius entwickelt Augustinus seine Gnadenlehre von einer ursprünglich weiten Gnadenanschauung hin zu einer schließlich engen Prädestinationslehre. In Abkehr vom Manichäismus, der einen unüberwindbaren Dualismus zwischen dem Reich der Finsternis und dem göttlichen Lichtreich verkündet, glaubt Augustinus zunächst an die menschliche Freiheit und die Vorstellung einer Prädestination nur aufgrund der Voraussicht menschlicher Verdienste. Nach einer Auseinandersetzung mit dem möglichen Gegensatz zwischen der Bedeutung der Gnade Gottes für das menschliche Tun und der *vorgängigen Erwählung* des Menschen aus Gnade, verteidigt Augustinus die menschliche Willensfreiheit. Die Gnade hebe den freien Willen nicht auf. Der freie Wille sei vielmehr umgekehrt erst die Voraussetzung für die Erwählung. Ohne freien Willen gäbe es keinen Verdienst und ohne Verdienst keine Erwählung.[44] Nach einer einschneidenden Denkwende (396/397) bekennt sich

---

40 Zit. n. *Kraus, G.*, Gnadenlehre – das Heil als Gnade, S. 157 f., S. 207 m.w.N.

41 Zit. n. *Kraus, G.*, Gnadenlehre – das Heil als Gnade, S. 157 f., S. 207 m.w.N.

42 Prädestination, lat.: praedestinatio vom Verfasser übersetzt mit *Vorherbestimmung*.

43 *Kraus, G.*, Gnadenlehre – das Heil als Gnade, 157 f., S. 208.

44 *Kraus, G.*, Gnadenlehre – das Heil als Gnade, 157 f., S. 209.

Augustinus allerdings ausschließlich zu der göttlichen Gnade als die auch die menschliche Freiheit allein begründende Ursache. Dies führt zur Annahme einer Prädestination auf Grund des ewigen göttlichen Beschlusses. In der Auseinandersetzung mit Pelagius verschärft er diesen Gedanken und vertritt schließlich eine rigorose All- und Alleinherrschaft der Gnade und der Prädestination.[45] Die Vorstellung, dass der Mensch selbst etwas Gutes allein aus freiem Willen bewirken könne, lehnt Augustinus nun ab. Dabei bestreitet Augustinus nicht, dass der Mensch überhaupt einen freien Willen habe. Dieser Wille richtet sich aber nicht bereits von sich aus auf das Gute. Ohne die Gnade Gottes ist der menschliche Wille auf die Selbstliebe gerichtet, auf die Habgier, d.h. auf das Böse.

3. Augustinus' ethischer Imperativ und der Begriff einer schuldhaften Handlung

Dem Theologen Gisbert Greshake zufolge besteht der entscheidende Unterschied zwischen Pelagius und Augustinus darin, dass Augustinus die Heilsmöglichkeit und das Gnadenangebot Gottes nicht an die Natur des Menschen bindet, „*sondern an eine besondere auswählende und damit die Menschheit apriori in zwei Gruppen scheidende Erleuchtung und Begnadigung durch Christus*".[46] Greshake zufolge vertritt Augustinus einen grundsätzlich anderen Natur-Begriff als Pelagius. Für Pelagius sei die Natur die Grundgestalt der Gnade. Als solche sei sie die eine und bleibende Wurzel (radix) für das menschliche Handeln. Dieses Handeln folge in Freiheit entweder der Natur-Dynamik oder es distanziere sich von seiner Natur. Für Augustinus sei die Natur des Menschen dagegen keine Vermittlungsgestalt der Gnade. Sie sei für ihn vielmehr „eine bloße Fähigkeit (capacitas) und zwar für eine *zweifache gegensätzliche Wurzel des Handelns:* für die Liebe als Wurzel des Guten oder für die Selbstliebe als Wurzel des Bösen".[47] Für Augustinus bedeute die Natur lediglich Potentialität. Qualitativ bestimmt werde sie erst durch den personalen Freiheitsvollzug. Die Natur müsse von der *Freiheitsbewegung des Menschen* her gedacht werden. Frage man nach der Natur des Menschen, müsste dementsprechend eine doppelte Antwort gegeben werden. Sie sei entweder jenes geschöpfliche Sein, das in und aus dem Geschenk der göttlichen Liebe lebt oder das, von Gott abgefallen, sich selbst pervertiert habe.[48] Für Augustinus sei

45 *Kraus, G.*, Gnadenlehre – das Heil als Gnade, 157 f., S. 208.

46 *Greshake, Gisbert*, Gnade als konkrete Freiheit, S. 202.

47 *Greshake, Gisbert*, Gnade als konkrete Freiheit, S. 203.

48 *Greshake, Gisbert*, Gnade als konkrete Freiheit, S. 203.

Natur, so Greshake, lediglich dasjenige, was unverlierbar zum Menschen gehöre, das, aufgrund dessen wir nicht Tiere oder Pflanzen sind, sondern Menschen. Wenn die Natur des Menschen sich gegenüber seinen qualitativen Bestimmungen aber potential und neutral verhalte, nur *Seinsraum*, nicht aber die eigentliche Wurzel menschlichen Handelns wäre, stelle sich die Frage, wo denn jene gegensätzlichen Wurzeln des Handelns, caritas oder cupiditas[49], ihren Ursprung hätten. Die Selbstliebe stamme zweifellos nicht vom Schöpfer, sondern vom sündigen Menschen und vom Betrüger des Menschengeschlechts. Und dann fragt Greshake im Sinne Augustinus weiter:

> „Und die Liebe? Hat auch sie ihren Ursprung in der freien Entscheidung des Menschen? Dann aber wäre das, was wir von Gott erhalten haben, eine noch unbestimmte Natur, *weniger* als das, was wir aus uns selbst heraus vermögen, nämlich uns zur Liebe zu bestimmen. Das aber wäre 'völlig absurd'.[50] Also muss der liebende Wille von Gott kommen, und zwar (…) nicht vermittelt durch die Natur (die sich ja gegenüber ihren Qualifikationen neutral verhält), sondern vermittelt durch eine besondere *Gnade, die Gott uns schenkt.*[51]

Deshalb heiße der ethische Imperativ bei Augustinus nicht mehr: vivere secundum naturam (lebe nach der Natur), wie er für die Stoa[52] und, Greshake zufolge, auch für Tertullian und Pelagius maßgeblich war, sondern: vivere secundum deum.[53] Mit diesem Verständnis des ethischen Imperativs erhält allerdings auch die Definition einer *schuldhaften Handlung* eine andere, „augustinische" Wendung, die man vielleicht wie folgt formulieren könnte:

Schuldhaft handelt, wer sich in seinem Tun oder Unterlassen von der Natur der Menschen, (die ihm nur die Freiheit zur Habsucht (cupiditas) gewährt) statt von Gott (als Grund der Liebe und der Freiheit zum Guten) im Sinne der Nachfolge Christi her leiten lässt.

---

49 Die Unterscheidung lässt sich auf zwei Bibelstellen zurückführen: Johannes: „Deus caritas est" (Gott ist die Barmherzigkeit bzw. Liebe), 1. Joh. 4, 16, und bei Thimotheus heißt es: „radix omnium malorum est cupiditas" (Die Wurzel allen Übels ist die Habsucht) Tim 6,10.

50 *Greshake, Gisbert*, Gnade als konkrete Freiheit, S. 204, m.w.N.

51 Ebenda.

52 Als Stoa (ca. 300 v. bis ca. 300 n. Chr.) wird eine der wirkungsmächtigsten philosophischen Lehren der abendländischen Geschichte bezeichnet. Der Name geht auf eine Säulenhalle (Stoa) auf der Agora, dem Marktplatz von Athen, zurück, in der Zenon von Kiton um 300 v. Chr. seine Lehrtätigkeit aufnahm. Ein besonderes Merkmal der stoischen Philosophie ist das Gebot, nach der Natur, der kosmischen Ordnung zu leben. (Quelle: Wikipedia. Stichwort: Stoa). Vgl. auch *Schriefl, A.*, Stoische Philosophie – Eine Einführung, sowie u. Teil 1, Kap. 8, B) „Selbsttötung".

53 *Greshake, Gisbert*, Gnade als konkrete Freiheit, S. 204, (Vgl. dort die Fn. 45).

4. Zum Ausgang des Streits zwischen Augustinus und Pelagius

Nach Augustinus kann es nicht das Verdienst der Menschen sein, ob und wen Gott liebt; weder durch seine Taten noch durch seinen Glauben. Ob der Mensch zu einem schuldlosen (guten) Handeln in der Lage ist, hängt von der Gnade Gottes und seiner vorgehenden Bestimmung, d.h. davon ab, ob Gott ihn in seiner Liebe als jemanden, der nun seinerseits zur Liebe und zum Guten fähig ist, auserwählt hat. Unter Bezugnahme auf den in dem entscheidenden Punkt falsch übersetzten Satz aus Paulus Brief an die Römer (s.o.) erklärt Augustinus, dass alle Menschen „in Adam", dem (biologischen) Stammvater der ganzen Menschheit, gesündigt haben. Sie sind von ihrem Wesen her selbstsüchtig und nicht allein aus freiem Willen in der Lage, schuldlos zu sein. Im Gegenteil: Als gerechte Strafe verdienen sie eigentlich die ewige Verdammnis:

> „Es bilden also alle Menschen – zumal da nach dem Wort des Apostels ‘in Adam alle sterben’, von dem sich für das gesamte Menschengeschlecht der Ursprung der Beleidigung Gottes herleitet – eine einzige Sündenmasse, die der höchsten göttlichen Gerechtigkeit Strafe schulde. Wenn sie nachgelassen oder eingetrieben wird, bedeutet das beides kein Unrecht."[54]

Beides ist Ausdruck von Gnade. Das Nachlassen (Vergeben) der Sünde ist Ausdruck von Gottes Barmherzigkeit und die Bestrafung Ausdruck seiner Gerechtigkeit. Nach Augustinus gibt es in Gott keinerlei Ungerechtigkeit, während der Mensch ihm gegenüber rechtlos ist. Als besondere Folge seines biologischen Verständnisses der Erbsünde erblickt er in der Menschheit „eine Masse der Sünde, die *rechtens* einzig und allein Verdammnis verdient."[55] Während für Augustinus die „in Selbstsucht und Sinnlichkeit verstrickte Menschheit (…) nur durch die Gnade Gottes, die das Wollen und Vollbringen bewirkt, zum Guten befähigt werden"[56] kann, betont Pelagius bis zum Schluss die menschliche Freiheit (auch) zum Guten. Durch den Sündenfall sei nicht die menschliche Natur als solche verdorben. Der Mensch sei vielmehr durch den freien Willen und die natürliche Anlage der Vollkommenheit fähig, ohne dazu einer anderen Gnade zu bedürfen, als der ihm von Gott verliehenen Vernunft und ihrer Erleuchtung selbst.[57] Augustinus wirft er

---

54 *Augustinus*, Simpl. 1, 2, 16; *Aurelius Augustinus*, Der Lehrer der Gnade. Gesamtausgabe seiner antipelagianischen Schriften, Prolegomena 3 (Lateinisch – Deutsch). Eingeleitet, übertragen und erläutert von *Thomas Gerhard Ring* (=ALG 3), Würzburg 1991. Zit. n. kat. de, Philosophie & Theologie: „Erbsünde und Augustinus".

55 Zit. n. *Kraus, G.*, Gnadenlehre – das Heil als Gnade, S. 157 f., S. 210 und 211.

56 *Augustinus*, De gratia et libero arbitrio, 17, 33, zit. n. Wörterbuch der philosophischen Begriffe, S. 267, Stichwort: „Gnade".

57 Vgl. Wörterbuch der Philosophischen Begriffe, S. 487, Stichwort: „Pelagianismus".

schließlich vor, dem Bösen den gleichen Rang wie Gott einzuräumen und heidnischen Fatalismus zu predigen.

In dem Streit um die Bedeutung der Natur des Menschen als Vermittler der Freiheit, scheint eine Dichotomie angelegt zu sein, die manche Gläubige bis heute beschäftigt: Handelt es sich bei der personalen Freiheit des Menschen um eine Gabe, die ihn von Natur aus (auch) zum Guten befähigt oder bedarf es dazu erst der vorausgehenden Erwählung des Einzelnen durch Gott? Wäre letzters der Fall, wäre der Mensch von sich aus nur bedingt frei und damit letztlich auch nur bedingt verantwortlich.

5. Zur geschichtlichen Entwicklung des Augustinischen Gnadenverständnisses

Pelagius wird 416 auf den Synoden von Karthago und Mileve wegen Häresie[58] verurteilt und 417 zusammen mit seinen Anhängern durch den römischen Bischof Innozenz I. exkommuniziert.[59] Dieser rigorose Umgang mit Pelagius und seinen Anhängern sowie das darin zum Ausdruck kommende *kirchliche* Verständnis von *Recht*, das als Voraussetzung für die Verbannung eines Menschen lediglich eine bestimmte ethische Haltung bzw. die Abweichung vom vorgeschriebenen Glauben in einem bestimmten Punkt erforderte, wäre mit einem neuzeitlichem, säkularen *Rechtsverständnis*[60] nicht vereinbar. Innerhalb der Kirche dient das *Recht,* als Kirchenrecht, allerdings bis heute nicht dazu, die äußere Freiheit, etwa die Meinungs- und Religionsfreiheit der Gläubigen zu schützen, sondern eine bestimmte, kirchliche Interpretation des richtigen Glaubens und den Bestand der Autorität der Kirche zu gewährleisten.[61]

Durch die Synode von Karthago erlangt 418 allein die augustinische Sicht der Gnade offizielle Geltung. Auf Augustinus Betreiben verurteilt die Synode von Karthago im Jahre 418 den „Pelagianismus“[62], verbietet die Schriften von Pelagius und führt die Existenz der Erbsünde und den Tod als ihre Folge als offizielle Glaubenslehre der Kirche ein, die nachträglich vom Papst bestätigt

---

58 Häresie (von altgriechisch *hairesis*, „Wahl“, „Anschauung“, „Schule“) ist im engeren Sinn eine Aussage oder Lehre, die im Widerspruch zu kirchlich-religiösen Glaubensgrundsätzen steht.

59 Im Mittelalter hatte die Exkommunikation die weltliche Reichsacht zur Folge und damit regelmäßig den wirtschaftlichen oder politischen Ruin (jemanden „in Acht und Bann tun“ = aus der Gemeinschaft ausschließen) – Vgl. www.Wikipedia.Org.

60 S.u. Teil 2, 1. Kap. ff.

61 S. hierzu: Teil 2, 4. Kap.

62 *Vorgrimler, H.*, Neues Theologisches Wörterbuch, Stichwort: „Erbsünde“, S. 158.

wird.[63] Nachdem sich die mittelalterliche Scholastik noch einmal mit der Frage befasst, inwiefern die von Adam und Eva begangene Sünde zugleich eine solche des je einzelnen Nachkommen sein und Straffolgen haben könne, gewinnen die Auffassungen Anselms von Canterbury (ca. 1033 bis 1109) und Thomas' von Aquin (um 1225 bis 1274) innerhalb der kirchlichen Lehre an Bedeutung.[64] Treffender als der Ausdruck „Erbsünde" erscheint diesen Kirchenlehrern wieder der Ausdruck „Ursünde". Diese betreffe den Menschen nur noch in einem analogen Sinne. Thomas sieht den Schuldcharakter bei den Nachkommen Adams nicht in einer von Mensch zu Mensch übertragenen Erbsünde im Sinne eines Tatbestandes, sondern in dem Fehlen des „an sich" Gott geschuldeten Zustands, in dem Fehlen der „Urstandsgerechtigkeit", die für ihn die eigentliche, heiligmachende Gnade ist. Durch deren Verlust sei Adam jedoch nicht in einen Zustand „reiner Natur" gefallen. Seine übernatürliche Berufung zur Teilnahme am Leben Gottes sei ihm vielmehr erhalten geblieben.

Im Gegensatz zu Anselm und Thomas erneuern Martin Luther (1483–1546) und Johannes Calvin (1509–1564) die augustinische Lehre von der Erbsünde in ihrer vollen Strenge.[65] Luther sieht das Wesen der Erbsünde wieder vor allem in der geschlechtlichen Begierde. Da man in der zeitgenössischen Theologie (so bei Erasmus von Rotterdam – ca. 1467–1536) aber auch im Übrigen wieder „pelagianische Tendenzen" vermutet[66], befasst sich das Konzil von Trient (1543 bis 1563) erneut mit dem Pelagianismus. Es bestimmt, dass Predigten von Angehörigen der Bettelorden außerhalb ihrer Ordenskirchen fortan der vorhergehenden Erlaubnis des Bischofs bedürfen. Priester und Bischöfe sind nun zur Predigt verpflichtet, wobei die Bischöfe das Recht erhalten, gegen häretische Prediger vorzugehen. Weiter lehrt das Konzil, dass jeder Mensch als Nachkomme Adams von Geburt an mit der Erbsünde befleckt sei. Die einzige Ausnahme sei Maria, die Mutter Gottes, die „unbefleckt empfangen" (*immaculata conceptio*) habe. Nur durch die Taufe in Jesus Christus könnten die Menschen von der Schuld der Erbsünde befreit werden. Damit sie im Zweifel nicht schon im Zustand der zum Tode geweihten Sündhaftigkeit versterben, bestimmt das Konzil, die Kinder unmittelbar nach der Geburt zu taufen. Der

63 Auf der Synode von Orange im Jahre 529 wurden die Augustinischen Lehren von der Erbsünde, vom unfreien Willen und der göttlichen Gnade expressis verbis bestätigt.

64 *Vorgrimler, H.*, Neues Theologisches Wörterbuch, S. 158, Stichwort „Erbsünde".

65 Vgl. Art. 2 der Confessio Augustana, wonach u.a. die Pelagianer und die, die leugnen, dass die Erbsünde wirklich Sünde ist, mit der Anathema (kirchenrechtlich = Exkommunikation) belegt werden.

66 Zit. n. *Vorgrimler, H.*, Neues Theologisches Wörterbuch, S. 158, Stichwort: „Erbsünde".

französische Mathematiker, Physiker und Literat Blaise Pascal (1623 bis 1662) erklärt die Lehre von der Erbsünde in seinen *Pensées*[67] als eine Lehre „ohne Vernunft“ und „gegen die Vernunft“ und doch „sicher gegründet auf die unverletzliche Autorität der Religion“.[68]

V. Die Erbsünde als Legitimation der Rolle Christi als Erlöser

Aus der Sicht der Augustinus folgenden Theologie der Kirche bestünde mit der Aufgabe der Lehre von der Erbsünde und der Betonung der von der Prädestination Gottes unabhängigen Willensfreiheit allerdings die Gefahr, dass dadurch die Rolle Christi als Erlöser, als „neuer Adam“, in Frage gestellt wird. Nach Augustinus lobt das „pelagianische System“ das Werk des Schöpfers, die Menschennatur, so sehr, dass ein Erlöser überflüssig würde.[69] Dieser gegen Pelagius vertretene Gedanke übersieht indessen, dass mit dem Verzicht auf die Lehre von der *Erbsünde* nicht bereits die Sünde selbst aus der Welt geschafft ist, auch wenn wir uns den „Hang“ des Menschen zur Habsucht (cupiditas) nicht schlüssig erklären könnten. Obwohl wir mit Vernunft und Freiheit ausgestattet sind, lassen wir uns auch von unseren Begierden leiten und missbrauchen unsere Freiheit. Christus würde deshalb also nicht bereits obsolet.

In der Kirche gilt die Lehre von der von Generation zu Generation übertragenen Sünde allerdings bis heute. Unter Berufung auf das Konzil von Trient hält der Katechismus an der Erbsünde fest. Danach ist das ganze Menschengeschlecht in Adam „wie der eine Leib eines einzelnen Menschen“.[70] Wegen dieser *Einheit des Menschengeschlechtes* sind auch alle anderen Menschen in die Sünde Adams verstrickt.

> „Die Weitergabe der Erbsünde ist jedoch ein Geheimnis, das wir nicht völlig verstehen können. Durch die Offenbarung wissen wir aber, dass Adam die ursprüngliche Heiligkeit und Gerechtigkeit nicht für sich allein erhalten hatte, sondern für die ganze Menschennatur. Indem Adam und Eva dem Versucher nachgeben, begehen sie eine *persönliche Sünde, aber diese Sünde trifft die Menschennatur*, die sie in der Folge im *gefallenen Zustand* weitergeben. Sie ist eine Sünde, die durch Fortpflanzung an die ganze Menschheit weitergegeben wird, nämlich durch die Wei-

---

67 *Blaise Pascal*, Pensées, (Pensées sur la religion et autres sujets) Ed. Brunschvicg, S. 445, zit. n.: Wörterbuch der philosophischen Begriffe, „Erbsünde“, S. 193.

68 Zitiert nach Wörterbuch der Philosophischen Begriffe, Stichwort: „Erbsünde“, S. 192 f. (193).

69 *Augustinus*, De natura et gratia 34, 39: „non debemus sic laudare creatorem, ut cogamur, immo convincamur dicere superfluum salvatorem“. Zit. n.: Handbuch der Kirchengeschichte, B. II/1 S. 168 f. (174).

70 Vgl. den 1992 von Papst Johannes Paul II. approbierten, nach wie vor aktuellen Katechismus der Katholischen Kirche, S. 134 f.

tergabe einer menschlichen Natur, die der ursprünglichen Heiligkeit und Gerechtigkeit ermangelt. Deswegen ist die Erbsünde 'Sünde' in einem übertragenen Sinn. Sie ist eine Sünde, die man 'miterhalten', nicht aber begangen hat, ein Zustand, keine Tat." [71]

Der Katechismus führt allerdings auch aus:

„Obwohl 'einem jeden eigen', hat die Erbsünde bei keinem Nachkommen Adams den Charakter einer persönlichen Schuld. Der Mensch ermangelt zwar der ursprünglichen Heiligkeit und Gerechtigkeit. Aber die menschliche Natur ist nicht durch und durch verdorben, sondern nur in ihren natürlichen Kräften verletzt. Sie ist Verstandesschwäche, dem Leiden und der Herrschaft des Todes unterworfen und zur Sünde geneigt; diese Neigung zum Bösen wird 'Konkupiszenz'[72] genannt. Indem die Taufe das Gnadenleben Christi spendet, tilgt sie die Erbsünde und richtet den Menschen wieder auf Gott aus. Aber die Folgen für die Natur, die geschwächt und zum Bösen geneigt ist, verbleiben im Menschen und verpflichten ihn zum geistlichen Kampf".[73]

C) Schuld als Folge der durch die Sünde geschwächten Freiheit

Nach der in der Kirche herrschenden Theologie sind wir für unsere böse Tat also nicht allein verantwortlich. Wir sind immer auch Opfer unseres eigenen, mit der Sünde infizierten und deshalb geschwächten Willens. Ohne das Böse kommt der Glaube nicht aus. Der letzte Urheber seiner Schuld ist nicht allein der Mensch, sondern der Verführer schon des alten Adams. Dieser hat ihn veranlasst, sich aus dem Urzustand der heiligmachenden Gnade in den Stand der Sündhaftigkeit zu begeben. Der Mensch ist schwach, weil sein Wille ihm nicht völlig zur Verfügung steht. Aufgrund der durch die erste Sünde erfolgten Infizierung der Menschheit und der durch diese Sündhaftigkeit bedingten Schwäche können die Menschen nicht lediglich mithilfe ihrer eigenen Vernunft in den Urzustand der heiligmachenden Gnade zurückkehren. Dazu bedarf es erst der inneren Umkehr, des Eingeständnisses des Menschen auf seine Angewiesenheit auf Gottes Liebe (Gnade) und der Vergebung seiner Sünden durch den neuen Adam, d.h. durch Christus den Erlöser.

I. Die Letztverantwortlichkeit Gottes für das Böse – Theodizee

Mit der teilweisen Delegation der Schuld weg von der Person des Menschen an seine infizierte Freiheit stellt sich aus theologischer Sicht allerdings die Frage nach der indirekten Verantwortlichkeit dessen, der den Menschen als

71 Katechismus der katholischen Kirche, Nr. 404, S. 134.

72 Von lat. concupiscentia: heftiges Verlangen, Begierde.

73 Katechismus der katholischen Kirche, S. 134.

mit Freiheit begabt erschaffen hat. Lassen sich die vorpersonalen Übel wie Naturkatastrophen, Epidemien, Krankheiten und der Tod ggf. noch als „Defekte“ der Schöpfung begreifen, ist das moralische Böse nach der Lehre der Kirche auf die durch die Sünde beeinträchtigte Freiheitsentscheidung des Menschen zurückzuführen.

Geht man davon aus, dass Gott positiv auf die Menschen bzw. ihre Freiheit einwirkt ohne sie zu zerstören, reicht der Hinweis, das moralisch Böse sei der Preis für die den Menschen gewährte Freiheit, den Gott gewissermaßen zu zahlen bereit ist, als Rechtfertigung für das durch Menschen gesetzte Leid in der Welt nicht aus.[74] Das ergibt sich schon aus der Grausamkeit, zu der die Menschen anlässlich des Missbrauchs ihrer Freiheit als Folge ihrer Infektion durch das Böse fähig sind. Es stellt sich vielmehr die Frage nach der Rechtfertigung des Schöpfers selbst. Die Vorstellung, Gott selbst könnte eine „dunkle Seite“ haben, wird durch einzelne Stellen in der Bibel gestützt.[75] Danach ist er es, der z.B. unzählige Menschen in die Sintflut[76] geschickt und die Tötung der ägyptischen Erstgeborenen[77] veranlasst hat. Will man sie nicht insgesamt als mythologisch und damit als nicht wirklich geschehen abtun und sich auch mit der Unerklärlichkeit dieser Ereignisse nicht abfinden, liegt es nahe, sie entweder dem Schöpfer selbst zuzurechnen oder einzusehen, dass er in Wahrheit eben doch nicht positiv auf die Menschen einwirkt, weil es ihn vielleicht gar nicht gibt.

Die Frage der *Theodizee* (gr. = Rechtfertigung Gottes) taucht bereits in der vorchristlichen Antike auf, sobald Leiden und Übel im Zusammenhang mit menschlicher Freiheit, Schuld und Schuldlosigkeit reflektiert werden. Während die stoische Philosophie ihm mit apathischem Fatalismus begegnet, zieht Epikur mit atheistischer Intention daraus die Schlussfolgerung, dass Gott in Wahrheit entweder nicht allmächtig oder nicht gut oder aber eben gar nicht existent ist. Demgegenüber sieht die biblische Tradition beider Testamente das innerweltliche Geschehen unter dem Gesichtspunkt der alles bestimmenden

74 *Vorgrimler, H.*, Neues theologisches Wörterbuch, S. 101. m.w.N.

75 Vgl. z.B.: Jes. 45, 6 f. „...damit man vom Aufgang der Sonne bis zu ihrem Untergang erkennt, dass es außer mir keinen Gott gibt. Ich bin der HERR und sonst niemand. Der das Licht formt und das Dunkel erschafft, der das Heil macht und das Unheil erschafft, / ich bin der HERR, der all dies macht“.

76 Moses, 1, 6, 7, 23: „Gott vertilgte also alle Wesen auf dem Erdboden, vom Menschen bis zum Vieh, bis zu den Kriechtieren und die Vögel des Himmels; sie alle wurden von der Erde vertilgt“.

77 Moses, 2, 12: „In dieser Nacht gehe ich durch das Land Ägypten und erschlage im Land Ägypten jede Erstgeburt bei Mensch und Vieh. Über alle Götter Ägyptens halte ich Gericht, ich, der HERR“.

göttlichen Vorsehung, gegen die dem Menschen nur Fügung und Klagen bleiben. In der Theologie der Kirchenväter soll die Neigung vorherrschen, Übel und Leiden als Strafen für die menschliche Schuldverfallenheit aufzufassen und damit das Böse als Mangel am Guten zu minimalisieren.[78] In der Neuzeit betrachtet Leibniz die Endlichkeit mit ihren Übeln als Preis der menschlichen Freiheit. Aufklärerische Versuche zur Rechtfertigung Gottes werden durch das Erdbeben von Lissabon 1755 erschüttert. Im 19. Jahrhundert verschärft sich wieder die Tendenz, die Versuche zur Theodizee unter Hinweis auf die Nichtexistenz Gottes abzuweisen. Zur Zeit des Zweiten Weltkrieges existieren theologische Auffassungen, die Übel als Preis der Evolution zu „erklären".[79]

Dem Philosophen Norbert Hörster zufolge muss die Existenz eines ebenso allmächtigen wie allgütigen göttlichen Wesens jedenfalls auf dem gegenwärtigen Stand unseres Wissens „angesichts der vielfältigen Übel der Welt als *äußerst unwahrscheinlich*" gelten.[80] Komme ich deshalb also zu dem Ergebnis, dass es keinen Gott gibt, erledigt sich auch die Frage nach seiner Rechtfertigung, die Frage nach dem Grund der Boshaftigkeit der menschlichen Natur damit allerdings noch nicht. Es erscheint allerdings fragwürdig, aus der Existenz der vielfältigen Übel, d.h. aus der Erfahrung einer unheilen Welt, bereits auf die Nichtexistenz Gottes zu schließen. Gibt es einen Gott, können wir ihn mit menschlichen Begriffen ohnehin weder begreifen noch erklären.

Nach der Auffassung des Fundamentaltheologen Peter Knauer SJ liefen die herkömmlichen Antworten auf die Frage, wie das Leid in der Welt mit der Allmacht eines guten Gottes zu vereinbaren sei, gewöhnlich auf die Unterscheidung zwischen dem „Willen" Gottes und seiner bloßen „Zulassung" hinaus; so als sei nicht auch das von Gott Zugelassene restlos und unüberbietbar von ihm abhängig. In Wirklichkeit handele es sich deshalb um eine falsche Fragestellung. Gott ist Knauer zufolge von Anfang an hinweisend als der zu definieren, der genau das zulässt und will, was auch wirklich geschehe. Dann aber könne man nicht die weltliche Wirklichkeit nachträglich gegen den aus ihr gewonnenen Gottesbegriff ausspielen. Das „sogenannte Theodizeeproblem"[81] gehe als spekulatives Problem von der falschen Vorstellung aus, dass es eine Gott und die Welt übergreifende Wirklichkeit gebe, und dass man von Gott auf die Welt zurückschließen könne. Der berechtigte Kern des Theodize-

78 *Vorgrimler, H.*, Neues Theologisches Wörterbuch, S. 620 „Theodizee".

79 *Vorgrimler, H.*, Neues Theologisches Wörterbuch, S. 621 „Theodizee".

80 *Hörster, Norbert*, Die Frage nach Gott, S. 113.

81 *Knauer, Peter*, Der Glaube kommt vom Hören. Ökumenische Fundamentaltheologie, S. 55 f.

eproblems liege aber nicht auf der spekulativen Ebene, sondern bestehe in der existentiellen Frage danach, wie der Mensch die eigene Endlichkeit aushalten und bestehen kann. Dazu verweist Knauer auf ein Zitat des Theologen Karl Rahner SJ (1909–1984):

> „Aber wenn der Mensch von heute eher an der Qual des Daseins, seiner Finsternis und Vergeblichkeit leidet als an seiner Schuld und eher zu fragen geneigt ist, wie Gott diese Vergeblichkeit vor dem gequälten Menschen rechtfertige, als dass der Mensch frage, wie er vor Gott bestehen könne, so ist damit doch gerade ein gemeinsames Anliegen aller Christen genannt: denn alle Christen haben zu bekennen, dass der Mensch ein Sünder ist und von Gottes Gnade allein gerechtfertigt wird. Alle Christen haben also die Aufgabe, sich zu fragen, wie sie diese fundamentale Aufgabe gegenüber dem Geist der Zeit erfüllen können."[82]

Im Anschluss daran formuliert Knauer die Frage noch einmal neu: „Wie kann man in der Wirklichkeit der Welt so leben, dass man das Glück nicht vergöttert und im Unglück nicht verzweifelt?" Und er antwortet mit dem Hinweis: „Die Bedeutung des Wortes 'Gott' ist für sich allein genommen keine Antwort auf diese Fragen. Dazu bedarf es vielmehr des *Wortes Gottes*."[83] Für den gläubigen Christen mag damit eine Antwort gefunden sein.

II. Die „Exkulpation" der Schuld durch die Erbsünde

Geht man mit der Kirche davon aus, dass der Mythos „wahr" ist und wir aufgrund der Sünde vorbelastet sind, liegt es weiter nahe, das personalisierte Böse, den Dämon für unsere bösen Taten verantwortlich zu machen. Vergegenwärtigen wir uns die vorgegebene Disposition unserer Freiheit zum Bösen in der rückschauenden Betrachtung der begangenen Tat, bietet es sich an, eben diese von Adam abgeleitete Disposition als Argument unserer Entschuldigung anzuführen.

Versetzen wir uns z.B. in die Situation der Erzieher von katholischen Internaten in den Jahren zwischen ca. 1963 und ca. 1975. In Bezug auf diese Zeit wird heute nicht mehr bestritten, dass es zu zahlreichen Übergriffen und sexuellem Missbrauch an den zu ihrer Erziehung anvertrauten Kindern gekommen ist. In dem sexuellen Missbrauch als Ausnutzung gerade des Vertrauens von Kindern zeigt sich der Charakter von Schuld besonders deutlich. Eine Art und Weise, in der z.B. Priester und Ordensleute (Mönche und Nonnen) mit ihren Vergehen umgehen, besteht darin, ihre Taten dem Priester zu beichten, manchmal darüber hinaus auch in der Durchführung selbst oder fremd auferlegter Bußen.

82 *Rahner, Karl*, Schriften zur Theologie VI. S. 262 f.

83 *Knauer, Peter*, Der Glaube kommt vom Hören. Ökumenische Fundamentaltheologie, S. 56.

Das mag zu einer Entlastung von ihrer Schuld führen. Schuldgefühle sind es aber perfider Weise auch, die die von dem Missbrauch betroffenen Opfer ihrerseits häufig zu lähmen scheinen. In der Folge werden die Ereignisse mit Blick auf ihre persönliche Beteiligung, d.h. ggf. aus Scham, auch von den Opfern selbst verschwiegen. Kann ich als geistlicher Täter die böse Tat in ihrer Entstehung aus meinem Herzen auslagern, sie dem Bösen selbst anlasten, mit dem meine Freiheit aufgrund ihrer Disposition verstrickt ist, ist die Annahme nicht weit, dass ich selbst es ja gar nicht bin, der für den Missbrauch letztlich verantwortlich ist, der ihn eigentlich begangen hat. Das Böse wirkt ja nicht nur in mir, sondern auch und vielleicht vor allem in jenen, die es erst in mir entfacht, die mich zum Missbrauch „verführt" haben. Gerade ihnen gegenüber muss ich mich nun nicht auch noch verantworten.

Damit führte die „Dämonisierung" der Tat zunächst zu einem partiellen Schuldausschluss des Menschen als Subjekt der Zurechnung, d.h. als Person. Ich selbst kann ja letztlich nur geschwächt verantwortlich handeln. In einem zweiten Schritt führt sie dann aber ggf. auch zu einer (erneuten) Relativierung der Person der Opfer. Auch nach der Tat erkenne ich das Opfer mit dieser Ausrede weniger als eine mit Würde ausgestattete Person, die Zweck an sich ist, sondern betrachte es als Beherberger der Erbsünde, deren Opfer letztlich auch ich geworden bin. Durch meine abschließende Vergebung (Absolution) wird meine Schuld schließlich aus der Welt geschafft. Das Schicksal des Opfers ist dann vielleicht nicht mehr so wichtig. Soweit die Kirche die Schuld des Handelnden durch seine Vorbelastung mit der Erbsünde relativiert, nimmt sie den Täter in seiner Freiheit, der sie als Person missbraucht hat, nicht mehr ernst.

III „Sünde" als „Schuld"

1. Zur synonymen Verwendung der Begriffe Sünde und Schuld

Der Begriff *Sünde* wird in der christlichen Tradition oft gleichbedeutend mit dem Begriff *Schuld* verwendet. Dabei bedeutet Schuld nicht immer „schwere Schuld", sondern kann auch lediglich im Sinne einer Verfehlung verstanden werden. Einen konsistenten Gebrauch des Wortes scheint es nicht zu geben. In den unterschiedlichen Fassungen etwa des „Vaterunser"[84] steht einmal: „und

84 Das *Vaterunser* gilt als das verbreitetste Gebet des Christentums und das einzige, das nach dem Neuen Testament Jesus Christus selbst seine Jünger gelehrt hat. Es wird von Christen aller Konfessionen gebetet, von den meisten auch im Gottesdienst. Dazu verwenden sie die längere Version mit insgesamt sieben Bitten, die im Matthäusevangelium enthalten ist. Im Lukasevangelium gibt es eine kürzere Version mit fünf

vergib uns unsere Schuld, wie auch wir vergeben unseren Schuldigern". Bei Matthäus heißt es: „Und erlass uns unsere *Schulden*, wie auch wir sie unseren Schuldnern erlassen. Und führe uns nicht in Versuchung, sondern rette uns vor dem Bösen." (Mat 6, 12 u.13). Anders formuliert Lukas: „und erlass uns unsere *Sünden*; denn auch wir erlassen jedem, was er uns *schuldig* ist. Und führe uns nicht in Versuchung" (Luk 11, 2–4).

2. „Sünde" als Verweigerung des Vertrauens in das Gute

Offenbar steht der Begriff der Schuld innerhalb der christlichen Tradition stets in engem Zusammenhang mit dem Bösen, das seinen Kern als „böse" Tat in der „Sünde" findet. Vorgrimler (1929–2014) plädiert „aus Gründen der begrifflichen Klarheit" dafür, mit dem Wort *Sünde* den Akt (die sündhafte Tat), mit dem Wort Schuld dagegen die daraus resultierende „Schuldverhaftung" des Menschen vor Gott zu bezeichnen.[85] Von der Sünde könne sich der Mensch nicht selbst befreien. Er könne nur um Verzeihung bitten und darauf hoffen, dass ein anderer, Gott, ihm verzeiht. Darauf, dass Gott das auch tut, dürfe der Mensch nach christlichem Verständnis hoffen. Durch die Hingabe seines Sohnes habe Gott dem Menschen seine Liebe erfahrbar gemacht und ihm einen Weg der Umkehr zur Zurückgewinnung seiner Unschuld im Wege der Reue gezeigt. Der sich seiner Angewiesenheit auf die Liebe Gottes bewusste Mensch habe also mit Blick auf seine Sündhaftigkeit allen Grund an Gott zu glauben. Er *soll* es nach christlichem Verständnis allerdings auch. Denn tut er es nicht, bedeutet das, dass er sich von ihm abwendet. Nach dem Johannesevangelium besteht das Wesen der Sünde gerade in dieser Abwendung. Sie bedeutet die Verweigerung des Vertrauens in das von Gott stammende Gute. Der Evangelist sieht deshalb im Unglauben (Joh. Kap. 8 und 9), d.h. in der Nicht-Annahme der Herrschaft Gottes, die eigentliche Sünde (Joh. 8, 21; 1 Joh. 5, 16 f.).

Sünde und Schuld im kirchlichen Sinne decken sich nicht mit der Auffassung von Schuld als Verstoß gegen den kategorischen Imperativ. Die Sünde als Beginn der Verstrickung des Menschen mit dem Bösen, geht der Tatschuld nach der theologischen Interpretation, z.B. von Ricoeur, zeitlich voraus und führt erst nachträglich, d.h. nach einem Abgleich meiner sündhaften Tat mit meinem „nachgehenden" Gewissen im Rahmen des Bekenntnisses, gegen die Gebote Gottes verstoßen zu haben, zu dem Bewusstsein von Schuld. Aber

---

Bitten. Dank der häufigen Verwendung ist das Vaterunser einer der bekanntesten Texte der Bibel.

85 *Vorgrimler, H.*, Neues theologisches Wörterbuch, S. 603, Stichwort „Sünde".

auch mit Vorgrimlers Uminterpretation verliert die Sünde an Bedeutung, soweit er sie als Tat (bzw. als Akt) von der Schuld, d.h. der nachträglichen Schuldverhaftung vor Gott, trennen möchte, im Verhältnis zu der *Tat*, die ich als Verstoß gegen mein nicht von Gott, sondern von mir selbst gesetztes Sollen zu verantworten habe. Mit einem Verständnis von Schuld im Sinne eines Verstoßes gegen den kategorischen Imperativ liegt die Schuld in der Tat selbst, in dem Missbrauch meiner Freiheit als Folge einer Ignoranz der wahrnehmbaren Nötigung durch die Menschheit in meiner oder in der Person eines anderen.

3. „Glaube"

Kant geht es mit seinem Begriff von Gott als Postulat der Vernunft nicht um die Begründung des Glaubens im Sinne der christlichen Theologie, sondern um die Legitimation des kategorischen Imperativs. Dafür benötigt er Gott nur im Sinne einer regulativen Idee. Dem entsprechend beruft sich Kant zur näheren „Begründung" seines Begriffes von Gott nicht auf die lebensgeschichtliche Erfahrung einzelner Menschen, in denen sich Gott zeige. Kant geht zur Begründung seines Sittengesetes nicht von Gott aus, sondern von dem hndelnden Menschen, der sich als Person auf das Gute bezieht. Kant führt den sog. „Ontologischen Gottesbeweis" an. Darunter versteht er einen Beweis, der von aller Erfahrung abstrahiert und „gänzlich a priori aus bloßen Begriffen auf das Dasein einer höchsten Ursache"[86] schließt. Dabei versucht er, anders als hinsichtlich der *praktischen* Freiheit, das Dasein Gottes ohne Rückgriff auf jede Erfahrung rein apriorisch zu erschließen. Der Begriff „ontologisch" deutet darauf hin, dass sich der Beweis auf Begriffe wie „Seiendes", „Vollkommenheit" oder „Existenz" und andere ontologische Grundsätze stützt, wie zum Beispiel die „These, dass Existenz eine Vollkommenheit sei oder dass sich das Wirkliche gegenüber dem Gedachten durch einen Seinsüberschuss auszeichnet".[87]

Nach dem Verständnis des Theologen Vorgrimler ist das Besondere an Kants Überlegungen über „Gott", dass sie zu einer Überwindung des von Kausalität und Formallogik bestimmten objektivierenden Gegenüberdenkens von Gott und Mensch führten. Dieses „Gegenüberdenken" ersetze Kant durch eine transzendentale Reflexion. Auf diese Weise könnten, so Vorgrimler, die menschliche Freiheit und die Geschichte philosophisch und nicht lediglich theologisch nach Maßgabe allein der kirchlichen Vorgaben thematisiert werden. Gleichzeitig

---

86 *Kant*, AA III, KrV, S. 396.

87 *Röd, H.*, Der Gott der reinen Vernunft. Die Auseinandersetzung um den ontologischen Gottesbeweis von Kant bis Hegel, München 1992, 21, zit. n. *Enders, M.*, Neues Handbuch philosophischer Grundbegriffe, B. 2, S. 1092, Stichwort „Gott".

ermöglicht es Kant, Vorgrimler zufolge, Gott als das Geheimnis zu verstehen, das sich jeder innerweltlichen Brauchbarkeit und Verrechnung entziehe. Insofern die Vernunft Gott als Gedanken seiner reinen Möglichkeit nach betrachte, konstituiere sie das Ideal nicht als Objekt, sondern als oberste regulative Idee der theoretischen Vernunft. Das bildet nach Vorgrimler zugleich die Voraussetzung dafür, dass die praktische Vernunft Gott *postulieren* könne, wenn auch nun als „das höchste Gut", als „moralische Weltursache", die die Einheit von Tugend und Glückseligkeit hervorbringen könne.[88] „Verstünde" man Gott auf diese (unbegreifliche) Weise, beeinträchtige er nicht die Autonomie der transzendentalen Selbstbegründung des Bewusstseins und der Freiheit der Menschen. Gleichzeitig garantiere er den Sinn der Bestimmung der moralischen Subjektivität, was nach Vorgrimler für die Humanisierung der Menschheit insgesamt von fundamentaler Bedeutung ist.[89]

Gehen wir von Gott als dem Guten schlechthin aus, dann führt diese Vorstellung von Gott jedoch für die Frage nach der Ethik zu einer Unbestimmtheit, dass sie zur Bewältigung realer Konflikte nicht geeignet wäre. Dem entsprechend ist das christliche Gebot der Nächstenliebe, das von der Vorstellung jenes lebensgeschichtlich erfahrbaren, das Gute aktiv befördernden Gottes ausgeht, nicht dasselbe wie der kategorische Imperativ. Der christliche Glaube kommt ohne jenes Gegenüber in Form eines persönlich ansprechbaren „Du" nicht aus. Kant fragt zur Begründung des Sittengesetzes dagegen nicht nach dem „Vater". Ihm geht es nicht um Theonomie, sondern um die Autonomie des sich selbst zum Guten bestimmenden Menschen. Während die Kirche mit dem Glauben eine Antwort auf die Frage nach Gott geben möchte, versucht Kant über das Sittengesetz eine Antwort auf die Frage nach dem Menschen als Person zu geben.

---

88 *Vorgrimler, H.*, Neues Theologisches Wörterbuch, Stichwort „Gott", s. 254.

89 Vgl. zum Gottesbegriff bei Hegel (Gott als der „absolute Begriff") und zu der sich anschließenden Religionskritik bei Feuerbach (Gott als das Wesen des Menschen selbst, als Projektion aller menschlichen Wünsche, als Inbegriff aller erträumten menschlichen Vollkommenheiten: Gott das ausgesprochene Selbst des Menschen), Marx (der den Atheismus als Aufhebung des Wesens Gottes im Zusammenhang mit dem Programm des theoretischen Humanismus für notwendig und den Glauben an Gott für durch den wissenschaftlichen Materialismus ersetzbar hielt), Freud (der den Glauben an Gott als Ausdruck gestörter menschlicher Verhältnisse betrachtete) und schließlich Sartre, der Gott mit dem Hinweis bestritt, dass dessen Existenz mit der Existenz eines freien, sich selbst schaffenden Menschen unvereinbar sei) *Vorgrimler, Herbert*, Neues Theologisches Wörterbuch, S. 255 f. Stichwort „Gott".

Fünftes Kapitel: Schuld als Entscheidung gegen die im Wertgefühl angelegte Ordnung

Ein weiterer Vorwurf gegen Kants Freiheitsverständnis resultiert aus der These, dass wir das als gut Erkannte lediglich an einem subjektiven „Gefühl" festmachten. Honnefelder scheint diesen Gedanken aufzugreifen wenn er schreibt:

> „Verschärft man den Kantischen Gedanken der Freiheit und begreift diesen über die sich selbst das Gesetz gebende Freiheit hinaus als Freiheit gerade auch gegenüber dem Sollen, wird Schuld nur als Entscheidung gegen die im Wertgefühl der Person vorgegebene Ordnung eines (in seinem ontologischen Status selbst wiederum fragwürdigen) materialen 'Reiches der Werte' begreifbar."[1]

A) Das Wertgefühl als Quelle der Erkenntnis

Zu der Vorstellung von Schuld als Entscheidung gegen die im Wertgefühl der Person vorgegebene Ordnung eines materialen „Reiches der Werte" verweist Honnefelder auf den Philosophen Nicolai Hartmann (1882–1950). Der kritisiert an der Kantischen Ethik den seiner Auffassung nach nicht einsehbaren Formalismus, den er mit einem dem Menschen „a priori" vorgegebenen Wertgefühl anreichern möchte. Auch Hartmann bezieht sich also zunächst auf Kant, dem er zugesteht, dass der kategorische Imperativ nicht die „Materie" des Willens betreffen dürfe. Er könne uns nicht vorschreiben, was wir inhaltlich wollen sollen, sondern nur die Form angeben. Alle „materiale" Bestimmung des Willens sei heteronom, d.h. von Dingen oder Dingverhältnissen hergenommen, die auf Grund natürlicher Tendenzen und Triebe erstrebenswert erschienen. Ein material bestimmter Wille sei daher empirisch und damit von außen bestimmt. Materiale Bestimmtheit sei stets Naturbestimmtheit, nicht aber Vernunftbestimmtheit und damit auch nicht Bestimmtheit aus etwas von seinem Wesen her Guten. Das Einleuchtende an Kants Formalismus sei daher 1. die Ablehnung des Empirismus in der Ethik, die Einsicht, dass ein ethisches Prinzip nicht im Haften des Willens an Gütern liegen könne; und 2. die Abwehr der Kasuistik und allen Vorschreibens besonderer Ziele, die sich immer nur auf Grund empirisch gegebener Situationen ergeben könne. Hartmann

---

1 *Honnefelder, L.*, s.o. Kapitel 1, Fn. 1, S. 96 m. Verw. (in Fn. 20) auf *Nikolai Hartmann*, Ethik, S. 686–786.

https://doi.org/10.1515/9783110696462-008

kritisiert an Kants Vorstellungen des Sittengesetzes jedoch, dass ein Imperativ, der die allgemeine Beschaffenheit eines „guten Willens“ angeben wolle, überhaupt bloß formal, aber nicht inhaltlich sein dürfe. Ein Imperativ, der, so folgert Hartmann, überhaupt nichts gebiete, sei ein inhaltsloser, in Wirklichkeit also gar kein Imperativ.[2]

Nach Hartmanns Auffassung ist die „ethische Wirklichkeit“ – bestehe sie nun in Gütern, menschlichen Verhältnissen oder Anforderungen an die persönliche Entscheidung – immer schon durchsetzt von Wertungen, von gefühlsmäßiger Stellungnahme, von einem durchgehenden Spannungsmoment des Für und Wider. Alle auf diese Lebensfülle bezogenen wirklichkeitserfassenden Akte seien zugleich werterfassende und nach Werten selegierende Akte. Nach Hartmann gibt es daher

> „ein reines Wert-Apriori, das unmittelbar, intuitiv und gefühlsmäßig unser praktisches Bewusstsein und damit unsere ganze Lebensauffassung durchzieht. Es verleiht deshalb allem, was in unseren Gesichtskreis fällt, die Wert-Unwert-Akzente. Der primäre Sitz dieses Wert-Apriori ist unser, die Wirklichkeitserfassung und Lebenseinstellung durchdringendes ‘Wertgefühl’. Nur in ihm ist ursprüngliche, inexplizite ‘sittliche Erkenntnis’, eigentliches Wissen um Gut und Böse.“[3]

Nicht die Gesetzmäßigkeit der Vernunft, sondern das *Wertgefühl* ist uns nach Hartmann also „a priori“ vorgegeben und damit die Quelle der Bewertung von Gut und Böse. Das erinnert an die von Spaemann vertretene Auffassung, wonach das intuitiv erfassbare, sittlich *Schöne* der für unser moralisches Handeln letztlich ausschlaggebende Grund sei, dort allerdings als Ausdruck einer letztlich von Gott abgeleiteten Vernunft.[4]

Anders als Hartmann offenbar annehmen möchte, ergibt sich „sittliche Erkenntnis, eigentliches Wissen um Gut und Böse“[5] indessen nicht aus der Deduktion lediglich gefühlsmäßig angenommener Werte – nach Maßgabe eines von ihm unterstellten „a priori“ vorgegebenen Wertgefühls. Das Wertgefühl eines z.B. fundamentalistisch gesinnten Anhängers der einen Religion kann in Bezug auf dieselbe Situation zu einer gänzlich anderen *Bewertung* führen als das Wertgefühl eines weltanschaulich ungebundenen Menschen. Schon mangels hinreichender Bestimmtheit lässt sich aus einem bloßen Wertgefühl allenfalls mit großer Unsicherheit sagen, ob jemand in einer bestimmten Situation sittlich gut oder böse bzw. *schön* gehandelt hat.

---

2 *Hartmann, N.*, Ethik, S. 108.

3 Ebenda, S. 116, 117.

4 Vgl. o. u. 2. Kapitel, B), III.

5 *Hartmann, N.*, Ethik, S. 117.

B) Die Bestimmung des Guten durch die Vernunft

Die inhaltliche Bestimmung dessen, was den auf eine konkrete Situation angewandten guten Willen ausmacht, erfolgt nach Kant in Anwendung der dem Menschen a priori vorgegebenen, praktischen Vernunft. Der kategorische Imperativ ist als lediglich formales Prinzip in seiner konkreten Anwendung deshalb nicht – wie Hartmann offenbar unterstellt – inhaltsleer. Voraussetzung für die Umsetzung des guten Willens ist gerade nicht ein vorgegebenes Wertgefühl, sondern die gewissenhaft reflektierte, autonome Entscheidung mit Blick auf den Menschen als Zweck an sich. Dazu muss der Mensch seine affektive Empfindung einer Prüfung durch die praktische Vernunft unterziehen, um erst auf dieser Grundlage zu einer sittlichen Bewertung und Entscheidung zu gelangen. Voraussetzung dieser Annahme ist, dass alle Menschen prinzipiell mit der gleichen Vernunft und Freiheit ausgestattet sind. Das unreflektierte Gefühl erkennt das vermeintlich Gute dagegen nur im Sinne eines Vorurteils. Erst im Wege einer selbstkritischen Kontrolle kann es gelingen, unsere spontanen Bewertungen von fremden Einflüssen (und „Neigungen“) zu befreien, um uns die Aufrichtigkeit der unserem Wollen zugrundeliegenden Maxime als Prinzip zu verdeutlichen.

Anders als Hartmann annehmen möchte, ist es die Prüfung der Verallgemeinerbarkeit der Maxime, d.h. also gerade der Formalismus des Kantischen Sittengesetzes, der es ermöglicht, zu sachgerechten, von subjektiven Wünschen und Neigungen unabhängigen, vorurteilsfreien und deshalb richtigeren Ergebnissen zu gelangen – mit Blick auf die Menschheit in meiner oder in der Person eines anderen.

Das gilt exemplarisch auch für unser „Rechtsgefühl“. Zwar mag das (entwickelte) Rechtsgefühl nicht ausschließlich formalen Prinzipien folgen, sondern konsensfähige Wertungen miteinschließen. Die Dispositionen zu solchen Wertungen können zum Teil naturbedingt und zum Teil auch erworben sein, insbesondere durch den Zeitgeist und die Tradition, in die wir hineingeboren sind.[6] Deshalb ist das Rechtsgefühl aber nicht als irgendwie geartetes Wertgefühl a priori vorgegeben. Auch das Rechtsgefühl führt erst nach der Prüfung seiner Übereinstimmung mit dem kategorischen Imperativ zu einem vernunftgeleiteten, verallgemeinerungsfähigen Urteil des Gewissens, das sich darauf richtet, die Freiheiten und Interessen des einen gegen die Freiheiten und Interessen der anderen so abzugrenzen, dass sie „nach einem allgemeinen Gesetze zusammen bestehen“ können.[7]

---

6 Vgl. *Zippelius, R.*, Rechtsphilosophie, §§ 5 III, 19 IV (Gerechtigkeitstheorien).

7 *Kant*, AA VI, MSR, S. 230, Einleitung in die Rechtslehre, § C.

Sechstes Kapitel: Der Mensch als „zur Freiheit verurteiltes" Wesen bei Sartre

Im Ergebnis zutreffend lehnt Honnefelder für die Beurteilung von Schuld den Begriff von Freiheit ab, wie ihn der Existenzialist Jean Paul Sartre (1905–1980)[1] zu interpretieren scheint. Nach Sartres Auffassung ist der Mensch zu moralischem Handeln nicht lediglich befähigt, sondern aufgrund seiner Freiheit vielmehr stets bereits *verurteilt*.[2] Das erscheint insoweit erwägenswert, als wir nicht umhinkönnen, unser Leben zu vollziehen und wir die Art dieses Vollzuges prinzipiell zu verantworten haben. Wir sind zu Entscheidungen gezwungen, die uns auch in problematische Verhältnisse verstricken. Wir *müssen* uns entscheiden, ob wir wollen oder nicht.

A) Zur „absoluten Verantwortlichkeit" des Menschen

Sartre geht jedoch darüber hinaus. Seiner Auffassung nach wäre es unsinnig, wollten wir uns über unsere Verhältnisse auch nur beklagen. Nichts Fremdes, sondern immer nur wir selbst haben über das entschieden, was wir erleben und was wir sind.[3] Dafür sind wir auch in einem absoluten Sinne verantwortlich. Nach Anzenbachers Interpretation denkt Sartre die Freiheit des Menschen so absolut, dass der Mensch schlechthin das sei, was er selbst aus sich macht.[4]

Insbesondere das Dasein eines Gottes sei mit der Vorstellung der Existenz eines sich selbst schaffenden Menschen nicht vereinbar. Erst mit der Absage an Gott übernimmt der Mensch nach Sartre daher die volle Verantwortung für sein Leben und die Welt. Gäbe es dagegen einen Gott, bliebe für die Freiheit des Menschen nichts zu verwirklichen übrig. Denn dann wäre durch Gott immer schon alles bestimmt und verwirklicht.[5] Da aber kein Gott sei, ergebe sich unsere Verantwortlichkeit zwangsläufig als Folge unserer Freiheit. Was

---

1 Jean-Paul Charles Aymard Sartre war ein französischer Romancier, Dramatiker, Philosoph und Publizist. Er gilt als Vordenker und Hauptvertreter des Existentialismus in Frankreich und als eine Paradefigur der französischen Intellektuellen im 20. Jahrhundert.

2 *Honnefelder, L.*, s.o.u. 1. Kapitel, Fn. 1, S. 96, m. Verw. (in Fn. 21) auf *J.-P. Satre*, Das Sein und das Nichts, S. 696–703.

3 *Satre, J. P.*, Das Sein und das Nichts, S. 696–703.

4 *Anzenbacher, A.*, Einführung in die Philosophie, S. 365.

5 *Anzenbacher, A.*, Einführung in die Philosophie, S. 363.

https://doi.org/10.1515/9783110696462-009

mir zustößt, stößt mir nach Satre (wesentlich) durch meine frei getroffenen Entscheidungen zu. Über deren Ergebnisse kann ich weder bekümmert sein noch kann ich mich dagegen auflehnen, ja nicht einmal mich in sie „hineineinschicken“, d.h. mich mit ihnen als *schicksalhaft* abfinden. Danach gibt es in meinem Leben keine *bösen Zufälle.* Ein gesellschaftlicher Vorgang, der sich plötzlich ereignet und mich in Mitleidenschaft zieht, kommt Satre zufolge nicht von *außen.* Selbst wenn ich in einen Krieg einberufen würde, sei dieser Krieg in Wahrheit *mein* Krieg. Ich hätte mich ihm ja jederzeit entziehen können, nötigenfalls durch Selbstmord oder Fahnenflucht. Mache ich dagegen mit, verfehle ich die Möglichkeiten meiner Freiheit. Diese äußersten Möglichkeiten unserer Freiheit sind nach Sartre gerade jene, die uns immer gegenwärtig sein müssen. Da ich mich dem Krieg nicht entzogen hätte, hätte ich ihn auch *gewählt.* Also sei ich für ihn ebenso verantwortlich, als hätte ich ihn auch selbst erklärt. Ich könne mich schämen oder mich auch darüber freuen, geboren zu sein. Ich könne aber nicht *nicht wählen.* Wer in der Angst seine Seinsstellung realisiere, in eine Verantwortlichkeit geworfen zu sein, die sich bis auf seine Verlassenheit erstrecke, der habe, so Sartre, auch keine Gewissensbisse mehr und keine Anwandlungen von Reue. Er brauche auch keinen Entschuldigungsgrund. Er sei vielmehr nichts als eine Freiheit, die sich vollkommen selbst entdeckt und deren Sein in eben dieser Entdeckung ihren Sitz habe.[6]

Auch bei Sartre erscheint die Freiheit im Sinne einer von den personalen Möglichkeiten des Menschen losgelösten, überhöhten, quasi subjektivierten Macht, die ihn vermeintlich zu allem, aber angesichts der objektiven Sinnlosigkeit des Lebens im Ergebnis auch zu nichts, befähigt.

B) Verantwortung ohne Gnade

Bei dem späten Augustinus scheint der Mensch nach Maßgabe seiner strengen Prädestinationslehre[7] insoweit zur Unfreiheit bestimmt, als seine Freiheit zum Guten vollständig abhängt von der Gnade Gottes, der sich der unmündige Mensch tunlich unterwirft, weil er zur Wahrnehmung seiner Freiheit in Bezug auf das Gute in jeder seiner Entscheidungen auf Gottes alles beherrschende Liebe angewiesen ist. Bei Sartre erscheint der Mensch umgekehrt aufgrund seiner Natur zur Freiheit *gezwungen,* was bereits begrifflich ein Widerspruch in sich zu sein scheint. In einer gottlosen und deshalb, sowie angesichts unserer Lebensumstände, absurden Welt ist allein der freie Wille des Menschen

6 *Satre, J.P.*, Das Sein und das Nichts, S. 696–703.

7 S.o. u. 4. Kapitel, B), IV., 1.

maßgeblich, so sehr, dass er, gnadenlos allein gelassen, für alle sich aus seinen Entscheidungen ergebenden Konsequenzen und selbst jenen, die er gar nicht übersehen kann, selbst verantwortlich ist, gewissermaßen wie ein Gott in eigner Sache. So wenig aber wie die Vorstellung von einem gnädigen Gott, z.B. im Sinne Pelagius'[8], zur Vorstellung von der vollständigen Unfähigkeit des Menschen führen muss, sich von sich aus auch zum Guten bestimmen zu können, so wenig muss ein von der Nichtexistenz Gottes ausgehender Standpunkt angesichts der menschlichen Vernunft und seiner Freiheit zu der Auffassung von einem allein auf sich gestellten Menschen und seiner für alles verantwortlichen Freiheit führen. „Postuliere" ich allerdings angesichts der angenommenen Abwesenheit Gottes die Sinnlosigkeit meines mir letztlich unbegreiflichen Lebens und ignoriere ich, dass es *das Gute*, dem es sich trotz vieler Fehlschläge anzuvertrauen lohnt, zumindest hin und wieder auch gibt, kann ich mir zwar die Absurdität meines Lebens angesichts der ggf. häufigeren Erfahrung meiner „ohnmächtigen" Freiheit immer wieder bestätigen. Damit ignoriere ich jedoch zugleich meine Autonomie, die mir erlaubt, praktisch vernünftig zu handeln und das Leben immerhin so gut zu gestalten, wie mir dies innerhalb der Grenzen meiner Lebenswirklichkeit möglich ist.

Im Sinne Sartres zur Freiheit gezwungen zu sein, meint offenbar nicht die Freiheit, mit der ich mich in dem Bewusstsein der Nötigung durch das Sittengesetz in einer moralisch relevanten Situation autonom zum Guten bestimmen kann.

Wie die Prädestinationslehre des späten Augustinus so läuft auch der Existenzialismus Sartres auf eine Form von „Determinismus" hinaus, der die Ich-Perspektive ausblendet. Dabei scheint der Unterschied zwischen beiden darin zu liegen, dass für Augustinus das *alles* bestimmende Prinzip die Vorstellung von Gott als einer alles beherrschenden Gnade ist, die keinen Raum mehr lässt für eine auf die personale Freiheit des Menschen zurückgehende *gute* Handlung, während es für Sartre die Vorstellung eines angesichts seiner Freiheit in einer absurden Welt letztlich hoffnungslos überforderten Menschen ist, der also mit seiner Freiheit nichts Gutes mehr ausrichten kann. Kants Ausführungen zur Freiheit kommen zwar nicht ohne eine Vernunft aus, die sich letztlich nur über bestimmte Postulate, wozu auch die Idee Gottes gehört, begreifen lässt. Sein Begriff von Freiheit als eine Eigenschaft der Kausalität unserer Vernunft lässt die Möglichkeit einer sinnvollen, menschlichen Lebensgestaltung aber angesichts unserer Erfahrungen mit uns selbst in unserer Wirklichkeit immerhin plausibel erscheinen. Kants Begriff von Autonomie mag durch Sartres Freiheitsbegriff herausgefordert werden, widerlegt wird er dadurch nicht.

---

8 S.o. u. 4. Kapitel, B), IV., 2.

C) Zum Wechsel der Perspektive – Natur und Freiheit

Honnefelder weist allerdings zutreffend auf die generelle Gefahr des Wechsels der Perspektiven hin, die sich aus der Unterscheidung zwischen der empirisch bedingten und der reinen praktischen Vernunft ergibt, dem „Reich der Natur" und dem „Reich der Freiheit". Wenn der Mensch hier als unfrei und unverantwortlich, dort als frei und verantwortlich gilt, beide Reiche aber neben einander stehen, biete es sich an, den jeweils anderen Standpunkt nach Bedarf zu wählen.[9] Vom Standpunkt der Naturwissenschaft aus betrachtet, die das Merkmal der „Wissenschaftlichkeit" häufig für sich allein beansprucht, lässt sich auch das moralische Subjekt als ein natural, ökonomisch und sozial bestimmtes Stück Natur beschreiben und in seiner Bedingtheit untersuchen. Nach Honnefelder gerieten damit seine Autonomie und seine Freiheit in den „Verdacht einer Verinnerlichungsform von Herrschaft"[10] bzw. einer Illusion oder Ideologie. Schuld zeige sich dann als natural, psychisch und sozial determiniert und verliere die „Authentizität der Unbedingtheit". Während aber die Bindung an ein sittliches Apriori ein „Faktum der Vernunft"[11] sei, unterschlage die lediglich empirisch/naturwissenschaftliche Analyse die Perspektive des Handelnden. Beschränkt auf den Standpunkt des Beobachters sieht sie nicht, dass der Mensch mit Blick auf den Menschen an sich autonom einen Kausalverlauf in Gang setzen kann, wenn dieser dann auch wieder empirisch beschreibbar ist.

---

9 *Honnefelder, L.*, s.o. u. 1. Kapitel, (Fn. 1), S. 95, mit Verweis (in Fn. 18) auf *W. Schulz*, „Wandlungen" der Begriffe „Schuld" und „Verantwortung" in Jahrbuch für Psychologie, Psychotherapie, und medizinische Anthropologie 16 (1968), S. 201 f.

10 *Honnefelder, L.*, s.o. u. 1. Kapitel, (Fn. 1), S. 95, m. Verw. (in Fn. 19) auf *G. Rohrmoser*, „Autonomie" in: Handbuch philosophischer Grundbegriffe, Krings, Hermann, (Hrsg.), Kösel-Verlag, München, erste Auflage 1973, Band I. S. 155.

11 Vgl. hierzu auch *Anzenbacher, A.*, Einführung in die Philosophie, S. 318.

Siebentes Kapitel: Determinismus versus Autonomie

Die von Honnefelder angesprochene Problematik ist weder neu noch überholt. Wie Stübinger aufzeigt, scheinen sich im Laufe der Zeit nur die sich zur Vorherrschaft berufenen Disziplinen abzuwechseln.[1] War es im 19. Jahrhundert die Biologie, die mit einer Art von Allmachtanspruch auftrat, quasi zu allem, was den Menschen angeht, das letztlich *Erklärende* beisteuern zu können, später die Psychoanalyse und schließlich die Genetik, so scheint es seit einiger Zeit die Neurobiologie im Verein mit der experimentellen Psychologie zu sein, die die Natur des Menschen endlich insgesamt begreifen zu können glaubt. All unser Wissen und das davon abhängige Handeln wird im Gehirn generiert. Also können die Erforscher dieses Gehirns und des darin lokalisierten limbischen Systems auch zu allen von unserem Handeln betroffenen Lebensbereichen das Erklärende feststellen. Gewissermaßen als Leitwissenschaft des 21. Jahrhundert darf sich die Neurowissenschaft für kompetent und befugt halten, daraus die philosophischen und rechtlichen Schlussfolgerungen zu ziehen. Deshalb, so nehmen nun die Vertreter eines sog. „Aktual-Determinismus" an, sei es an der Zeit, die Willensfreiheit und damit auch das strafrechtliche Schuldprinzip *wissenschaftlich begründet* als unwissenschaftlich zu entlarven. Ihre naturwissenschaftlichen Auffassungen und sich daraus ergebenden Schlussfolgerungen haben sie im Bonner Rechtsjournal vorgestellt und begründet.[2]

A) Willensfreiheit als Widerspruch zur Naturwissenschaft

Nach der Auffassung der Strafrechtswissenschaftlerin Grischa Merkel und dem Verhaltensphysiologen und Neurobiologen Gerhard Roth entspricht die Vorstellung von der Willensfreiheit und das sich daraus ergebende Schuldprinzip insgesamt nicht den empirisch-experimentellen Erkenntnissen der Willens- und Handlungspsychologie und der Hirnforschung. Insbesondere lasse sich ein „Andershandelnkönnen" nicht nachweisen.

---

1 Vgl. zur Entwicklung den Überblick bei: *Stübinger*, *Stephan*, Das idealisierte Strafrecht, S. 341–387.

2 *Merkel*, *G. und Roth*, *G.*, Bestrafung oder Therapie? Das Schuldprinzip des Strafrechts aus der Sicht der Hirnforschung, BRJ 1/2010, S. 47–56.

https://doi.org/10.1515/9783110696462-010

I. „Wille" in einem neurologischen Verständnis

Zur Begründung knüpfen die Wissenschaftler zunächst an den Begriff des Willens selbst an. Was unter „Wille" und „Willensbildung" genauer zu verstehen ist, sei zwar umstritten, was daher rühre, dass „unser subjektives Empfinden des Willens und der Willenshandlung zum Teil erheblich von dem abweicht, was die *einschlägigen Wissenschaften*, d.h. die Psychologie und die Neurowissenschaften, hierzu zu sagen haben".[3] Zwar hätten wir bei den meisten Handlungen das Gefühl, dass wir anders handeln könnten, wenn wir nur wollten. Analysierten wir diese Gefühlssituation aber näher, so stellten wir schnell fest, dass sich daraus kein Argument für die Willensfreiheit ableiten lässt: Erstens täten wir die meisten alltäglichen Dinge, ohne dass wir sie ausdrücklich wollten, weil sie *automatisiert* seien. Und zweitens folge aus dem Willensakt nicht bereits, dass die gewollte Handlung auch wie gewollt erfolge. Es gebe also Willensakte ohne anschließende Willkürhandlungen und Willkürhandlungen ohne einen vorausgegangenen expliziten Willensakt. Das bedeutet nach Merkel und Roth, dass es bei der Ausführung von Willenshandlungen gar „keinen festen Zusammenhang zwischen einem *Willenszustand* und einer bestimmten Handlung" mehr gebe.

II. Das lediglich gefühlte Erleben von Freiheit

Die Schlussfolgerung von Willensfreiheit aus einem lediglich gefühlten Freiheitserleben funktioniert den Wissenschaftlern zufolge aber auch nur dann, „wenn wir sicher sein können, dass unsere Willensbildung nicht selbst von Ursachen und Motiven determiniert ist." Ob das der Fall ist, könnten wir bewusst gar nicht erfahren. Es gebe psychische Zwänge, die wir bewusst erlebten und solche, die wir nicht erlebten, eben weil es sich bei ihnen um unbewusste Einflüsse auf unsere Entscheidungen handele, die wir „per definitionem nicht erleben" könnten. Die Motivationspsychologie zusammen mit der Hirnforschung könne aber zeigen, dass die Willensbildung niemals „rein geistig" bzw. „aus sich heraus" geschieht, sondern stets unter Einwirkung unserer unbewussten Motive. Mithilfe neurowissenschaftlicher Methoden (EEG, funktionelle Kernspintomographie bzw. Magnetresonanztomographie) könne man nun demonstrieren, dass wesentliche Anteile unseres bewussten Erlebens zuvor in subcorticalen Teilen des limbischen Systems[4], deren Aktivität dem Bewusst-

---

3 *Merkel, G. und Roth, G.*, Bestrafung oder Therapie, Das Schuldprinzip des Strafrechts aus der Sicht der Hirnforschung, BRJ 1/2010, S. 48.

4 Als limbisches System (von lat.: limbus „Saum") wird eine Funktionseinheit des Gehirns bezeichnet, die der Verarbeitung von Emotionen und der Entstehung von

sein grundsätzlich nicht zugänglich sei (z.B. in der Amygdala, den Basalganglien oder dem Nucleus accumbens) vorbestimmt seien.[5]

Das *Gefühl* der Entscheidungs- und Handlungsfreiheit kommt nach Merkel und Roth zustande, wenn wir keinem äußeren oder inneren Zwang unterliegen und reale Handlungsoptionen hätten. Das sei der Fall, wenn wir uns glaubhaft vorstellen könnten, dass wir jetzt oder in einer wiederum vorgestellten Situation A oder auch B (oder C…) tun könnten. Dieses Gefühl sei ebenfalls gänzlich unabhängig davon, was wir später tatsächlich täten. Unser Verhalten sei vielmehr Schritt für Schritt determiniert, weil sich in jedem Augenblick neue Kausallinien überschnitten.[6]

III. Verantwortlichkeit auf der Grundlage lediglich eines Gefühls

Ein Freiheitsbegriff aber, der allein auf das subjektive Erleben rekurriere, ist Merkel und Roth zufolge nach allem nicht ausreichend, um (strafrechtliche) Verantwortlichkeit zu begründen. In der Praxis müsse sich der Richter bei der Feststellung des Tatbestandes in erster Linie an objektiven Begebenheiten orientieren. Träten entsprechende objektive Umstände in Widerspruch zu dem (subjektiven) Vorbringen des Angeklagten, müsse *sein Erleben* zurückstehen. Ein Schizophrener etwa könnte noch so sehr darauf beharren, dass er sich zum Zeitpunkt der Tat frei dazu entschlossen habe, der Stimme zu folgen, die ihn anwies, einen Menschen zu verletzen. Falle die Tatbegehung in den Zeitraum eines schizophrenen Schubs und damit in den Rahmen dessen, was von dem Täter nur während eines Anfalls zu erwarten ist, würde er für schuldunfähig erklärt. Deshalb, so folgern Merkel und Roth, reiche das Erleben von Entscheidungsfreiheit zwar für die *Selbst*zuschreibung einer Handlung aus, nicht jedoch für eine *Fremd*zuschreibung.

1. Schuldunfähigkeit lediglich gem. §§ 20 ff. StGB?

Nach Merkel und Roth ist auch nicht einsehbar, dass nur bestimmte „objektive“ Defizite zur Annahme der Schuldunfähigkeit führen, obwohl auch Gewalttäter, die nicht im Sinne des § 20 StGB geistig erkrankt sind, nicht selten empirisch feststellbare mentale Defizite von erheblicher Bedeutung für die Tatbe-

Triebverhalten dient. Dem limbischen System werden auch intellektuelle Leistungen zugesprochen.

5 *Merkel, G.* und *Roth, G.*, Bestrafung oder Therapie, Das Schuldprinzip des Strafrechts aus der Sicht der Hirnforschung, BRJ 1/2010, S. 48.

6 Ebenda.

gehung aufwiesen.[7] So hätte eine Studie über psychobiologische Grundlagen aggressiven und gewalttätigen Verhaltens zu der Erkenntnis geführt, dass bei chronischen Gewaltstraftätern regelmäßig eine Kombination von kognitiven und emotional-affektiven Defiziten vorläge. Dazu gehörten etwa Hyperaktivität, mangelnde Impulshemmung, niedrige Frustrationstoleranz, Defizite im Erlernen sozialer Regeln, Aufmerksamkeits- und Konzentrationsschwächen, Defizite im Bereich der Empathie und verminderte Intelligenz. Als Ursachen hierfür würden angenommen (1) Geschlecht, (2) Alter, (3) genetisch oder entwicklungsbedingte hirnanatomische und physiologische Störungen, (4) eine gestörte frühkindliche Bindungserfahrung, (5) traumatische frühkindliche Ereignisse, insbesondere Vernachlässigung, körperliche Misshandlung und sexueller Missbrauch, sowie (6) ungünstige familiäre soziale Bedingungen wie Armut, elterliche Konflikte, Auseinanderbrechen der Familie und Gewaltbereitschaft der näheren sozialen Umgebung. Merkel und Roth geben die Studie in ihren Darlegungen noch differenzierter wieder. So weisen sie auf belegte Unterschiede zwischen den Geschlechtern hin und besondere Abweichungen von Gewaltverbrechern und anderen Personen mit erhöhter Aggressivität gegenüber der Normalpopulation. Dies gelte insbesondere hinsichtlich der Häufigkeit von Hirndefiziten im Bereich des Stirnhirns, des Schläfenlappens sowie in limbischen Regionen, die alle mit der Entstehung und der Kontrolle affektiver und emotionaler Zustände zu tun hätten. Eine durch Verletzungen oder Fehlentwicklungen bedingte Verminderung der Aktivität des Frontalhirns, insbesondere des orbitofrontalen Cortex führe nach der Studie zu einer erhöhten Risikobereitschaft und gesteigerten Impulsivität und in der Folge zu „unmoralisch“-kriminellem Verhalten.

Zusammenfassend stellen Merkel und Roth fest, dass die Mehrzahl der bisher untersuchten Vielfach-Gewalttäter neuroanatomische oder neurophysiologische Defizite aufweisen, die in den allermeisten Fällen schon in der Kindheit und Jugend sichtbar sind. Zwar prädestinierten diese Defizite *allein* noch nicht zu einer Gewalttäterschaft, sondern stellten (von bestimmten schweren hirnanatomischen und physiologischen Beeinträchtigungen abgesehen) lediglich eine erhöhte Verletzbarkeit (Vulnerabilität) dar. In Kombination mit negativen psychosozialen Faktoren wie defizitäre Bindungserfahrungen (z.B. Vernachlässigung durch die Bezugsperson), körperliche Misshandlung, sexuellem Missbrauch und Gewalterfahrung in der sozialen Umgebung führten sie aber mit hoher Wahrscheinlichkeit zu einer chronischen Gewalttäterschaft.[8]

7 *Merkel, G. und Roth, G.*, Bestrafung oder Therapie, Das Schuldprinzip des Strafrechts aus der Sicht der Hirnforschung, BRJ 1/2010, S. 4.

8 *Merkel, G. und Roth, G.*, Bestrafung oder Therapie, Das Schuldprinzip des Strafrechts aus der Sicht der Hirnforschung, BRJ 1/2010, S. 49, 50.

2. Zur Unhaltbarkeit des Schuldprinzips

Aus all dem folgern Merkel und Roth, dass der Begriff der Willensfreiheit, wie er dem herkömmlichen Strafrecht zugrunde liegt, den wissenschaftlichen Erkenntnissen der Psychologie und der Hirnforschung über die Steuerung von Willenshandlungen widerspricht. Die empirischen Untersuchungen zu denjenigen Faktoren, die Menschen zu Gewaltkriminellen machten, legten darüber hinaus die Annahme nahe, dass auch die Täter, die nicht zu dem von §§ 20, 21 StGB als schuldunfähig erfassten Personenkreis gehören, bei der „Begehung der Tat" nicht anders handeln konnten. Dabei seien gerade sie es, die wegen der Schwere ihrer Schuld die höchsten Strafen zu gewärtigen hätten.[9] Der traditionelle Begriff der „Willensfreiheit im Sinne eines Alternativismus und der mentalen Verursachung" sei somit nicht in der Lage, eine plausible Schuldtheorie zu begründen. Er sei zum einen begrifflich unzulänglich da eine rein mentale Verursachung voraussetzungs- und motivlos sein müsse und nicht von zufälligen Handlungen unterschieden werden könnte. Zum anderen widerspreche die dem Strafrecht zugrunde liegende Annahme allen empirischen, d.h. willens- und handlungspsychologischen sowie neurobiologischen Erkenntnissen, die allenfalls einen indirekten Zusammenhang zwischen Wille und Handlung zeigten. Der Wille sei lediglich ein „motivationaler Zustand, der die Auftrittswahrscheinlichkeit einer Handlung erhöht", nicht aber verursache. Die „Weichenstellung", ob eine bestimmte Handlung von einem Körper durchgeführt werde oder nicht, werde von Zentren des limbischen Systems aufgrund des (meist unbewusst vorliegenden) emotionalen Erfahrungsgedächtnisses vollzogen. Ob und in welcher Weise dies geschehe, hänge von den folgenden, die Persönlichkeit wesentlich bestimmenden Faktoren ab: (a) der individuellen genetischen Ausrüstung, (b) dem Ablauf der individuellen Hirnentwicklung, (c) der Qualität der frühkindlichen Bindungserfahrung und (d) der weiteren psychosozialen Erfahrung.[10] Alle Handlungen des Menschen seien durch Motive, die in seiner Persönlichkeit (und damit seiner Vorgeschichte) und der aktuellen Situation wurzelten, und einem Wettbewerb zwischen diesen Motiven bestimmt. Damit entfalle die traditionelle, auf mentale Verursachung und Andershandelnkönnen beruhende Legitimation der Strafe. Nur dort, wo ein Täter tatsächlich anders hätte handeln können, lasse sich eine staatliche Vergeltung legitimieren. Ohne das Merkmal der Schuld im Sinne eines solchen Andershandelnkönnens werde der einzelne Täter von dem fin-

9 *Merkel, G. und Roth, G.*, Bestrafung oder Therapie, Das Schuldprinzip des Strafrechts aus der Sicht der Hirnforschung, BRJ 1/2010, S. 49.

10 *Merkel, G. und Roth, G.*, Bestrafung oder Therapie, Das Schuldprinzip des Strafrechts aus der Sicht der Hirnforschung, BRJ 1/2010, S. 54, 55.

gierten Überschuss an persönlicher Verantwortung befreit, der ihm – als notwendige Implikation der „Schuldidee" – mit dem Schuldattest aber zugeschrieben werde. Nach Merkel und Roth besteht daher für die „normative Setzung" von „Willensfreiheit" kein Raum. Wenn man den Betroffenen aber anbiete, sich therapieren zu lassen, statt ihnen die Verbüßung einer Strafe aufzuerlegen, sei eine solche Setzung auch überflüssig. Ihr Konzept lautet daher: Therapie statt Bestrafung![11]

B) Der Straftäter, Patient oder Person

Stübinger positioniert sich mit den folgenden Erwägungen überzeugend gegen Merkel und Roth.[12] Dabei bestreitet er nicht das Kausalprinzip, wonach sich jeder Zustand in der Welt als Resultat vorheriger Zustände und Begebenheiten erklären lässt. Stübinger vertritt jedoch einen Standpunkt, wonach sich das Kausalitätsprinzip mit einem Menschenbild verträgt, das in dem Straftäter nicht in erster Linie einen therapiebedürftigen Patienten sieht, sondern vor allem eine *Person.*

I. Der Wille, eine verzichtbare Begleiterscheinung der Handlung?

Stübinger beginnt seine Begründung mit dem Hinweis, dass Merkel und Roth den menschlichen Willen als einen isolierbaren Zustand vorstellten und ihn unabhängig von einer wirklichen Handlung dächten.[13] Insoweit sei aber nicht klar, ob sie hier nicht bloß Wollen und Wünschen verwechselten. Ein Wille, der sich nicht im praktischen Vollzug realisiere, sei nicht viel mehr als ein purer Wunsch oder eben eine lediglich in der Vorstellung bleibende Handlungsalternative. So aber präsentierten Merkel und Roth den Willensakt als ein Rädchen in einem Verhaltensmechanismus, in dem das Wollen selbst als willkürliche Handlung gedacht und für die Hirnforscher zu einem sichtbaren Phänomen werde, das nun als (von der eigentlichen Handlung) isolierbares Geschehen betrachtet und gedeutet werden könne.[14] Dabei führten sie fast beiläu-

---

11 *Merkel, G. und Roth, G.*, Bestrafung oder Therapie, Das Schuldprinzip des Strafrechts aus der Sicht der Hirnforschung, BRJ 1/2010, S. 51, 54, 55.

12 *Stübinger, Stephan*, „Person oder Patient" – Anmerkungen zur Sicht der Hirnforschung auf das Schuldprinzip im Strafrecht, S. 211 ff. Die hier wiedergegebenen Ausführungen orientieren sich wesentlich an den Gedanken von Stübinger.

13 Vgl. *Stübinger, S.*, „Person oder Patient" – Anmerkungen zur Sicht der Hirnforschung auf das Schuldprinzip im Strafrecht, BRJ 02/2010, S. 211–221, der sich ausführlich mit der von Merkel und Roth vertretenen Auffassung auseinandersetzt.

14 Nach Stübinger hat sich zu einer solchen Redeweise, die nicht die der handelnden Personen sein könne, bereits Wittgenstein kritisch geäußert, vgl. *Stübinger, Stephan*,

fig das für ihren weiteren Begründungsgang wichtige Argument ein, wonach der Wille lediglich als eine unter vielen möglichen Ursachen einer Handlung erscheine. Das Wollen selbst werde letztlich zu einer verzichtbaren Begleiterscheinung einer Handlung. Neben den unzähligen anderen Bedingungen, die an einem Verhalten beteiligt seien, marginalisierten Merkel und Roth das sich frei fühlende Subjekt des Handlungswillens so, dass es zu einem beliebigen Zustand unseres Verhaltens zusammenschrumpfe – bis es am Horizont des deterministischen Theorienhimmels schließlich ganz verschwinde.[15]

II. Der Begründungszusammenhang von Freiheit und Vernunft

Stübinger weist dagegen zutreffend darauf hin, dass es bei dem Freiheitsproblem nicht etwa um die Korrelation zwischen einer bewussten Willensbildung und einem entsprechenden Freiheitsgefühl gehe, sondern um den Begründungszusammenhang zwischen Freiheit und Vernunft. Die Möglichkeit freier Entscheidung sei nicht primär emotional, sondern viel eher rational begründbar. Soweit es vornehmlich darum geht, sich für oder gegen die Befolgung (legitimer) Normen entscheiden zu können, sei es die Orientierung an Richtigkeitsüberlegungen, die für die Annahme eines freien Willens spricht. Der Gegenbegriff zum Determinismus sei nicht Indeterminismus. Der müsste von einer völligen „Un-Bestimmtheit" menschlicher Willensbildung ausgehen und könnte das Handeln letztlich nur als Zufallsprodukt auffassen. Dem „Determinismus" stehe der Begriff der Autonomie gegenüber, d.h. die Fähigkeit zur Selbstbestimmung, wonach handelnde Personen ihr Verhalten nach Gründen, selbstgesetzten Regeln und Handlungsanleitungen ausrichten können:

> „Freiheit ist danach nicht Bestimmungslosigkeit, sondern die praktisch wirksame Möglichkeit, das Verhalten nach der eigenen Vorstellung – durchaus im Rahmen vorgefundener Bestimmungsgründe – zu gestalten. Das Vermögen, das eigene Verhalten nach Einsicht in überprüfbare Bestimmungsgründe wählen zu können, ist dabei nicht nur für das Selbstbewusstsein des handelnden Subjekts maßgeblich, sondern prägt auch das Verhalten zu anderen Menschen, denen diese Fähigkeit ebenfalls zugemutet werden muss, um sie nicht bloß als Objekt, sondern als Mit-Subjekt verstehen zu können. Diese Form einer inter-subjektiven Einlassung auf andere unterscheidet sich grundlegend von der Vorstellung bloßen Naturgeschehens."[16]

„Person oder Patient" – Anmerkungen zur Sicht der Hirnforschung auf das Schuldprinzip im Strafrecht, S. 213, dort Fn. 11, m.w.H.

15 *Stübinger, S.*, „Person oder Patient" – Anmerkungen zur Sicht der Hirnforschung auf das Schuldprinzip im Strafrecht, BRJ 02/2010, S. 213.

16 Ebenda S. 214.

Der freie – vernunftgemäße – Wille entziehe sich einer lediglich theoretischen Feststellung und erweise sich als Produkt und als Produzent praktischer Erkenntnis.

> „Freiheit ist insofern als Idee zu fassen, die zur Voraussetzung für eine handlungsbezogene Perspektive wird und nicht als Erkenntnisobjekt aus einer Beobachterperspektive taugt, da die Willensfreiheit unmittelbar mit einem Sollen verknüpft ist, das ebenfalls mit anderen als lediglich erkenntnistheoretischen Mitteln erschlossen werden muss.“[17]

1. Zur Unhintergehbarkeit der personalen Identität

Freiheit und Determinismus schließen sich also nicht aus. Wie im Zusammenhang der Darstellung des kategorischen Imperativs ausgeführt, spielt die Kausalität im Bereich der theoretischen Vernunft eine ähnliche Rolle wie die Freiheit im Bereich der praktischen Vernunft. Die Vorstellung kausaler Verknüpfung ermöglicht nach Stübinger erst die Wahrnehmung und Erklärung von Ereignissen, so wie die Freiheitsidee das Verstehen von regelgerechten und regelwidrigen Handlungen ermögliche. Eine rein deterministische Theorie lasse den Unterschied zwischen der Kausalerkenntnis von Naturereignissen und dem Verstehen von Handlungen, deren soziale Bedeutung sich erst durch ihre Zurechnung zu Personen erschließe, kollabieren.[18]

Nach Stübinger wird die Unterscheidung der beiden Formen des Wahrnehmens und Erlebens in theologischen Varianten des Determinismus in der entgegengesetzten Richtung aufgelöst; dies insofern als hinter jedem Ereignis das planvolle Walten z.B. eines Gottes oder des Schicksals vermutet werde. Dazu tendierten sogar bestimmte neurowissenschaftliche Redewendungen, die in einzelnen neuronalen Ereignissen handlungsgleiche Vorgänge vermuteten bzw. dem Gehirn oder Teilen davon Subjektcharakter verliehen. Sie sähen nicht mehr das durch eine durchgängige Kausalkette bestimmte Verhalten, sondern deuteten umgekehrt die Verursachung des Verhaltens als eine gottgleiche Handlung, deren Akteur das Gehirn wäre.[19] Das Freiheitserleben („ich bin frei“ oder „ich fühle mich frei“) ist aber, wie andere Gefühle auch, stets einem Menschen als Person zuzuschreiben. Stübinger zufolge geht es dabei um eine Art von Evidenzerleben, das notwendig auf eine personale Ebene verweise und nicht durch kleinteilige Nervenregelungen ersetzt werden könne.

---

17 *Stübinger, S.*, „Person oder Patient“ – Anmerkungen zur Sicht der Hirnforschung auf das Schuldprinzip im Strafrecht, BRJ 2/2010, S. 214.

18 Ebenda, S. 214, mit Verweis zu dieser Differenzierung (in Fn. 15) auf *Luhmann* in Lenk (Hrsg.), Handlungstheorien interdisziplinär II, 1987, S. 235 ff.

19 Ebenda, S. 214, Fn. 16 m.V.a. *Stübinger, S.*, Das idealisierte Strafrecht, 2008, S. 377 ff.

Diese Zuschreibungspraxis könne nicht durch die Auflösung der emotionalen Sprachregelung, die stets aus der Perspektive der „Ersten-Person" formuliert werden müsse, in eine Wissenschaftssprache geändert werden, die aus der Beobachterperspektive der „Dritten-Person“ beschreibt. „Ich liebe (oder hasse) jemanden.“ – nicht mein Gehirn. Die personale „Ich-Identität“ sei daher „unhintergehbar“.[20]

2. Pathologisierung durch verallgemeinernden Determinismus

Bei genauerer Betrachtung der Analyse, die Merkel und Roth zur Begründung ihrer strafrechtlichen Beurteilung des Gewalttäters veranlassen, muss jedoch auch deren Ausfluss für die Praxis als mager betrachtet werden. Im Grunde sagt sie, worauf Stübinger ebenso zutreffend hinweist, nicht viel mehr aus, als dass die Entwicklung zum Straftäter viele Ursachen haben könne. Die allgemeine Erkenntnis, dass die meisten Gewalttaten offenbar von einer ungünstigen Konstellation geschlechtsspezifischer, alterstypischer, genetischer, psychosozialer, individueller und neurobiologischer Faktoren begünstigt werden, reiche vielleicht für eine statistische Erhebung aus, um zu wissen, dass junge Männer mit einer durch einen gewaltreichen Erfahrungshaushalt und genetische Erblast erschwerten Kindheit wahrscheinlich häufiger Gewalttaten verüben als ältere Frauen aus gutem Hause. Die von Merkel und Roth dargelegten Erkenntnisse seien viel zu abstrakt, als dass dadurch die Analyse des Einzelfalles ersetzt werden könnte. Allein das handelnde Subjekt scheine dabei als möglicher Urheber der Gewalttat jedoch abhanden gekommen zu sein.[21]

Mit der Verallgemeinerung möglicher Risikofaktoren bei gleichzeitiger Ausblendung der konkreten Person bzw. des real handelnden Subjekts ist zudem die Gefahr einer voreiligen Pathologisierung verbunden. Mit den Ausführungen von Merkel und Roth reicht schon die Feststellung ungünstiger Faktoren aus, um zu dem Schluss zu gelangen, der Täter konnte gar nicht anders als gewalttätig handeln. In deterministischer Konsequenz ist aber auch jedes rechtskonforme Handeln durch die Persönlichkeit restlos bestimmt. Mehr oder weniger macht uns damit jede Abweichung vom „Normalzustand“ zu Patienten unserer Gesellschaftsordnung. In ihrer Unfreiheit, so muss man mit Stübinger aus den Ausführungen von Merkel und Roth schließen, sind wir alle gleich. Dann bleibt für eine „normative Setzung“ der Willensfreiheit allerdings in der Tat kein Raum mehr.[22]

---

20 Ebenda, S. 215, m.w.H., u.a. (in Fn. 17) auf *Wittgenstein*, Philosophische Untersuchungen.

21 Ebenda, S. 217.

22 Ebenda, S. 217, 218.

III. Zum Verhältnis von Recht und Freiheit

Stübinger zufolge unterschätzen Merkel und Roth die Bedeutung des Freiheitsbegriffs für das Recht allerdings bereits auf einer noch grundsätzlicheren Ebene. Die Rolle der Willensfreiheit erschöpft sich nicht in einem Begründungsmoment des strafrechtssystematischen Merkmals der Schuld. Merkel und Roth leiten ihre Begründung, warum es keine Willensfreiheit gibt, nicht positiv aus einem unterstellten Andershandelnkönnen ab, sondern negativ als Umkehrschluss aus § 20 StGB. Nicht die Begründung von Schuld, sondern die empirischen Ursachen eines etwaigen Schuldausschlusses bilden den Ausgangspunkt ihrer Überlegungen. Diese Sichtweise verstellt jedoch den Weg zum Verständnis von Freiheit als eines das Recht überhaupt konstituierenden Merkmals. Der freie Wille erscheint durch diese indirekte Ableitung nur noch als Abfallprodukt einer Ausschlussregel, schlimmer: als Resultat eines Wissensdefizites. Für frei halten wir uns danach eigentlich nur deshalb, weil wir noch nicht alle biologischen und psychologischen Umstände für unser Verhalten kennen. Denn kennten wir sie, verbliebe uns nicht einmal mehr die Illusion von Freiheit, die uns über das Gefühl unseres *Freiheitserlebens* die eigentliche Freiheit nur vorgaukelt. *Recht* lässt sich mit dieser Sicht auf die Freiheit allenfalls noch als ein fremdbestimmtes Regelwerk begründen, dass den Menschen, wenn nicht für krank, so doch jedenfalls für unmündig erklären muss, um ihn zu konformistischem Verhalten zu erziehen. Anders als Merkel und Roth offenbar annehmen, wird dem Straftäter nach Stübinger nicht deshalb ein freier Wille zugeschrieben, um ihm einen Vorwurf machen zu können, sondern allererst um ihn, wie jeden anderen Bürger auch, als handelnde Rechtsperson erfassen zu können und ernst zu nehmen. Die Freiheit ist Voraussetzung für jedes in der Natur als solches nicht bereits vorkommende Sollen an sich. Normen werden an Menschen adressiert, von denen erwartet wird, dass sie sich dem Gebot oder Verbot entsprechend verhalten. Das Adressieren einer Norm meint nach Stübinger eben nicht ein Dressieren von lediglich instinktiv gesteuerten Lebewesen. Wer annehme, das menschliche Verhalten sei nichts anders als ein naturhaft ablaufendes Ereignis, mache seine Rechnung ohne die Person des Handelnden und verfehle auf diese Weise den Punkt auf den es für die Frage nach der Freiheit, dem Recht und der Schuld ankommt.[23] Nach allem könne der Determinismus die Rede von der Freiheit so wenig zum Schweigen bringen wie der Skeptizismus die Rede von der Wahrheit. Am Ende sei der überzeugteste Determinist derjenige, der inmitten der vermeintlichen Unfreiheit der anderen an die eigene Freiheit glaube, so wie noch beinahe jeder Skep-

23 Ebenda, S. 220.

tiker gegen all die Unwahrheiten der anderen die Wahrheit der eigenen Behauptungen entgegenzusetzen wisse.[24]

IV. Die Unerschütterlichkeit des Freiheitsgedankens

Wie die vorstehenden Überlegungen gezeigt haben, sind weder bestimmte theologische noch die benannten weiteren Ansätze geeignet, die Qualität des kategorischen Imperativs als Prinzip für die Bestimmung sittlichen Sollens mit Blick auf die vermeintliche Unzulänglichkeit der menschlichen Freiheit zu erschüttern. In der Folge gelingt auch nicht die Relativierung der aus dem Sittengesetz abgeleiteten Begründung personaler Schuld. Dazu reicht weder der Hinweis, der Mensch sei aufgrund einer *ererbten* Disposition derart zur Sünde geneigt, dass er von sich aus nicht mehr in der Lage wäre, sich den seinem Willen als Bestimmungsgründe aufdrängenden Neigungen zu widersetzen noch die These, er sei aufgrund seiner historisch, sozial oder psychisch begriffenen „Geworfenheit" schicksalhaft „zur Freiheit verurteilt" oder soweit „determiniert", dass er sich nicht mehr als vernünftiges Wesen, d.h. als Person, für das von ihm als gut Erkannte entscheiden und danach handeln könnte.

Der Fußsteig der Freiheit[25] ist der einzige, auf welchem es uns möglich ist, von unserer Vernunft Gebrauch zu machen. *Wollen* wir uns und anderen Menschen Personalität und Würde zuerkennen, *sollen* wir uns als Menschen einen freien Willen zubilligen und uns vor dem Hintergrund dieser Freiheit in unserer Gewissensentscheidung *respektieren.* Mit ihr respektieren wir unsere jeweils persönliche Haltung zum Leben als Ausdruck des aus unserer Sicht zu tun oder zu lassenden – im Guten wie im Bösen.

---

24 Ebenda, S. 212, m.w.H.

25 *Kant*, AA IV, GMS, S. 455, 456.

Achtes Kapitel: Das Gewissen zwischen Glaube und Interessenethik

Im Folgenden soll das Urteil des Gewissens an Hand einzelner Beispiele einerseits mit Blick auf moralische Maximen des Glaubens und anderseits mit Blick auf die von der Entscheidung betroffenen *Interessen* der Handelnden untersucht werden. Hinsichtlich der Auswahl der Beispiele bietet es sich an, sich an Kants Auswahl zu orientieren. Hinsichtlich der Pflichten gegenüber dem Menschen als Zweck an sich unterscheidet er zwischen jenen, die wir gegenüber uns selbst beachten müssen und jenen, die uns im Verhältnis zu anderen zukommen. Von den Tugendpflichten unterscheidet er die Rechtspflichten, um die es vor allem im Zusammenhang der Darstellung des juridischen Schuldbegriffs gehen soll.[1]

A) Zur ethischen Schuld im Verhältnis zu mir selbst

Dass es Pflichten gegenüber uns selbst geben kann, kommt nach Kant etwa in der Redewendung zum Ausdruck: „Das bin ich mir selbst schuldig." Das gilt auch für die von ihm benannten "Pflichten von minderer Bedeutung, die (...) nicht das Nothwendige, sondern nur das Verdienstliche" betreffen.[2] In der Unterscheidung klingt der Unterschied zwischen hypothetischen und kategorischen Sollensansprüchen an. Wie wir gesehen haben, können im Falle ihrer Verletzung nur die zuletzt Genannten die Annahme von Schuld begründen. Unbedingt „nötigender Charakter" wird nur dort entfaltet, wo das Ziel unseres Handelns nicht lediglich einen relativen Zweck verfolgt, sondern, wo der Gegenstand unseres moralischen Handelns die Menschheit in unserer Person oder in der Person eines anderen betrifft, d.h. wo es um den Menschen als Zweck an sich geht.[3]

I. Selbstliebe und Selbstachtung

Das Zugeständnis der *Menschheit als Zweck an sich* in Bezug auf unsere Person ist für Kant nicht einfach Ausdruck von „Selbstliebe". Er versteht darunter den

1 Vgl. zur juridischen Schuld u. Teil 2.

2 *Kant*, AA VI, MST, S. 418.

3 S. hierzu oben Teil 1, 2. Kap., A), V.

https://doi.org/10.1515/9783110696462-011

> „Hang, sich selbst nach den subjectiven Bestimmungsgründen seiner Willkür zum objectiven Bestimmungsgrunde des Willens überhaupt zu machen."[4]

Ist die Selbstliebe sich selbst gesetzgebend und macht sie sich zum unbedingten praktischen Prinzip, nennt Kant sie „*Eigendünkel*", eine Form der „*Selbstsucht* (solipsismus)".[5] Zwar kann Selbstliebe auch Ausdruck legitimen Strebens nach Glückseligkeit sein, das seinerseits notwendig zur Selbsterhaltung beiträgt. Moralische Qualität hat sie aber nur, wenn sie „nicht aus Neigung, sondern aus Pflicht", erfolgt.[6] Nur wenn ich nach derjenigen Maxime handele, durch die ich zugleich wollen kann, dass sie ein allgemeines Gesetz werde, ist nicht mehr die Selbstliebe selbst Gegenstand meiner Achtung, sondern die *Menschheit* in mir. Als „vernünftige Selbstliebe" bezeichnet Kant die „auf die Bedingung der Einstimmung" mit dem moralischen Gesetz eingeschränkte Eigenliebe.[7] Anders als der Eigendünkel, kann die Eigenliebe deshalb „in Ansehung der Würdigkeit von Anderen geliebt zu werden"[8] vernünftig sein. Sie erkennt den Anspruch der reinen praktischen Vernunft (über die Sicht des und auf den anderen) an und lässt sich leicht in Schranken halten.[9] Die Menschheit in unserer Person als Zweck an sich zu betrachten, ist dagegen Ausdruck von Achtung, von Selbstachtung.

> „Achtung (reverentia) ist eben sowohl etwas blos Subjektives; ein Gefühl eigener Art, (...) Zu dieser eine Pflicht zu haben, würde soviel sagen, als zur Pflicht verpflichtet werden. Wenn es demnach heißt: der Mensch hat eine Pflicht der Selbstschätzung, so ist das unrichtig gesagt und es müsste vielmehr heißen: das Gesetz in ihm zwingt ihm unvermeidlich Achtung für sein eigenes Wesen ab, und dieses Gefühl (welches von eigener Art ist) ist ein Grund gewisser Pflichten, d.i. gewisser Handlungen, die mit der Pflicht gegen sich selbst zusammen bestehen können, nicht er habe eine Pflicht der Achtung gegen sich; denn er muss Achtung vor dem Gesetz in sich selbst haben, um sich nur eine Pflicht überhaupt denken zu können."[10]

II. Die Selbstbetrachtung des Menschen als Natur- und Vernunftwesen

Bevor Kant sich innerhalb seiner Tugendlehre den einzelnen Pflichten des Menschen gegen sich selbst widmet, geht er auch in diesem Zusammenhang auf die

4 *Kant*, AA V, KpV, S. 74.

5 *Kant*, AA V, KpV, S. 73, 74.

6 *Kant*, AA IV, GMS, S. 399.

7 *Kant*, AA V, KpV, S. 73.

8 *Kant*, AA VI, MST, S. 462.

9 Vgl. auch: *Straub, Ch.*, Kant-Lexikon, 2015, Stichwort: „Selbstliebe".

10 *Kant*, AA VI, MST, S. 402.

Antinomie ein, die darin bestehen könnte, dass der Mensch sich in dem Bewusstsein einer Pflicht gegen sich selbst einerseits als reines Naturwesen betrachten kann und andererseits, aus der Perspektive des Ich, als Vernunftwesen.

> „Der Mensch betrachtet sich in dem Bewußtsein einer Pflicht gegen sich selbst, als Subject derselben, in zwiefacher Qualität: erstlich als *Sinnenwesen*, d.i. als Mensch (zu einer der Thierarten gehörig); dann aber auch als *Vernunftwesen* (nicht blos vernünftiges Wesen, weil die Vernunft nach ihrem theoretischen Vermögen wohl auch die Dualität eines lebenden körperlichen Wesens sein könnte), welches kein Sinn erreicht und das sich nur in moralisch-praktischen Verhältnissen, wo die unbegreifliche Eigenschaft der *Freiheit* sich durch den Einfluß der Vernunft auf den innerlich gesetzgebenden Willen offenbar macht, erkennen läßt. Der Mensch nun als vernünftiges *Naturwesen* (homo phaenomenon) ist durch seine Vernunft, als *Ursache*, bestimmbar zu Handlungen in der Sinnenwelt, und hiebei kommt der Begriff einer Verbindlichkeit noch nicht in Betrachtung. Eben derselbe aber seiner *Persönlichkeit* nach, d.i. als mit innerer *Freiheit* begabtes Wesen (homo noumenon) gedacht, ist ein der Verpflichtung fähiges Wesen und zwar gegen sich selbst (die Menschheit in seiner Person) betrachtet, (…) ohne in Widerspruch mit sich zu gerathen.“[11]

Tugendpflichten sind subjektive Pflichten, die in Anbetracht der inneren Freiheit im Verhältnis zu der Menschheit in unserer Person ihre nötigende Wirkung entfalten.

III. Einzelne ethische Pflichten gegenüber sich selbst

Nach Kant kann die Einteilung der Pflichten gegen uns selbst

> „nur in Ansehung des Objects der Pflicht, (...) gemacht werden. Das verpflichtete sowohl als das verpflichtende Subject ist immer *nur der Mensch*, und wenn es uns in theoretischer Rücksicht gleich erlaubt ist im Menschen Seele und Körper als Naturbeschaffenheiten des Menschen von einander zu unterscheiden, so ist es doch nicht erlaubt sie als verschiedene den Menschen verpflichtende Substanzen zu denken, um zur Eintheilung in Pflichten gegen den *Körper* und gegen die *Seele* berechtigt zu sein. (...) Es wird daher nur eine *objective* Eintheilung der Pflichten gegen sich selbst in das *Formale* und *Materiale* derselben statt finden; wovon die eine *einschränkend* (negative Pflichten), die andere *erweiternd* (positive Pflichten gegen sich selbst) sind: jene, welche dem Menschen in Ansehung des *Zwecks* seiner Natur *verbieten* demselben zuwider zu handeln, mithin blos auf die moralische *Selbsterhaltung*, diese, welche *gebieten* sich einen gewissen Gegenstand der Willkür zum Zweck zu machen und auf die *Vervollkommnung* seiner selbst gehen: von welchen beide zur Tugend entweder als Unterlassungspflichten (sustine et abstine) oder als Begehungspflichten (viribus concessis utere), (..) gehören. (...) Der erstere Grundsatz der Pflicht (…) liegt in dem Spruch: lebe der Natur gemäß (naturae convenienter vive), d.i. *erhalte* dich in der Vollkommenheit deiner Natur, der

11 *Kant*, AA VI, MST, S. 418.

> zweite in dem Satz: mache dich *vollkommner*, als die bloße Natur dich schuf (perfice te ut finem; perfice te ut medium)."[12]

Die Antriebe der Natur, das, was die Tierheit des Menschen betrifft, sind es, die den Menschen zur Erhaltung seiner selbst, seiner Art und seines Vermögens, veranlassen. Folgt der Mensch diesen natürlichen Antrieben, kann deshalb also nicht bereits von Schuld gesprochen werden. Das gilt auch, wenn ihm die Befolgung dieser Antriebe zwar angenehmen, aber doch nur „tierischen" Lebensgenuss verschafft. Mit einem guten Essen verstößt er gegen keinerlei Pflichten, sondern folgt zunächst dem Gebot der Selbsterhaltung. Allerdings liegt der tiefere „Zweck" der Natur des Menschen nach Kant darin, das zu verwirklichen, was ihn vom Tier unterscheidet: seine Fähigkeit zur praktischen Vernunft. Auch wenn man sich den „Tugendlohn nur von dem Bewußtsein seine Pflicht gethan zu haben versprechen kann"[13], gehen die Tugendpflichten dem Streben nach „tierischer" Glückseligkeit vor. Der Mensch „muß sich verbunden finden seine Pflicht zu thun, ehe er noch und ohne daß er daran denkt, daß Glückseligkeit die Folge der Pflichtbeobachtung sein werde".[14] Führt die Befolgung der natürlichen (tierischen) Antriebe (Triebe) des Menschen daher zu einem Konflikt mit der *Menschheit in seiner Person* ist er genötigt, sich in der Befolgung des Sittengesetzes gegen die Bestimmung seines Willens durch seine tierischen Neigungen zu entscheiden.

> „Die Laster, welche hier der Pflicht des Menschen gegen sich selbst widerstreiten, sind: der *Selbstmord*, der unnatürliche Gebrauch, den jemand von der *Geschlechtsneigung* macht, und der das Vermögen zum zweckmäßigen Gebrauch seiner Kräfte schwächende *unmäßige Genuß der Nahrungsmittel*."[15]

Kant begründet auch die Annahme der Tugendpflichten gegen sich selbst mit dem Gebot der moralischen Selbsterhaltung.[16] Sie tritt zu der Pflicht der Erhaltung seiner physischen Existenz hinzu, wobei der Mensch jedoch nicht etwa in ein physisches und ein moralisches Wesen aufgeteilt zu denken ist. Gleichwohl hat der Mensch das Vermögen, sich selbst als physisches und zugleich als moralisch verantwortliches Wesen zu *verstehen*. Er ist mit Vernunft begabt und kann sich als von der Natur unabhängig beurteilen. Dadurch erfährt er seine „Überlegenheit über die Natur selbst in ihrer Unermeßlichkeit".[17]

---

12 *Kant*, AA VI, MST, S. 418, 419.

13 *Kant*, AA VI, MST, S. 377.

14 *Kant*, AA VI, MST, S. 377.

15 *Kant*, AA VI, MST, S. 420.

16 *Kant*, AA VI, MST, S. 419.

17 *Kant*, AA V, KdU, S. 261.

Von den Untugenden, denen sich der Mensch nach Kant gegen sich selbst enthalten soll, soll im Folgenden auf das Verbot des Selbstmords, der Selbstverstümmelung und der Lüge gegenüber sich selbst etwas näher eingegangen werden.

B) Suizid oder Selbstmord

Die Frage nach der moralischen Zulässigkeit der Selbsttötung bzw. des Suizids (abgeleitet von lat. sui caedere = selbst töten) hat eine lange Tradition. Die philosophische Epoche der Stoa (ca. 300 v.–ca. 300 n.Chr.[18]) vertrat eine Auffassung vom Leben, wonach ein tugendhafter Charakter die *einzige* Voraussetzung für ein glückliches Leben ist. Nach ihrer Theorie erlaubt allein eine tugendhafte Haltung, auch in widrigen Umständenn glücklich zu sein. Zwar können das körperliche Wohl und auch materielle Dinge wertvoll sein. Allerdings besteht die Tugend in der Fähigkeit, den Wert aller Dinge richtig einzuschätzen und angemessen damit umzugehen. Die Stoiker verstehen den Kosmos als ein sinnvolles Ganzes, das von einer göttlichen Vernunft optimal für uns eingerichtet wird. Als Menschen sind wir alle gehalten, uns an dieser vernünftigen Ordnung zu orientieren und im Einklang mit der Natur zu leben.[19] Für den Stoiker als Individuum gilt es, seinen Platz in der natürlichen Ordnung dadurch zu erkennen, dass er durch die Einübung emotionaler Selbstbeherrschung sein Los zu akzeptieren lernt und mit Hilfe von Gelassenheit und Seelenruhe (Ataraxie) nach Weisheit strebt.[20] Dabei konstatieren die Stoiker, dass ein gutes Leben nicht unbedingt ein langes Leben sei. Nach Hegesias (vermutl. geb. 4. Jh. v. Chr. u. gest. 3. Jh. v. Chr.) stehen der Glückseligkeit (Eudaimonia) körperliche Leiden, die auch die Seele betreffen können, und die Zufälle des Lebens entgegen.[21] Wer unter schwerer Krankheit und extremen Schmerzen leidet oder die unerträgliche Herrschaft eines Tyrannen erdulden müsse, solle, wolle er seinem unentrinnbaren Schicksal tugendhaft begegnen, besser mit Gleichmut und Gelassenheit freiwillig aus dem Leben scheiden. Überwiege die schmerzvolle Seite den lustbringenden Anteil in unerträglicher Weise und ist absehbar, dass sich daran nichts ändert, kommt ein „Bilanz-Selbstmord“ in Betracht.[22] Der Philosoph, Politiker und Schrift-

18 Offiziell bestand die Stoa bis zum Jahre 529, dem Jahr, in dem Kaiser Justinian (ca. 482–565 n. Chr.) die heidnischen Philosophenschulen in Athen schloss. (Vgl. *Schriefl, A.*, Stoische Philosophie – Eine Einführung, S. 157).

19 *Schriefl, A.*, Stoische Philosophie – Eine Einführung, S.13 f.

20 Vgl. www.Wikipedia.de Stichwort: „Stoa“.

21 Vgl. www.Wikipedia.de Stichwort: „Hegesias“.

22 Vgl. www.Planet-wissen.de, Stichwort: „Selbsttötung“.

steller Seneca (Lucius, Annaeus Seneca, 1 bis 69 n. Chr.) gehorchte mit seiner Selbsttötung äußerlich dem unausweichlichen Befehl von Kaiser Nero (37–68 n. Chr.). Innerlich akzeptierte er sein Schicksal und entschloss sich, sein Leben freiwillig und tugendhaft selbst zu beenden. Das tat er, indem er sich in ein Bad setzte und sich die Pulsadern aufschnitt.[23]

Ebenso wenig Scheu vor der Selbsttötung sollen zur gleichen Zeit germanische Krieger gehabt haben. Drohte die Niederlage einer Schlacht, zogen sie den Suizid häufig der Ausgeliefertheit an ihre Gegner vor. Von ihrer Haltung her sollen sie damit dem Vorbild ihres Kriegsgottes Odin gefolgt sein, von dem sie glaubten, dass er sich selbst mit dem Schwert umgebracht hätte. Mit ihm würden sie nun im Totenreich Wallhalla an einer Tafel speisen und, als im Krieg Gestorbene, höchste Achtung genießen.

Solidaritäts- und Nachfolgeüberlegungen könnten auch die Einstellung zu Selbsttötungen des frühen Christentums mitbestimmt haben. Es gab christliche Sekten gegeben, die sowohl die Kreuzigung Jesu als auch das Sterben seiner Apostel für ihren Glauben als Argument für ihren eigenen, freiwilligen Tod ansahen. In dem Verlangen, ihnen nachzufolgen, suchten sie nun auch für sich den Märtyrertod. Dabei sollen sie sich manchmal schon bei geringsten Strafen durch die römischen Provinzregierungen das Leben genommen haben. In Nordafrika hätten sie ganze Plünderungszüge durch die Dörfer veranstaltet und die Tempel fremder Religionen geschändet, nur um die weltliche Verwaltung zu provozieren und am Ende zum Tode verurteilt zu werden.[24] Die Selbsttötungshysterie mancher sektiererischer Christen wurde erst von Augustinus am Ende des 4. Jahrhunderts beendet. Das Gebot „Du sollst nicht töten“ bezog er nun auch auf diejenigen, die sich selbst das Leben nahmen. Damit stellte er sie mit Mördern gleich, denen ewige Verdammnis drohte. Sein Urteil wurde für die nachfolgende Kirchengeschichte prägend. Fortan konnten sich Selbstmörder nicht mehr auf den Tod Jesu berufen. Gleichgesetzt wurden sie stattdessen nun mit dem Verräter Judas. Der galt als der ewig schuldige, weil er sich erhängte. Von nun an durfte für Selbstmörder aber auch keine Totenmesse mehr gelesen werden. Sie durften nicht mehr in *geweihter Erde* und vom 7. Jahrhundert an überhaupt nicht mehr kirchlich begraben werden. Die kirchliche Ächtung der Selbsttötung wurde im Mittelalter von der weltlichen Obrigkeit übernommen. Suizid zog danach in Europa ähnliche Strafen nach sich wie Mord. Dies galt im wörtlichen Sinne, soweit man diese Strafen an einem Leichnam noch vollziehen zu können glaubte. So sollen Suizid-Opfer nach

23 Vgl. www.Planet-wissen.de, Stichwort: „Selbsttötung“.

24 Vgl. www.Planet-wissen.de, Stichwort: „Selbsttötung“.

ihrem Tod zum „nochmaligen Tod“ am Strang verurteilt worden sein. Ihre Leichen wurden erst ausgepeitscht, dann durch die Straßen geschleift und schließlich aufgehängt. Häufig beschlagnahmte der Staat dann das Vermögen der Verstorbenen, was die Angehörigen neben der öffentlichen Schande besonders hart traf.[25]

Heute hat sich die Sicht der Kirchen auf die Selbstmörder zumindest in ihrer äußeren Darstellung verändert. Die Antwort auf die Frage, ob sie tatsächlich auf ewig verdammt seien, wird von vielen Gemeinden Gott überlassen. Man verurteilt die Tat, nicht mehr den Täter. Auch christliche Beerdigungen werden wieder empfohlen. An der grundlegenden Posititon der Kirche könnte sich indessen wenig geändert haben.[26]

I. Judas der „ewig Schuldige“

Bei einer kritischen Betrachtung stellt sich auch der Schluss von der Selbsttötung der biblischen Gestalt des Judas von Iscariot auf eine Auflehnung gegen Gott als problematisch dar, wenn auch die biblische Darstellung, wie sie von der Kirche überliefert wird, für eine mildere Bewertung wenig Spielraum zu lassen scheint. Dort stellt sich sein Selbstmord eher als der konsequente Schritt nach seinem Verrat an Jesus dar. Nachdem sich Judas mit den Verfolgern Jesu für dessen Auslieferung auf eine Summe von 30 Silberlingen geeinigt hatte[27], wird das Treffen im Garten Gethsemane zur Schlüsselszene:

> „Noch während er redete, siehe, da kam Judas, einer der Zwölf, mit einer großen Schar von Männern, die mit Schwertern und Knüppeln bewaffnet waren; sie waren von den Hohepriestern und den Ältesten des Volkes geschickt worden. Der ihn auslieferte, hatte mit ihnen ein Zeichen vereinbart und gesagt: Der, den ich küssen werde, der ist es; nehmt ihn fest! Sogleich ging er auf Jesus zu und sagte: Sei gegrüßt, Rabbi! Und er küsste ihn. Jesus erwiderte ihm: Freund, dazu bist du gekommen? Da gingen sie auf Jesus zu, ergriffen ihn und nahmen ihn fest.“ (Mt 26, 47)

Judas hat sich für die Auslieferung Jesu an seine Häscher also zunächst das vereinbarte Honorar auszahlen lassen, ihn danach vereinbarungsgemäß mittels eines Kusses verraten und sich schließlich, weil ihn seine Tat reute, dazu entschlossen, das Geld zurückzugeben und sich das Leben zu nehmen.[28] Nach der

---

25 Vgl. www.Planet-wissen.de, Stichwort: „Selbsttötung“.

26 Vgl. www.Planet-wissen.de, Stichwort: „Selbsttötung“.

27 Mt 26, 15: „Darauf ging einer der Zwölf namens Judas Iskariot zu den Hohepriestern und sagte: Was wollt ihr mir geben, wenn ich euch Jesus ausliefere? Und sie boten ihm dreißig Silberstücke. Von da an suchte er nach einer Gelegenheit, ihn auszuliefern“.

28 Mt. 27, 5: „Als nun Judas, der ihn ausgeliefert hatte, sah, dass Jesus verurteilt war, reute ihn seine Tat. Er brachte den Hohepriestern und den Ältesten die dreißig Silber-

in der Kirche herrschenden Meinung hat er sich durch seinen *Verrat* an Jesus gegen Gott erhoben und sich so in einen tiefgreifenden Widerspruch zu seinem Gewissen und mithin gegen sich selbst gesetzt. Dass er nach der Tat an sich verzweifeln musste und keinen anderen Weg als den Selbstmord sah, erscheint konsequent: Es passt zu einem Verräter, dass er wegen seiner schweren Sünde, dem Verrat an Christus, nicht die Verantwortung für seine Tat übernimmt, indem er *umkehrt* und Gott um Verzeihung bittet (wobei nirgends steht, dass er das innerlich nicht doch getan haben könnte), sondern seine Sündhaftigkeit auch noch durch eine weitere schwere Sünde, seinen hochmütigen Selbstmord bestätigt. Der Schluss auf die Verwerflichkeit seiner Tat legt vor allem seine (angenommene) Motivation und die Art und Weise dar, in der er Christus an dessen Mörder auslieferte. Für schnödes Geld hat er ihn verkauft. Und könnte es eine perfidere Methode geben, als seinen angeblich geliebten Freund gerade durch einen Kuss zu verraten, dem Zeichen der Liebe?

Es gibt allerdings Stimmen, die diese theologische Deutung nicht teilen: Warum, so hat z.B. der israelische Schriftsteller Amos Oz gefragt, hätte Judas Christus mit einem Kuss identifizieren sollen, wenn doch ganz Jerusalem wusste, wie er aussah, nachdem er dort gepredigt hatte?[29] Ähnlich scheint das der katholische Theologe Wolfgang Treitler[30] zu sehen. Die biblische Erzählung sei erst ca. 70 Jahre nach Christus in das Evangelium aufgenommen worden. Damals habe sich die Ansicht durchgesetzt, dass es nicht die Römer, sondern ausschließlich die Juden waren, die für den Tod Jesu die Verantwortung trugen. Judas hätte aufgrund seines Namens (hebräisch: Jehuda) „gut dazu gepasst“ und sei so zum „personifizierten Juden“ geworden. Danach hätte man ihm alles angehängt, was mit dem Tod Christi zusammenhing. Im zweiten Jahrhundert hätte es schließlich den Vorwurf gegeben, dass die Juden das Volk der „Gottesmörder“ sind, was zu einer Zerstörung von Synagogen als „Höllen des Satans“ geführt hätte. Nach Amon Oz könnte hier der Antisemitismus auch heutiger Tage seine eigentlichen Wurzeln haben.[31]

---

stücke zurück und sagte: Ich habe gesündigt, ich habe unschuldiges Blut ausgeliefert. Sie antworteten: Was geht das uns an? Das ist deine Sache. Da warf er die Silberstücke in den Tempel; dann ging er weg und erhängte sich“.

29 Vgl. www.Religion@ORF.at: „Judas ein Verräter, der keiner war“ – Bericht vom 3.4.2015.

30 Wolfang Treitler ist ein österreichischer, katholischer Theologe und außerordentlicher Universitätsprossor an der Universität Wien.

31 Vgl. www.Religion@ORF.at: „Judas ein Verräter, der keiner war“ Bericht vom 3.4.2015.

Treitler bezweifelt, dass Judas Christus tatsächlich *verraten* hat. Zwar könnte es damals zu einem Kuss gekommen sein. Der könnte aber eine ganze andere Bedeutung gehabt haben. In der jüdischen Tradition habe es den sog. „Messiaskuss“ gegeben. Indem Judas Christus küsste, wollte er ihn dazu bewegen, sich gegenüber den römischen Besatzern als Messias erkennen zu geben. Die Juden litten massiv unter der Unterdrückung durch die Römer. In Christus sahen seine Anhänger ihren Erlöser. Treitler deutet dann auch die Selbsttötung des Judas in einem anderen Sinne. Judas sei einer der Jünger gewesen, die am stärksten gehofft hätten, dass Jesus auch tatsächlich der Messias ist, der Israel von den Römern befreien würde. Nun zeigte sich jedoch, dass Jesus die Juden entgegen allen Erwartungen tatsächlich nicht befreite. Es hatte sich herausgestellt, dass er zumindest in diesem Sinne kein Messias war. „Welche Perspektive hat ein Mann“ fragt Treitler nun, „der alle Hoffnungen und Erwartungen auf Jesus setzt, dem dieser aber im entscheidenden Moment dann nicht als Messias begegnet?“[32] Mit dieser Interpretation müsste in dem Suizid des Judas nicht eine Auflehnung gegen Gott gesehen werden. Enttäuschtes Vertrauen und anschließende Perspektivlosigkeit könnten seine Selbsttötung ebenso plausibel erscheinen lassen.

II. Selbstmord als Verstoß gegen das biblische Tötungsverbot

Mit Selbsttötungen, die in der Absicht ausgeführt werden, einen Märtyrerstatus zu erlangen, haben wir es auch in der Gegenwart zu tun. Islamisten, die sich in vermeintlicher Nachfolge ihres Glaubens in die Luft sprengen, scheinen ähnlich wie die frühen christlichen Sekten zu argumentieren, wenn sie ihre Attentate mit Allah und einem glücklichen Leben nach ihrem Tode zu rechtfertigen suchen. In vielen Fällen lassen sich die plausibleren Motive ihrer Handlungen allerdings häufig eher in einer vor allem auf Angst aufgebauten Unterdrückungsstruktur finden, die oft auch die Angehörigen der Täter betrifft. Eine manchmal auf einer nur vermuteten Alternativlosigkeit beruhende, irrational anmutende Angst scheint bei vielen Suiziden eine tragende Rolle zu spielen.[33]

32 Vgl. www.Religion@ORF.at: „Judas ein Verräter, der keiner war“ Bericht vom 3.4.2015.

33 Panische Angst soll auch bei dem Massenselbstmord in der Hansestadt Demmin (Mecklenburg-Vorpommern) im Frühjahr 1949 die tragende Rolle gespielt haben: Seit dem Massaker von Nemmersdorf in Ostpreußen hatte die NS-Propaganda über Monate hinweg die Angst vor den „bolschewistischen Bestien“ und deren ungeheurer Brutalität geschürt. Auch durch die Berichte von Flüchtlingen machte sich so eine allgemeine Massenhysterie breit. Um dem russischen Gegner den Vormarsch zu erschweren, sprengte die abziehende Wehrmacht Ende April 1945 die beiden Peene-Brücken hinter sich und schnitt der Stadt so den Fluchtweg nach Westen ab. Obwohl die Stadt am

Das sollte uns jedoch nicht zu der Annahme verleiten, *der Islam* trage die eigentliche Schuld oder *das Christentum*. Der Glaube an Gott ist ein tief in unserer Kultur verwurzeltes Phänomen und Ausdruck einer die Gläubigen ggf. in ihrem Menschsein betreffenden Hoffnung. Nicht *die Religion* ist *schuld*. Es sind immer die betreffenden Menschen selbst, die ihre eigene oder die Freiheit der anderen, ggf. unter Berufung auf religiöse Motive, missbrauchen.

Nach der in der katholischen Kirche herrschenden Lehre wird der Suizid mit ihrer, u.a. auf die Freiheits- und Gnadenlehre Augustinus zurückgehenden Theologie vor allem als Verstoß gegen das 5. Gebot (Du sollst nicht töten.) abgelehnt. Im katholischen Katechismus heißt es zum „Selbstmord“:

> „2280: Jeder ist vor Gott für sein Leben verantwortlich. Gott hat es ihm geschenkt. Gott ist und bleibt der höchste Herr des Lebens. Wir sind verpflichtet, es dankbar entgegenzunehmen und es zu seiner Ehre und zum Heil unserer Seele zu bewahren. Wir sind nur Verwalter, nicht Eigentümer des Lebens, das Gott uns anvertraut hat. Wir dürfen darüber nicht verfügen.“[34]

Die Kirche zählt weitere Aspekte auf, die gegen die Selbsttötung sprechen:

> „2281: Der Selbstmord widerspricht der natürlichen Neigung des Menschen, sein Leben zu bewahren und zu erhalten. Er ist eine schwere Verfehlung gegen die rechte Eigenliebe. Selbstmord verstößt auch gegen die Nächstenliebe, denn er zerreißt zu Unrecht die Bande der Solidarität mit der Familie, der Nation und der Menschheit, denen wir immer verpflichtet sind. Der Selbstmord widerspricht zudem der Liebe zum lebendigen Gott.“[35]

Mit diesem Selbstverständnis wird der Selbstmord im Ergebnis doch als eine sündhafte Verweigerung der Liebe Gottes gedeutet, was dem Gläubigen in persönlichen Konfliktfällen als Begründung dafür genügen mag, sich nicht selbst zu töten.

---

30. April 1945 kampflos an die Rote Armee übergeben worden war, kam es beim Einmarsch der Rotarmisten zu massiven Übergriffen auf die Zivilbevölkerung, insbesondere zu Vergewaltigungen und Brandstiftungen. Dies soll u.a. ein Racheakt für die Mitvergiftung eingeladener sowjetischer Offiziere in der Adler-Apotheke der Familie Müller gewesen sein, die sich auf diese Weise selbst das Leben nahm. Einer der Offiziere verstarb nach der Einnahme vergifteter Getränke. Aus Angst vor den Gräueltaten und der Rache der Sieger kam es daraufhin bereits im Vorhinein zum Massensuizid. Fast ausschließlich Frauen mit ihren Kindern erhängten sich oder ertränkten sich in den Flüssen. Insgesamt seien so etwa 700 bis weit über eintausend Menschen umgekommen – jeder 17. Einwohner. Ein beteiligter deutscher Studienrat soll erklärt haben: „Ich habe eben meine Familie getötet, jetzt lege ich noch einige Russen um und dann scheide ich selbst aus dem Leben.“ (Quelle: www.Wikipedia.de „Massensuizid in Demmin“).

34 Katechismus der Katholischen Kirche, S. 580.

35 Ebenda.

III. Selbsttötung als Ausdruck lediglich von Krankheit

Unsere westliche Einstellung zur Selbsttötung ist weniger von religiösen als mehr von soziologischen und psychologischen, oft als wissenschaftlich begründet qualifizierte Annahmen geprägt. Der Vollzug der Selbsttötung wird etwa in der Psychiartrie und Psychotherapie schnell als Ausdruck von Krankheit eingestuft, wobei der Schuldgedanke häufig nur noch mittelbar zulasten Dritter (z.B. der Eltern oder Kinder, der Geliebten oder des Ehepartners) herangezogen wird. Wir sprechen kaum noch von „Selbstmord" als einem Akt, mit dem sich der Betroffene gegen Gott auflehnt oder mit dem er seine Freiheit gegen die Person in sich selbst missbraucht hätte, sondern schnell von einer pathologisch bedingten „Suizidalität", ein Terminus, der in der Psychotherapie häufig unvermittelt als Symptom einer psychischen Störung verwandt wird.[36] Selbst wenn wir die Annahme einer an sich bestehenden Pflicht zur Selbsterhaltung konstatieren, dürfen wir den Betroffenen aber nicht lediglich auf seinen, ggf. aus der Beobachterperspektive „empirisch" fassbaren, ggf. naturwissenschaftlich beschreibbaren „Motivationshorizont" reduzieren. Der „Suizident" ist nicht lediglich Patient, sondern *Person* und mithin Subjekt der Zurechnung auch der gegen sich selbst gerichteten suizidalen Handlung. Das gilt solange, bis wir nicht konkrete Anhaltspunkte dafür haben, dass er die Tat nicht ausnahmsweise tatsächlich überwiegend als Ausdruck einer positiv feststellbaren, „seelischen Störung" identifiziert haben. Der Umkehrschluss, wonach bereits die Selbsttötung als solche stets auf eine nur psychologische bzw. physiologische Erkrankung zurückzuführen ist, verliert die personale Entscheidung und den Zusammenhang zwischen der Vernunft und der Freiheit des Betroffenen aus dem Auge und nimmt ihn damit häufig in seiner Tat nicht mehr ernst.

IV. Selbstmord bei Kant

Auch nach Kant ist die Tötung seiner selbst weder als Ergebnis einer bilanzierenden, letztlich pragmatischen Entscheidung noch aus einem anderen Grunde, etwa zur Vermeidung von Leid ethisch legitim. Die „Selbstentleibung" ist kein beliebiger Verstoß gegen das Gebot der Selbsterhaltung. Auch für ihn ist sie *Mord, Selbstmord,* und mit Blick auf die Natur des Menschen besonders verwerflich. Dieses Verbrechen

> „kann nun zwar auch als Übertretung seiner Pflicht gegen andere Menschen (Eheleute, Eltern gegen Kinder, des Unterthans gegen seine Obrigkeit, oder seine Mit-

36 Vgl. Taschenführer zur ICD-10-Klassifikation psychischer Störungen: F20.4, F32, F43, F60.3.

> bürger, endlich auch gegen Gott, dessen uns anvertrauten Posten in der Welt der Mensch verläßt, ohne davon abgerufen zu sein) betrachtet werden; – aber hier ist nur die Rede von Verletzung einer Pflicht gegen sich selbst, ob nämlich, wenn ich auch alle jene Rücksichten bei Seite setzte, der Mensch doch zur Erhaltung seines Lebens blos durch seine Qualität als Person verbunden sei und hierin eine (und zwar strenge) Pflicht gegen sich selbst anerkennen müsse."[37] „Daß der Mensch sich selbst beleidigen könne, scheint ungereimt zu sein (volenti non fit iniuria[38]). Daher sah es der Stoiker für einen Vorzug seiner (des Weisen) Persönlichkeit an, beliebig aus dem Leben (...) mit ruhiger Seele hinaus zu gehen: weil er in demselben zu nichts mehr nutzen könne. – Aber eben dieser Muth, diese Seelenstärke, den Tod nicht zu fürchten und etwas zu kennen, was der Mensch noch höher schätzen kann, als sein Leben, hätte ihm ein um noch so viel größerer Bewegungsgrund sein müssen, sich, ein Wesen von so großer, über die stärksten sinnliche Triebfedern gewalthabenden Obermacht, nicht zu zerstören, mithin sich des Lebens nicht zu berauben."[39]

Nach Kant bedient der Mensch, der sich

> „um einem beschwerlichen Zustande zu entfliehen, sich selbst zerstört (…) einer Person bloß als *eines Mittels* zu Erhaltung eines erträglichen Zustandes bis zu Ende des Lebens. Der Mensch aber ist keine Sache, mithin nicht etwas, das *bloß* als Mittel gebraucht werden kann, sondern muß bei allen seinen Handlungen jederzeit als Zweck an sich selbst betrachtet werden."[40]

> „Das Subject der Sittlichkeit in seiner eigenen Person zernichten, ist eben so viel, als die Sittlichkeit selbst ihrer Existenz nach, so viel an ihm ist, aus der Welt vertilgen, welche doch Zweck an sich selbst ist; mithin über sich als bloßes Mittel zu ihm beliebigen Zweck zu disponiren, heißt die Menschheit in seiner Person (homo noumenon) abwürdigen, der doch der Mensch (homo phaenomenon) zur Erhaltung anvertrauet war."[41]

Mit der Selbstzerstörung tötet der Mensch nicht nur sein animalisches, sondern zugleich sein moralisches Wesen, die Person in sich selbst. Dieses Wesen ist es aber, die ihm erst die Befähigung zu freiem Handeln verleiht, Subjekt der Zurechnung seiner Handlungen und mithin Person zu sein. Mit seiner Tötung nimmt sich der Mensch die Möglichkeit, von seiner Freiheit Gebrauch zu machen zu können, d.h. praktisch vernünftig mit Blick auf die Menschheit in seiner Person zu handeln, was seine Würde erst ausmacht.[42] Mit dieser Begründung erscheint jede Selbsttötung als Verstoß gegen das Selbsterhaltungsgebot und damit zugleich als Verstoß gegen die Menschheit in sich selbst.

---

37 *Kant*, AA VI, MST, S. 422.

38 Zu Deutsch: „dem Einwilligenden geschieht kein Unrecht".

39 *Kant*, AA VI, MST, S. 422.

40 *Kant*, AA IV, GMS, S. 429.

41 *Kant*, AA VI, MST, 423.

42 *Euler, W.*, Kant-Lexikon, B. 3, S. 2076, Stichwörter: „Selbstmord, Selbstentleibung".

1. Selbsttötung als legitime Abkürzung unnötigen Leidens

In bestimmten Fällen kann es dem Betroffenen darum gehen, sein Leben zur Vermeidung eines unerträglichen physischen oder psychischen Leidens bewusst vorzeitig zu beenden. Verfügt jemand für den Eintritt besonderer Umstände, z.B. im Rahmen einer Patientenverfügung, nicht nur, dass er die Verabreichung einer Magensonde als einzig verbliebene lebenslange Ernährungsmöglichkeit bei anhaltenden Schmerzen verweigert und dass er seine Versorgung auf das zum Überleben unbedingt nötige (z.B. auf die Verabreichung lediglich minimaler Nahrung und Flüssigkeit) bei gleichzeitiger Vergabe von Schmerzmitteln beschränkt, sondern auch, dass man ihn „rechtzeitig" vor dem „Endstadium" bestimmter Erkrankungen, z.B. einem sicher zum Tode führenden Lungenkrebs, d.h. bevor der Zustand subjektiv unerträglich wird, aktiv töten soll, dann handelt er deshalb nicht bereits „krankhaft", befindet sich aber ggf. auch noch nicht in einer Notsituation. Die Frage nach seiner ethischen Schuld klammern wir in solchen Fällen dennoch häufig aus und verlagern sie in die uns nicht verfügbare Sphäre seines subjektiven Gewissens. Es geht dabei nicht um die Frage nach der rechtlichen Zulässigkeit aktiver Sterbehilfe[43], zumal wir in ethischer Hinsicht nicht danach fragen, ob etwas *rechtlich* erlaubt ist. Erscheint uns ein bestimmtes Verhalten, das rechtlich verboten ist, ethisch legitim, stellen wir weniger das sittliche Gebot als vielmehr das apodiktische (rechtliche) Verbot in Frage.

Allerdings argumentieren wir in den vorbezeichneten Fällen eher mit der Goldenen Regel. Unter Berufung auf konsequentialistische Erwägungen könnte sich der Betroffenen fragen, was ihm sein Leben noch „nützt", wenn er es im Falle seines Weiterlebens absehbar nur noch als *leidvoll erleben muss*. Das ist anders in Situationen, in denen Menschen bereits unmittelbar leiden oder gar der Folter ausgesetzt sind. Wie Friedrich Spee in seiner Cautio Criminalis[44] eindrucksvoll und bedrückend zugleich ausführt, ist fast jeder Mensch unter der Folter bereit, seine personale Würde zu opfern, etwa in dem er bald *alles* gesteht, um weiteren Qualen zu entgehen. Dabei zieht er auch den Tod der Fortsetzung seines Leidens oft bereitwillig vor. Das Prinzip der Selbsterhaltung lässt für viele von uns nachvollziehbare Ausnahmen zu. Eine *Regel-Ausnahme-Maxime* könnte etwa lauten:

> Ich will mein Leben immer erhalten, es sei denn, ich befinde mich in einer Situation, in der ich aufgrund von Folter oder einer sicher zum Tode führenden Erkrankung gegenwärtig und bis zu meinem Tode nur noch unter unerträglich starken Schmerzen leben

---

43 Gem. § 216 StGB ist auf Freiheitsstrafe von 6 Monaten bis zu fünf Jahren zu erkennen, wenn jemand durch das ausdrückliche und ernsthafte Verlangen des Getöteten zur Tötung bestimmt wurde. Die Berufung auf § 34 (Rechtfertigender Notstand) ist ausgeschlossen.

44 Vgl. oben, Einleitung, Fn. 2.

muss oder nur noch mit Hilfe von schmerzlindernden Medikamenten in einer Dosis, die jede geordnete Verstandestätigkeit unmöglich macht.

Als *ethisches* Argument dafür ließe sich in solchen Notfällen anführen, dass der Mensch unter besonderen Umständen seinem Leben gerade dadurch als Ausdruck seines guten Willens personale Würde verleiht, dass er es vorzeitig beendet. Ähnliches dürfte für bestimmte Fälle der Aufopferung seiner selbst gelten, die, auch wenn sich der Betroffene selbst retten könnte, einzig geeignet sind, das Überleben anderer zu gewährleisten. Löst sich ein Vater von einem im Meer treibenden Holzbalken, auf den er sich zusammen mit seinem Sohn anlässlich der Havarie eines Bootes retten konnte, weil der Balken nur einen von beiden tragen kann, dann kann diese Entscheidung in solchen Notfällen ihren nachvollziehbaren Sinn haben.

2. Selbsttötung als Ausweg aus der Sinnlosigkeit

Die subjektive Unerträglichkeit der Fortsetzung des Lebens muss sich nicht erst aus unerträglichen körperlichen Qualen ergeben. Auch das Bewusstsein der Absurdität, der vollständigen Sinnlosigkeit der weiteren Lebensführung, kann für den Betroffenen in Abhängigkeit von seinem Selbstverständnis Grund genug sein, sein Leben abzukürzen. Entscheidend ist insoweit, welchen Wert er seinem (weiteren) Leben beimisst. Das gilt etwa für den Samurai, der in schwerwiegender Weise sein Gesicht verloren hat und in einem Seppuku[45] eine legitime Wiederherstellung seiner eigenen Würde erblickt. Das dürfte nicht schon in gleicher Weise für einen Kriegsverbrecher gelten, der sich deshalb tötet, um nicht erst mit seinen Verbrechen gegen die Menschlichkeit konfrontiert zu werden. Auch dem atheistischen Existenzialisten, der der Sinnlosigkeit seines Lebens seinen Protest dadurch entgegenhält, dass er es aus Verachtung beendet, dürfte die Berufung auf seine *Würde* schwerer fallen. Wer sein Sein lediglich angesichts der angenommenen Abwesenheit Gottes als absurd betrachtet und sich deshalb tötet, begibt sich nicht nur der „Bürde“ seiner Freiheit, sondern auch seiner Existenz, womit er die Sinnlosigkeit seines Lebens von sich aus perpetuiert.

---

45 Seppuku bezeichnet eine ritualisierte Art des männlichen Suizids, die etwa ab der Mitte des 12. Jahrhunderts in Japan innerhalb der Schicht der Samurai verbreitet war und 1868 offiziell verboten wurde. Ein Mann, der wegen einer Pflichtverletzung oder eines Gesetzesverstoßes sein Gesicht verloren hatte, konnte durch Seppuku die Ehre seiner Familie und seine eigene Ehre wiederherstellen.

Manche sehen in der Selbsttötung, ähnlich wie die von Kant erwähnte Stoa, prinzipiell einen Ausdruck legitimer Selbstbestimmung: „Mein Ende gehört mir." Sie sprechen vom Freitod als „dem letzten Menschenrecht".[46] Auch dort fragt sich, worin denn die Würde, die das moralische „Recht" in solchen Fällen verkörpern soll, noch besteht. Dass in der Selbsttötung bereits für sich genommen ein moralischer Wert liegen könnte, der dem Menschen Würde verleiht, erscheint mit dem Hinweis auf eine prinzipiell uneingeschränkte menschliche „Freiheit" allein moralisch nicht begründbar. Auch wenn Freiheit immer bleibt[47], ist sie an die Bejahung des Lebens gebunden. Unabhängig von praktischer Vernunft repräsentiert das Ideal der Freiheit als solches weder die *Menschheit in meiner Person* noch in der eines anderen als Zweck an sich.

Wer sich unter Berücksichtigung der für ihn maßgeblichen Umstände für eine Selbsttötung entscheidet, setzt sich, soweit er nicht entweder pathologisch bestimmt ist oder im Falle seines Weiterlebens mit einem „menschenunwürdigen" Leid (physischer oder auch psychischer Art) rechnen muss, also von Notfällen abgesehen, nach Maßgabe des Prinzips seines auf das aus seiner Sicht Gute gerichtete Wollens mit der Tötung seiner selbst in einen Widerspruch zu der Menschheit in sich. Das gilt nicht erst unter Berücksichtigung des Beziehungsgefüges, in dem er zu anderen steht, sondern zu allererst mit Blick auf seine eigene Person, der er aus Achtung vor sich selbst Fürsorge schuldet.

C) Selbstverstümmelungen

Für Kant gehört zum „partialen Selbstmorde" auch,

> „sich eines integrirenden Theils als Organs berauben (verstümmeln), z.B. einen Zahn zu verschenken oder zu verkaufen, um ihn in die Kinnlade eines andern zu pflanzen, oder die Castration mit sich vornehmen zu lassen, um als Sänger bequemer leben zu können, u. dgl."[48]

Auch in diesen Fällen handelt es sich nach Kant um Verstöße gegen Pflichten, die gegenüber uns selbst bestehen. Der Mensch, der seinen Zahn verkauft, um ihn in die Kinnlade eines anderen zu pflanzen, behandelt sich partiell nur noch als „Ware". Außerdem beraubt er sich seiner natürlich vorgegebenen Entfaltungsmöglichkeiten. Der Zahn steht ihm als naturgegebenes Werkzeug nicht

---

46 Vgl. z.B. die Homepage von Dignitas in der Schweiz, www.Dignitas.Ch, aufgrufen am 13.5.2018.

47 *Kant*, AA IV, GMS, S. 455.

48 *Kant*, AA VI, MST, S. 423.

mehr zur Verfügung. Dennoch erscheint fraglich, ob es sich bei jeder Selbstverstümmlung bereits per se um einen Verstoß gegen das Sittengesetz handelt.

I. Selbstverstümmelungen und Schönheitsideal

Der von Kant angesprochene Sänger könnte sich zur Legitimation seiner Kastration auf die Goldene Regel, d.h. auf „legitime Interessen“ berufen. Durch die Kastration ist er nicht nur in die Lage versetzt, sein „Talent“ in besonderer Weise zu kultivieren. Er könnte in ihrer Folge womöglich erstmalig das Mindesteinkommen erwirtschaften, um sich und seine Familie zu ernähren. Mit ähnlichen Argumenten könnte die Durchführung bestimmter, medizinisch nicht indizierter Schönheitsoperationen begründet werden. Der Kastration oder Operation läge dann zwar nicht mehr eine Handlung zugrunde, die zugleich Ausdruck einer Maxime wäre, durch die der Betroffene wollen könnte, das sie ein allgemeines Gesetz werde. Sie wäre dann allenfalls Ausdruck eines hypothetischen Imperativs, dem ein moralischer Wert für sich genommen nicht zukäme. Er handelte nicht mehr nach dem unbedingten Gebot der Selbsterhaltung.[49] Ginge es ihm „nur“ um seine äußere Erscheinung, die z.B. aus Anlass eines Verkehrsunfalls verunstaltet wäre, könnte er sich einer „Schönheitsoperation“ auch als Ausdruck von Selbstachtung unterziehen. Wäre diese Einschätzung nicht nur vorgeschoben, sondern aufrichtig auf das aus Sicht des Betroffenen „praktisch Gute“ gerichtet, wäre die Handlung Ausdruck seines an und für sich guten Willens. Dann gebrauchte er sich nicht lediglich als Mittel, d.h. als Ware, sondern behandelte sich zugleich aus rechter Eigenliebe und mithin als Zweck an sich. Die Frage, ob ein Verstoß gegen den kategorischen Imperativ vorliegt oder nicht, hängt damit in der konkreten Konfliktsituation auch hier von dem je eigenen Bild der Person des Betroffenen von sich selbst ab. Nur er selbst könnte unter Berücksichtigung der ihn ggf. nötigenden, in der einen oder der anderen Richtung auffordernden Konfliktsituation, gewissenhaft unter Berücksichtigung seines Motivationshorizontes und dem Prinzip seines Wollens für sich selbst und mithin autonom entscheiden.

II. Zur Verstümmelung von Familienangehörigen

1. Zur Kastration von Jungen mit dem Ziel der Vermarktung

Zu Kants Zeiten erfolgten die von ihm angesprochenen Kastrationen von Sängern allerdings häufig im Kindesalter (kurz vor der Pubertät der Jungen) und durchaus nicht etwa auf deren autonomen Wunsch hin. Sie wurden von ihren

---

49 *Kant*, AA VI, MST, S. 419: Lebe der Natur gemäß (naturae convenienter vive).

Eltern angeordnet, wobei sich die Väter auf ihre, ihnen „natürlich" zukommende „patria potestas"[50], beriefen. Es waren regelmäßig die Väter, die in nicht mehr auszumachenden Grenzen entscheiden konnten, was mit „ihren" Kindern, die sie wie Eigentum behandeln konnten, geschehen soll. Auch der zu Kants Zeiten berühmte und erfolgreiche italienische Kastrat Carlo Broschi, bekannt als „Farinelli" (1705 bis 1782), wurde als Kind auf den Wunsch seines Vaters kastriert, der sein Talent entdeckt hatte und es für seinen Sohn durchaus heteronom zu fördern wusste. Die mit erheblichen Schmerzen verbundenen Verstümmelungen führten häufig schon aufgrund der unzureichend sterilisierten Instrumente zum Tode. Bei den Kastrationen handelte es sich damit regelmäßig um eine Missachtung der kindlichen Autonomie und, soweit von außen erkennbar, um einem Verstoß gegen den kategorischen Imperativ. Die Kinder wurden nicht mehr als Zweck an sich behandelt, sondern nur noch als Mittel zur Beförderung der finanziellen Interessen ihrer Eltern, die mit Blick auf die von der Operation erhofften Folgen sogar ihren Tod billigend in Kauf nahmen.

2. Zur Beschneidung von Säuglingen aus religiösen Gründen

Als fragwürdig könnten sich unter Autonomiegesichtspunkten auch die in Deutschland aus religiösen Gründen durchgeführten Beschneidungen minderjähriger Jungen darstellen. Dazu heißt es in dem unter dem Abschnitt der Elterlichen Sorge (§§ 1626 ff BGB) im Jahr 2013 ins BGB aufgenommenen § 1631 d BGB:

> „Die Personensorge umfasst auch das Recht, in eine medizinisch nicht erforderliche Beschneidung des nicht einsichts- und urteilsfähigen männlichen Kindes einzuwilligen, wenn diese nach den Regeln der ärztlichen Kunst durchgeführt werden soll. Dies gilt nicht, wenn durch die Beschneidung auch unter Berücksichtigung ihres Zwecks das Kindeswohl gefährdet wird (Abs.1). In den ersten sechs Monaten nach der Geburt des Kindes dürfen auch von einer Religionsgesellschaft dazu vorgesehene Personen Beschneidungen gemäß Absatz 1 durchführen, wenn sie dafür besonders ausgebildet und, ohne Arzt zu sein, für die Durchführung der Beschneidung vergleichbar befähigt sind (Abs. 2)."

Zu ihrer *rechtlichen* Legitimation berufen sich die Eltern wie ehedem auf die ihnen gegenüber ihren Kindern gesetzlich garantierte „Personensorge". Zwar darf in solchen Fällen das „Wohl" des noch nicht urteils- und einsichtsfähigen

---

50 Die patria potestas („väterliche Gewalt") war im antiken Rom ursprünglich nur ein Anwendungsfall einheitlicher und unbeschränkter Herrschaftsmacht (potestas), die dem pater familias, dem männlichen Familienoberhaupt, oblag. Er übte sie über Personen und Sachen, über freie und unfreie Hausgenossen (*familia*) aus. Die *patria potestas* wurde in das deutsche Recht übernommen und war für das Familien- und Eheleben praktisch bis zur Einführung des Grundgesetzes (1949) rechtlich konstitutiv.

Kindes nicht gefährdet werden. Seine religiöse Selbstbestimmung wird indessen auch für die Zeit, in der das betroffene Kind längst erwachsen ist, ersetzt durch die vorgängige Entscheidung seiner Eltern. Die Beschneidungen lassen sich nicht rückgängig machen. Mit Blick auf die Möglichkeit, dass der Beschnittene die religiösen Vorstellungen seiner Eltern später nicht teilt oder sich gar für seine nach außen erkennbare Zugehörigkeit zu der bestimmten Gemeinschaft schämt, könnte der Betroffene die Beschneidung als eine erhebliche Verletzung seiner Autonomie beurteilen. Dennoch dürfte es sich bei der Durchführung der Beschneidungen aus der ex-ante-Sicht der Eltern nicht bereits um einen Verstoß gegen ihren kategorischen Imperativ handeln. Aus ihrer Sicht behandelten sie dadurch die *Menschheit in der Person* ihres Kindes nicht lediglich als Mittel, sondern ggf. gerade als Zweck an sich, insofern sie in der Umsetzung ihrer religiösen Tradition aufgrund ihres eigenen Bekenntnisses dazu die Verwirklichung ihres Menschenbildes erblicken. Zwar dürften sie sich anlässlich der Beschneidung darüber bewusst sein, dass sie damit die autonome Entscheidung zur religiösen Selbstbestimmung, die sich für das betroffene Kind im Erwachsenenalter anders darstellen könnte, nicht nur vorwegnehmen, sondern möglicherweise teilweise auch vereiteln. Ist das Prinzip des Wollens der Eltern, die ihr Kind aus religiösen Gründen beschneiden lassen, jedoch streng auf ein Leben nach dem Willen Gottes ausgerichtet, nach dem Gebot des „vivere secundum deum“[51], dessen Ausdruck die rituelle Beschneidung sein könnte, dann folgten sie damit ggf. ihrem selbst gesetzten sittlichen Gebot. Die Annahme, dass sie dadurch die künftige Autonomie ihrer Kinder untergraben, setzte voraus, dass sie diesen einen anderen Begriff von dem unterstellen, was sie selbst als praktisch vernünftig ansehen. Aus ihrer Sicht bestünde die Alternative darin, dass sie sich ihrem sittlichen Imperativ, dem Prinzip ihres Wollens trotz der Nötigung, die ihnen angesichts ihres unbeschnittenen Kindes erwächst, verweigern. Damit setzten sie sich in einen Widerspruch zu sich selbst und könnten in ihrer Weigerung der Beschneidung ihres Kindes gerade einen Missbrauch ihrer und seiner personalen Freiheit erkennen.

III. Organspende

Auch bei einer medizinisch kontrollierten Organspende, etwa der Entnahme einer Niere aus dem eigenen Körper, um sie als Hilfe für einen anderen Menschen in dessen Körper zu verpflanzen, handelt es sich um eine Form von Selbstverstümmelung. Der Spender bedient sich eines Bestandteiles seines

51 S.o. 4. Kap., B), IV., 3.

Körpers als eines „Mittels“, wenn auch ggf. zur Beförderung legitimer Interessen. Ob er dabei zugleich noch die Menschheit in seiner Person als Zweck an sich behandelt, muss nicht nur von dem Sinn und Zweck der Organspende abhängen, die allerdings auch aus lediglich finanziellen Motiven erfolgen könnte.

1. Die Organspende in der Wertung der Kirchen in Deutschland

Von den großen christlichen Kirchen wird die Ansicht vertreten, dass die der Nächstenliebe entspringende Entscheidung zur Organspende in ethischer Hinsicht Vorrang vor der körperlichen Integrität, jedenfalls des eigenen Leichnams habe. Anders als noch in den 50er Jahren des 20. Jahrhunderts, wo neben der Freiwilligkeit der gesicherte Tod eine Hauptvoraussetzung einer Organspende war, gilt heute auch die Spende unter Lebenden mittlerweile in beiden Kirchen als ethisch jedenfalls vertretbar. Andererseits ist der Körper des Menschen auch nach christlichem Menschenbild der Tempel seiner Seele, wobei es gilt, unter Berücksichtigung des medizinischen Fortschritts Gott als den einzig wirklichen Herrn über Leben und Tod anzuerkennen und ihm allein die Ehre zu geben. Die gemeinsame Erklärung der Deutschen Bischofskonferenz (DBK) und des Rates der Evangelischen Kirche Deutschland (EKD) aus dem Jahre 1990 führt aus, dass im Zusammenhang einer Organspende zahlreiche ethische Grenzen zu beachten seien. So darf ein lebender Spender mit seiner Organspende niemals seinen Tod herbeiführen und auch nur ein paariges Organ (z.B. eine Niere) spenden bzw. von unpaarigen Organen und Geweben nur Teile. Ganze lebensnotwendige Organe (wie Herz und Lunge etc.) dürften grundsätzlich nur von Toten entnommen werden. Die (medizinisch noch nicht mögliche) Verpflanzung des Gehirns verbiete sich schon deshalb, weil mit diesem Organ die wesentlichen, persönlichkeitsbestimmenden Merkmale verbunden seien. Die Organentnahme bei Anenzephalen (Neugeborenen ohne Großhirn) sei ohne Hirntodfeststellung ethisch so wenig vertretbar wie die Übertragung bestimmter Gehirnzellen von Embryonen auf Parkinsonkranke. Letztere seien jedenfalls solange abzulehnen, wie dazu eine Abtreibung notwendig wäre. Im Übrigen dürfe kein Lebender aus irgendeinem Grund zu einer Organspende genötigt werden. Eine Organspende aus ökonomischen Motiven, etwa der Handel mit Organen, sei ohnehin nicht vertretbar.[52]

---

52 Organtransplantationen – Erklärung der DBK und des EKD, S. 4.

2. Ethische Grenzen zwischen Glauben und Interessenethik

Immerhin scheint die Organspende in Deutschland also prinzipiell nicht nur mit einem Menschenbild vereinbar, das den Menschen als lediglich naturales Wesen, d.h. als ein (potentiell) höher entwickeltes Tier neben anderen betrachtet, sondern auch mit einem explizit christlichen Menschenbild. Allerdings werden die Grenzen des ethisch noch als zulässig Erachteten in Abhängigkeit von dem jeweiligen Menschenbild z.T. sehr unterschiedlich gesteckt. Glaube ich an einen Gott im Sinne der Vorgaben der Kirche, der allein befugt ist, nicht nur über Leben und Tod zu entscheiden, dann verstoße ich grundsätzlich gegen Gottes Gebot, wenn ich einer Organspende zustimme, bei der mein Leben auch nur in Mitleidenschaft gezogen werden könnte.[53] Vom Standpunkt eines rein konsequentialistisch argumentierenden Interessenethikers, der die religiösen Annahmen, die zu einem restriktiveren Umgang mit der Zulässigkeit der Organspende angeführt werden, nicht teilt, könnte die vorzeitige Organentnahme auch ein Weg sein, seinem Leben noch im Sterben einen letzten Sinn zu geben.[54] Von einem solchen Standpunkt aus betrachtet muss selbst ein geregelter Handel mit Organen nicht bereits prinzipiell als ethisch illegitim erscheinen. Der Streit um die ethischen Grenzen wird mit unterschiedlichen Vorzeichen auch für den Bereich der Stammzellenforschung[55] geführt. Für christlich argumentierende Ethiker wird die Frage nach der Zulässigkeit der Entnahmen von Stammzellen von Föten für Zwecke der medizinischen Forschung deshalb anders beurteilt als von rein utilitaristisch argumentierenden Ethikern. Letztere nehmen den Umstand, dass die Föten für Zwecke der Stammzellenforschung „abgetrieben" bzw. getötet werden, als ethisch unproblematisch in Kauf. Je nachdem, welches Menschenbild der Handelnde vertritt, wird er deshalb auch die damit ggf. verbundene Frage nach der ethischen Schuld beurteilen. Unter Berücksichtigung des kategorischen Imperativs ließe sich eine rein utilitaristisch motivierte Entnahme von Organen oder Stammzellen, anlässlich derer die Frage nach einem Verstoß gegen die Menschheit in der Person des Spenders lediglich mit Nützlichkeitserwägungen ausgeblendet würde, nicht begründen.

---

53 Vgl. zur Interessenethik insgesamt z.B. *Singer*, *Peter*, Praktische Ethik 2013.

54 Die Entnahme von Organen wie Herz, Lunge, Bauchspeicheldrüse und Dünndarm wird in der Regel nur post mortem vorgenommen, wobei als gesetzliche Voraussetzung meist die eindeutige Feststellung des Todes vorgeschrieben ist. In einigen Ländern ist dazu auch das Herztodkriterium notwendig.

55 Als Stammzellen werden allgemein Körperzellen bezeichnet, die sich in verschiedene Zelltypen oder Gewebe ausdifferenzieren können. Je nach ihrer Art oder Beeinflussung haben sie das Potential, sich in jegliches Gewebe (embryonale Stammzellen) oder in bestimmte festgelegte Gewebetypen (adulte Stammzellen) zu entwickeln.

3. Zur Konkurrenz von Widerspruchs- und Zustimmungsregelungen

In der öffentlichen, insbesondere juridischen Diskussion geht es im Zusammenhang der Beurteilung und des Umgangs mit der Organspende u.a. um die Frage, ob sie erst der ausdrücklichen Zustimmung bedarf, vermittelt z.B. über einen ggf. bei sich zu führenden Organspenderausweis („Zustimmungsregelung“) oder ob die Zustimmung zur Organspende schon grundsätzlich als erteilt unterstellt werden können sollte und nur ein ausdrücklich erklärter Widerspruch des potentiellen Spenders die Ärzte davon abhalten müsste, dem Opfer eines tödlichen Autounfalls seine noch funktionsfähigen Organe zu entnehmen („Widerspruchsregelung“). Einerseits erscheint es als ein Gebot der Mitmenschlichkeit, sich für den Fall einer entsprechend differenzierten Regelung der konkreten Voraussetzungen einer Organentnahme für das Widerspruchsmodell zu entscheiden. Ohne die Unterstellung eines mutmaßlichen Spenderwillens müsste zur Rettung des Lebens vieler Patienten erst die Zustimmung der Angehörigen eingeholt werden, die aber gegenwärtig häufig zu spät kommt. Andererseits bedeutete es eine Untergrabung der Autonomie der Betroffenen, müssten diese sich bereits im Vorhinein für den Fall, dass sie einmal als Organspender in Betracht kommen, dazu bekennen, ob ihre Organe oder ein Teil davon als Mittel für die denkbare Heilung eines Anderen verwendet werden dürfen. Mit der *rechtspolitisch* im Vorhinein abgenötigten Entscheidung ersetzte man die autonome Gewissensentscheidung des Einzelnen in einem Bereich, der so persönlich ist, dass er nicht in die Verfügungsgewalt einer politischen Mehrheit gestellt werden darf. Vor diesem Hintergrund erscheint die gegenwärtige in Deutschland geltende Rechtslage, die für die Zulässigkeit einer Organentnahme die feststellbare Zustimmung des Betroffenen vorsieht, als einzige mit dem kategorischen Imperativ vereinbar. Es muss der autonomen Entscheidung jedes Bürgers überlassen bleiben, sich einen entsprechenden Organspenderausweis zu beschaffen und seine Organe zu spenden oder das aber eben auch nicht zu tun.

IV. „Selbstgefährdungen“

Eine manchmal mit der Selbstverstümmelung verglichene, verbreitetere Art, gegen das Gebot der körperlichen und/oder moralischen Selbsterhaltung zu verstoßen, könnte in dem Konsum bestimmter Drogen gesehen werden. Daraus könnten sich stoffliche und nicht stoffliche Süchte ergeben. Zu den stofflichen Süchten zählt man z.B. den übermäßigen Konsum von Alkohol und Tabak. Auch wenn man sich über die Art und Weise der Schädigung nicht ganz schlüssig zu sein scheint: Das Rauchen etwa wird seit den 90er Jahren des zwanzigsten Jahrhunderts vor allem mit Blick auf das erhöhte Krebsrisiko häufig als eine Form des „schleichenden Selbstmordes" betrachtet. Der Unterschied zwischen der Selbstverstümmelung im engeren Sinne und dem Rauchen liegt allerdings darin, dass nicht feststeht, ob ich daran tatsächlich erkranke. Es gibt zahlreiche Beispiele von Rauchern, die sehr alt geworden sind, glücklich gelebt haben und bis in ihr hohes Alter geraucht haben. „Nur" bestimmte Statistiken sprechen dagegen.

Gilt es schließlich nur noch meine „Sucht" zu bekämpfen, gewinnt die Frage nach der Schuld ohnehin eine andere Bedeutung. Medizinisch gesprochen ist eine Sucht durch das unabweisbare Verlangen nach einem bestimmten Erlebniszustand gekennzeichnet, dem die Kräfte des Verstandes in Korrelation mit dem Grad der Abhängigkeit zunehmend untergeordnet werden. Wissenschaftlichen Studien zufolge spielen genetische Dispositionen sowohl für die Entstehung einer Abhängigkeit als auch hinsichtlich ihrer möglichen Folgen, wie z.B. die Entwicklung eines Krebsleidens bei Rauchern, eine erhebliche Rolle.[56] Abhängigkeiten gehen mit einer zunehmend stärkeren Beeinträchtigung der Willensfreiheit einher. Je mehr die Willensfreiheit aber aufgehoben ist, umso weniger kann noch von Schuld gesprochen werden. Kämpft der Betroffene gegen seine Abhängigkeit an und gelingt es ihm krankheitsbedingt nicht mehr, seine Sucht zu überwinden, entfällt die Schuld schließlich ganz. Ein persönlich, in Folge der schließlich vollständigen Aufhebung der Willensfreiheit, nicht zu verantwortendes dahinter Zurückbleiben führt auch bei einem äußerlich so wahrgenommenen Verstoß gegen die Autonomie nicht zur Annahme von Schuld. Von ethischer Schuld im Verhältnis zu mir selbst könnte ich aber ggf. vor der Entstehung der Abhängigkeit sprechen, also bezogen auf einen Zeitpunkt, in dem ich noch nicht süchtig bin, die drohende Abhängigkeit aber für den Fall des weiteren Missbrauchs erkenne und die Droge trotzdem konsumiere. Wird das Rauchen zur Gewohnheit würden wir indessen allenfalls von einer Lebensführungsschuld[57] sprechen, die manchmal auch auf eine „Charakterschwäche"[58] zurückgeführt wird. Dahin gehende Vorwürfe knüpfen

56 So sollen Menschen mit bestimmten Mutationen auf den Chromosomen 9 und 18 dem Tabakkonsum stärker verfallen als andere. Die Betroffenen rauchten im Schnitt nicht nur mehr als Vergleichspersonen, sondern hätten auch ein um 10% höheres Risiko an Lungenkrebs zu erkranken. Quelle: Spiegel online vom 26.4.2010, 15:16 Uhr.

57 Vgl. zur juridischen Umgang mit der Lebensführungsschuld u. Teil 2, 1. Kap., B).

58 Unter Charakter versteht man traditionell, ausgehend von der aristotelischen Ethik, und erneut in der modernen Psychologie diejenigen persönlichen Kompetenzen, die erst die Voraussetzung für ein moralisches Verhalten bilden. In einer zweiten, in der antiken Naturphilosophie wurzelnden Traditionslinie versteht man unter dem Charakter eines Menschen auch dessen Temperament bzw. dessen auffällige Verhaltensgewohnheiten (Quelle: Wikipedia. de „Charakter").

für die Frage nach der Schuld nicht mehr an die sittlich relevante Handlung an. Der Raucher verstößt mit dem Konsum der konkreten Zigarette nicht bereits gegen den kategorischen Imperativ, insofern er damit die Menschheit in seiner Person oder der Person eines anderen nicht bereits nur noch als Mittel, sondern immer noch als Zweck an sich behandelt.

D) Abtreibung

Ein in der gesellschaftspolitischen Diskussion seit vielen Jahren umstrittenes Thema betrifft die Frage nach der Zulässigkeit der Abtreibung. Vor allem zwischen den „Gläubigen" und den „Ungläubigen" aber auch aus feministischer Sicht werden darüber heftige Diskussionen geführt. Berücksichtigt man die mit der jeweiligen Position immer gleich mit verteidigten Wertvorstellungen, ist der Streit verständlich. Für die miteinander streitenden Protagonisten scheint es um alles zu gehen, auch und vor allem um ihr Selbstverständnis und damit um ihr Menschenbild.

Aus feministischer Sicht wird die moralische Zulässigkeit der Abtreibung häufig mit der Verteidigung der „Autonomie" der Frau begründet.[59] Zu ihrer Legitimation bedürfe es nicht erst einer Notsituation, wie sie unter Umständen im Falle eines aus Anlass einer Vergewaltigung entstandenen Embryos angenommen werden könne. Eine Abtreibung ist heute sowohl in medizinischer wie in rechtlicher Hinsicht vergleichsweise unproblematisch durchführbar.[60] Der

---

59 Die Feministen des frühen 20. Jahrhundert vertraten divergierende Meinungen zur Frage nach der Zulässigkeit des Schwangerschaftsabbruchs. 1904 veröffentlicht *Gertrud von Bülow* (1844–1927) eine Schrift mit dem Titel: Das Recht zur Beseitigung keimenden Lebens, in der sie den § 218 als einen „unwürdigen Eingriff in die allerintimste Privatangelegenheit eines Weibes" kennzeichnet. Ab 1905 fordert Helene Stöcker als Vorsitzende des Bundes für Mutterschutz und Sexualreform die Abschaffung des Paragrafen 218, wobei sich bei ihr rassistische Ideen von „Hochzüchtung" und lebensunwertem Leben mit der Forderung auf das Abtreibungsrecht vermischen. Die entgegengesetzte Meinung vertritt die Vorsitzende des bürgerlich dominierten Bundes Deutscher Frauenvereine (BDF) Gertrud Bäumer. Ab den 60er Jahren des 20. Jahrhunderts fordert die zweite Welle der Frauenbewegung mit dem Argument der „Selbstbestimmung der Frau" („ob Kinder oder keine, bestimmen wir alleine"; „mein Bauch gehört mir") die Freigabe des Schwangerschaftsabbruchs. (Quelle: Wikipedia.de).

60 Nach der Mitteilung des Statistischen Bundesamtes (Destatis) wurden 2015 rund 99200 Schwangerschaftsabbrüche in Deutschland gemeldet. Knapp drei Viertel (73%) der betroffenen Frauen waren zwischen 18 und 34 Jahre alt, 16% zwischen 35 und 39 Jahre. Rund 8% der Frauen waren 40 Jahre und älter. Die unter 18-Jährigen hatten einen Anteil von 3%. Rund 39% der Frauen hatten vor dem Schwangerschaftsabbruch noch keine Lebendgeburt. 96% der gemeldeten Schwangerschaftsabbrüche wurden nach der Beratungsregelung vorgenommen. Medizinische und kriminologische Indikationen waren in 4% der Fälle die Begründung für den Abbruch.

Besuch einer „Engelmacherin“[61] ist nicht mehr erforderlich. Auch eine aus beliebigen Gründen vorgenommene Abtreibung wird aus feministischer Sicht als moralisch unproblematisch und legitim dargestellt: „Mein Bauch gehört mir!“

Erkennt die betroffene Frau ihre eigene personale Würde weniger in ihrem uneingeschränkten „Selbstbestimmungsrecht“[62], sondern eher in ihrer Ebenbildlichkeit Gottes, könnte sie die Abtreibung auch als moralisch prinzipiell unzulässig beurteilen. Denn dann läge in ihr ein Angriff auf die in ihrer Leibesfrucht waltende, aus der Ebenbildlichkeit Gottes abgeleiteten, personalen Würde ihres Kindes. Mit einer Beendigung des menschlichen Lebens handelte sie gegen die vorgängige Entscheidung Gottes, der *ihr Kind*, wie ehedem auch sie selbst, bereits vor der Zeugung gewollt und berufen hat. Dazu heißt es im Katechismus der katholischen Kirche unter anderem[63]:

> „2270: Das menschliche Leben ist vom Augenblick der Empfängnis an absolut zu achten und zu schützen. Schon im ersten Augenblick seines Daseins sind dem menschlichen Wesen die Rechte der Person zuzuerkennen, darunter das unverletzliche Recht jedes unschuldigen Wesens auf das Leben.“
>
> „Noch ehe ich Dich im Mutterleib formte, habe ich dich ausersehen, noch ehe du aus dem Mutterleib hervorkamst, habe ich dich geheiligt.“ (Jer 1, 5)
>
> „Als ich geformt wurde im Dunkeln, kunstvoll gewirkt in den Tifen der Erde, waren meine Glieder dir nicht verborgen.“ (Ps 13, 15)

Mit einem atheistisch geprägten Selbstverständnis würde sie ggf. in umgekehrter Richtung argumentieren. In der allgemeinen ethischen Diskussion scheint es für die Frage nach der Zulässigkeit der Abtreibung häufig darauf anzukommen, ob und ggf. ab wann die befruchtete Eizelle eine *Person* ist oder lediglich nur Natur. Auf den Begriff Person wurde im Zusammenhang der Erörterung des Freiheitsbegriffs eingegangen.[64] In der öffentlichen Diskussion werden dazu weitere, z. T. kontroverse Auffassungen vertreten. Während die Kirche als Prämisse ihrer Argumentation von der prinzipiellen Heiligkeit des menschlichen Lebens und seines von Anfang an vorhandenen Personenstatus ausgeht, lehnen nicht religiös motivierte Philosophen diese Annahme bezogen auf den Beginn der Entwicklung des Menschen ab.[65]

---

61 Umgangssprachliche Bezeichnung für eine Frau, die illegal Abtreibungen durchführt.

62 Vgl. zur Frage nach der juridischen Schuld der Abtreibung Teil 2, 4. Kap., D) (Abtreibung nach dem CIC) und 5. Kap. (Schwangerschaftsabbruch nach §§ 218 ff. StGB).

63 Katechimus der katholischen Kirche, S. 577 f.

64 Vgl. oben. 3. Kapitel, A), I., 3., b), c).

65 Vgl. zum Ganzen auch *Norbert Hörster*, Abtreibung in einem säkularen Staat.

I. „Person" bei Peter Singer

Eine der bekanntesten Positionen zur Frage nach der Zulässigkeit der Abtreibung vertritt der australische Philosoph Peter Singer.[66] Er unterscheidet zwischen dem *Menschen* als Zugehöriger der Spezies homo sapiens und dem Menschen, soweit ihm der Status einer *Person,* wie er ihn definiert, zukommt. Die Auffassung vom Menschen als Zweck an sich lehnt Singer ab. Die dahingehende Argumentation liefe seiner Meinung nach auf einen ungerechtfertigten Speziesismus[67] hinaus. Der Mensch ist kein besonderes, sondern lediglich ein biologisch höher entwickeltes Wesen unter vielen, wenn dieses Wesen, sobald ihm Personalität zukommt, auch mit Eigenschaften ausgestattet sein kann, die bei der moralischen Beurteilung ethischer Fragen Berücksichtigung verdienen können. Singer vertritt einen sog. *Präferenzutilitarismus*, der auch als *Interessenutilitarismus* oder *ökonomischer Utilitarismus* bezeichnet wird. Seiner Auffassung nach kommt es allein auf eine sachgerechte Abwägung der *Präferenzen* der Betroffenen an.

> „Das Prinzip der Interessenabwägung wird zuweilen für ein bloß formales Prinzip gehalten, mangelhaft in der Substanz und zu schwach, als dass es jegliche Form von nicht egalitärer Praxis ausschließen würde. Allerdings haben wir (…) gesehen, dass es Rassismus und Sexismus zumindest in ihren offensichtlichsten Formen ausschließt. Denken wir an den Einfluss, den das Prinzip auf jene imaginäre hierarchische, auf Intelligenztests basierende Gesellschaft hatte, so wird deutlich, dass es stark genug ist, sich auch gegen diese subtilere Ausgrenzung des Inegalitarismus zur Wehr zu setzen. Das Prinzip der gleichen Interessenabwägung verbietet es, unsere Bereitschaft, die Interessen anderer Personen abzuwägen, von ihren Fähigkeiten oder anderen Merkmalen abhängig zu machen, außer dem einen: eben dass sie Interessen haben."[68]

Während der moralische Wert einer Handlung unter Berücksichtigung des *Handlungsutilitarismus* daran gemessen wird, wie weit sie allgemein das Leid (oder den Schmerz) von Menschen minimiert bzw. deren Lust (oder Freude) maximiert, hält der Präferenzutilitarismus die Präferenzen aller Wesen, also insbesondere auch der von Tieren, prinzipiell in gleicher Weise für beachtenswert. Der Begriff *Präferenz* bezeichnet dabei die generellen rationalen und

---

66 Peter Albert David Singer (*6 Juli 1946) ist ein australischer Philosoph und Ethiker. Er wird zu den einflussreichsten Philosophen unserer Zeit gezählt.

67 Speziesismus (von Spezie =Art) bezeichnet die moralische Diskriminierung von Individuen ausschließlich aufgrund ihrer Artzugehörigkeit. Dies schließt ein, dass das Leben oder das Leid eines Lebewesens nicht oder weniger stark berücksichtigt wird, weil es nicht einer bestimmten Spezies, wie etwa der Spezies des anatomisch modernen Menschen (*Homo sapiens*), angehört. Vgl. zum Zusammenhang v. Rassismus u. Speziezismus: *Singer, P.*, Praktische Ethik, S. 98.

68 *Singer, P.*, Praktische Ethik, 2013, S. 54 ff.

emotionalen Interessen eines Wesens, wobei seiner Auffassung nach alle Individuen, auch Pflanzen und Tiere, ein grundlegendes Lebensinteresse haben. Je ausgebildeter diese Präferenzen seien, umso bedeutsamer wären sie. Je weiter fortgeschritten das Lust- oder Schmerzempfinden, das Bewusstsein, das Selbstbewusstsein, die Rationalität und schließlich die Autonomie eines Wesens entwickelt seien, umso beachtenswerter seien seine Präferenzen im Vergleich zu weniger entwickelten Wesen. Was den Embryo oder Fötus[69] betrifft, kämen als beachtenswerte Präferenzen allenfalls Schmerzempfinden oder Bewusstsein in Betracht.

> „Ich schlage daher vor, dem Leben eines Fötus keinen größeren Wert zuzubilligen als dem Leben eines nichtmenschlichen Lebens auf einer ähnlichen Stufe der Rationalität, des Selbstbewusstseins, der Bewusstheit, der Empfindungsfähigkeit usw. Da kein Fötus eine Person ist, hat kein Fötus denselben Anspruch wie eine Person. Bis ein Fötus eine gewisse Fähigkeit zu bewusstem Leben besitzt, beendet ein Schwangerschaftsabbruch eine Existenz, die – für sich und nicht unter dem Aspekt ihrer Potenzialität betrachtet – eher der einer Pflanze als eines empfindungsfähigen Tieres wie etwa eines Hundes oder einer Kuh vergleichbar ist. (…) Sobald der Fötus jedoch soweit entwickelt ist, dass er über Bewusstsein (wenn auch kein Selbstbewusstsein) verfügt, sollte Abtreibung nicht leichtgenommen werden (falls eine Frau jemals einen Schwangerschaftsabbruch leichtnimmt). Also müssen wir der Frage nachgehen, wann der Fötus Bewusstsein erlangt. (…) Dies lässt die 18. Schwangerschaftswoche als frühestens Zeitpunkt erscheinen, an dem der Fötus ein Schmerzempfinden haben kann. (…) Nach der 18. Schwangerschaftswoche sollte jedoch das Interesses des Fötus, nicht zu leiden, in gleicher Weise berücksichtigt werden, wie wir die Interessen von empfindungsfähigen, aber nicht selbstbewussten, nichtmenschlichen Tieren in Betracht ziehen.“[70]

Stärker ins Gewicht fallen nach Singer erst die Präferenzen einer entwickelten *Person*. Darunter versteht er im Anschluss an eine Definition von John Locke (1632–1704) „ein selbstbewusstes oder rationales“ bzw. „ein denkendes intelligentes Wesen, das Vernunft und Reflektion besitzt und sich als sich selbst denken kann, als dasselbe denkende Etwas in verschiedenen Zeiten und an verschiedenen Orten“.[71] Dass es im Verhältnis zu einem bloß empfindungsfähigen Wesen schwerwiegender sein kann, ein rationales und selbstbewusstes Wesen zu töten, begründet Singer damit, dass ein selbstbewusstes Wesen sich seiner selbst als einer distinkten Entität bewusst sei, mit einer Vergangenheit

---

69 Ein Fötus oder Fetus (nach lateinisch fetus, („Brut, Nachkommenschaft“) bezeichnet das Stadium der menschlichen Entwicklung während der Schwangerschaft nach Ausbildung der inneren Organe. Die Fetalperiode beginnt in der 9. Schwangerschaftswoche und endet mit der Geburt.

70 *Singer, P.*, Praktische Ethik, S. 246 ff.

71 Vgl. *Singer, P.*, Praktische Ethik, S. 142.

und Zukunft.[72] Nehme man einem rationalen und selbstbewussten Menschen ohne seine Zustimmung das Leben, so durchkreuze man damit seine Wünsche für die Zukunft. Töte man dagegen z.B. „eine Schnecke, so vereitelte man keine Wünsche dieser Art, weil Schnecken unfähig sind, solche Wünsche zu haben. Unter diesem Aspekt befänden sich jedoch menschliche Föten und selbst Neugeborene in der gleichen Situation wie Schnecken".[73]

Das Argument vieler Abtreibungsgegner, dass bei einer Abtreibung zwar keine bereits vorhandenen Interessen verletzt werden, der Fötus aber potentiell ein vollwertiger Mensch sei, worauf u.a. das BVerfG abstellt[74], und es bereits aufgrund dieses Potentials falsch wäre, ihn zu töten, hält Singer für irrelevant. Es gebe keinen allgemeinen Grund, einem lediglich potentiellen X die gleichen moralischen *Rechte* zuzusprechen, wie einem wirklichen X.:

> „Zieht man eine keimende Eichel aus der Erde, dann ist das nicht dasselbe, als wenn man eine ehrwürdige Eiche fällt. Ein Ei in einen Topf mit kochendem Wasser zu tauchen, ist etwas ganz anderes, als dasselbe mit einem lebenden Huhn zu tun. Prinz Charles ist (zum Zeitpunkt der Niederschrift) der potentielle britische König, aber besitzt nicht die Rechte eines Königs."[75]

Nach Singer gibt es keine allgemeine Ableitung aus „A ist ein potentielles X" zu „A hat die Rechte von X". Auch das Prinzip des Respekts vor der Autonomie der Person stützt sich seiner Auffassung nach darauf, dass Personen sich als Entitäten mit einer Vergangenheit und einer Zukunft sehen. Das treffe nicht auf diejenigen zu, die weder jetzt fähig sind noch jemals in der Vergangenheit fähig waren, sich selbst so zu sehen. Die bloße Potentialität, einmal eine Person zu werden, spreche deshalb nicht gegen das Töten derer, die noch keine Personen sind.[76]

Mit einem rein naturalistischen Menschenbild, das den Menschen lediglich als determiniertes Tier höherer Ordnung betrachtet, lässt sich für die Zulässigkeit der Abtreibung offenbar rein interessenethisch argumentieren. Danach muss man das Ziel der Erhaltung gerade des menschlichen Lebens so wenig wie die Erhaltung der menschlichen Spezies als ein besonders erstrebenswertes Gut ansehen. Bei dem menschlichen Wesen handelt es sich zu Beginn seiner Entwicklung um eine in Abhängigkeit von der Schwangeren lebende biochemische Zellmasse, der keine höhere Bedeutung zugemessen werden müsste als

72 *Singer, P.*, Praktische Ethik, S. 1.

73 *Singer, P.*, Praktische Ethik, S. 146.

74 BVerfGE 39, S. 41. (Vgl. hierzu: Teil 2, 5. Kap.).

75 *Singer, P.*, Praktische Ethik, S. 251.

76 *Singer, P.*, Praktische Ethik, S. 251.

einer Schnecke. Ihr Wert ist *relativ*. Bevor wir uns näher mit der Argumentation von Singer auseinandersetzen, sei noch ein weiterer, utilitaristisch begründeter Standpunkt vorgestellt:

II. Zur Unzulässigkeit der Abtreibung nach Marquis

Auch der US- amerikanische Philosoph Donald Bagley Marquis[77] lehnt als Grundlage seiner Position zur Frage der moralischen Zulässigkeit der Abtreibung die Vorstellung von der Heiligkeit des Lebens ab. Wie Singer ist auch er nicht der Auffassung, beim Menschen handele es sich schon aufgrund seiner Zugeörigkeit zur species Mensch um eine zu bevorzugende moralische Kategorie. Im Gegensatz zu Singer gelangt Marquis jedoch zu der Auffassung, Abtreibungen seien moralisch unzulässig.

1. Zur „Valuable-future-like-ours-Theorie"

Für Marquis sind Abtreibungen, von Einzelfällen abgesehen, in moralischer Hinsicht genauso *unrecht* („wrong") wie die Tötung erwachsener Menschen.[78] Zur Begründung hat er eine Theorie entwickelt, die die beiden von ihm als wesentlich behandelten Begründungsmuster für oder gegen das Verbot der Abtreibung zu integrieren und zugleich durch einen eigenen Ansatz zu überwinden sucht. Beide Argumentationsstränge gerieten seiner Auffassung nach in logische Konflikte. Diejenigen, die ihre Haltung gegen die Abtreibung darauf stützen, dass es sich bei dem Embryo bzw. dem Fötus um *menschliches* Leben handele, könnten nicht erklären, warum etwa eine „lebende" menschliche Krebszellenkultur vernichtet werden dürfe. Diejenigen, die für das Tötungsverbot erst auf den Status einer mit Bewusstsein und Rationalität ausgestatteten Personalität abstellen, hätten dagegen keine plausible Antwort auf die Frage, warum dann nicht auch kleine Kinder oder mental schwer zurückgebliebene Menschen getötet werden dürfen. Während die eine Seite auf das Vorhandensein des *biologischen* Kriteriums „menschliches Leben" abstelle, verlange die andere Seite erst das Vorhandensein bestimmter *psychologischer* Eigenschaften, wie wir sie einer Person zuschreiben würden. Nach Marquis ist nicht einsehbar, warum die biologische Eigenschaft (menschliches Leben ohne Selbstbewusstsein) für die Frage, ab wann wir von einem *Menschen* sprechen dürfen, prinzipiell mehr ins Gewicht falle als das Vorhandensein psychologischer Kompetenzen, zu denen er Rationalität und Selbstbewusstseins zählt, oder umgekehrt. Deshalb stünden beide Argumentationsmuster zueinander in

77 Donald Bagley Marquis (*1935) ist ein US-amerikanischer Philosoph und Medizinethiker.

78 *Marquis, D.B.*, Why Abortion is Immoral, S. 183–202.

einem Pattverhältnis. Indem beide Lager an der ausschließlichen Richtigkeit ihres jeweiligen Standpunktes festhielten, verfehlten sie den für die Beantwortung der Frage nach der moralischen Zulässigkeit der Abtreibung wesentlichen Punkt. Die Vertreter beider Lager, („schon Mensch" bzw. „noch kein Mensch") seien nicht in der Lage, den eigentlichen Grund für das generelle Tötungsverbot zu beschreiben. Um zu einer sachgerechten Antwort zu gelangen, ist es deshalb nach Marquis wichtig, von sich selbst auszugehen. Jedem Menschen sei intuitiv die Annahme einsichtig, wonach es *unrecht* sei, ihn selbst zu töten. Der Grund dafür liegt seiner Auffassung nach in der Auswirkung der Tötung auf das Opfer. Jedem Opfer werde durch die Tötung seine Zukunft geraubt, eine Zukunft, die aus *seiner* Perspektive genauso wertvoll sei wie uns unsere eigene Zukunft. Marquis spricht bei seinem Ansatz deshalb von der „Valuable-future-like-ours-Theorie".[79] Aus der Vorstellung, dass wir selbst nicht wollen, dass uns unsere Zukunft genommen wird, folge, dass wir auch nicht wollen können, dass anderen menschlichen Wesen ihre Zukunft genommen werde. Da die Zukunft des ungeborenen wie die des geborenen Lebens im Wesentlichen gleichermaßen wertvoll sei, müsse auch das Tötungsverbot für beide prinzipiell in gleicher Weise gelten.

2. Singers Einwände gegen Marquis

Singer hält der Argumentation von Marquis entgegen, dass von dem Fötus unter mehreren Aspekten nicht ohne weiteres angenommen werden könne, dass er eine Zukunft wie unsere haben werde. So könne sich anlässlich einer Pränataldiagnose herausstellen, der Fötus habe eine genetische Veranlagung für das Tay-Sachs-Syndrom[80], eine unheilbare Krankheit, die zunächst zur Lähmung und schließlich zum Tode führt. Hierzu räumt Marquis ein, dass seine Theorie keinen Grund dafür liefere, diesen Fötus nicht zu töten. Mit der weiteren Argumentation von Marquis müsste nach Singer aber auch der Beschluss, überhaupt kein Kind zu bekommen, oder nur zwei statt drei Kinder, als moralisch falsch angesehen werden.[81] Auch in diesen Fällen würde die Existenz eines Wesens mit einer wertvollen Zukunft verhindert. Darauf erwidert Marquis, dass das Unrecht zu töten ein Unrecht sei, das nur einem be-

79 Meine Übersetzung: „Theorie einer wertvollen Zukunft wie unserer eigenen".

80 Das Tay-Sachs-Syndrom, auch bekannt als „infantile amaurotische Idiotie" (angeborene schwerste Intelligenzminderung mit Erblindung) ist eine vererbte Krankheit, die zu progressiver Reduktion kognitiver Fähigkeiten, psychomotorischem Abbau, muskulärer Hypotonie, Lähmung, Spastik, Blind- und Taubheit, epileptischen Anfällen, u.a. und innerhalb weniger Jahre zum Tode führt.

81 *Singer, P.*, Praktische Ethik, S. 257.

stimmten, bereits existenten Individuum angetan werden könne. Das aber gebe es bis zum Zeitpunkt der Zeugung (noch) nicht. Singer hält dem entgegen, dass sich der moralische Unterschied zwischen der Tötung einer Person mit einer potentiell wertvollen Zukunft und der Unterlassung der Zeugung einer Person, die auch eine erstrebenswerte Zukunft hätte, reduziere, wenn man nicht an eine Person dächte, die freudig ihrer Zukunft entgegen sieht, sondern an einen Fötus, der über kein Bewusstsein verfügt, weder in der Gegenwart noch in der Vergangenheit. Wird er getötet, bevor er Bewusstsein erlangt, sei es für ihn nicht anders, als wäre er gar nicht erzeugt worden. Im Falle einer Abtreibung könnten wir nach Singer sagen, es habe einen Fötus gegeben, der über kein bewusstes Erleben verfügte, und dann aufhörte, zu existieren. Im Falle einer Verhütung könnten wir zwar sagen, es sei kein Fötus entstanden. Dieser Unterschied sei indessen zu gering, als dass man auf ihm bereits eine qualitativ ins Gewicht fallenden Unterscheidung zwischen einer unmoralischen Handlungsweise und einer in moralischer Hinsicht harmlosen Handlung begründen könne. Dabei verkompliziere sich das Problem der Individuation, wenn man auf den Zeitpunkt abstellt, zu dem das Spermium in die Eizelle eindringt. Die bis zum 16-Zell-Stadium produzierten Zellen sind totipotent. Teilten wir beispielsweise den vierzelligen Embryo, um Vierlinge zu erhalten, und transferierten wir diese dann in die Uteri von vier Frauen, so könnten wir damit rechnen, dass jeder Einzelne von ihnen eine wertvolle Zukunft hätte. Insoweit erscheine es absurd anzunehmen, die Teilung und der anschließende Transfer seien unmoralischer, als wenn man einen Embryo heranwachsen lasse und so die Anzahl von Menschenleben mit einer wertvollen Zukunft von vier auf eins verringere. Marquis könne an dieser Stelle nicht behaupten, dass keine Individuen existierten. Er habe zugestanden, dass es sich bei jeder totipotenten Zelle möglichweise um ein menschliches Individuum handele.[82] Die Argumentation von Marquis begegne daher den gleichen Bedenken wie das Argument der Potentialität. Ein Fötus habe jetzt noch keine Zukunft.

Der gleiche Einwand gilt nach Singer schließlich auch für die Argumentation der amerikanischen Bioethiker Patrick Lee und Robert George. Nach ihrer Auffassung ist die Abtreibung deshalb unzulässig, weil es sich bei dem Fötus um ein mit Vernunft *begabtes* Wesen handele. Das sei auch dann der Fall, wenn es mehrere Jahre dauern würde, bis diese grundlegenden, wesenhaften Fähigkeiten in der Weise ausgebildet sind, dass sie unmittelbar angewandt werden können.[83] Nach Singer laufe ihre Argumentation ebenfalls auf das

---

82 *Singer, P.*, Praktische Ethik, S. 259.

83 *Lee, P. und George, R.P.*, The Wrong of Abortion in: Body-Self Dualism in Contemporary Ethics and Politics, 2009.

klassische Potentialitätsargument hinaus. Der Fötus besitze „noch kein vernunftmäßiges Wesen". Darüber, ob das einmal der Fall ist, werde erst die Zukunft entscheiden. Bis dahin besitze er lediglich einen genetischen Code, der ihn unter günstigen Umständen zu einem Wesen heranwachsen lasse, das dann ggf. später vernunftbegabt sei. Solange das aber nicht geschehen sei, sei nicht einzusehen, warum die Tötung eines Fötus im Verhältnis zu der Tötung eines Wesens schlimmer wäre, das zwar, wie z.B. ein ausgewachsener Hund, nicht über einen *menschlichen* Code verfüge, wohl aber über eine größere Fähigkeit zu bewusstem Erleben und darüber hinaus bereits jetzt entwickelte Präferenzen für sein aktuelles Leben habe. Eine potentielle Person ist jetzt noch keine und bis dahin nicht wertvoller als eine Pflanze oder ein Tier in einem vergleichbaren Entwicklungsstadium.[84]

3. Singers mangelnde Differenzierung zwischen Natur und Moral

Die utilitaristische Argumentation wurde hier deshalb in dieser Ausführlichkeit dargestellt, weil sie die öffentliche Debatte manchmal in einer Weise zu beherrschen scheint, dass dabei die Frage nach der Natur gerade des Menschen aus dem Blickwinkel gerückt wird. Singer stellt für das Tötungsverbot von Menschen darauf ab, welche biologischen oder psychologischen Eigenschaften und Kompetenzen sie aufweisen. Sind sie hinreichend mit Selbstbewusstsein und Rationalität ausgestattet, billigt Singer ihnen dann Personenstatus zu, wenn sie sich selbst als eine distinkte „Entität mit einer Vergangenheit und einer Zukunft sehen" können. Das kann nach jüngeren Studien allerdings auch von Schimpansen angenommen werden, von denen die Wissenschaftler berichten, dass sie z.B. aktuelle, weniger Befriedigung versprechende Reize zugunsten von erst in ihrer Zukunft zu erwartenden, ggf. größere Befriedigung versprechenden Reize, zurückstellen können.[85] Das scheint Singers These von der prinzipiellen Gleichheit zwischen Tieren und Menschen, die sich dann nur noch mit Blick auf die Entwicklung ihrer Eigenschaften und Kompetenzen voneinander unterscheiden, zu stützen. Auch Schimpansen würde Singer also ggf. Personenstatus zubilligen. Menschen unterscheiden sich von anderen Tieren nur nach dem Grad ihrer Entwicklungsstufe. Auch die Frage nach der prinzipiellen Gleichheit zwischen den Lebewesen stellt sich also fairer Weise nur unter Einbeziehung der Tiere. Was den Menschen von seinem Wesen her

---

84 *Singer, P.*, Praktische Ethik, S. 259.

85 Vgl.: Auch Menschenaffen denken voraus – Planung mit Selbstkontrolle und Vorstellungskraft Quelle: www.Scinexx.de – Springer Science and Business Media, 19.6.2008 – NPO.

von Tieren unterscheiden könnte, hält Singer, über die ggf. graduell unterschiedlich vorzuweisenden Interessen nicht für diskussionswürdig. Singer sucht gar nicht erst nach einer gerade den Menschen betreffenden Ethik, sondern versucht eine Tierethik zu begründen, indem er Tiere mit den Menschen gleichsetzt und diese Gleichsetzung zu rechtfertigen sucht. Tatsächlich handelt es sich bei dem Menschen jedoch nicht lediglich um ein Tier höherer Ordnung, das lediglich nach dem Naturmechanismus abläuft und nur instinktiv handeln kann. Der Mensch ist mit Vernunft und Freiheit ausgestattet. Er ist Subjekt der Zurechnung seiner Handlungen, Person. Ihm kommt Würde zu, weil er sich selbst ein nach Richtigkeitskriterien ausgerichtetes Sollen setzen und autonom moralisch verantwortlich handeln kann.

In dem Marquis mit prinzipiell ähnlichen Argumenten seine von Singer abweichende Position zu verteidigen sucht, lässt auch er den Menschen als eine mit Vernunft und Freiheit ausgestattete Person außer Betracht. Das ändert sich nicht durch den bekundeten Perspektivwechsel, mit dem er nun von dem Interesse an seiner eigenen Zukunft nach Maßgabe der Goldenen Regel auf das Interesse anderer menschlicher Wesen schließt, weil er sich selbst einmal in ihrem Entwicklungsstadium befunden hätte. Den eigentlichen Grund für das Tötungsgebot sieht er nicht in der Vernichtung eines Menschen, der als Subjekt der Zurechnung, d.h. als moralisches Wesen zur Autonomie begabt ist, sondern lediglich in der Vereitelung seiner künftigen, empirisch beschreibbaren Interessen.

III. „Person" bei Robert Spaemann

Eine dem utilitaristischen Standpunkt entgegengesetzte Position zum Begriff der Person vertritt der bereits im Zusammenhang der Ausführungen über das Gewissen erwähnte Robert Spaemann.[86] Seiner Auffassung nach kommt es für die Frage der Zulässigkeit des Schwangerschaftsabbruchs sehr wohl auf die biologische Zugehörigkeit des Ungeborenen zur Gattung Mensch an. Für ihn ist sie sogar das vorrangige und hinreichende Kriterium für Personalität. Nach ihm kommt dem Menschen bereits durch seinen Geist von Anfang an und in allen Situationen, also schon mit seiner biologischen Existenz, aber etwa auch

86 Spaemann gehörte ebenso wie der Verfassungsrichter Ernst-Wolfgang Böckenförde (1930–2019) zu der nach Joachim Ritter (1903–1974) benannten sog. „Ritter-Schule". Spaemann war enger Berater der Päpste Johannes Paul II. und Benedikt XVI., deren Ansichten er besonders in Fragen der Bedeutung der Naturrechtslehre für die Ethik nahestand.

im Koma, Personsein zu.[87] Auch die Würde (Menschenwürde) kommt dem Menschen als Person nach Spaemann nicht erst unter der Voraussetzung bestimmter Eigenschaften (z.B. des Selbstbewusstseins) zu, sondern allein aufgrund seiner Zugehörigkeit zur Spezies Mensch.[88]

Dass dem Menschen unabhängig von seinen Eigenschaften Personsein zukommt, ergibt sich seiner Auffassung nach zunächst aus der Unmöglichkeit einer Graduierung zwischen einer Person als 'etwas' und 'jemandem'. Aus einem *etwas* könne nicht plötzlich ein *jemand* werden. Nehme man dagegen an, Personsein setze zunächst die Mitgliedschaft in einer Anerkennungsgemeinschaft voraus, stelle sich die Frage, wie man in diese Gemeinschaft hineinkomme. Zwar entwickele ein Kind erst die für Personen charakteristischen Merkmale, *wenn* es angenommen werde und entsprechende mütterliche Zuwendung erfahre. Die Zuwendung scheine daher am Anfang zu stehen und das Personsein sich ihr erst zeitlich danach zu verdanken. Dann wäre ihre Verweigerung nach Spaemann auch nicht rechtfertigungsbedürftig. Denn *Rechtfertigung* schuldeten wir nur Personen, die in ihrer Personalität erst durch jene Anerkennung entständen. Nach Spaemann verkennt diese Auffassung jedoch bereits das Wesen der Anerkennung. Zwar handele es sich dabei um einen Akt freier Spontaneität. Anerkennung könne man auch verweigern. Wer aber *anerkenne*, verstehe darunter nicht lediglich eine willkürliche Setzung, sondern vielmehr eine *angemessene Antwort*. So sei es auch, wenn wir ein Argument anerkennten. Anerkennung sei nie erzwingbar. Wer nicht wolle, erkenne auch das „zwingenste" Argument nicht an. Wirkliche Anerkennung ist nach Spaemann diejenige, die sich als *Antwort* auf einen gegebenen Anspruch verstehe. Man gebe jemandem nur deshalb freiwillig recht, weil er recht habe. So sei es auch bei der Anerkennung von Personen. Sie sei die Anerkennung eines *Anspruches* auf einen Platz in einer bereits existierenden Personengemeinschaft, nicht erst die Kooptation nach Kriterien, die von den in dieser Gemeinschaft bereits Anerkannten erst definiert würden.[89]

Nach Spaemann ist die Frage, welche Eigenschaften jemand besitzen müsse, um ein *Recht* auf Anerkennung zu haben, bereits falsch gestellt. Die Frage verwende ja schon das Wort „jemand". Wenn „etwas" aber „jemand" sei, sei er bereits Person. Falsch formuliert sei auch die Frage, *wann* denn etwas „jemand" ist. Jemand sei nie „etwas". „Jemand sein" sei nicht eine Eigenschaft

---

87 Vgl. *Ritter, H.*, Zeitgenössisch. Philosoph der Person: Robert Spaemann zum Achtzigsten. In Frankfurter Allgemeine Zeitung vom 5. Mai 2007, S. 39.

88 *Spaemann, R.*, Personen (...), S. 252.

89 *Spaemann, R.*, Personen (...), S. 252.

eines Dinges oder eines Lebewesens, die wir von etwas prädizieren, das wir zuvor schon identifiziert hätten. Wir identifizierten von vorneherein entweder „jemanden“ oder „etwas“. Auch der Satz „einige Lebewesen sind Personen“ ist nach Spaemann irreführend. Personalität sei nicht erst eine Art innerhalb einer Gattung, die durch eine differentia specifica charakterisiert ist. Die Art, der wir Personsein zuerkennen, heiße Mensch, was nicht ausschließe, dass es außer Menschen noch andere Personen geben könne.[90]

Soweit nun aus utilitaristischer Sicht vorgetragen werde, es sei unvernünftig, auch bereits diejenigen „Menschen“ als Personen anzuerkennen, die nicht über Rationalität und Selbstbewusstsein verfügten, wenn Rationalität und Selbstbewusstsein doch gerade die Eigenschaften seien, aufgrund derer wir Wesen überhaupt erst als Personen bezeichneten, sei dieser Einwand nicht tragfähig. Er leugne nämlich, dass es einen allgemeinen Begriff von der „Natur des Menschen“ gebe, der einen anderen Inhalt habe, als den eines genealogischen[91] Zusammenhangs zwischen Individuen, von denen die meisten als Erwachsene durch jene Merkmale ausgezeichnet sind, die wir Personen nennen. Dass die dahin gehende Auffassung falsch ist und stattdessen die intuitive Überzeugung der Wahrheit entspreche, wonach alle Menschen, weil sie menschliche Wesen sind, Personen seien, versucht Spaemann mit den folgenden Argumenten näher zu begründen:

1. Spaemanns Einwand gegen den Speziezismusvorwurf

Mit seinem ersten Argument wendet er sich vor allem gegen die Auffassung Singers, wonach eine Privilegierung von Menschen gegenüber anderen Lebewesen unter dem Stichwort Speziezismus unzulässig sei. Nach Spaemann sind die Angehörigen der Spezies homo sapiens sapiens nicht nur Exemplare einer Art, sondern *Verwandte*, die deshalb von vorneherein in einem personalen Verhältnis zueinander ständen. „Menschheit“ sei nicht wie „Tierheit“ nur ein abstrakter Begriff zur Bezeichnung einer Gattung, sondern zugleich der Name einer konkreten Personengemeinschaft. Dieser Gemeinschaft gehöre nicht jemand erst aufgrund bestimmter faktisch feststellbarer Eigenschaften an, sondern bereits aufgrund eben ihres genealogischen Zusammenhangs mit der „Menschheitsfamilie“. Bei Kant bedeutete „Menschheit“ nach Spaemann noch beides: die Familie des Menschen und das, was den Menschen zur Person mache: „Die Menschheit in deiner Person und in der Person jedes anderen.“ Bei der Zugehörigkeit zur Menschheitsfamilie komme es auf empirische Ei-

90 *Spaemann, R.*, Personen (…), S. 253.

91 Genealogie von altgriechisch: Genealogia = Geschlechtsregister, Stammbaum.

genschaften gar nicht an. Entweder diese Familie sei von vorneherein eine Personengemeinschaft oder der Begriff der Person als eines „Jemand" eigenen Rechts sei noch gar nicht entdeckt oder wieder vergessen worden.[92]

2. Personsein als Existieren-aus-eigenem-Ursprung

Für sein zweites Argument geht Spaemann auf das unmittelbare Verhältnis zwischen der Schwangeren und dem in ihr werdenden menschlichen Leben ein. Um eine elementare Gegenseitigkeit zu ermöglichen, stelle sich bei der Mutter eine gewisse unwillkürliche, aber nicht unfreiwillige Regression ein, dank derer sie sich mit dem Kind auf eine Stufe stelle. Die Mutter oder der, der ihre Stelle vertritt, behandele das Kind von Anfang an als ein personales Gegenüber, nicht dagegen als einen zu manipulierenden Gegenstand oder als einen zu konditionierenden lebendigen Organismus. Sie lehre das Kind auch nicht dadurch sprechen, dass sie in seiner Gegenwart etwas vor sich hinspricht, sondern indem sie *zu ihm* spricht. Man könne nicht erklären, was es bedeute, dass etwas „etwas bedeutet". Symbolverstehen werde in jedem *Erklären* immer schon vorausgesetzt. Deshalb müssten wir auch, wenn wir mit einem Säugling sprächen, diese Voraussetzung kontrafaktisch immer schon voraussetzen, damit sie faktisch eingeholt werde. Dabei habe die Mutter nicht etwa das Bewusstsein, hier etwas lediglich zu simulieren, also nur so zu tun, als sähe sie etwas vor sich, was sie doch in Wirklichkeit erst herbeiführen wolle. Nach Spaemann haben wir nie das Bewusstsein, Personen zu *machen*. Personsein sei vielmehr in einem eminenten Sinn Existieren-aus-eigenem-Ursprung, das allem Herstellen entzogen sei. Das führe dazu, dass die Mutter in ihrem Verhalten zum Kind nicht nur „echt" sein dürfe, sondern auch müsse, damit das Kind psychisch gesund aufwachse. Hinsichtlich der Person des Kindes gebe es keinen gleitenden Übergang von „etwas" zu „jemandem". Weil wir mit Menschen von Anfang an nicht als mit etwas, sondern als mit jemandem umgingen, entwickelten sie die Eigenschaften, die diesen Umgang im Nachhinein rechtfertigten.[93]

3. „Person" trotz mangelnder Fähigkeit zu intentionalem Handeln

Zu der Annahme, Personsein setze erst die Fähigkeit zu intentionalem Verhalten voraus, weist Spaemann mit seinem dritten Argument auf Folgendes hin. Zu zweifelsfreier Gewissheit über das Vorliegen von *Intentionalität* kämen wir immer dann, wenn wir in eine unmittelbare personale Kommunikation einträ-

92 *Spaemann, R.*, Personen (...), S. 256.

93 *Spaemann, R.*, Personen (...), S. 258.

ten. Zwar könnten wir nicht bereits mit ähnlicher Sicherheit über das *Nichtvorliegen* von Intentionalität entscheiden. Es lasse sich aber zeigen, dass die Zuerkennung von Rationalität, also die Interpretation von Handlungen als Handlungen, immer schon ein Bewertungsmoment enthalte. Jemandem rationales Handeln zu unterstellen, hieße bereits, einigen der ihm unterstellten Meinungen zuzustimmen. Intentionalität von Handlungen werde uns also erkennbar nur vermittels ihrer wenigstens partiellen Rationalität. Dabei müssten Verantwortlichkeit und Zurechnungsfähigkeit deutlich voneinander unterschieden werden. So sei es möglich, dass wir die Bedeutung, die ein Geisteskranker einer Handlung gebe, gar nicht identifizierten und ihm das Resultat seiner Handlung auch nicht zurechnen könnten. Deshalb könne der Geisteskranke trotzdem seine eigene Handlungsrationalität haben und auch einer klaren Unterscheidung von Gut und Böse fähig sein. Dafür sei er auch persönlich verantwortlich, wenn nicht vor den Menschen, so aber doch vor Gott.[94]

4. Auch Debile sind Personen

Mit einem vierten Argument begründet Spaemann, warum auch schwer debile Menschen Personen seien. Sie nähmen wir weder als Dinge wahr noch als Tiere, sondern als Kranke. Wären sie etwas anders als „jemand“, müssten sie eine spezifische Normalität besitzen, eine eigene ökologische Nische in der Welt. Aber der Debile werde von uns nicht als „normal“ sondern als krank betrachtet. Wir suchten nach Mitteln, ihn zu heilen, solchen, die seiner „Natur“ aufhelfen und ihm erlaubten, den Platz in der Personengemeinschaft einzunehmen, der für ihn bis zu seinem Tod reserviert wäre. Schwer Debile seien nicht, wie Tiere, eins mit ihrer Natur, mit ihrem Sosein. Auch sie hätten eine Natur. Aber weil ihre Natur defekt sei, sei auch das Haben dieser Natur defekt. Wir wüssten nicht, wie es ist, ein solcher Mensch zu sein. Wir kennten nicht seinen modus essendi. Aber wir wüssten auch nicht, wie es ist, eine Fledermaus zu sein. Dennoch nähmen wir wahr, dass der Debile nicht etwa zurückgekehrt sei in das Tierreich.[95]

5. Spaemanns Einwand gegen das „Potentialitätsargument“

Mit seinem letzten Argument begegnet Spaemann dem Einwand, dass kleine Kinder noch nicht jetzt, sondern nur *potentiell* Personen seien. Dabei knüpft er an seine Auffassung an, wonach Personen nicht erst der Kooptation in die Anerkennungsgemeinschaft bedürften, sondern Anerkennung das Anzuerken-

94 *Spaemann, R.*, Personen (…), S. 259.

95 *Spaemann, R.*, Personen (…), S. 259.

nende immer schon voraussetze. Nach Spaemann gibt es keine potentiellen Personen. Personen besäßen *Potenzen* und könnten sich entwickeln. Aber es könne sich nicht *etwas* zu einer Person entwickeln. Person sei nicht das Resultat einer Veränderung, sondern das einer Entstehung. Person sei wie die Substanz[96] bei Aristoteles. Sie sei die Weise, wie ein Mensch ist. Sie beginne nicht später als der Mensch zu existieren und höre auch nicht vorher auf. Zwar beginne der Mensch erst nach einiger Zeit „ich" zu sagen. Aber wen er mit „ich" meine, sei nicht „ein Ich", sondern der Mensch, der *ich* sagt. Wir sagten nicht: „Damals wurde etwas geboren, aus dem dann ich wurde." Wir sagten vielmehr: „Ich *war* dieses Wesen." Personalität sei deshalb nicht das Ergebnis einer Entwicklung, sondern immer schon die charakteristische Struktur einer Entwicklung. Personen seien auch nicht in ihre jeweils aktuellen Zustände versenkt. Sie könnten ihre eigene Entwicklung vielmehr als Entwicklung verstehen und sich selbst als deren zeitübergreifende Einheit. Diese Einheit ist nach Spaemann aber gerade die Person.[97]

6. Personsein als unbedingt anzuerkennender Anspruch

Zusammenfassend betont Spaemann, dass die Anerkennung von Personsein die Anerkennung eines *unbedingten* Anspruches sei. Wäre dagegen nur der Anspruch als solcher unbedingt, das tatsächliche Vorliegen dieses Anspruches aber erst von empirischen Voraussetzungen abhängig, die immer hypothetisch seien, dann wäre die Unbedingtheit dieses Anspruches illusorisch. Es könne deshalb keine Ermessenssache sein, anzuerkennen, ob ein bestimmter Mensch eine Person sei, weil entweder die Anerkennung der Kriterien für Personsein strittig sei oder über das Erfülltsein der Kriterien in einem vorliegenden Fall Zweifel beständen. Denn dann würde das Wort „Unbedingtheit" zu einer bloßen *facon de parler*. Es gebe nicht zuerst eine allgemeine Regel, wonach man Personen unbedingt zu achten hätte und dann eine Anwendung dieser Regel auf einzelne Fälle. Eine solche Anwendung könne immer zweifelhaft sein. Der Anspruch von Personen auf unbedingte Achtung werde vielmehr zuerst und fundamental als Anspruch vernommen, wenn er von einer bestimmten Person oder von mehreren bestimmten Personen ausgehe. Der Anspruch werde überhaupt als unbedingter nur in eins mit der Überzeugung vernommen, dass es sich dabei um einen Fall dieser Unbedingtheit handele. Die Unbedingtheit des

96 In der Philosophie bezeichnet Substanz den Begriff für das selbstständige Seiende, dasjenige, das unter den veränderlichen Eigenschaften bzw. Akzidenzien steht. Spätestens seit Descartes werden darunter vor allem individuelle Gegenstände verstanden, deren Kategorie dann die Substanz ist. S. hierzu auch o. u. 3. Kapitel, A), I., 1.

97 *Spaemann, R.*, Personen (…), S. 261.

„Du darfst nicht töten" gehe von einem bestimmten menschlichen Gesicht aus. Dass ich diesen und diesen und diesen nicht töten dürfe, sei gewisser, als dass ich *niemanden* töten darf. Person sei deshalb kein Artbegriff, sondern die Weise, wie Individuen der Art „Mensch" sind. Sie seien so, dass jeder von ihnen in der Personengemeinschaft, die wir „Menschheit" nennten, einen unverwechselbaren Platz einnehme. Nur als Inhaber dieses Platzes würden sie als Personen von jemandem, der selbst einen solchen Platz einnimmt, wahrgenommen. Wer aber diesen Platz einnimmt, nehme ihn als geborenes und nicht erst als kooptiertes Mitglied der Menschheit ein. Personenrechte würden weder verliehen noch zuerkannt, sondern von jedem mit gleichem Recht in Anspruch genommen. Personenrechte seien überhaupt nur unbedingte Rechte, wenn sie nicht erst von der Erfüllung irgendwelcher qualitativer Bedingungen abhängig gemacht würden, über deren Vorliegen erst jene entscheiden, die bereits Mitglieder der Rechtsgemeinschaft seien. Nach allem könne und dürfe es nur ein Kriterium für Personalität geben: Die Zugehörigkeit zum Menschengeschlecht. Das Sein einer Person sei das Leben eines Menschen. Es habe deshalb auch keinen Sinn zu sagen, der Hirntod sei vielleicht nicht der Tod des Menschen, aber doch der Tod der Person. Denn wenn er vielleicht nicht der Tod eines Menschen wäre, dann wäre er auch nicht der Tod der Person. Denn die Person sei der Mensch und nicht eine seiner Eigenschaften. Deshalb könne die Person auch nicht vor dem Menschen sterben. Abschließend geht Spaemann allerdings noch einen Schritt weiter. Insoweit ähnlich wie Singer[98] erklärt er, dass u.U. auch Tieren (als Teil der göttlichen Schöpfung) Personenstatus zukomme:

> „Personenrechte sind Menschenrechte. Und wenn sich andere natürliche Arten im Universum finden sollten, die lebendig sind, eine empfindende Innerlichkeit besitzen und deren erwachsene Exemplare häufig über Rationalität und Selbstbewusstsein verfügen, dann müßten wir nicht nur diese, sondern alle Exemplare dieser Art ebenfalls als Personen anerkennen, also zum Beispiel möglicherweise alle Delphine."[99]

IV. Personsein als das Resultat von Anerkennung

Stellt Singer hinsichtlich des Personseins des Menschen auf die Evidenz bestimmter Eigenschaften und Kompetenzen ab, so kommt es für Spaemann auf die Feststellung von Rationalität und Selbstbewusstsein nicht an. Der Mensch ist nicht erst dank bestimmter, für den selbständigen Vollzug seines Lebens benötigter Eigenschaften und Fähigkeiten Person. Seine menschlichen Potenzen reichen vielmehr aus, um einem unbedingten Anspruch auf Anerkennung seines Personenstatus aufzuzeigen.

98 *Singer, P.*, Praktische Ethik, S. 184 ff. („Die Tötung nichtmenschlicher Personen").

99 *Spaemann, R.*, Personen (…), S. 264.

Indem Spaemann den „geneanologischen" Aspekt, unsere stammesgeschichtliche Herkunft, als eines seiner Hauptargumente für die Anerkennungswürdigkeit des Menschen als Person in den Vordergrund stellt, lässt er sich auf den Speziezismusvorwurf, wie Singer ihn formuliert, nicht ein. Für Spaemann ist der Mensch Person, gerade weil er Mensch bzw. ein menschliches Wesen ist. Dabei argumentiert Spaemann nicht lediglich biologistisch, sondern gewissermaßen aus einer höheren Sphäre heraus: Weil der Mensch ein Wesen ist, das von Anfang an einen *Geist* hat, ist er Person. Und da Menschen in einem Verwandtschaftsverhältnis zu einander stehen, kommt es für ihren Personenstatus nicht erst darauf an, ob die Mutter ihre Leibesfrucht als Person anerkennt. Wenn die Mutter „echt" sei, was sie sein müsse, damit das Kind gesund aufwächst, erfolge ihre Anerkennung quasi *intuitiv*. Das geschehe, indem sie sich „regressiv" ihrer Leibesfrucht zuwendet, mit ihr spricht, es anspricht als eine von Anfang existierende, vollwertige Person, ihr Kind. Zwischenmenschliche Anerkennung ist für Spaemann nicht erst das Ergebnis einer inneren Bejahung, sondern meint die einzig angemessene Antwort auf den immer bereits mit seinem Geist gegebenen Personenstatus des Menschen. Spaemanns Argumentation entspricht damit einem christlichen Menschenbild, das für die Frage nach der Entstehung des Menschen auf die biblische Entstehungsgeschichte abstellt. Berufen wir uns für die Frage nach der Entstehung der Person auf den Glauben an einen lebendigen Gott, der Himmel und Erde und alles andere in seiner Gnade durch seinen Geist aus Liebe zu den Menschen erschaffen hat, wäre Spaemanns Standpunkt im theologischen Sinne plausibel.

Denken wir uns aber den „geistigen Anteil" als Anknüpfungspunkt für die daraus abgeleitete Überlegung eines vorgängigen Existieren-aus-Gottes-Ursprung heraus weg bzw. nehmen wir mangels einem entsprechenden Glauben an, dass es Gott als Schöpfer des Himmels und der Erde nur als Mythos aber nicht wirklich gibt, liefe Spaemanns Argumentation für den menschlichen Personenstatus bezogen auf die frühen Stadien menschlichen Lebens auf eine *biologistische*, lediglich auf die stammesgeschichtliche Herkunft des Menschen rekurierende Argumentation hinaus. Dann läge scheinbar auch Singers Speziesismusvorwurf nicht fern. Das könnte auch für eine rein feministisch argumentierende Position gelten, soweit dort die Gleichheitsfrage unter Ausblendung der Frage nach Freiheit lediglich auf das *Frausein* als Grund ihrer Selbstbestimmung abgestellt wird. Die Frage nach der Autonomie des Menschen beantwortet sich indessen nicht nach dem Geschlecht, sondern nach der Person des Menschen, wie sie allen menschlichen Wesen, die mit Vernunft und Freiheit ausgestattet sind, zukommt. Verzichtete man deshalb für die Begründung des Personenstatus auch auf die sich auf die Stammesgeschichte des Menschen als verwandtschaftliches Beziehungsgefüge stützende Argumentation, die sich ggf. auch mit der faktischen Angewiesenheit der Leibesfrucht gerade auf ihre Mutter untermauern ließe, dann käme es für die Frage, ob oder ab wann die Leibesfrucht Person ist, in einer Fortführung von Spaemanns Gedankengang, offenbar doch auf den Zeitpunkt ihrer Akzeptanz durch die Mutter an. Allerdings gäbe es dann ohne jene Akzeptanz, die mit einer bestimmten feministischen Position[100] ja auch verweigert werden könnte, weder Personen noch Menschen, die in der Folge ihres Personenstatus mit Würde ausgestattet sind. Wollen wir darauf also im Zweifel nicht verzichten und unser Personsein auch nicht lediglich mit unseren ggf. höher ausgebildeten, tierischen Instinkten begründen, wie sie nach Spaemann ggf. auch Delfine haben könnten, kommen wir ohne den Rekurs auf einen religiösen Glauben oder auf eine die biologische Beziehung hervorhebende Argumentationsführung nicht weiter.

V. „Person" als Voraussetzung des kategorischen Imperativs

Obwohl sich auch Spaemann zur Begründung seines Begriffs von Person offenbar auf Boethius[101] und Kant stützen möchte, geht er sowenig wie Singer oder Marquis auf deren Personenbegriff näher ein. Bei Boethius heißt es zur Person:

> „Wenn somit Person nur in Substanzen, und zwar in vernunftbegabten ist, wenn jede Substanz Natur ist und nicht in den Universalen, sondern in den Individuen ihren Bestand hat, dann ist die Definition von Person gefunden: einer vernunftbegabten Natur individuelle Substanz (naturae rationabilis individua substantia). Sie ist die unteilbare (*individuelle*) Substanz rationaler (vernünftiger) Natur (lat.: *Persona est rationalis naturae individua substantia*)."[102]

Für Kant ist *Person* bekanntlich

> „dasjenige Subjekt, dessen Handlungen einer Zurechnung fähig sind."[103]

Sowohl Singer und Marquis als auch Spaemann unterscheiden in ihrer Begründung des Begriffs der Person nicht zwischen dem Menschen als ein lediglich naturales und dem Menschen als ein mit Vernunft und Freiheit ausgestattetes Wesen. Abgesehen von der Verwendung der Wörter „Rationalität" und „Selbstbewusstsein" bei Singer oder „Geist" bei Spaemann, Begriffe, die auf

100 Auf die feministischen Positionen soll hier über das Gesagte hinaus mit Rücksicht auf die Notwendigkeit, den Umfang der Arbeit thematisch einzugrenzen, nicht näher eingegangen werden.

101 S.o. Kap. 2, B), II., 3.

102 Vgl. zum Begriff der Person bei Boethius; *Brasser*, *M.*, Person, Stuttgart 1999, S. 50.

103 *Kant*, AA VI, MST, S. 223.

eine intelligible Sphäre hindeuten könnten, befassen sich alle drei auch nicht mit der Frage nach dem Zusammenhang zwischen der Vernunft des Menschen und seiner Freiheit. Ohne diese Kategorien, deren Vorhandensein nicht nur die Unterscheidung zwischen Moral und Natur ermöglicht, sondern erst die Voraussetzung für die Annahme der Autonomie des Menschen und seiner Würde darstellen, können wir aber, außerhalb eines bestimmten theologischen *Glaubens* über Personen nicht sinnvoll sprechen. Schnecken, Hunde, Schimpansen oder Delfine mögen in Abhängigkeit von ihrer individuellen Entwicklung und den ökologischen Bedingungen, unter denen sie leben, mehr oder weniger selbständig in der Lage sein, ein an ihren vitalen „Interessen" ausgerichtetes Leben zu führen. Sie tun das aber nicht, weil sie sich aus Achtung einem moralischen Gebot (ihrer Selbsterhaltung aus Selbstachtung) unterwerfen, sondern weil sie, *instinktiv* nach Maßgabe allein ihrer Natur, genauso handeln *müssen.* Der Unterschied zum Menschen besteht also darin, dass dieser mit Vernunft und Freiheit begabt ist und sich deshalb autonom ein in der Natur nicht vorkommendes Sollen setzen und nach Gründen bestimmen kann, darin also, dass er Person ist.

Jede gesunde Frau wird mit Blick auf das Faktum ihrer Schwangerschaft unter „normalen Umständen" das Bewusstsein entwickeln, Mutter zu werden und schon in absehbarer Zeit einen Menschen, ihr Kind, zu gebären. Schon von ihrer Natur her wird sie regelmäßig alles unternehmen, ihrem Kind das zu geben, was es braucht, um gesund und glücklich aufzuwachsen. Das gilt zunächst für die Zeit, in der sich das Ungeborene in ihrem Leibe befindet und sodann für die Zeit der weiteren Angewiesenheit des Kindes auf ihre mütterliche Zuwendung. Tut sie das nicht, setzt sie sich ggf. in einen Widerspruch mit ihrer Natur, der sie von sich aus folgt, weil sie damit einem natürlichen Wollen entspricht. Dieses Verhalten bedarf nicht erst einer moralischen Rechtfertigung und ließe sich, sollte es denn von jemanden hinterfragt werden, leicht mit der Goldenen Regel legitimieren.

Erst wenn die Frau selbst anfangen sollte, ihre Schwangerschaft, und das sich ihr daraus erwachsene an sich natürlicher Weise zu Tuende, in Frage zu stellen und sich ihm eigentlich verweigern möchte, gerät sie in einen Konflikt. Dann stellt sich ihr aber weniger die Frage, ob sie sich ein Kind gewünscht hatte, ob sie gewollt schwanger geworden war, was sie sonst möglicherweise, auch ohne deshalb in einen Konflikt zu geraten, verneint hätte. Sondern jetzt geht es um die Frage, ob sie mit Blick auf das Factum ihrer Schwangerschaft auch eine *Pflicht* hat, das in ihr im Werden begriffene Ungeborene auszutragen, eine Pflicht weniger im Verhältnis zu sich selbst, sondern im Verhältnis zu der Person eines anderen.

Formuliert in der Form des kategorischen Imperativs lautete die Frage also, ob die Schwangere durch einen Schwangerschaftsabbruch die Menschheit *in der Person* ihrer Leibesfrucht als Zweck an sich vernichtet. Für die Antwort kommt es darauf an, was die Betroffene nach dem moralischen Prinzip ihres Wollens unter der Menschheit in der *Person* versteht. Unter Berücksichtigung eines ggf. auf ihrem Glauben an Gott beruhenden Personenbegriffs, etwa im Sinne Spaemanns bzw. der katholischen Kirche, wird sie die Frage nach der Zulässigkeit einer Abtreibung spontan verneinen. Mit diesem Menschenbild erfährt sie das in ihr wohnende Sittengesetz als eine „Nötigung" dahin gehend, sich dem ihr aus der Existens ihrer Leibesfrucht *intuitiv* stellenden Sollensanspruchs in der Weise zu entsprechen, dass sie ihr eben jene personelle Anerkennung schenkt. Dabei ist das Ungeborene für sie nicht nur „potentiell", sondern schon jetzt *ihr*, wenn auch erst noch im Werden begriffenes, aber doch schon vorgängig von Gott gewolltes *Kind*. Die *Nötigung* dieses Sollensanspruchs wird sie umso drängender empfinden, je länger sie ihre innere Bejahung dazu verweigert. Treibt sie ihre Leibesfrucht ab, setzt sie sich mit der vorgehenden Bewertung ihres Gewissens in einen tiefgreifenden Widerspruch zu ihrem Menschenbild und mithin zu ihrer eigenen Person.

Ohne vorgängige religiöse oder vergleichbare Annahmen muss sie indessen weder in der befruchteten Eizelle noch in dem sich in ihr entwickelnden Embryo bzw. Fötus bereits einen mit Freiheit und Vernunft ausgestatteten Menschen erkennen. In seinen frühen Entwicklungsphasen kann sie das menschliche Leben in ihr auch lediglich als *Natur* ansehen. Das Ungeborene ist mit dem Kantischen Personenbegriff nicht bereits ein moralisch relevantes, prinzipiell zur Autonomie fähiges Subjekt der Zurechnung seiner Handlungen, *natürlich* nicht. Mit dieser Einstellung zu ihrer Leibesfrucht wird die Schwangere ihre Schwangerschaft nach Maßgabe ihres Gewissens auch nicht als eine sie unbedingt zum Austragen veranlassende Nötigung erfahren. Sie wird den Schwangerschaftsabbruch dann in moralischer Hinsicht vielmehr als prinzipiell erlaubt beurteilen, was freilich noch nicht bedeutete, dass sie ihn deshalb „leicht" nähme. Was sie abtriebe, wäre indessen *Natur*, nicht bereits eine Person, in der sie die Menschheit als Zweck an sich verletzen könnte. In ihrer Abtreibung läge kein Verstoß gegen den kategorischen Imperativ, mit dem sie sich in einen Widerspruch zu sich selbst setzte. Mit einer säkularen Einstellung, die den eigentliche Schuldvorwurf auch nicht bereits an die Verweigerung eines entsprechenden, kirchlich vorgegebenen Glaubens knüpfte, müsste sich die Betroffene die Abtreibung ihrer Leibesfrucht persönlich daher nicht im Sinne von ethischer Schuld zu Vorwurf machen oder gar von dritter Seite vorwerfen lassen.

E) Lüge

Der vielleicht bedeutsamste Verstoß des Menschen gegen seine moralische Integrität liegt in der Lüge. Darunter verstehen wir im allgemeinen Sprachgebrauch eine in dem Wissen um ihre Unwahrheit getätigte Aussage, im weiteren Sinne auch die absichtliche Entstellung der Wahrheit, die Verdrehung der Tatsachen, die gewollte Zweideutigkeit, die bewusste Unbestimmtheit, aber auch die Heuchelei.[104] Ihr „Tatort" sind die Sprache und, soweit wir damit gegen uns selbst verstoßen, die Gedanken. Es scheint nicht ausgemacht, dass wir uns in diesem inneren Raum zur Verantwort ziehen können sollen, stehen uns unsere Gedanken, ähnlich unserer Phantasie, doch nur begrenzt zur Verfügung. Die Gedanken sind frei. Und dennoch scheint der Umgang mit ihnen auch im Verhältnis zu uns selbst nur in bestimmten Grenzen zulässig. Dass es die Lüge gibt, scheint offenkundig, nicht aber, was wir eigentlich darunter verstehen.

I. Wahrheit und Wahrhaftigkeit

Die Lüge ist nicht dasselbe wie die Unwahrheit. Das Gegenstück zur Lüge ist nicht die Wahrheit. Ob jemand lügt oder nicht, entscheidet sich nicht danach, ob er die Wahrheit sagt, sondern danach, ob er in dem, was er sagt, *wahrhaftig* ist. Unter Wahrhaftigkeit versteht man eine Denkhaltung, die das *Streben* nach Wahrheit beinhaltet. Sie ist damit keine Eigenschaft von Aussagen. Eine Aussage kann wahr oder falsch sein, aber nicht entweder wahrhaftig oder nicht wahrhaftig. Soweit der subjektiv Wahrhaftige bestrebt ist, etwas objektiv Wahres zu sagen, scheinen die Begriffe Wahrheit und Wahrhaftigkeit zwar dicht aneinander zu rücken und einen ähnlichen Inhalt zu haben. Wahrhaftig kann indessen auch sein, wer sich in seinem Erkennen und seinen darauf gestützten Absichten *irrt*. Wahrhaftigkeit bringt das innere Verhältnis eines Menschen zur *Wahrheit* (oder Falschheit) seiner Aussagen zum Ausdruck. Wahrhaftigkeit meint also eine Haltung, eine innere Einstellung: eine *Tugend*. Eine Tugend ist gerichtet auf etwas, um das sich der Jemand bemüht. Bei der Tugend der Wahrhaftigkeit geht es darum, sich um die Wahrheit zu bemühen, darum, dass der Mensch in Übereinstimmung mit seiner inneren Gesinnung und Absicht zu dem spricht und handelt, was er für sich als wahr erkannt hat. Damit ist die Wahrheit selbst nicht einfach subjektiv in Sinne von *beliebig*. Ihre Erkenntnis hängt indessen davon ab, ob wir uns als Subjekt aufrichtig um sie bemühen. Allerdings verpflichtet uns dieses Bemühen nicht bereits dazu,

104 *Meiner*, Wörterbuch der philosophischen Begriffe, S. 300, Stichwort „Lüge" m.w.N.

jedem immer und in Bezug auf alles, was der andere gerne wissen möchte, die Wahrheit zu sagen. Der andere hat nicht etwa ein *Recht* darauf, von jemandem die Wahrheit zu erfahren. Dennoch er muss darauf vertrauen können, dass das, was der Sprechende sagt, wahrhaftig ist.[105]

Das Gegenstück zur Tugend der Wahrhaftigkeit ist also die *Untugend* der Lüge. Auch sie drückt eine innere Haltung aus, nämlich das Bewusstsein, etwas zu sagen, das nicht mit dem übereinstimmt, was der Sprechende für wahr erachtet. Obwohl sie eine Untugend ist, meint sie aber nicht lediglich die Vernachlässigung des Gebotes, sich um Wahrhaftigkeit zu *bemühen.* Um eine Lüge handelt es sich erst dann, wenn der Betroffene von der Unwahrheit seiner Aussage überzeugt ist, wenn er nach einer Anspannung seines Gewissens *weiß*, dass er lügt.

II. Lüge als Sünde

Für viele Kirchenväter ist die Lüge eine Sünde; deshalb, weil ihr Ziel nicht die Wahrheit ist, sondern den *Zweck der Sprache* in sein Gegenteil verkehre.[106] Thomas von Aquin schreibt:

> „Was an sich aus der Gattung her sittlich schlecht ist, kann keinerlei Maßen gut und erlaubt sein: denn dazu, dass etwas gut ist, wird gefordert, dass alles, was zusammentrifft, recht ist; (...) Die Lüge aber ist ein Bös aus der Gattung her. Sie ist nämlich ein Tun, dass sich auf einen ihm nicht zustehenden Wesungsstoff wirft: denn, da die Worte naturhaft als Zeichen für Verstandesinhalte da sind, so ist es unnatürlich und ungehörig, dass einer das Wortzeichen gebraucht für das, was er nicht im Besinn besitzt. (...) Darum ist jede Lüge Sünde."[107]

Erkenne ich Gott als die Wahrheit an und soll sich in meinem Tun Gottes Wille ausdrücken, dann bin ich seiner Person verpflichtet, der Person Gottes, als Inbegriff der Wahrheit nicht nur in meinem faktischen Handeln, sondern auch in meiner Sprache, in den Aussagen, die ich von mir gebe. Ich selbst habe die Wahrheit von meiner Natur aus nicht im Besitz. Sie *gehört* mir nicht. Deshalb kann ich nicht nach Belieben über sie verfügen. Das könnte nur Gott selbst, von dem sie, mit dieser Einstellung zur Wahrheit, stammt. Verfüge ich trotzdem über sie, indem ich die Unwahrheit sage, maße ich mir etwas an, was mir nicht zusteht. Das könnte Thomas meinen, wenn er sagt, die Lüge ist eine Sünde. Sie ist ein Verstoß gegen die Wahrheit Gottes.

---

105 Vgl. Katpedia, Stichwort „Wahrhaftigkeit".

106 *Augustinus*, Contra mendacium, zit. n. Wörterbuch der philosophischen Begriffe, S. 300 f., Stichwort „Lüge", m.w.N.

107 *Thomas von Aquin*, Summa Theologica. II/II quaestio 109–113, (110).

III. Lüge als Verstoß gegen die Wahrheit in unserer Person

Für Kant geht es bei der Lüge um die Wahrheit in unserer Person:

> „Was aber die Pflicht des Menschen gegen sich selbst *blos* als moralisches Wesen (ohne auf seine Thierheit zu sehen) betrifft, so besteht sie im *Formalen* der Übereinstimmung der Maximen seines Willens mit der *Würde* der Menschheit in seiner Person; also im Verbot, daß er sich selbst des *Vorzugs* eines moralischen Wesens, nämlich nach Principien zu handeln, d.i. der inneren Freiheit, nicht beraube und dadurch zum Spiel bloßer Neigungen, also zur Sache, mache. – Die Laster, welche dieser Pflicht entgegen stehen, sind: die *Lüge*, der *Geiz* und die *falsche Demuth* (Kriecherei). (...) Die Tugend, welche allen diesen Lastern entgegen steht, könnte die *Ehrliebe* (honestas interna, iustum sui aestimium), (...) genannt werden."[108]

Dabei scheint die Lüge für Kant das größte Laster zu sein:

> „Die größte Verletzung der Pflicht des Menschen gegen sich selbst, blos als moralisches Wesen betrachtet (die Menschheit in seiner Person), ist das Widerspiel der Wahrhaftigkeit: die Lüge (...). Denn Ehrlosigkeit (ein Gegenstand der moralischen Verachtung zu sein), welche sie begleitet, die begleitet auch den Lügner wie sein Schatten. (...) Der Mensch als moralisches Wesen (homo noumenon) kann sich selbst als physisches Wesen (homo phaenomenon) nicht als bloßes Mittel (Sprachmaschine) brauchen, das an den inneren Zweck (der Gedankenmittheilung) nicht gebunden wäre, sondern ist an die Bedingung der Übereinstimmung mit der Erklärung (declaratio) des ersteren gebunden und gegen sich selbst zur *Wahrhaftigkeit* verpflichtet. (...) Es kann auch blos Leichtsinn, oder gar Gutmüthigkeit die Ursache davon sein, ja selbst ein wirklich guter Zweck dadurch beabsichtigt werden, so ist doch die Art ihm nachzugehen durch die bloße Form ein Verbrechen des Menschen an seiner eigenen Person und eine Nichtswürdigkeit, die den Menschen in seinen eigenen Augen verächtlich machen muß."[109]

Nach Kant verstoßen wir mit der Lüge gegen unsere Pflicht, die *formale* Übereinstimmung der Maximen unseres Wollens mit der Würde der Menschheit in unserer Person zu wahren. Als moralische Wesen können wir uns nach Prinzipien unserer Vernunft bestimmen, praktisch vernünftig handeln. Verweigern wir uns diesem Gebot, indem wir uns selbst belügen, missbrauchen wir unsere Freiheit insoweit wir dadurch unsere Person nicht mehr als Zweck an sich, sondern nur noch als Mittel gebrauchen. Kant geht noch einen Schritt weiter:

> „Die Lüge ist Wegwerfung und gleichsam Vernichtung seiner Menschenwürde. Ein Mensch, der sich selbst nicht glaubt, was er einem Anderen (wenn es auch eine blos idealische Person wäre) sagt, hat noch einen geringeren Werth, als wenn er blos Sache wäre; denn von dieser ihrer Eigenschaft etwas zu nutzen, kann ein anderer doch irgend einen Gebrauch machen, weil sie etwas Wirkliches und Gegebenes ist; aber die Mittheilung seiner Gedanken an jemanden durch Worte, die doch das Gegentheil von dem (absichtlich) enthalten, was der Sprechende dabei denkt,

---

108 *Kant*, AA VI, MST, S. 420.

109 *Kant*, AA VI, MST, S. 429.

ist ein der natürlichen Zweckmäßigkeit seines Vermögens der Mittheilung seiner Gedanken gerade entgegengesetzter Zweck, mithin Verzichtung auf seine Persönlichkeit und eine blos täuschende Erscheinung vom Menschen, nicht der Mensch selbst. – Die *Wahrhaftigkeit* in Erklärungen wird auch *Ehrlichkeit* und, wenn diese zugleich Versprechen sind, *Redlichkeit*, überhaupt aber *Aufrichtigkeit* genannt."[110]

1. Exkurs: Die Lüge der Liebe zur Beförderung eigennütziger Zwecke

Erkennt der Mensch die Wahrheit weniger in *Gott*, an den er nicht glaubt, und erscheinen ihm auch die Gebote der Vernunft eher als *streng*, schon weil der *Spaßfaktor* dabei regelmäßig zu kurz kommt, könnte er das Ziel seiner Handlungen, das eigentlich Gute, auch in dem erkennen, was ihm mit Blick auf sein natürliches Bestreben, glücklich zu werden, nützt. Ein Beispiel: Gibt eine Frau, eine „Geldsüchtige", einem Mann gegenüber vor, ihn zu bewundern und für alle Zukunft zärtlich zu lieben, wenn er sie heiratet, obwohl sie weiß, dass es ihr in Wahrheit nicht um seine Person, sondern um den Wohlstand geht, den sie glaubt, von ihm erwarten zu dürfen, wenn sie sich ihm hingibt, und erklärt umgekehrt ein Mann, ein „Sexsüchtiger", dieser Frau, dass er sie liebe und für immer ehren und achten zu wollen, in dem Bewusstsein, dass ihre Person ihm ganz gleichgültig ist, es ihm vielmehr darum geht, eine attraktive Frau zu besitzen um möglichst immer, wenn er will, die von ihr erhofften Abenteuer zu genießen, dann *nützt* beiden die Lüge der Liebe zur Erlangung dessen, was sie subjektiv als *gut* erkannt haben. Dass sie sich dabei gegenseitig nicht die Wahrheit sagen, halten sie, sollte ihnen der Gedanke einmal kommen, für legitim. Sie haben ein *Geschäft* abgeschlossen, na und?! In dem Beispiel scheint die Lüge noch offenkundig zu sein, so, dass sie in Bezug auf ihre Person ggf. fast schon keine mehr ist. Sie wollen und bekommen von einander das, was sie sich nach dem Prinzip ihres Wollens, das auf ihre eigene Glückseligkeit gerichtet ist, von einander versprechen. Allerdings ist es dann zur eigentlichen Lüge manchmal nur ein kleiner Schritt: Möchten die beiden ihre „Liebe" nicht nur wie ein „Geschäft" aussehen lassen und auch vor sich selbst nicht als „kaltherzig" dastehen, erklären sie sich ggf. auch gegenüber sich selbst, den Anderen wirklich zu lieben, vielleicht zu Beginn noch verbunden mit dem beschwichtigenden Hinweis: „Das tut doch jeder". Spätestens jetzt belügen sie sich selbst. Ich kann nicht einfach darüber bestimmen, ob ich jemanden *wirklich* liebe. Vielleicht geben sie sich dann auch noch in der Kirche das „Jawort" („bis dass der Tod uns scheidet") obwohl sie ahnen, dass ihre Beziehung vielleicht gar nicht lange halten könnte, sondern eher als Sprungbrett für andere Verbindungen gedacht ist. Dann vollenden sie ihre Lüge ge-

110 *Kant*, AA VI, MST, S. 429.

genüber sich selbst. Das gilt natürlich auch, wenn sie auf die kirchliche Trauung verzichten, weil sie längst ausgetreten sind, zumal sie die Zugehörigkeit zur Kirche eher für „politisch unkorrekt" halten. Mit ihrer Lüge der Liebe verraten sie die Wahrheit in sich selbst, in ihrer eigenen Person. Fliegt der Schwindel später auf, z.B. weil die Frau erkennt, dass er ihr den erhofften Wohlstand mit seinen ggf. bescheidener werdenden Mitteln gar nicht finanzieren kann und sie schließlich nur noch bereit ist, ihm die erhofften „Abenteuer" nur noch unter bestimmten Bedingungen zu gewähren, wird ihnen ihre Lüge, mit der sie vorgeben, den anderen zu lieben, vielleicht erstmalig als solche bewusst, manchmal eher die Lüge des anderen als die eigene. Dann fühlen sich beide betrogen, die Geldsüchtige genauso wie der Sexsüchtige, betrogen nun aber in ihrer *Person*, nicht um die Liebe, darum ging es ja in Wahrheit gar nicht, sondern um ihr Glück und das *Gute*, was sie sich von ihrer gemeinsamen Zukunft für sich selbst versprochen haben. Die Lüge zerstört das Vertrauen.

2. Exkurs: Der Glaube an Gott als Frage der intellektuellen Redlichkeit?

Bevor wir uns mit der Lüge noch einmal unter dem Aspekt eines Verstoßes gegen den kategorischen Imperativ befassen, soll noch ein Blick auf den behaupteten Glauben an Gott unter dem Aspekt einer Lüge geworfen wenden. Manchmal wird ein solcher Glaube bereits prinzipiell als Verstoß gegen die intellektuelle Redlichkeit[111] qualifiziert. Das scheint der These, bei dem Glauben handele es sich stets um eine Lüge, sehr nahe zu kommen. Auch Kant befasst sich mit dem Glauben an Gott unter dem Aspekt einer Lüge gegen sich selbst:

> „Die Wirklichkeit mancher *inneren* Lüge, welche die Menschen sich zu Schulden kommen lassen, zu beweisen, ist leicht, aber ihre Möglichkeit zu erklären, scheint doch schwerer zu sein: weil eine zweite Person dazu erforderlich ist, die man zu hintergehen die Absicht hat, sich selbst aber vorsetzlich zu betrügen einen Widerspruch in sich zu enthalten scheint. (…) – Wenn er z.B. den Glauben an einen künftigen Weltrichter lügt, indem er wirklich keinen solchen in sich findet, aber indem er sich überredet, es könne doch nicht schaden, wohl aber nutzen, einen solchen in Gedanken einem Herzenskündiger[112] zu bekennen, um auf allen Fall seine

111 Allgemein kann man mit Redlichkeit die Tugend und Charaktereigenschaft einer Person bezeichnen, entsprechend den Regeln einer Gemeinschaft gerecht, aufrichtig oder loyal zu sein. Dabeit liegt der Kern der Redlichkeit in der Übereinstimmung der Rede einer Person mit dem, was sie tut. Unter wissenschaftlicher Redlichkeit versteht man, dass nur das behauptet werden darf, was bewiesen ist und wissenschaftlich nachgewiesen werden kann. (Wikipedia.de „Redlichkeit").

112 Ein „Herzenskündiger" ist der, der der Herzen kundig ist, was letztlich nur auf Gott zutrifft.

> Gunst zu erheucheln. Oder wenn er zwar desfalls nicht im Zweifel ist, aber sich doch mit innerer Verehrung seines Gesetzes schmeichelt, da er doch keine andere Triebfeder, als die der Furcht vor Strafe bei sich fühlt."[113]

Derjenige, der die Treue seines Partners behauptet, obwohl der seine Liebe zu ihm längst aufgegeben hat, und er das ahnt, muss sich nicht bereits belügen. Er glaubt sich ggf. noch selbst, weil er immer noch einen Rest an Vertrauen in sich spürt. Dem Vertrauen ruht stets ein Moment an Ungewissheit in die Zukunft inne. Ähnlich könnte es dem ergehen, der einen personalen „Gott nicht in sich findet" und sich in seinem Herzen trotzdem zu ihm bekennt. Auch der Glaube an Gott wird genährt von gutem Willen und Hoffungen. Machen wir uns ein bestimmtes Bild von Gott bewusst und gelangen dann zu der festen Überzeugung, dass es diesen Gott in Wahrheit nicht gibt, halten aber trotzdem daran fest, belügen wir uns und begeben uns so in einen Widerspruch zu uns selbst.

Gelangen wir zu der Überzeugung, dass Maria ihren Sohn Jesus nicht *wirklich als Jungfrau geboren* hat oder, dass Jesus *nicht wirklich von den Toten auferstanden* ist, gelingt es uns also nicht, die „Geheimnisse des Glaubens" für wahr zu halten, scheint es aufrichtiger zu sein, die als solche erkannten Unwahrheiten zu akzeptieren und uns einzugestehen, dass wir mit den sich daraus ggf. ergebenden Konsequenzen leben müssen. Verbinden wir mit Gott aber weniger ein bestimmtes Bild, sondern die Wahrheit schlechthin, die, welche wir nicht in unserem Besitz haben, also anders als das Bild, das wir uns von Gott *gemacht* haben, können wir darüber nicht *verfügen* und zwar auch nicht in unseren Gedanken. Versuchten wir es, indem wir behaupten, die Wahrheit gebe es gar nicht, gäben wir nicht nur die Wahrheit Gottes auf, sondern auch die Tugend der Wahrhaftigkeit. Aufrichtiger scheint es zu sein, uns einzugestehen, dass wir über *die Wahrheit* selbst nichts Abschließendes sagen können. Immerhin könnte, was wir vielleicht die „Gotteslüge" nennen, in ihrem Kern auch nur ein tiefer Zweifel sein. Wenn wir die Wahrheit Gottes bestreiten ist das nicht dasselbe als wenn wir an der Wahrheit Gottes zweifeln. Für den Zweifel kann es ebenso *gute Gründe* geben wie für den Glauben, den es als solchen, also in Abgrenzung zum Wissen, ohne den Zweifel gar nicht gäbe. Das könnte in dem von Kant beschriebenen Beispiel auch für den Gläubigen gelten, der die Triebfeder seines Glaubens schließlich nur noch in der „Furcht vor Strafe in sich fühlt". Ein anderer könnte als Triebfeder weniger die „Furcht vor Strafe" als vielmehr das „Vertrauen in einen letzten Sinn" in sich finden, bezogen etwa auf das Bemühen, sein Leben treu und redlich zu führen. Für einen christlich gläubigen Menschen wird dieses Vertrauen genährt durch die

113 *Kant*, AA VI, MST, S. 429 f.

Erfahrungen, die er in seinem Leben mit seinem Bemühen macht, nicht nur ein guter Mensch, sondern ein guter Christ zu sein, in dem Vertrauen auf die Wahrheit seines Gottes.

Zwar lässt sich die Tugend der Wahrhaftigkeit von dem Glauben, aber nicht umgekehrt der Glaube von der Tugend der Wahrhaftigkeit trennen, wenn er im letzten Fall auch die Wahrheit in seiner Person mit der Wahrheit in die Person Gottes verbindet. Für einen Gläubigen hat das, was er unter seiner Person versteht, seinen Ursprung in Gott. Als solcher sagt der Glaube eines Menschen zwar über den Inhalt der *Wahrheit* Gottes noch nichts aus, wohl aber etwas über den, der sich um die Wahrheit Gottes bemüht. Ob der Glaube an Gott einen Verstoß gegen die intellektuelle Redlichkeit beinhaltet, hängt somit nicht davon ab, ob es die Wahrheit Gottes gibt, sondern davon, ob das *Versprechen* gegenüber sich selbst, *dass* es einen Gott gibt, wahrhaftig ist.

Verstehen wir unter Redlichkeit lediglich eine bestimmte Form der *wissenschaftlichen Redlichkeit,* wonach nur behauptet werden darf, was *wissenschaftlich erwiesen* ist, dann bedeutet der dahin gehende Vorwurf gegenüber dem Gläubigen nicht mehr als die Feststellung, dass der Glaube mit einem bestimmten naturwissenschaftlichen Wissenschaftsverständnis „empirisch" nicht belegbar ist. Dass „glauben" aber in diesem Sinne nicht bereits „wissen" heißt, ist den Gläubigen wie den Ungläubigen regelmäßig bewusst. Sie wissen beide, dass der Gläubige *die Wahrheit* nicht besitzt und sich den Ergebnissen seiner subjektiven Suche nach der Wahrheit letztlich nicht sicher sein kann. Er wird deshalb stets ein in Demut Suchender, aber nie ein Besitzender der Wahrheit sein wollen. Unredlich ist sein Glaube an Gott deshalb nicht, umfasst die Tugend der Redlichkeit doch vor allem die Tugend der Wahrhaftigkeit als ihren wesentlichen Bestandteil. Umgekehrt könnte derjenige, der sein lediglich naturwissenschaftlich begründetes Wissen bereits für *die Wahrheit* hält, tatsächlich unredlich sein, wenn er meint, damit bereits ein gesichertes Fundament *zu besitzen*, auf das er unerschütterlich aufbauen könnte.

Was den Glauben an die Wahrheit Gottes in der Kirche betrifft, dürfte dieser wesentlich von dem Bemühen um die Wahrhaftigkeit derjenigen Personen abhängen, die ihn vertreten, d.h. von deren *Glaubwürdigkeit.* Auch die Kirche könnte in ihrer Theologie die Frage nach der Wahrheit Gottes aus dem Auge verlieren, indem sie sich nicht mehr in dem Bewusstsein, die Wahrheit gerade *nicht zu besitzen*, um Wahrhaftigkeit bemüht. Sucht sie das Gute stattdessen eher in dem, was dem Erhalt ihres Glaubens *nützt*, läuft sie Gefahr, dass ihre scheinbar aus diesem Glauben an die Wahrheit Gottes begründeten Aussagen als Lügen erscheinen. Die Lüge zerstört das Vertrauen. Halten die Gläubigen die Aussagen der Fürsprecher des Glaubens dagegen für wahrhaftig, könnte dies über die Annahme der Glaubwürdigkeit der Kirchenvertreter zu einem Wiederaufbau des Vertrauens in die von ihnen vertretene *Wahrheit Gottes* führen.

F) Ethische Schuld im Verhältnis zu anderen

Betrachten wir nach einzelnen ethischen Aspekten von Schuld im Verhältnis zu uns selbst noch ein Beispiel von ethischer Schuld im Verhältnis zu anderen. Auch dabei geht es um die Lüge:

I. Zur Abgabe eines falschen Versprechens als ethischer Verstoß

Bei der Abgabe eines falschen Versprechens geht es zunächst um den gleichen Verstoß wie bei der Lüge. Kant benennt dazu als Beispiel die Situation eines Menschen, der sich aus Not heraus Geld leiht, obwohl er weiß, dass er es nicht zurückzahlen kann. Indem er dem Verleiher das trotzdem verspricht, weil er ahnt, dass dieser ihm das Geld sonst nicht geben wird, lügt er. Sein Verhalten wäre mit dem kategorischen Imperativ: *Handele nur nach derjenigen Maxime, durch die du zugleich wollen kannst, dass sie ein allgemeines Gesetz werde*, nicht vereinbar. Zwar könnte er sich sein Verhalten nach Maßgabe der Goldenen Regel ggf. legitimieren, z.B. indem er sich das falsche Versprechen nur ausnahmsweise mit Blick auf eine besondere, subjektive Bedrängnis erlaubt. Wenn er sich aber fragte, ob seine Maxime ein allgemeines Gesetz sein könnte, wird klar, dass das nicht geht. Denn

> „die Allgemeinheit eines Gesetzes, daß jeder, nachdem er in Noth zu sein glaubt, versprechen könne, was ihm einfällt, mit dem Vorsatz, es nicht zu halten, würde das Versprechen und den Zweck, den man damit haben mag, selbst unmöglich machen, indem niemand glauben würde, daß ihm was versprochen sei, sondern über alle solche Äußerung als eitles Vorgeben lachen würde."[114]

Indem der Versprechende dem Entleiher gegenüber wahrheitswidrig vorgibt, ihm das verlangte Geld zurückzugeben, um ihn zu einer entsprechenden Leihe zu veranlassen, missachtet er dessen Autonomie. Er entzieht ihm die Grundlage, unter Berücksichtigung der tatsächlichen Gegebenheiten von seiner eigenen Freiheit Gebrauch zu machen. Damit achtet er die Menschheit in der Person des Verleihers nicht mehr zugleich als Zweck an sich, sondern degradiert ihn zum Mittel der Beförderung seiner eigenen Interessen. In seinem Beispiel geht es Kant um das Prinzip, den kategorischen Imperativ. Verstoßen wir

---

114 *Kant*, AA IV, GMS, S. 422.

dagegen in seinem eigentlichen Sinne, in dem Bewusstsein der Vereitelung der Autonomie des anderen, handeln wir schuldhaft.

Natürlich können wir uns zahlreiche Situationen vorstellen, in denen wir die Tat wegen besonderer Umstände ausnahmsweise doch für gerechtfertigt halten. Leiht sich ein Vater Geld von einem Bekannten, um eine sofort erforderliche Operation seines Sohnes zu finanzieren, die einzig geeignet ist, diesem das Leben zu retten, obwohl er weiß, dass er den Kredit nicht zurückzahlen kann, wären wir mit der Bewertung seiner Tat als schuldhaft zurückhaltender. Der Vater könnte in dieser Notlage das falsche Versprechen allein deshalb abgegeben haben, weil er darin die einzige Möglichkeit erkannte, das Leben seines Sohnes zu retten. Insoweit wäre er gezwungen, eine „Interessenabwägung" vorzunehmen, aus der heraus er sich „vernünftigerweise" veranlasst sieht, zur Rettung seines Sohnes zu lügen. Zwar bleibt es widersprüchlich, sich das Vertrauen in die Einhaltung eines Versprechens zunutze zu machen, um es selbst zu missbrauchen. Allerdings geht es hier um einen Fall der *Nothilfe*. Der Vater weiß, dass es in dieser, ihn *nötigenden* Situation für das Leben seines Sohnes nur auf ihn ankommt. Als Rechtfertigungsgrund hebt die Nothilfehandlung die Beeinträchtigung der Freiheit des *Betrogenen* zwar nicht auf. Der bleibt durch das falsche Versprechen vielmehr in seiner Autonomie verletzt. Sie *entlastet* den Versprechenden jedoch insoweit, als dieser sich mit Rücksicht auf die Notlage seines Sohnes, die nur durch seine Handlung abgewehrt werden kann, nicht bereits schuldhaft verhält. Die Richtigkeit des kategorischen Imperativs bleibt dadurch unangetastet.

II. Zur Abgabe eines falschen Versprechens als juridischer Verstoß

Die vorstehende Argumentation hat uns aus dem Bereich der (subjektiven) Ethik in den Bereich der juridischen Ethik, des Rechts, geführt. Insoweit sei an dieser Stelle nur darauf hingewiesen, dass der Entleiher, auch soweit er seine Lüge unter dem Aspekt der Nothilfe ggf. *rechtfertigen* kann, sich deshalb nicht bereits auf ein ihm ausnahmsweise zustehendes *Recht* berufen kann, sich das Geld betrügerisch zu beschaffen. Nach Kant kann es ein solches Recht nicht geben, auch nicht in einer Notsituation. Umgekehrt könnte sich der Verleiher jedoch möglicherweise tatsächlich auf ein *Recht* darauf berufen, dass der Entleiher, wenn er ihm erklärt, das Geld zurückzuzahlen, *wahrhaftig* zu ihm spricht. Das zu verstehen, setzt ein bestimmtes Verständnis von *Recht* voraus. Darum soll es unten im 2. Teil dieses Buches gehen, so dass auf die Frage, ob es u.U. nicht doch ein Recht *aus Menschenliebe zu lügen* geben könnte, dort noch einmal eingegangen wird.[115]

G) Ethische Schuld – die Missachtung der eigenen Freiheit

Die Antwort auf die Frage, was ethische Schuld ist, hängt wesentlich von unserem Menschenbild ab und damit von dem, wer wir sein wollen. Unter Zugrundelegung eines naturalistischen Menschenbildes, das den Menschen lediglich als Tier höherer Ordnung, nicht aber als ein mit Vernunft und Freiheit ausgestattetes Subjekt der Zurechnung seiner Handlungen betrachtet, spielt die Frage nach der ethischen Schuld keine besondere Rolle. Rein utilitaristisch argumentierende Ethiker scheinen insoweit allenfalls auf eine etwaige Vernachlässigung relevanter Interessen abzustellen, denen nach einer Abwägung unter Nutzenerwägungen bzw. mit Rücksicht auf vorzugswürdigere *Präferenzen* ein höheres Gewicht zuzumessen gewesen wäre.[116] Ist das menschliche Leben weder heilig noch der Mensch als solcher Zweck an sich, kann seinen Handlungen kein von Interessen unabhängiger Wert zukommen. Hinsichtlich der moralischen Qualität seiner Handlungen kommt es unter Nutzenerwägungen schlicht auf deren Konsequenzen an.

Nach einem der Theologie der Kirche zugrunde liegenden Menschenbild ist der Mensch dagegen nicht vor allem ein Tier höherer Ordnung, nicht lediglich ein natürliches, sondern ein mit einer von Gott stammenden Seele ausgestattetes Wesen. Als Ebenbild Gottes ist der Mensch von Anfang an und bis zu seinem Tode *Person*.[117] Als solche kommt ihm die besondere Würde des Menschen zu, seine ihm von Gott geschenkte Menschenwürde. Sowie der Mensch also seine Würde der Gnade Gottes verdankt, der Himmel und Erde und auch ihn selbst erschafffen hat, so verdankt er auch seine Fähigkeit, *gut* zu handeln, letztlich der Gnade Gottes als Ausdruck seiner Liebe.[118] Die menschliche Freiheit ist wegen der Sündhaftigkeit des Menschen, die ihrerseits eine Folge der Ursünde ist, prinzipiell vorbelastet und beeinträchtigt. Der Mensch kann daher nicht im Sinne einer Kausalität seiner Vernunft uneingeschränkt über sie verfügen. Immerhin kann er insoweit gut handeln, als der Wille Gottes auch in seinem Willen wirksam ist. Insoweit hat der Mensch einen freien Willen. Die Annahme, wonach der Mensch jedoch bereits unabhängig von der Gnade

115 Vgl. Teil 2, Kap. 2, A), III. und die dortige Besprechung von Kants Aufsatz: Über ein vermeintes Recht aus Menschenliebe zu lügen in AA VIII, S. 425–430, u. S. 213.

116 *Singer, P.*, Praktische Ethik S. 137 f.

117 *Spaemann, R.*, Personen S. 252 f.

118 *Greshake, Gisbert*, Gnade als konkrete Freiheit, S. 204.

Gottes, also von sich aus aufgrund seiner natürlichen Begabung zur Autonomie gut handeln könnte, ist dagegen eine Illusion, die ihrerseits wieder ein Ausfluss von Hochmut im Sinne der menschlichen Sündhaftigkeit ist.[119] Schuldhaft handelt der Mensch, indem er sein Wollen nicht dem Willen Gottes unterwirft und dem Prinzip des „vivere secundum deum" folgt, sondern sich von sich aus, d.h. von seiner prinzipiell sündhaften Natur her bestimmen lässt, nach dem Prinzip des „vivere secundum naturam".[120] Bekennt sich der Mensch jedoch zu der Sündhaftigkeit seiner Natur und seiner daraus resultierenden Schuld, darf er dennoch auf die verzeihende Liebe Gottes und letztlich auch auf seine Heiligwerdung hoffen, wenn ihm auch ein *Recht* auf Erlösung Gott gegenüber nicht zusteht.[121] Erforderlich ist allerdings die Anerkennung des Bösen in sich selbst und die Bereitschaft, sich künftig um ein Leben nach den Geboten Gottes zu bemühen, in der Nachfolge von Jesus Christus. Ob dem Menschen das gelingt, hängt wieder von der Liebe Gottes ab, d.h. von seiner vorausschauenden Gnade.[122]

Nach dem von Immanuel Kant zugrunde gelegten Menschenbild ist der Mensch von seiner Natur her mit Vernunft und Freiheit ausgestattetet und Subjekt der Zurechung seiner Handlungen. Als Person ist er von sich aus in der Lage, sich nicht nur zum Bösen, sondern autonom zum Guten zu bestimmen und praktisch vernünftig zu handeln. Handelt er entgegen dem von ihm als gut Erkannten und entsprechend seinem dieses Gute verwirklichenden, selbst gesetzten Sollen, missbraucht er seine Freiheit und setzt sich so in einen Widerspruch zu seinem eigentlichen, auf das aus seiner Sicht Gute gerichteten Wollen. Verachtet der Mensch die Menschheit in seiner Person oder in der Person eines anderen, indem er seine Freiheit trotz der ihm in einer ethischen Konfliktsituation erwachsenen Nötigung, die ihn das praktisch Gute erkennen lässt, missachtet, behandelt er die betroffene Person nur noch als Mittel, nicht aber mehr als Zweck an sich. Dann handelt der Mensch im ethischen Sinne schuldhaft.

Der gute Wille ist „nicht durch das, was er bewirkt oder ausrichtet, nicht durch seine Tauglichkeit zu Erreichung irgendeines vorgesetzten Zweckes, sondern allein durch das Wollen, d.i. an sich, gut".[123] Wenn Stübinger in Anlehnung an

119 Vgl. *Honnefelder, L.*, Was ist Schuld? Über das Verfehlen des Guten in: Was soll ich tun, wer will ich sein? S.89 f.

120 *Greshake, Gisbert*, Gnade als konkrete Freiheit, S. 204.

121 *Kraus, G.*, Gnadenlehre – das Heil als Gnade, 157 f., S. 208.

122 Vgl. *Ricoeur, P.*, Hermeneutik und Psychoanalyse, S. 275 f.; s.h. oben: Kap. 4, A), II., 3. f.; *Honnefelder, L., Spaemann, R.*, Personen, S. 182 f. s.a.: Kap. 2, B), II. u. III.

123 *Kant*, AA IV, GMS, S. 394.

das Zitat von Augustinus über die Zeit[124] fragt: „Was also ist Schuld?“ und darauf antwortet: „Wenn niemand mich danach fragt, weiß ich es; wenn ich aber gefragt werde und es erklären will, weiß ich es nicht“[125], wird jenes, auf den subjektiven Willen gerichtete, Element der ethischen Schuld offenbar. Erst die aus der Ich-Perspektive erfahrbare Nötigung durch das Sittengesetz „belegt“ dem, der in einer relevanten Konfliktsituation jenes unbedingte Sollen, und mithin das Sittengesetz in sich erkennt, die Realität seiner Freiheit. Diese Freiheit ist die Bedingung dafür, unser Leben als Personen entweder in Würde zu leben oder aber, indem wir sie missbrauchen, uns in Schuld zu verstricken. Sie ist zugleich das verbindende Element zwischen der individuellen ethischen und der allgemeinen juridischen Schuld, womit wir die Schwelle des Übergangs von der Ethik des *Ich* und des *Du* zum *Wir*, d.h. des Rechts betreten.

---

124 *Augustinus*, Bekenntnisse (Confessiones) 394–401, XI, 14.

125 *Stübinger*, *Stephan*, Nicht ohne meine „Schuld“! – Kritik der systemtheoretischen Reformulierung des Strafrechts am Beispiel der Schuldlehre *Günther Jakobs*, Kritische Justiz 26 (1993), S. 33–48.

ZWEITER TEIL: JURIDISCHE SCHULD – DIE MISSACHTUNG DER FREIHEIT DES ANDEREN

Erstes Kapitel: Schuld als „Vorwerfbarkeit"

A) Zur Indizierung der Schuld durch den Unrechtstatbestand

Mit einer Antwort auf die Frage nach der ethischen Schuld wissen wir noch nicht, was rechtliche Schuld ist. Wie bereits in der Einleitung ausgeführt, sagt uns unser Strafgesetzbuch nicht, was dort mit Schuld eigentlich gemeint ist.[1] Als besonderes Merkmal des Tatbestandsaufbaus scheint sie innerhalb der Strafrechtssystematik auch nicht sonderlich ernst genommen zu werden. Anders ist das nur bei bestimmten Negativabgrenzungen, wenn der Täter ausnahmsweise entweder *schuldunfähig* oder nur *vermindert schuldfähig* ist. Als schuldunfähig im strafrechtlichen Sinne gilt,

> wer bei der Begehung der Tat entweder noch nicht 14 Jahre alt ist (§ 19 StGB) oder, wer wegen einer krankhaften seelischen Störung, wegen einer tiefgreifenden Bewusstseinsstörung oder wegen Schwachsinns oder einer seelischen Abartigkeit unfähig ist, das Unrecht der Tat einzusehen oder nach dieser Einsicht zu handeln (§ 20 StGB).

Von verminderter Schuldfähigkeit sprechen wir,

> wenn die Fähigkeit des Täters, das Unrecht der Tat einzusehen oder nach dieser Einsicht zu handeln, aus einem der in § 20 bezeichneten Gründe bei Begehung der Tat erheblich vermindert ist (vgl. § 21 StGB).

Ist keine der beiden Voraussetzungen erfüllt, gilt der Täter im strafrechtlichen Sinne als schuldfähig bzw. vermindert schuldfähig. Wenn die Fähigkeit des Täters als Person zu handeln, beeinträchtigt ist, d.h. wenn er nicht oder nur bedingt *zurechnungsfähig* ist, gerät auch seine Schuldfähigkeit ins Wanken. Ist das nicht der Fall, wird die Schuld, im Rahmen der richterlichen Prüfung der Strafwürdigkeit, als Folge der (festgestellten) Rechtswidrigkeit eines tatbestandlich relevanten Verhaltens (d.h. der Erfüllung eines gesetzlichen Straftatbestandes) *indiziert.* Das reicht für die Zwecke einer Verurteilung regelmäßig aus. Der Grundsatz „Keine Strafe ohne Schuld" (nulla poena sine culpa) erfährt dadurch keine Einschränkung. Dass sich der Strafrichter mit der *Indizierung* der Schuld im Rahmen der Strafbarkeitsprüfung begnügt, bedeutet ja nicht, dass sie gar nicht vorliegen müsste.

1 Vgl. o. Einleitung, A).

https://doi.org/10.1515/9783110696462-012

B) Zur Definition von Schuld als „Vorwerfbarkeit"

In seiner Entscheidung zum Verbotsirrtum aus dem Jahre 1952 erklärt der BGH:

> „Schuld ist Vorwerfbarkeit. Mit dem Unwerturteil der Schuld wird dem Täter vorgeworfen, dass er sich nicht rechtmäßig verhalten, dass er sich für das Unrecht entschieden hat, obwohl er sich für das Recht hätte entscheiden können."

Zur Begründung führt er aus:

> „Der innere Grund des Schuldvorwurfes liegt darin, dass der Mensch auf freie, verantwortliche, sittliche Selbstbestimmung angelegt und deshalb befähigt ist, sich für das Recht und gegen das Unrecht zu entscheiden, sein Verhalten nach Normen des rechtlichen Sollens einzurichten und das rechtlich Verbotene zu vermeiden, sobald er die sittliche Reife dazu erlangt hat und solange die Anlage zur freien sittlichen Selbstbestimmung nicht durch die in § 51 StGB[2] genannten Vorgänge vorübergehend gelähmt oder auf Dauer zerstört ist."[3]

Der BGH begründet seine Entscheidung sieben Jahre nach dem Ende des Terrorregimes der Nationalsozialisten, in einer Zeit, in der sich eine „Renaissance des Naturrechts" abzeichnet und mit ihm die Vorstellung von Recht als Ausfluss einer vorgegebenen, natürlichen (bzw. „göttlichen") Ordnung.[4]

Nach Stübinger bestand bereits in den dreißiger und vierziger Jahren des 20. Jahrhundert die Tendenz, selbst die Begriffe Vorsatz und Fahrlässigkeit aus dem Schuldbegriff zu tilgen, so dass als bestimmendes Schuldelement das Merkmal der *Vorwerfbarkeit* allein zurückbleibt. In der Folge sei es zu einem rein *normativen* Schuldbegriff gekommen, der auf die Feststellung der psychischen Beziehung zwischen Täter und Schuld verzichtete. Schuld wurde als gänzlich „entsubstantiviert" verstanden im Sinne einer *Relation*, mit der das *Dafür-Können* für einen sollwidrigen Zustand ausgedrückt wird. Diese normative Tendenz sei durch jene Naturrechtsrenaissance noch einmal verstärkt und die wertbezogene Funktion des Strafrechts insgesamt gesteigert worden. Der mit dem Schuldvorwurf verdeutlichte Kontrast zwischen einem unrechtmäßigen Einzelwillen und dem in der Rechtsnorm formulierten Allgemeinwillen sollte gerade durch die sittenbildende Kraft des Strafrechts symbolisiert werden.[5]

---

2 Der in der Entscheidung genannte § 51 StGB a.F. entspricht dem heutigen § 20 StGB.

3 BGH, Urteil vom 18.3.1952, abgedruckt in BGHSt 2, S. 194 ff., (200).

4 Vgl. zur Entwicklung *Stübinger, Stephan*, Schuld, Strafrecht und Geschichte, S. 322 m.w.H.

5 Vgl. *Stübinger, S.*, Schuld, Strafrecht und Geschichte, S. 322 m.w.H.

I. Lebensführungsschuld

Damit bestimmt der gesetzlich normierte Straftatbestand nicht mehr lediglich, was der Gesetzgeber als strafwürdig erachtet, sondern zugleich die Voraussetzungen, unter denen sich jemand die Tat im Sinne eines „Dafür-Könnens" als schuldhaft zurechnen lassen muss. Deutlich wird das in der bereits zitierten Entscheidung des BGH vom 18. März 1952. Auf den Maßstab des persönlichen Gewissens kommt es für die Feststellung der Schuld nicht mehr an:

> „Die Schuld des Überzeugungstäters liegt darin, dass er bewusst an die Stelle der Wertordnung der Gemeinschaft seine eigene setzt und von dieser her im Einzelfalle *falsch wertet*. Der abgestumpfte Gewohnheitsverbrecher hat durch strafbare Lebensführung die Ansprechbarkeit durch sittliche Werte und damit die Fähigkeit eingebüßt, durch Gewissensanspannung zur Unrechtskenntnis zu gelangen. Seine Schuld ist Lebensführungsschuld."[6]

Das Strafrecht sieht die Lebensführungsschuld eines Menschen darin, dass er durch die Art seiner Lebensführung und Lebensgestaltung zum Straftäter wurde. Sie findet sich heute in § 46 Abs. 2 StGB wieder, wonach im Rahmen der allgemeinen Strafzumessungserwägungen auch das Vorleben des Täters zu berücksichtigen ist. Mit der Anknüpfung des Vorwurfes an die Lebensführungsschuld sind wir indessen in einem *„Täter-Strafrecht"* angekommen. Strafe versteht sich als eine Antwort auf den Charakter und die Lebensführung des *Täters*. Von einem reinen Tat-Strafrecht, das auf das Unrecht und weniger auf die Lebensführung des Täters abstellt, können wir dort also nicht mehr sprechen. Der Grundsatz „keine Strafe ohne Schuld" zieht sich dennoch als „ungeschriebenes Verfassungsrecht"[7] durch zahlreiche obergerichtliche Entscheidungen. Nach dem Bundesverfassungsgericht gehört zur Rechtstaatlichkeit vor allem die materielle Gerechtigkeit. Letztere fordere, dass Tatbestand und Rechtsfolge in einem sachgerechten Verhältnis zu einander stehen. Dabei ist die Strafe im Gegensatz zur „Maßnahme" dadurch gekennzeichnet, dass sie auf Repression und Vergeltung für ein rechtlich verbotenes Verhalten abzielt. Mit der Strafe, auch mit der Ordnungsstrafe, wird dem Täter ein Rechtsverstoß zum *persönlichen* Vorwurf gemacht.[8]

> „Ein solcher strafrechtlicher Vorwurf aber setzt Vorwerfbarkeit, also strafrechtliche Schuld voraus. Andernfalls wäre die Strafe eine mit dem Rechtsstaatsprinzip unvereinbare Vergeltung für einen Vorgang, den der Betroffene nicht zu verantworten hat."[9]

---

6 BGHSt 2, 194 ff., 209 (Quelle: Wikipedia. de).

7 *Wolff, H. A.*, Ungeschriebenes Verfassungsrecht unter dem Grundgesetz, 2000, S. 219 f.

8 Ständige Rechtsprechung, vgl. z.B. schon BGHSt 2, 194, 200 ff.

9 BVerfGE 20, 323, 331, m.w.N.

II. Franks Definition von Schuld als Vorwerfbarkeit

Die Vorstellung von Schuld als Vorwerfbarkeit geht auf Reinhard Frank zurück. Der hatte in seinem viel zitierten Aufsatz aus dem Jahre 1907 ausgeführt:

> „Damit man jemandem wegen seines rechtswidrigen Verhaltens einen Vorwurf machen kann, wird dreierlei vorausgesetzt:
>
> 1. Eine normale geistige Beschaffenheit des Täters, die wir Zurechnungsfähigkeit nennen. Ist sie bei jemanden vorhanden, so steht fest, dass man ihm aus seinem rechtswidrigen Verhalten im Allgemeinen einen Vorwurf machen kann, aber noch nicht, dass ihn ein Vorwurf im einzelnen Falle trifft. Dazu gehört vielmehr zunächst
>
> 2. eine gewisse konkrete psychische Beziehung des Täters zu der Tat oder doch die Möglichkeit einer solchen, so dass er entweder deren Tragweite übersieht (Vorsatz) oder doch übersehen könnte (Fahrlässigkeit). Aber auch beim Vorhandensein dieses Erfordernisses ist ein Vorwurf nicht schlechthin begründet. Es muss vielmehr hinzukommen
>
> 3. die normale Beschaffenheit der Umstände, unter welchen der Täter handelt. Tut ein zurechnungsfähiger Mensch etwas Rechtswidriges, obwohl er die Tragweite seiner Handlung überblickt oder hätte überblicken können, so kann ihn nach der Auffassung des Gesetzgebers im Allgemeinen ein Vorwurf treffen. Aber was im Allgemeinen möglich ist, kann im einzelnen Falle unmöglich sein, und so entfällt die Vorwerfbarkeit, wenn die begleitenden Umstände eine Gefahr für den Täter oder vielleicht auch für eine dritte Person in sich schlossen, aus der ihn gerade die verbotene Handlung retten sollte."[10]

Mit seinem Hinweis auf die Voraussetzungen der Vorwerfbarkeit hat Frank wesentliche Elemente benannt, die wir üblicherweise mit rechtlicher Schuld verbinden. Eine Gleichsetzung der Begriffe Vorwerfbarkeit (in Bezug auf eine bestimmte Straftat) und Schuld erscheint damit ohne weiteres indessen noch nicht gerechtfertigt. Andernfalls hinge die Schuld des Täters allein von der Frage ab, ob er irgendeinen strafrechtlich normierten Tatbestand erfüllt hat. Das würde nicht nur dazu führen, dass mit der Streichung eines Straftatbestandes aus dem Gesetzbuch auch die strafrechtliche Schuld des Täters entfällt. Es bedeutete auch, dass mit der Erfüllung eines neu in das Strafgesetzbuch aufgenommen Straftatbestandes bereits die Frage nach Schuld des diesen Straftatbestand verwirklichenden Handelnden zu bejahen wäre.

Stübinger weist darauf hin, dass die formelhafte Wendung „Schuld ist Vorwerfbarkeit" in einer Zeit entstand, in der sich auch der heute übliche, dreigliedrige Verbrechensbegriff mit seiner Einteilung in Tatbestandsmäßigkeit, Rechtswidrigkeit und Schuld entwickelte. Durch die beiden ersten Merkmale sollte das Unrecht einer Tat zunächst rein objektiv bestimmt werden. Im Rah-

10 *Reinhard Frank*, Über den Aufbau des Schuldbegriffs, S. 519 (529).

men der Schuld konzentrierten sich dann alle subjektiven Merkmale. Da das Unrecht als objektiv erkennbar angesehen wurde, erschien das Problem der Freiheit *nur* noch als eine Frage der Schuld. Dort wurde der Sitz einer letztlich nicht objektivierbaren Subjektivität vermutet. Stübinger zufolge resultierte die Auffassung seinerzeit nicht zuletzt aus der naturalistischen *Anmaßung*, man könne die äußere Tatseite, und das heiße hauptsächlich die Kausalität, mit rein naturwissenschaftlichen Erkenntnissen feststellen. Das handelnde Subjekt sollte dagegen auf seine psychologischen Zustände reduziert werden. Die zu strafrechtssystematischen Analysezwecken vorzunehmende Dreiteilung birgt seiner Auffassung nach daher die Gefahr, dass das Freiheitsproblem ausschließlich auf die Ebene der Schuld (offenbar verstanden im Sinne des Frankschen Begriffs von Vorwerfbarkeit)[11] beschränkt werde, denn allein dort spiele sich eine Bewertung des Täterwillens ab. Seiner Auffassung nach hängt die Zuschreibung von Freiheit jedoch nicht erst von der psychologischen Verfasstheit des Täters im Zeitpunkt der Tat ab, sondern bereits mit dem Begriff der *Person* zusammen.[12]

Nicht bereits jedes zurechenbare Verhalten, das die Voraussetzungen eines gesetzlichen Straftabestandes erfüllt, begründet deshalb schon den Vorwurf von Schuld. Von Schuld können wir vielmehr erst unter der Annahme eines materiellen Verbrechensbegriffs sprechen, der es ermöglicht, unabhängig von einer positiv gesetzlichen Regelung ein bestimmtes Handeln als *Unrecht* zu kennzeichnen. Dann ginge es nicht mehr nur um die Feststellung einer gesetzlich bewehrten Strafbarkeit, sondern wesentlich um die Frage nach der Strafwürdigkeit eins bestimmten Verhaltens.

III. Der Begriff der Schuld in einem utilitaristischen Verständnis

Etwas anderes gilt freilich mit einem Verständnis von Schuld, das von Anfang an jeden Bezug auf einen inhaltlichen Begriff von Unrecht ablehnt und damit auch die Schuld als gänzlich „entsubstantiiert“ und inhaltsleer begreift. Mit einem lediglich unter Nützlichkeitserwägungen verstandenen, rein konsequentialistischen Verständnis von Schuld, das sich unabhängig von dem Inhalt einer Norm praktisch auf jeden gesetzlich normierten Tatbestand anwenden ließe, wäre ein solches Verständnis von „Schuld“ ggf. vereinbar. Mit der Formulierung: „Jemand hat eine als strafbar geltende Handlung genau dann

11 Klammereinschub durch den Verfasser.

12 *Stübinger, S.*, „Person oder Patient“ – Anmerkungen zur Sicht der Hirnforschung auf das Schuldprinzip im Strafrecht, S. 211 (220) m.w.H. (in Fn. 42) auch zu dem neuzeitlichen Zurechnungsbegriff.

schuldhaft begangen, wenn er für diese Handlung auch wirklich bestraft werden darf", bringt der Rechtsphilosoph Norbert Hörster die Position einer rein utilitaristisch argumentierenden Interessensethik auf den Punkt.[13]

An der Unzulänglichkeit der Definition von Schuld als die Vorwerfbarkeit irgendeines als strafbar geltenden Verhaltens ändert sich freilich auch nichts dadurch, dass man den Begriff der Vorwerfbarkeit durch die „Schuldformen" Vorsatz und Fahrlässigkeit zu fassen sucht. Je nachdem, welche gesellschaftspolitischen Interessen mit der Streichung eines alten oder der Etablierung eines neuen Straftatbestandes verfolgt werden, änderte sich auch der Inhalt des mit seiner Erfüllung verbundenen Schuldvorwurfes. Eine Antwort auf die Frage nach dem Wesen juridischer Schuld gibt uns der Hinweis auf die Schuldformen sowenig wie der Begriff der „Vorwerfbarkeit". Die Tatbestandsmäßigkeit einer Handlung mag ihre Rechtswidrigkeit indizieren, nicht aber bereits die Schuld. Ein konsequent von seinem Arbeitgeber gedemütigter und ausgenutzter Arbeitnehmer, der sich unter Berufung auf seine personale Würde gegen ihn auflehnt und die Arbeit niederlegt, mag einen ggf. in der Betriebsordnung normierten Tatbestand der „Arbeitsverweigerung" verletzen. Insofern er sich mit seiner Arbeitsniederlegung gegen ein ihn als Person verachtendes Unrecht wehrt, wären wir mit der Quailifizierung seiner Tat als „schuldhaft" zurückhaltend. Das gilt auch für einen Ehegatten, der sich von seinem Partner unter Missachtung seiner Autonomie nur noch als Objekt behandelt sieht und sich weigert, mit ihm weiterhin in einer ehelichen Gemienschaft zu leben.[14] Nicht nur die Frage nach der ethischen Schuld, auch die nach der juridischen Schuld lässt sich vom Menschen als Person, der in gewissen, für die Betroffenen gleichermaßen geltenden Grenzen selbstbestimmt nach Maßgabe seines Gewissens handeln können soll, nicht trennen.

IV. Exkurs: „Gewissenstäter"

Dem Philosophen Spaemann zufolge können etwaige auf das *autonome Gewissen* rekurrierenden Erwägungen für das Recht allerdings keine Gültigkeit beanspruchen.[15] Wo Menschen oder Gemeinschaften von Handlungen oder Unterlassungen anderer betroffen seien, mache es für deren Legitimation keinen Unterschied, ob es sich bei den Betroffenen um „Gewissenstäter" handel-

13 *Hörster, Norbert*, Muss Strafe sein? S. 106; Vgl. hierzu auch in der Einleitung C), I., 1.

14 Gem. § 1353 Abs. 2 BGB ist ein Ehegatte heute nur noch dann verpflichtet, dem Verlangen des anderen Ehegatten auf Herstellung der ehelichen Gemeinschaft Folge zu leisten, wenn sich das Verlangen nicht als Missbrauch darstellt und wenn die Ehe nicht gescheitert ist.

15 *Spaemann, R.*, Personen, (…) a.a.O. S. 189.

te. Es gehöre zum Wesen rechtlicher Ansprüche, dass sie nicht zur Disposition des Gewissens anderer stehen. Wenn ein Staat die Nichterfüllung bestimmter Bürgerpflichten „aus Gewissensgründen“ hinnehme, sei das eine Toleranz, deren Gewährung davon abhängen müsse, wie groß der Schaden ist, der durch die Nichterfüllung entsteht. Vom Gewissen gebotene Handlungen, die mit dem Gesetz unvereinbar seien, könne kein Staat tolerieren. Es sei vielmehr umgekehrt ein Kriterium für die Gewissenstat, dass der Täter die dafür vorgesehene Strafe in Kauf nehme. Da das Gewissen sich als Stimme der praktischen Vernunft verstehe, müsse der „dissidente Gewissenstäter“ die Gesetze, die ihn verurteilten, für ungerecht und den Gesetzgeber für irrend halten. Der Gewissenstäter könne nicht Toleranz wollen, sondern, dass das, was er selbst für recht hält, zur Grundlage des allgemeinen Gesetzes wird.[16] Die Respektierung der *Person* in ihrem „Heiligtum“, dem Gewissen, schließe es auch nicht aus, dass man einen Menschen veranlasst, gegen sein Gewissen zu handeln. Den Terroristen würden wir deshalb auch dadurch an seinem Attentat zu hindern suchen, dass wir ihn bestechen, und wir würden ihn auch dadurch veranlassen, seine Komplizen zu verraten, dass wir ihm drohten. Wir könnten nur hoffen, dass sein Gewissen, dem es ja per definitionem um das Gute gehe, seinen Irrtum ablegen werde. Es seien nur die *Handlungen* der anderen, die uns interessierten. Ihr Gewissen bleibe uns immer verborgen.[17]

Richtig ist die vorstehende Argumentation insoweit als es für ein sich am Schuldprinzip orientierendes Strafrecht für die Frage nach der Bestrafung *nicht lediglich* auf die subjektive Einschätzung des Täters ankommen mag. Ein Täter, der sich – aus welchen Motiven heraus auch immer – mit seinem „gesetzlosen“ Handeln zugleich über die Freiheit Anderer hinwegsetzt, hat nicht bereits deshalb ein Recht dazu, weil er mit dem System, in dem er lebt, nicht einverstanden ist. Umgekehrt reicht aber auch die formelle Gesetzwidrigkeit seines Verhaltens nicht ohne weiteres aus, ihm einen persönlichen Schuldvorwurf zu machen. Soweit er sich auf sein geprüftes Gewissen beruft, spricht viel dafür, gerade die Frage nach dem Unrecht, das er verletzt haben soll, und den daran angeknüpften Schuldvorwurf sorgfältig zu prüfen. Einen Kriegsdienstverweigerer, der der Überzeugung ist, die Tötung eines Menschen aus Anlass lediglich eines Befehls des aktuellen Regenten verstoße gegen den kategorischen Imperativ, darf ein Staat nicht bestrafen, wenn der Täter sich mit seiner Verweigerungshaltung nicht in ein, unabhängig von einer gesetzlichen Regelung anzunehmendes, überpositives Unrecht verstrickt. Auch für ihn geht es

16 *Spaemann, R.*, Personen, (…) a.a.O. S. 189.

17 Ebenda.

ganz prinzipiell um den Zusammenhang von Vernunft und Freiheit und die Würde in seiner Person.

Wenn wir nun aber wissen wollen, was dieses, ggf. von einem gesetzlichen Straftatbestand unabhängige *Unrecht* sein könnte, müssen wir zunächst danach fragen, was *Recht* eigentlich sein könnte. Lediglich der Hinweis auf irgendein Gesetz reicht dafür offensichtlich nicht aus.

Zweites Kapitel: Der kategorische Imperativ des Rechts

A) Der ethische und der juridische Begriff der Sittlichkeit

Kants ethischer Begriff der Sittlichkeit knüpft an die *innere* Freiheit des Menschen, an seine Autonomie in Bezug auf ein personales Handeln nach Maßgabe eines subjektiv als richtig erkannten unbedingten Sollensanspruchs an. Bei seinem juridischen Begriff von Sittlichkeit geht es um die Respektierung der *äußeren* Freiheit des anderen. Wir respektieren, dass der andere seinerseits das tun können soll, was er, nach einem allgemeinen *Gesetz der Freiheit*, für sich als praktisch vernünftig erkennt. Rechte und Pflichten in diesem Sinne können daher nach Kant ausschließlich den der Moralität fähigen Wesen zukommen. Nur sie können als Personen am Intelligiblen, d.h. an dem (umstrittenen) metaphysischen Sitz der entia moralia teilhaben, selbst wenn es sich dabei um eine Teilhabe bloß in „practischer Rücksicht" handelt.[1] Kant unterscheidet den ethischen von dem juridischen Imperativ wiederum mit Blick auf die Maxime des Handelns.

> „Diejenige, welche eine Handlung zur Pflicht und diese Pflicht zugleich zur Triebfeder macht, ist *ethisch.* Diejenige aber, welche das Letztere nicht im Gesetze mit einschließt, mithin auch eine andere Triebfeder als die Idee der Pflicht selbst zuläßt, ist *juridisch.*"[2]

Der ethische Begriff von Sittlichkeit bezieht sich auf meine subjektive Gesetzgebung, auf das, was ich als Gebot meiner Autonomie für praktisch vernünftig halte. Der juridische Begriff von Sittlichkeit bezieht sich auf die Gewährleistung der äußeren Bedingungen, unter denen praktisch vernünftiges Handeln der Menschen untereinander, die ihrerseits von ihrer Autonomie Gebrauch machen, möglich ist. Deren subjektive Handlungsmotive mögen also unterschiedliche sein, ganz andere als meine eigenen. In der Individualethik regeln die Gesetze der Freiheit auch die Bestimmungsgründe der individuellen Maximenbildung. Im Bereich der juridisch-politischen Ethik beziehen sich die Gesetze der Freiheit bloß auf äußere Handlungen.[3] Das verbindende Element

---

1 Vgl. *Ludwig, B.*, „Positive und negative Freiheit" bei Kant? S. 298, m.V.a. *Kant*, AA, V. (KpV) S. 105.

2 *Kant*, AA VI, MSR, S. 219.

3 Vgl. *von der Pfordten, Dietmar*, Zum Begriff des Staates bei Kant und Hegel, S. 7.

https://doi.org/10.1515/9783110696462-013

zwischen den individual-ethischen und den allgemein-juridischen Geboten ist die Anerkennung der Freiheit, der eigenen und der Freiheit des Anderen. Während ich den (subjektiven) kategorischen Imperativ aus Gründen seiner inneren, von mir selbst gesetzten Verbindlichkeit befolge, fordert das Recht, dass ich der Freiheit anderer „durch meine *äußere Handlung* ihr nicht Eintrag thue".[4] Die juridische Freiheit wird also durch das äußere Gesetz gewährleistet. Damit ist indessen kein beliebiges Gesetz gemeint. Als Gesetz kommt vielmehr nur ein solches in Betracht, das *Recht* ist.

I. Zum Begriff des Rechts bei Kant

Kants Rechtsbegriff ist eng mit dem Begriff der *Person* und dem Begriff der *zurechenbaren Handlung*, der *Tat,* verbunden, deren Schlüsselbegriff die Freiheit ist:

> „Eine jede Handlung ist *recht*, die oder nach deren Maxime die Freiheit der Willkür eines jeden mit jedermanns Freiheit nach einem allgemeinen Gesetze zusammen bestehen kann."[5]

Es geht Kant in Bezug auf das Recht nicht darum, die Willkür des einen mit der des anderen *irgendwie* zu verbinden, was bereits dadurch gelingen könnte, dass der seiner gesellschaftlichen Position nach Stärkere dem Schwächeren seinen Willen auf der Grundlage irgend eines Gesetzes, z.B. mit der Hilfe polizeilicher Gewalt, aufzwingt. Voraussetzung ist vielmehr, dass sich die Betroffenen, wenn ihre Beziehung Recht sein soll, als *Gleiche* unter einem Gesetz der *Freiheit* handelnd verstehen, einem Gesetz, dem die Beteiligten frei zugestimmt haben bzw. beigetreten sind. Die Annahme der Gleichheit unter den Menschen ist für das Recht unabdingbar. Damit erfährt auch das Wort *Willkür* eine notwendige Präzision. Wollen wir von Recht sprechen, geht es nicht um das Gebot, jedweden äußerlich wahrnehmbaren, z.B. lediglich von aktuellen Trieben gesteuerten Willen zu respektieren. Vielmehr meint Kant mit Willkür auch in Bezug auf das Recht den Willen in der Funktion praktischer Vernunft. Erst durch praktisch vernünftige Handlungen gestaltet der (freie) Wille das Recht im Sinne eines Systems zur Regelung des äußeren Umgangs von Personen. Der kategorische Imperativ ist also auch das oberste Rechtsprinzip, insofern er auf Handlungen von Personen angewendet wird, die als *Taten* begriffen werden können.[6]

---

4 *Kant*, AA VI, MSR, S. 231.

5 *Kant*, AA VI, MSR, S. 230.

6 Vgl. *Esser, Andrea*, Kant-Lexikon, Bd. 3, S. 2661, Stichwort: „Willkür".

> „That heißt eine Handlung, sofern sie unter Gesetzen der Verbindlichkeit steht, folglich auch sofern das Subjekt in derselben nach der Freiheit seiner Willkür betrachtet wird. Der Handelnde wird durch einen solchen Act als *Urheber* der Wirkung betrachtet, und diese zusammt der Handlung selbst können ihm *zugerechnet* werden, wenn man vorher das Gesetz kennt, kraft welches auf ihnen eine Verbindlichkeit ruht. *Person* ist dasjenige Subjekt, dessen Handlungen einer *Zurechnung* fähig sind. Die *moralische* Persönlichkeit ist (…) die Freiheit eines vernünftigen Wesens unter moralischen Gesetzen (…), woraus dann folgt, dass eine Person keinen anderen Gesetzen als denen, die sie (entweder allein, oder wenigstens zugleich mit anderen) sich selbst gibt, unterworfen ist."[7]

Recht ist daher nach Kant

> „der Inbegriff der Bedingungen, unter denen die Willkür des einen mit der Willkür des anderen nach einem allgemeinen Gesetze der Freiheit zusammen vereinigt werden kann."[8]

II. Freiheit als allen Menschen von Natur aus vorgegebenes Recht

Innerhalb des Rechts unterscheidet Kant die Rechte danach, ob sie erworben oder mit der Natur des Menschen bereits vorgegeben sind: Während erworbene Rechte z.B. aufgrund von innerstaatlichen Institutionen oder durch Verträge etabliert werden und damit verschiedener Art sein können, gibt es ein Recht, das nicht erworben werden muss, sondern für alle Menschen bereits mit ihrem Personsein dasselbe ist: Freiheit.[9]

> „*Freiheit* (Unabhängigkeit von eines Anderen nöthigender Willkür), sofern sie mit jedes Anderen Freiheit nach einem allgemeinen Gesetz zusammen bestehen kann, ist dieses einzige, ursprüngliche, jedem Menschen kraft seiner Menschheit zustehende Recht. – Die angeborne *Gleichheit*, (...); mithin die Qualität des Menschen sein *eigener Herr* (sui iuris) zu sein, imgleichen die eines *unbescholtenen* Menschen (iusti), weil er vor allem rechtlichen Act keinem Unrecht gethan hat; endlich auch die Befugniß, das gegen andere zu thun, was an sich ihnen das Ihre nicht schmälert, wenn sie sich dessen nur nicht annehmen wollen; dergleichen ist ihnen bloß seine Gedanken mitzutheilen, ihnen etwas zu erzählen oder zu versprechen[10], (...) – alle diese Befugnisse liegen schon im Princip der angebornen Freiheit (...)."[11]

Freiheit ist danach das universelle, alle untergeordneten Rechte mitumfassende Menschenrecht. Es kommt jedem Menschen auf der Erde, jenseits aller staatlichen Ordnungen, allein aufgrund seiner mit Vernunft und Autonomie ausge-

---

7 *Kant*, AA VI, MSR, S. 223.

8 *Kant*, AA, VI, MSR, Einleitung, § B III, 34 f.

9 Vgl. *Kant*, AA VI, MSR, S. 237.

10 Gemeint ist das *Menschenrecht* auf freie Meinungsäußerung (freedom of speech).

11 *Kant*, AA VI, MSR, S. 237, 238.

statteten Personalität zu. Wie das Prinzip der Moral (der kategorische Imperativ) gründet das Prinzip des Rechts in reiner praktischer Vernunft. Ihm kommt im äußeren Bereich ebenso praktische Notwendigkeit und unbedingte Verbindlichkeit zu wie dem subjektiven Sittengesetz im inneren Bereich.

Das allgemeine, unbedingt zu beachtende Rechtsgebot, der kategorische Imperativ des Rechts lautet nach Kant daher:

> „handle äußerlich so, daß der freie Gebrauch deiner Willkür mit der Freiheit von jedermann nach einem allgemeinen Gesetze zusammen bestehen könne."[12]

Dabei handelt es sich nach Kant um ein Gesetz,

> „welches mir eine Verbindlichkeit auferlegt, aber ganz und gar nicht erwartet, noch weniger fordert, daß ich ganz um dieser Verbindlichkeit willen meine Freiheit auf jene Bedingungen *selbst* einschränken *solle*, sondern die Vernunft sagt nur, daß sie in ihrer Idee darauf eingeschränkt *sei* und von andern auch thätlich eingeschränkt werden dürfe."[13]

Die dem Recht eigentümliche Gleichgültigkeit gegenüber den Motiven der Handlungen gilt also auch für das Rechtsgesetz der Vernunft selbst.[14] Die individuelle Handlungsfreiheit hat nur insoweit die Qualität von Recht, als sie mit jedes Anderen Freiheit, d.h. mit der Autonomie eines jeden Anderen nach einem allgemeinen Gesetz der Freiheit bestehen kann.

III. Exkurs: Kann es ein Recht auf die „Notlüge" geben?

Nach der Erläuterung von Kants Rechtsbegriffs soll nun noch einmal der im Zusammenhang der Frage nach der ethischen Schuld angesprochen Überlegung[15] nachgegangen werden, ob es unter besonderen Umständen ein *Recht* geben könne, zu lügen. Nach Kant gilt das Lügenverbot absolut. Auch derjenige, der einen anderen Menschen aus einer Nothilfesituation heraus belügt, soll sich dazu nicht auf ein entsprechendes Recht berufen können. Das soll nach Kant selbst für den Fall gelten, dass sich ein Freund in unserem Haus versteckt hält und wir von seinem potentiellen Mörder nach seinem Versteck gefragt werden.[16] Kant begründet seine Haltung in seiner Schrift: *Über ein vermeintes*

12 *Kant*, AA VI, MSR, S. 231.

13 *Kant*, AA VI, MSR, S. 231.

14 Vgl. *Kersting, W.*, Kant-Lexikon, B. 3, S. 1901, Stichwort „Recht".

15 S. oben: Teil 1, Kap. 8, F), II.

16 Seine Auffassung hat Kant zunächst viel Kritik eingebracht. Hegel ging soweit ihm vorzuwerfen, der kategorische Imperativ sei nur eine Leerformel. (*Georg Wilhelm Friedrich Hegel*, Vorlesungen über die Geschichte der Philosophie III., Werke in 20 Bänden, Bd. 20, Frankfurt 1971/1986, 367–369).

Recht aus Menschenliebe zu lügen.[17] Darin setzt er sich mit der Ansicht von Benjamin Constant[18] auseinander, der meint, die Pflicht, die Wahrheit zu sagen, gelte nur dort, wo jemand ein *Recht* darauf habe.[19]

Constant:

> „Der sittliche Grundsatz: es sei eine Pflicht die Wahrheit zu sagen, würde, wenn man ihn unbedingt und vereinzelt nähme, jede Gesellschaft zur Unmöglichkeit machen. Den Beweis davon haben wir in den sehr unmittelbaren Folgerungen, die ein deutscher Philosoph[20] aus diesem Grundsatze gezogen hat, der so weit geht zu behaupten: daß die Lüge gegen einen Mörder, der uns fragte, ob unser von ihm verfolgter Freund sich nicht in unser Haus geflüchtet, ein Verbrechen sein würde. (...) Es ist eine Pflicht, die Wahrheit zu sagen. Der Begriff von Pflicht ist unzertrennbar von dem Begriff des Rechts. Eine Pflicht ist, was bei einem Wesen den Rechten eines anderen entspricht. Da, wo es keine Rechte gibt, gibt es keine Pflichten. Die Wahrheit zu sagen, ist also eine Pflicht; aber nur gegen denjenigen, welcher ein Recht auf die Wahrheit hat. Kein Mensch aber hat Recht auf eine Wahrheit, die anderen schadet."[21]

Zu Constants Argumentation fällt zunächst auf, dass er offenbar nicht zwischen den Begriffen *Wahrheit* und *Wahrhaftigkeit* unterscheidet. Wie bereits ausgeführt ist der Gegensatz zur Lüge aber nicht die Wahrheit, die wir nie in unserem Besitz haben, sondern die Wahrhaftigkeit. Insoweit sei auf die oben gemachte Abgrenzung Bezug genommen.[22]

Für Kant geht es in seiner Antwort auf Constant auch nicht um die Frage nach der Zulässigkeit einer Lüge, wenn sie einzig geeignet ist, eine nicht anders ausweichbare Gewalt im Sinne einer „Nothilfe" abzuwehren. Die Zulässigkeit

---

17 *Kant*, AA VIII, Über ein vermeintes Recht aus Menschenliebe zu lügen, S. 425–430.

18 Benjamin Constant, eigentlich Henri-Benjamin Constant de Rebecque, (1796–1830) war ein Schriftsteller, Politiker und Staatstheoretiker schweizerischer Herkunft.

19 Mit dieser Argumentation hatte schon Grotius die List und die Lüge im Kriegsfall gerechtfertigt, zit. Wörterbuch der philosophischen Begriffe, a.a.O. Stichwort „Lüge", S. 390, m.w.N.

20 Constant bezog seine Bemerkung auf den Theologen und Orientalisten *Johann David Michaelis* (1717–1791) und dessen Schrift: Moral, Hrsg. Carl Friedrich Stäudlin, Göttingen, 1792. (Vgl. de. Wikipedia. org: „Über ein vermeintliches Recht aus Menschenliebe zu lügen", Fn. 1) In seiner Schrift hat Kant sich die von Constant kritisierte Auffassung jedoch zu eigen gemacht: „Daß dieses wirklich an irgend einer Stelle, deren ich mich aber jetzt nicht mehr besinnen kann, von mir gesagt worden, gestehe ich hiedurch." (Vgl. *Kant*, AA VIII S. 425 Anm.1).

21 *Constant, Benjamin*, in: Cramer, Karl-Friedrich (Hrsg.) Des reactiones politques – Von den politischen Gegenwirkungen, in: Frankreich im Jahr 1797. Aus den Briefen deutscher Männer in Paris, 6. Stück, Nr. 1, S. 123–127 (S. 124); s.a. *Kant*, AA VIII, S. 425 Anm.1.

22 S.h. oben Teil 1, 8. Kap., E), I. f.

einer solchen Lüge hat Kant selbst bejaht, soweit denn die Voraussetzungen dafür tatsächlich vorliegen.

> „Wenn alle gut gesinnt wären, so würde es nicht allein Pflicht seyn nicht zu lügen, sondern es möchte es auch keiner thun, weil er nichts zu besorgen hätte. Aber jetzt, da die Menschen boshaft sind, so ist es wahr, dass man oft durch die pünktliche Beobachtung der Wahrheit Gefahr läuft, und daher hat man den Begriff der Nothlüge bekommen, welches ein sehr critischer Punkt für einen moralischen Philosophen ist. (…) Sofern ich gezwungen werde durch Gewalt, die gegen mich ausgeübt wird, ein Geständnis von mir zu geben und von meiner Aussage ein unrechtmäßiger Gebrauch gemacht wird, und ich mich durchs Stillschweigen nicht retten kann, so ist die Lüge eine Gegenwehr; die abgenöthigte Declaration, die gemißbraucht wird, erlaubt mir, mich zu verteidigen. (…) Also ist kein Fall, wo eine Nothlüge statt finden soll, als wenn die Declaration abgezwungen wird und ich auch überzeugt bin, daß der andere einen unrechtmäßigen Gebrauch davon machen will."[23]

In seiner Auseinandersetzung mit Constant wehrt Kant sich vielmehr gegen dessen Behauptung, die Wahrheit zu sagen, sei nur eine Pflicht gegenüber demjenigen, welcher ein *Recht* auf die Wahrheit habe. Nach Kant hat jedermann ein Recht auf eine wahrhaftige Aussage, ungeachtet seiner Motive, die ihn veranlasst haben, einen anderen zu befragen und zwar selbst dann, wenn der Fragende die erhoffte Antwort gar dazu missbrauchen will, einem Dritten zu schaden. Derjenige, der einen anderen belügt, kann dies nicht mit der vermuteten Rechtlosigkeit dessen begründen, den er belügt. Andernfalls bediente sich der Lügner des Menschen, den er belügt (hier also des vermuteten Mörders), nur noch als Mittel nicht aber mehr zugleich als Zweck an sich. Kant unterscheidet die Menschen insoweit nicht nach ihren Taten oder danach, ob sie im Recht sein könnten oder nicht. Auch ein Mörder ist eine Person. Und darauf kommt es hier an. Auf Constant erwidert Kant daher folgerichtig:

> „Wahrhaftigkeit in Aussagen, die man nicht umgehen kann, ist formale Pflicht des Menschen gegen Jeden, es mag ihm oder einem Andern daraus auch noch so großer Nachtheil erwachsen; und ob ich zwar dem, welcher mich ungerechterweise zur Aussage nöthigt, nicht Unrecht thue, wenn ich sie verfälsche, so thue ich doch durch eine solche Verfälschung, die darum auch (obzwar nicht im Sinn des Juristen) Lüge genannt werden kann, im wesentlichsten Stücke der Pflicht *überhaupt* Unrecht: d.i. ich mache, so viel an mir ist, daß Aussagen (Declarationen) überhaupt keinen Glauben finden, mithin auch alle Rechte, die auf Verträgen gegründet werden, wegfallen und ihre Kraft einbüßen; welches ein Unrecht ist, das der Menschheit überhaupt zugefügt wird. Die Lüge also, bloß als vorsetzlich unwahre Declaration gegen einen anderen Menschen definirt, bedarf nicht des Zusatzes, daß sie einem Anderen schaden müsse; wie die Juristen es zu ihrer Definition verlangen (mendacium est falsiloquium in praeiudicium alterius[24]). Denn sie schadet je-

23 *Kant*, Vorlesungen über Moralphilosophie, AA, XXVII, S. 448, 449.

24 Zu Deutsch: „Eine Lüge ist eine Falschaussage zum Schaden eines Anderen".

> derzeit einem Anderen, wenn gleich nicht einem andern Menschen, doch der Menschheit überhaupt, indem sie die Rechtsquelle unbrauchbar macht."[25]

Eine Lüge beeinträchtigt immer die Tugend der Wahrhaftigkeit. Nutzenüberlegungen haben dahinter zurück zu treten. In ethischer Hinsicht bedeutet eine Lüge schon im Verhältnis zu mir selbst eine „Nichtswürdigkeit", d.h. eine Herabwürdigung meiner eigenen Person, zu der ich mich mit einer Lüge in Widerspruch setzte. Das gilt erst recht, wenn ich den Inhalt meiner Aussage gegenüber einem anderen unzutreffend als wahrhaftig erkläre. Denn dann misbrauche ich meine Freiheit auch noch dazu, die Freiheit des Anderen zu verletzen, da ich ihm so die Möglichkeit nehme, autonom mit der als wahrhaftig angenommenen Aussage umzugehen. Die Pflicht zur Wahrhaftigkeit gilt also ganz grundsätzlich, weil das Vertrauen auf Wahrhaftigkeit einer der Grundsätze ist, die die menschliche Gesellschaft erst zusammenhält.

Allgemein mag man diese Pflicht noch nachvollziehen. Aber sollte tatsächlich selbst derjenige, der mit seiner an mich gerichteten Frage unlautere Absichten verfolgt, ein *Recht* darauf haben, dass ich auch ihm gegenüber wahrhaftig bin? Zur Beantwortung dieser Frage soll Kants Argumentation gegen Constant noch etwas genauer verfolgt werden.[26] Zunächst sieht Kant in der Hauptthese von Constant: „Die Wahrheit zu sagen ist eine Pflicht, aber nur gegen denjenigen, welcher ein Recht auf die Wahrheit hat" einen Fehlschluss. Auch für Kant ist es „ein Wort ohne Sinn, von einem Recht auf Wahrheit zu sprechen."[27] Die Wahrheit falle nicht unter die Gegenstände des Sachenrechts und es hängt nicht von dem Willen des Einzelnen ab, ob er die Wahheit *besitzt* oder nicht. Die Wahheit kann man nicht besitzen. Zutreffend ist nach Kant hingegen die Formulierung, wonach der Mensch „ein Recht auf seine eigene Wahrhaftigkeit (...), d.i. auf die subjektive Wahrheit in seiner Person"[28] habe. Dann zergliedert Kant die mit den Vorhaltungen Constats angesprochene Problematik in die beiden folgenden Fragen:

> „Nun ist die *erste Frage*: ob der Mensch in Fällen, wo er einer Beantwortung mit Ja oder Nein nicht ausweichen kann, die *Befugniß* (das Recht) habe unwahrhaft zu sein. Die *zweite Frage* ist: ob er nicht gar verbunden sei in einer gewissen Aussa-

---

25 *Kant*, AA VIII, Über ein vermeintes Recht aus Menschenliebe zu lügen, S. 426.

26 Die folgenden Ausführungen folgen im Wesentlichen denen von *Rainer Zaczyk* in: Das Recht auf die Lüge in: Strafe und Prozess im freiheitlichen Rechtsstaat – Festschrift für Hans-Ulrich Paeffgen zum 70. Geburtstag am 2. Juli 2015., Schriften zum Strafrecht, Band 280, S. 81–95.

27 Vgl. *Kant*, VRL AA VIII, S. 426.

28 Ebenda.

> ge, wozu ihn ein ungerechter Zwang nöthigt, unwahrhaft zu sein, um eine ihn bedrohende Missethat an sich oder einem Anderen zu verhüten."[29]

In Kants erster Frage wird von Recht gesprochen; in der zweiten von Pflicht.

IV. Zum Recht auf Unwahrhaftigkeit angesichts von Rechtlosigkeit

Zu der ersten weist Kant nun auf das Recht jedes Menschen auf seine eigene Wahrhaftigkeit hin, auf die subjektive Wahrheit in seiner Person. Niemand kann einem anderen verbieten, wahrhaftig in dem zu sein, was er sagt. In einem weiteren Schritt erweitert Kant dieses Recht (auf eigene Wahrhaftigkeit) auf eine „formale Pflicht gegen jeden"[30] (stets vorausgesetzt, dass man einer Aussage nicht ausweichen kann).[31] Löge jemand in einer solchen Situation, missachtete er also zunächst sein Recht auf Wahhaftigkeit in seiner eigenen Person. Wichtig ist nun zu sehen, dass sich aus der mit dem Recht korrespondierenden Pflicht zur Wahrhaftigkeit gegen sich selbst auch eine Rechtspflicht ergibt, als sie im Verhältnis zu anderen ihre handlungsleitende Kraft entfaltet.[32] Da es sich bei dem Recht nach Kant nicht nur um eine Pflichtenlehre handelt, sondern um „einen Bau aus Rechten und auf ihnen ruhenden, mit ihnen verbundenen Pflichten", müsse, so der Jurist und Rechtsphilosoph Rainer Zaczyk, „die Rechtspflicht der Wahrhaftigkeit ein Recht als Grund haben".[33] Diesen Grund sehe Kant „im Recht der Menschheit in unserer eigenen Person".[34] Kant erweitert mit seiner Rechtsphilosophie also den kategorischen Imperativ (als Grundbedingung der Freiheit des Menschen) über den Begriff der Menschheit (in uns allen) für das Recht. Zaczyk führt dazu weiter aus:

> „Der kategorische Imperativ ist da nicht mehr allein Grund meiner *eigenen* sittlichen Selbständigkeit, sondern zugleich und erweitert der Grund unserer gemeinsamen rechtlichen Freiheit. Im 'Recht der Menschheit in mir' ist jedoch nicht das Rechtsverhältnis zu einem konkret anderen Menschen thematisch und also kein 'äußeres Mein und Dein', es ist vielmehr das fundamentale Im-Recht-Sein jedes Menschen gemeint, das einzige angeborene Recht, die Freiheit. Dieses Recht muss nicht erst erworben und von anderen anerkannt werden, es liegt jedem rechtlichen Akt voraus, kommt jedem Menschen zu und stellt eine Einheit zwischen Recht und

---

29 *Kant*, Über ein vermeintes Recht aus Menschenliebe zu lügen, VRL AA VIII, S. 426.

30 *Kant*, VRL AA VIII, S. 426.

31 Vgl. *Zaczyk, R*, Das Recht auf die Lüge, a.a.O. S. 85.

32 Vgl. *Zaczyk, R*, Das Recht auf die Lüge, a.a.O. S. 86.

33 *Zaczyk, R*, Das Recht auf die Lüge, a.a.O. S. 86.

34 Ebenda mit Verweis (in Fn. 26) auf *Kant*, VLR, AA VIII, 426 und MdS, AA VI, S. 237 f.

> Sein des Menschen dar. In ihm wird der je Einzelne mit allen anderen zu einem Allgemeinen verbunden, das ihn gleich wohl in seiner Besonderheit erhält.“[35]

Aus diesen fundamentalen Bestimmungen heraus widerlegt Kant nun, Zaczyk zufolge, Constants Argument, wonach ein *absolutes* Lügenverbot jede Gemeinschaft zur Unmöglichkeit mache. Sähe man in dem Lügenverbot kein absolutes Verbot, könnte jeder in jeder Lage (aus welchen Motiven heraus auch immer) für sich einen Ausnahmegrund von der Pflicht zur Wahrhaftigkeit in Anspruch nehmen. Zwar beziehe Kant das zunächst auf Verträge, weise dann aber allgemein darauf hin, dass die Anerkennung der Lüge als Prinzip „die Rechtsquelle unbrauchbar mache“.[36] Zu Kants Begriff der *Rechtsquelle* weist Zaczyk weiter auf folgendes hin:

> „Rechtsquelle ist für Kant zum einen die rechtlich-praktische Vernunft des Einzelnen, immer schon gedacht im Verhältnis zum anderen als Gleichberechtigung. Da weiter jedoch aus dieser wechselseitig bestimmten Rechtsstellung der Einzelnen die Notwendigkeit einer freiheitlichen Gemeinschaft unter Menschen allgemein folgt, damit jeder seines Rechts sicher teilhaftig werden kann, diese Gemeinschaft aber aus der Idee eines Vertrages folgt, ist ein Recht zur Lüge in sich widersprüchlich: Die Konstitution der Gemeinschaft selbst stünde unter dem Vorbehalt, dass dieser Vertrag nicht an opportunistischen Lügen krankt.“[37]

Nach Zaczyk ist dies der Grund dafür, dass Kant sagen kann, der Ausschluss eines solchen vermeintlichen Rechts auf Lüge werde nicht erst durch die juristische Bestimmung sinnvoll, wonach einem anderen mit der Lüge erst konkret geschadet werden (nocere) müsse.[38] Dann hätte nur derjenige ein Recht, nicht belogen zu werden, der gegen den Sprechenden nichts Böses im Schilde führte. Vielmehr werde der ganzen Menschheit (als auf Freiheitsverhältnisse orientiert) in einem prinzipiellen Sinne geschadet, wenn man ein solches Recht zu lügen postulierte und einen anderen deshalb belöge.[39]

Aus der Metaphysik der Sitten werde dann deutlicher, so führt Zaczyk weiter aus, dass sich das Recht der Menschheit unmittelbar ableitet vom dem einzigen, jedem Menschen angeborenen Recht: der Freiheit des Menschen, die ihm (nach Kant) von Natur aus zukommt.[40] Auf diesem Recht gründet die Pflicht

35 Ebenda mit Verweis (in Fn. 28) zu den damit verbundenen Folgerungen für den Rechtsbegriff auf: *Zaczyk, R.*, Selbstsein und Recht, 2014.

36 *Kant*, VRL AA VIII, S. 426.

37 *Zaczyk, R*, Das Recht auf die Lüge, a.a.O. S. 87.

38 Ebenda mit Verweis (in Fn. 34) auf *Kant*, VRL, AA 8, 426.

39 *Zaczyk, R*, Das Recht auf die Lüge, a.a.O. S. 87.

40 Vgl. *Kant*, MsS, AA VI, S. 237 f.

(Rechtspflicht) des Einzelnen, ein rechtlicher Mensch zu sein (honeste vive[41]). Dieses Recht würde Zaczyk zufolge lädiert, wenn man die Lüge einfach neben die Wahrheit (Wahrhaftigkeit) stellte. Wenn Kant davon spreche, dass diese fundamentale Wahrheitspflicht des Menschen eine *formale* Pflicht sei, so sei damit nicht eine abstrakte, gleichsam überweltliche Pflicht gemeint. Es handele sich vielmehr um eine aus einem Recht fließende Pflicht, die eine Bedingung der Möglichkeit allen Rechts ist und in jeder einzelnen Rechtsbestimmung als Fundament enthalten ist. Insoweit gebe sie einem Vernunftrecht formende Substanz.[42] Dieser fundamentale Zusammenhang lässt keine Ausnahme zu. Die Pflicht der Wahrhaftigkeit macht „keinen Unterschied zwischen Personen (…), gegen die man diese Pflicht haben, oder gegen die man sich auch von ihr lossagen könne". Sie ist „eine unbedingte Pflicht (…), die in allen Verhältnissen gilt".[43]

V. Zur Pflicht unwahrhaftig zu sein, wenn die Wahrhaftigkeit schadet

Aus dem Vorstehenden wird einmal deutlich, dass das Recht, als in der Idee des Vertrages unter Gleichen wurzelnd, nicht ein von der Ethik getrennt zu betrachtendes System ist. Das Recht ist Teil der Ethik (wobei der Begriff Moral beiden als Oberbegriff vorsteht). Aus der Freiheit des Einzelnen folgt notwendig das Recht, denn mit ihm ist die Idee der Menschheit nicht nur in mir selbst, sondern in uns allen betroffen. Das so verstandene Recht bildet gewissermaßen die Grundlage jeder Individualethik in einem fundamentalen Sinne. Mit der Aufgabe des (Vernunft-)Rechts würde der Menschheit ihre, die einzelnen Menschen mit einander als Gleiche verbindende, moralische Grundlage entzogen. So wie jeder ein Recht auf Wahrhaftigkeit in seiner eigenen Person hat, so hat jede Person, ungeachtet ihrer Individualität, auch wechselseitig ein Recht auf Wahrhaftigkeit in der Person des anderen. Die Grundlage der Moral, die in der Menschheit als solcher liegt, würde in Frage gestellt, wenn das Lügenverbot in seiner grundsätzlichen Bedeutung eine utilitaristisch begründete Ausnahme zuließe. Akzeptierte man eine solche Ausnahme, bedeutete das die Ignoranz der Person und in letzter Konsequenz die Eröffnung nackter Gewalt. Ein *Recht* auf die Lüge kann es daher nicht geben. Aus diesen

41 Mit der Formulierung: honeste vivere (ehrenhaft leben), altrum non laedere (andere nicht schädigen), suum cuique tribuere (jedem das seine zugestehen) soll der römische Jurist Ulpian (Domitius Ulpianus, gest. 223 oder 228 n. Chr.) die Gerechtigkeit beschrieben haben. (Quelle: Wikipedia).

42 *Zaczyk*, *R*, Das Recht auf die Lüge, a.a.O. S. 87

43 *Zaczyk*, *R*, Das Recht auf die Lüge, a.a.O. S. 87 m. V. (in Fn. 37) a. *Kant*, VRL, AA VIII, S. 429.

Grundanahmen ergibt sich nun auch eine Antwort auf Kants 2. Frage, nämlich danach, ob der Mensch unter besonderen Umständen nicht doch verpflichtet sein könnte, ausnahmsweise zum Nutzen eines anderen zu lügen. Kommt der Mensch seinem Recht auf Wahrhaftigkeit in seiner Person nach und folgt er damit zugleich seiner fundamentalen (Rechts-)*Pflicht*, ehrhaft zu leben, hat niemand das Recht, ihm die von anderer Seite daran geknüpften, schlechten Folgen seiner wahrhaftigen Aussage vorzuwerfen. Der Mensch muss wahrhaftig in seinen Aussagen sein, mag diese Pflicht „nun ihm selbst oder anderen schaden".[44] Deshalb hat auch niemand die *Pflicht*, zum Nutzen eines anderen zu lügen.[45]

B) Unrecht und Schuld

Aus dem kantischen Begriff des Rechts[46] lässt sich im Umkehrschluss ableiten, was wir unter *Unrecht* verstehen können. Unrecht bedeutet ein System von Bedingungen, unter denen die Willkür des einen mit der Willkür des anderen *nicht* nach einem allgemeinen Gesetz der Freiheit zusammen vereinigt werden kann. Wessen Prinzip seines Willens also darauf gerichtet ist, die Freiheit des Anderen nach einem allgemeinen, für uns als Gleiche geltenden Gesetz der Freiheit zu missachten, handelt unrecht. Aus dem Begriff des Unrechts i.S. einer *die Freiheit eines anderen beeinträchtigenden Tat* lässt sich nun auch das Wesen der juridischen Schuld als einem Verstoß gegen den kategorischen Imperativ des Rechts ableiten: Schuldhaft im juridischen Sinne handelt, dessen äußerer Gebrauch seiner Willkür (willentlich und wissentlich, d.h. vorsätzlich oder vermeidbar fahrlässig) darauf gerichtet ist, die Freiheit eines Anderen in der Weise zu missachten, dass sein Tun mit der Freiheit dieses Anderen nicht nach einem allgemeinen Gesetz (der Freiheit) zusammen bestehen kann.

---

44 *Kant*, VRL, AA VIII, S. 428.

45 Vgl. *Zaczyk, R*, Das Recht auf die Lüge, a.a.O. S. 89.

46 Vgl. *Kant*, AA, VI, MSR, Einleitung, § B III, 34 f.

Drittes Kapitel: Unrecht, Zwang und Strafe

A) Unrecht und Zwang

I. Recht als die Befugnis zu zwingen

Betrachten wir das Recht aus der Perspektive des Beobachters, dann erscheint es als Grundprinzip einer symmetrischen, äußeren Freiheitsordnung, das die unbedingte verbindliche Grundbedingung friedlicher Koexistenz der Menschen untereinander überhaupt formuliert. Betrachten wir das Recht aus der subjektiven Perspektive, dann erscheint es nach Kant weiter als das „*Vermögen*, Andere zu verpflichten".[1] Kant definiert das normative Profil des subjektiven Rechts daher als Verpflichtungsfähigkeit und Verpflichtungsbefugnis. Menschen können nur deshalb Rechte haben, weil sie reine praktische Vernunft besitzen und als Ausfluss ihrer Freiheit, dem einzigen Menschenrecht, autonom einen guten Willen im Sinne des kategorischen Imperativs bilden können. Deshalb können sie sowohl Setzer als auch Adressat von Verpflichtungen sein. Vor diesem Hintergrund leitet Kant aus dem Begriff des allen Menschen in gleicher Weise zukommenden Rechts (Freiheit) eine weitere, für ihn notwenige Konsequenz ab: Die Legitimation des Zwangs.

> „Nun ist alles, was Unrecht ist, ein Hinderniß der Freiheit nach allgemeinen Gesetzen: der Zwang aber ist ein Hinderniß oder Widerstand, der der Freiheit geschieht. Folglich: wenn ein gewisser Gebrauch der Freiheit selbst ein Hinderniß der Freiheit nach allgemeinen Gesetzen (d.i. unrecht) ist, so ist der Zwang, der diesem entgegengesetzt wird, als *Verhinderung* eines *Hindernisses der Freiheit* mit der Freiheit nach allgemeinen Gesetzen zusammen stimmend, d.i. recht: mithin ist mit dem Rechte zugleich eine Befugniß, den, der ihm Abbruch thut, zu zwingen, nach dem Satze des Widerspruchs verknüpft."[2]

Nach Kant kann man sich Recht deshalb

> *„auch als die Möglichkeit eines mit jedermanns Freiheit nach allgemeinen Gesetzen zusammenstimmenden durchgängigen wechselseitigen Zwanges.*"[3]

vorstellen. „Recht und Befugniß zu zwingen bedeuten also einerlei."[4]

---

1 *Kant*, AA VI, MSR, S. 237.
2 *Kant*, AA VI, MSR, S. 231.
3 *Kant*, AA VI, MSR, S. 232.
4 *Kant*, AA VI, MSR, S. 232.

https://doi.org/10.1515/9783110696462-014

Aus der Pflicht der Gewährleistung von Freiheit, wie sie jedem Menschen von Natur aus „angeboren" ist, folgt für Kant allerdings auch die *Pflicht*, uns dort zu wehren bzw. uns gegenseitig beizustehen, wo wir aufgrund der Missachtung der Freiheit des einen durch den anderen nicht in der Lage sind, als Personen im Rahmen des Rechts von unserer Autonomie Gebrauch zu machen. Dort wo Menschen bewusst die Freiheit des Anderen durch den Missbrauch ihrer Freiheit vereiteln, wo sie sich mithin in juridische Schuld verstricken, fordert das Recht, sich dieses Missbrauchs der Freiheit zu erwehren. Unter Berücksichtigung des beim Staat liegenden Gewaltmonopols besteht die Aufgabe des Staates darin, das Recht zu gewährleisten. Als Mittel gegen das Unrecht kommen dazu einerseits bestimmte Maßnahmen[5] in Betracht und andererseits die staatliche Strafe.

II. Strafe

Ähnlich wie hinsichtlich der Schuld, ist zunächst nicht eindeutig, was staatliche Strafe eigentlich meint. Auch bei ihr handelt sich nicht um einen real existierenden, klar umrissenen Gegenstand, sondern stets auch um ein kulturelles Phänomen.[6]

1. Strafe als Missbilligung und Interessenverletzung

In seiner Grundbedeutung meint Strafe *Tadel.*[7] Insoweit geht es weniger um die Zufügung eines Übels (als Reaktion des Mächtigeren auf die Tat eines seiner Macht Unterworfenen), sondern zunächst um den Ausdruck einer Missbilligung. Diese Missbilligung geht, soweit der Staat sie zum Ausdruck bringt, regelmäßig einher mit einer Beeinträchtigung von Interessen, d.h. der Zufügung eines im Wege des Zwangs zu erduldenden Übels. Das gilt für die Strafe, die manche Eltern gegenüber ihren Kindern einsetzen, wenn sie ihnen z.B. partiell ihre äußerlich erfahrbaren Liebe entziehen. Das gilt aber auch für die Strafe, die der Staat gegenüber einem Rechtsbrecher verhängt, wenn er ihm eine Geld- oder Freiheitsstrafe auferlegt. Staatliche Strafe kann auch lediglich in einer gesellschaftlichen Stigmatisierung liegen, die der Betroffene als Folge einer von der Gesellschaft gegen ihn „verhängten" Missbilligung, z.B. in Form seiner Ausgrenzung, erlebt. Auch die gesellschaftliche Stigmatisierung verletzt

5 Auf „Maßnahmen" bzw. Maßregeln soll hier nicht eingegangen werden. Anders als die Strafe setzen sie keine Schuld voraus.

6 Vgl. *Schroth, U.*, Neues Handbuch Philosophischer Grundbegriffe, Band 3, S. 2108: „Strafe".

7 *Meiner*, Wörterbuch der philosophischen Begriffe, S. 633, Stichwort „Strafe".

die Interessen des Betroffenen. Bezichtige ich einen Menschen zu Unrecht, eine rechtswidrige Tat begangen zu haben, ohne dass der sich dagegen wehren kann, kann das auch ein unverdientes Übel sein, das seine Interessen beeinträchtigt. Für die Strafrechtler Hassemer (1940–2014) und Neumann handelt es sich bei der Strafe generell um eine Interessenverletzung, die einer Person wegen eines missbilligten Verhaltens von einer hierzu ermächtigten Instanz zugefügt wird.[8] Mag man sich auf diese allgemeine Definition von Strafe noch verständigen: Hinsichtlich der Voraussetzungen, der Ziele und der Art der Strafe gehen die Vorstellungen, in Abhängigkeit von den jeweiligen „Bezugsrahmen“[9], in denen uns *Strafe* begegnet, auseinander. Ein solcher Bezugsrahmen könnte z.B. auch eine kirchenstaatlich[10] verfasste Gesellschaft sein. Die dort verhängte Strafe hätte immer auch eine kirchenrechtliche bzw. theologisch begründete Funktion. Das ist in einem säkularen Staat, wo dem Gottesbezug für den Sinn und Zweck der Strafe keine Bedeutung zukommt, anders. Ohne ein bestimmtes Bild vom Menschen, z.B. im Sinne nicht lediglich eines höher entwickelten Tieres, sondern eines mit Vernunft und Freiheit ausgestatteten Wesens, kommt allerdings auch der säkulare Staat nicht aus.

2. Zum Zweck der Strafe

Von der Frage, was Strafe ist, ist also die Frage zu unterscheiden, was Strafe bezwecken soll. Weitgehende Einigkeit besteht noch darüber, dass ein Staat ohne jede Sanktionsmöglichkeit nicht auskommt. Andernfalls könnte er den grundlegenden, von seiner Verfassung her vorgegebenen bzw. vorgeschriebenen Normen, die in einer Gesellschaft Gültigkeit haben sollen, weder die erwünschte Durchsetzungskraft verschaffen noch in ihrer Gültigkeit erhalten. Im Übrigen gibt es zahlreiche in Betracht kommende Strafzwecke. Die *positive Generalprävention dient der* Aufrechterhaltung der Norm; die *negative Generalprävention* ihrer abschreckenden Wirkung für die Allgemeinheit. Mit der

---

8 Zit. n. *Schroth, U.*, Neues Handbuch Philosophischer Grundbegriffe, Band 3, S. 2108, Stichwort „Strafe“, Fn. 3, m.w.N.

9 Vgl. zu den Bezugsrahmen, in denen von Schuld die Rede ist *Honnefelder, L.*, Was soll ich tun, wer will ich sein? Vernunft und Verantwortung, Gewissen und Schuld, S. 87 ff.

10 Als katholischer Kirchenstaat (lat. Dicio Pontificia oder Status Pontificius) galt früher das weltlich-politische Herrschschaftsgebiet des Papstes, das seit 756 durch die Pippinische (bzw. Pippinsche) Schenkung aus den Ländereien des Bischofs von Rom (Patrimonium Petri) entstand. Es bestand nach wechselvoller Geschichte letztlich bis zum 6. Oktober 1870, als nach einer Volksabstimmung der Anschluss des Kirchenstaats an das Königreich Italien proklamiert wurde. Seit den Lateranverträgen von 1929, in denen die staatliche Souveränität des Vatikans als der weltliche Sitz des Papstes durch die italienische Regierung anerkannt wurde, gilt die Vatikanstadt in Rom als verbliebener Nachfolgestaat des Kirchenstaats. (Quelle: Wikipedia).

positiven Spezialprävention soll die Besserung und Resozialisierung des Täters mit Blick auf die für richtig erachteten Normen erreicht werden, mit der *negativen Spezialprävention* ihre Sicherung erreicht werden. Das könnte prinzipiell auch für eine rein utilitaristisch begründete Gesellschafts- bzw. Rechtsordnung gelten. Kant hat sich dagegen als Zweck der Strafe nicht für die Durchsetzbarkeit bestimmter, und seien es auch staatlich legitimierter, Interessen, sondern für die Vergeltung als Ausfluss des Talionsprinzips ausgesprochen und gegen alle Zwecke, die über die bloße Vergeltung hinausgehen:

> „*Richterliche Strafe* (poena forensis), die von der natürlichen (poena naturalis), dadurch das Laster sich selbst bestraft und auf welche der Gesetzgeber gar nicht Rücksicht nimmt, verschieden, kann niemals bloß als Mittel ein anders Gute zu befördern für den Verbrecher selbst, oder für die bürgerliche Gesellschaft, sondern muß jederzeit nur darum wider ihn verhängt werden, *weil er verbrochen* hat; denn der Mensch kann nie bloß als Mittel zu den Absichten eines Anderen gehandhabt und unter die Gegenstände des Sachenrechts vermengt werden, wo wieder ihn seine angeboren Persönlichkeit schützt, ob er gleich die bürgerliche einzubüßen gar wohl verurtheilt werden kann. Er muß vorher *strafbar* befunden sein, ehe noch daran gedacht wird, aus dieser Strafe einigen Nutzen für ihn selbst oder seine Mitbürger zu ziehen. Das Strafgesetz ist ein kategorischer Imperativ, und wehe dem ! welcher die Schlangenwindungen der Glückseligkeitslehre durchkriecht, um etwas aufzufinden, was durch den Vortheil, den es verspricht, ihn von der Strafe, aber auch nur einem Grade derselben entbinde nach dem pharisäischen Wahlspruch: ‘Es ist besser, daß *ein* Mensch sterbe, als daß das ganze Volk verderbe;’ denn wenn die Gerechtigkeit untergeht, so hat es keinen Sinn mehr, daß Menschen auf Erden leben.“[11]

Das sind deutliche Worte. Zuerst kommt die Gerechtigkeit. Dabei setzt die Strafe nach Kant, indem sie an eine Verletzung der Gerechtigkeit anknüpft, stets Schuld voraus.

> „Was jemand pflichtmäßig mehr thut, als wozu er nach dem Gesetze gezwungen werden kann, ist *verdienstlich* (meritum); was er endlich weniger thut, ist Schuldigkeit (debitum); was er endlich weniger thut, als die letztere fordert, ist moralische Verschuldung (demeritum). Der rechtliche Effect einer Verschuldung ist die Strafe (poena);“[12]

Liegt der Strafzweck lediglich in der utilitaristisch begründeten Durchsetzbarkeit (irgend) einer Norm oder der „Normenordnung“ als solcher, kann es für die Legitimation von Strafe auf individuelle Schuld nicht ankommen. Das Schuldprinzip spielt dann in einem moralisch begründeten Sinne keine Rolle. Der Begriff der Schuld orientierte sich allenfalls z.B. lediglich an den von einem beliebigen Straftatbestand abgeleiteten „Schuldformen“ Vorsatz und/

11 *Kant*, AA VI, MSR, S. 331, 332.

12 *Kant*, AA VI, MSR, S. 227.

oder Fahrlässigkeit, die ihrerseits keinerlei Bezug mehr hätten zu einem, in einem überpositiven Verständnis von Schuld wurzelnden, Verbrechensbegriff.

B) Gnade, Strafe und Vergebung

I. Gnade bei Kant

1. Gnade als Ratschluss eines Oberen zur Erteilung des Guten

Das Wesen der Gnade beschreibt Kant mit Blick auf das Verhältnis desjenigen, der sie erteilt, zu demjenigen, dem sie zuteil wird. Für ihn ist Gnade,

> „der Rathschluß (…) eines Oberen zu Ertheilung eines Guten, wozu der Untergeordnete nichts (…) als die (moralische) Empfänglichkeit hat (…).“[13]

Auch Gott darf man sich nach Kant

> „nicht als *gnädig*, mithin *nachsichtlich* (indulgent) für die Schwäche der Menschen, (…) vorstellen.“[14]

Kant geht es nicht darum, dass der Mensch heilig im Sinne einer bestimmten, kirchlich vorgegebenen Vorstellung von Heiligkeit werde, wonach die Heiligung des Menschen als unverdientes Geschenk Gottes betrachtete wird[15], sondern lediglich darum, zu gewährleisten, dass der Mensch in der Befolgung des kategorischen Imperativs als Ausfluss seiner Freiheit *sittlich gut* handeln kann. Für Kant besteht das höchste Gut darin, dass bei allen Personen Glückseligkeit und Glückswürdigkeit (Tugend) in einem proportionalen Verhältnis zu einander stehen.[16] Die Rechtfertigung für den Glauben an Gott besteht für ihn darin, dass wir uns die Möglichkeit eines höchsten Guts ohne die Annahme eines göttlichen Richters nicht verständlich machen können, wobei uns unsere moralische Praxis zwingt, eine solche Möglichkeit zu unterstellen. Die Auffassung, Gott erweise bestimmten Menschen eine (unverdiente) Gnade widerspricht daher der Kantischen Ethikotheologie. Denn für die rationale Begründung theistischen Glaubens ist entscheidend, dass Gott nicht quasi willkürlich seine Huld erweist, sondern darin, dass er, gewissermaßen als Antwort auf das Verhalten moralischer Subjekte, ihnen die ihrem Verhalten „angemessenen

---

13 *Kant*, AA VI, RGV, S. 75 (Anm.).

14 *Kant*, AA VI, RGV, S. 141.

15 Vgl. h. die Ausführungen zum Augustinischen Gnadenverständnis unter Teil 1, 4. Kap., B), IV.

16 *Kant*, AA V, KpV, S. 110; Vgl. a. *Weidemann, Christian*, Kant-Lexikon, B.1, S. 885, „Gnade“.

Folgen“[17] erteilt. Wer also denkt, er könne sich Gott mit Hilfe eines Gnadenmittels – unabhängig von den eigenen moralischen Anstrengungen – geneigt machen, wer nicht „guter Diener“, sondern „Favorit“ Gottes sein will, missversteht das Wesen der Religion.[18] Dennoch räumt Kant ein, dass, „was die Natur in uns nicht vermag, die Gnade bewirken“[19] wird, wobei auch hier gilt, dass uns die göttliche Gnade nur unter der Bedingung zustattenkommt, dass wir „unsere eigenen Kräfte (…) nach Möglichkeit benutzt haben“.[20]

2. Begnadigung bei Kant

Unverdiente *Vergebung* als gnädige Antwort Gottes auf das Bekenntnis der Sünden kommt für Kant entsprechend dem Proportionalitätsgedanken also ebenfalls nicht in Betracht. Seine Haltung gegenüber der Aufhebung oder Minderung von Strafen ist konsequent restriktiv. Die Begnadigung von Übeltätern verstößt gegen den Grundsatz der (austeilenden) Gerechtigkeit, der seiner Auffassung nach für die vernunftgemäße Einrichtung jedes Staates grundlegend ist.[21] Im Übrigen kann das Recht zur Begnadigung nur von einer Person oder Institution ausgeübt werden, gegen die selbst „kein Zwangsrecht Statt hat“.[22] Es verdiene daher auch als einziges „den Namen des Majestätsrechts“[23], das ohne eine entsprechende Kontrolle dieser „Majestät“ allerdings mit Ungerechtigkeiten verbunden sein kann. Für Kant ist es vor allem die Sünde, eng verstanden als die Bösartigkeit in der menschlichen Natur, die nicht die Gnade, sondern das Strafgesetz notwendig macht.[24]

> „Gnade aber (d.i. die durch den Glauben an die ursprüngliche Anlage zum Guten in uns und die durch das Beispiel der Gott wohlgefälligen Menschheit an dem Sohne Gottes lebendig werdende Hoffnung der Entwickelung dieses Guten) kann und soll in uns (als Freien) noch mächtiger werden, wenn wir sie nur in uns wirken, d.h. die Gesinnungen eines jenem heil. Beispiel ähnlichen Lebenswandels thätig werden lassen.“[25]

---

17 Vgl. *Weidemann, Ch.*, Kantlexikon, B.1, S. 885, Stichwort „Gnade“.

18 Vgl. *Weidemann, Ch.*, Kantlexikon, B.1, S. 886, Stichwort „Gnade“.

19 Ebenda.

20 Ebenda.

21 *Weidemann, Ch.*, Kantlexikon, B.1, S. 885, Stichwort „Gnade“.

22 Ebenda.

23 Ebenda.

24 Vgl. *Eisler, R.*, – Kant Lexikon, Stichwort: „Gnade“.

25 *Kant*, AA VII, Streit der Fakultäten, S. 43.

3. Strafe: Gnade oder Vergebung

Geht man davon aus, dass die Ausstattung des Menschen mit Vernunft und Freiheit das eigentliche unverdiente Geschenk Gottes, d.h. Gnade, wie Pelagius sie zu verstehen scheint, ist, dann bedarf es für die moralische Richtigkeit seines Urteils in der konkreten Konfliktsituation keiner, über seine Begabung zu Autonomie und freier Übernahme von Verantwortung hinausgehenden, weiteren „Gnade". Strafe hätte dann die Aufgabe, das durch die Verfehlung des Täters, der sich trotz seiner natürlichen Befähigung zur Respektierung der Freiheit des anderen, entstandene, d.h. schuldhaft begangene Unrecht „auszugleichen".

Mit der christlichen Theologie kommt der Gedanke der Vergebung zu der lediglich im Wege des Zwangs verordneten Wiederherstellung einer Ordnung hinzu. Mit einem säkularen Verständnis wäre dieser Gedanke zwar nicht mehr zwingend an die Vorstellung eines erst kirchlich vermittelten Gottesbildes gebunden. Damit verschwindet er in seiner Bedeutung aber nicht bereits aus den zwischenmenschlichen Beziehungen. So wie ein Mensch einem andern nach dessen ungebetener Beeinträchtigung, ohne eine Gegenleistung dafür anzubieten, sagen kann: „bitte verzeih mir", so kann sein Gegenüber ihm mit Blick auf den Menschen als Zweck an sich, als Ausfluss von Vernunft und Freiheit autonom antworten: „ich verzeihe dir"; weil er eine Person ist, die einer Person begegnet. Allerdings darf hier nicht unberücksichtigt bleiben, dass es nicht um irgendeine Verfehlung geht, die verziehen werden soll. Von Unrecht sprechen wir nicht bereits, wenn es lediglich um eine „lasterhafte" Störung geht. Unrecht gilt es vielmehr erst dann mit dem Mittel der Strafe zu ahnden, wenn das „Verbrochene" zumindest auch in der Verletzung der Freiheit eines anderen besteht. Das gilt auch für die „staatliche Vergebung". Geht man mit Kant davon aus, dass das die Menschen untereinander verbindende Element ihre Freiheit ist, dann handelt es sich bei der zu schützenden Ordnung dieser Freiheit um eine im Verhältnis zum Naturzustand stets neu zu konstituierende Ordnung des Rechts.[26] Handelten die Menschen im juridischen Bereich konsequent nach dem kategorischen Imperativ des Rechts[27], wäre Strafe als obrigkeitsstaatliches Steuerungselement nicht erforderlich. Erforderlich zur Gewährleistung einer Ordnung des Rechts ist Strafe nur dort, wo jene Freiheit zu Unrecht verletzt wird.

Dennoch gewinnt mit dem Bekenntnis zur Freiheit auch die Erfahrung gegenseitiger Schuld als einer menschlichen Grenzsituation eine besondere Bedeutung. Ein Strafrechtssystem, das die Möglichkeit der Verzeihung selbst im

---

26 *Kant*, AA VI, MSR, S. 230.

27 *Kant*, AA VI, MSR, S. 231.

Falle einer dem Geschädigten gegenüber bekannten Reue des Straftäters völlig ignorierte, führte als Ausdruck staatlicher Missachtung der Menschheit in der Person der Betroffenen ggf. erneut zu Schuld, wenn der in seiner Freiheit Verletzte, der Geschädigte, die Bitte um Vergebung schon angenommen hätte. Mit Bezug auf denjenigen, der „verbrochen" hat aber glaubhaft bereut, käme es dann auf einen Ausgleich im Sinne einer staatlichen Wiederherstellung einer verletzten Ordnung nur noch auf ein, von den von der konkreten Tat Betroffenen losgelöstes, formales Prinzip der Gerechtigkeit an. Wo Vergebung also stattfindet und ausreicht, die Verhältnisse einer friedlichen Ordnung der Freiheit wiederherzustellen, könnte „Gnade" im Vergleich zur Strafe ggf. das tauglichere Mittel sein. Hinsichtlich dieser Argumentation müssen wir uns jedoch bewusst machen, dass wir auch hier Gefahr laufen, mit ethischen Argumenten den juridischen Sinn oder Unsinn der Strafe zu untergraben. Wo die Freiheit eines anderen zu Unrecht verletzt wird, lassen sich Reue und Vergebung weder erwarten noch verordnen. Das Gebot der christlichen Nächstenliebe betrifft wie der Glaube selbst den Bereich der Ethik. Geht es dagegen um den Ausgleich legitimer *Interessen* als Ausfluss des individuell für praktisch vernünftig Erachteten, ist also der Freiheitsspielraum des anderen betroffen, geht es um Fragen des Rechts. Juridische Schuld kann als ein Hindernis der Freiheit nicht toleriert werden und ohne Strafe bleiben, will man nicht die Freiheit selbst der Beliebigkeit der ethischen Gesinnung Einzelner überlassen.

Dem Gedanken einer unter dem Aspekt der Gnade gewährten, unverdienten Vergebung Gottes könnte allerdings dort eine besondere Bedeutung zukommen, wo sich das System, dessen Ordnung die christliche Nächstenliebe und die daraus abgeleitete Vergebung als besonderes Schutzgut gewährleisten soll, selbst als heiligmachender Ort der Gnade versteht. Das Kirchenrecht der katholischen Kirche könnte diesem Gnadengedanken nach seinem Selbstverständnis also vielleicht am ehesten entsprechen. Christus, als dessen Nachfolgeorganisation sich die Kirche versteht, kam bekanntlich nicht um zu strafen, sondern um durch die Hingabe seines eigenen Lebens zur Tilgung fremder Schuld ein Beispiel liebender Verzeihung Gottes zu geben.

Viertes Kapitel: Strafe nach dem CIC

Um die Bedeutung der Strafe in der Kirche näher zu verstehen, erscheint es sinnvoll, sich mit dem dort vertretenen Begriff der *Kirchenstrafe* näher zu befassen. Das für die Strafe in der katholischen Kirche maßgebliche Gesetzbuch ist der Codex Iuris Canonici (CIC[1]). Eine Legaldefinition der Strafe enthält der CIC leider nicht. Wir sind also gehalten, den Sinn und Zweck der Strafe aus seinen übrigen Normen sowie aus der gelebten Strafpraxis der Kirche zu erschließen.

In can. 1312 CIC werden lediglich bestimmte *Strafmittel* aufgezählt:

> Can. 1312 – § 1.: „Strafmittel in der Kirche sind:
> 1° Besserungs- oder Beugestrafen, die in den cann. 1331–1333 aufgeführt werden;
> 2° Sühnestrafen, die in can. 1336 behandelt werden.
>
> § 2.: Das Gesetz kann andere Sühnestrafen aufstellen, die einem Gläubigen ein geistliches oder zeitliches Gut entziehen und mit dem übernatürlichen Ziel der Kirche vereinbar sind.
>
> § 3. Außerdem werden Strafsicherungsmittel und Bußen angewandt: jene vor allem, um Straftaten vorzubeugen, diese eher, um eine Strafe zu ersetzen oder zu verschärfen."

Dass die Kirche befugt ist, *straffällig gewordene Gläubige* durch Strafmittel zurechtzuweisen, sieht sie als ein ihr angeborenes und eigenes Recht an.[2] Dabei soll das Wesen der Strafe in einem Entzug von Rechten, Befähigungen und Ansprüchen liegen, die der gläubigen Person aufgrund ihrer *Kirchengliedschaft*[3], eines Amtes oder Dienstes darin, ihres Standes oder ihrer (kirchlichen) Würde zukommen. Die Kirchenstrafe soll jenen katholisch getauften Gliedern auferlegt werden, die in wichtiger Sache und in „schuldhafter und anrechenbarer Weise" gegen die Ordnung der kirchlichen Gemeinschaft (communio) gefehlt haben. Dabei will die Kirche nach der Auffassung des Theologen und

---

1 Der Codex Iuris Canonici (CIC, lateinisch für: Kodex des kanonischen Rechtes) ist das Gesetzbuch des Kirchenrechts der römisch-katholischen Kirche für die lateinische Kirche. Die aktuelle Version ist der von Papst Johannes Paul II. promulgierte CIC 1993, der den CIC von 1917 abgelöst hat.

2 Can. 1311: „Es ist das angeborene und eigene Recht der Kirche, straffällig gewordene Gläubige durch Strafmittel zurechtzuweisen".

3 In der staatskirchenrechtlichen Terminologie wird die Zugehörigkeit zur Kirche meist als „Kirchenmitgliedschaft" bezeichnet, in der kanonistischen und theologischen Sprache hingegen in der Regel als „Kirchengliedschaft".

https://doi.org/10.1515/9783110696462-015

Kirchenrechtlers Wilhelm Rees nicht die Gewissensentscheidung verurteilen, die sie respektieren müsse, sondern die Auswirkungen dieser Entscheidung auf die kirchliche Gemeinschaft. Durch die Verhängung von Strafen will sie zum Ausdruck bringen, dass die betreffende Person durch ihr Verhalten die kirchliche Gemeinschaft ganz oder teilweise verlassen hat und sich deshalb außerhalb der „communio“ befindet. Ist das so, könne eine Person nicht mehr vollwertiges Glied dieser Gemeinschaft sein und die Rechte, die mit der vollen Gemeinschaft („Communio plena“) gegeben sind, nicht mehr ausüben.[4] Kirchenstrafen haben einen doppelten Sinn. Einerseits sollen sie dazu dienen, den durch das Fehlverhalten entstandenen und sich ausbreitenden Schaden für das Wohl der Gemeinschaft abzubauen. Andererseits soll durch die Strafe die Bekehrung und die Wiedereingliederung des Täters in die Gemeinschaft angestrebt werden.[5] Dabei unterscheidet die Kirche zwischen Besserungs- oder Beugestrafen/Zensuren (poenae medicinales seu censurae) und Sühnestrafen sowie zwischen Spruch- und Tatstrafen.

> Can. 1314 – „Die Strafe ist meistens eine Spruchstrafe, so dass sie den Schuldigen erst dann trifft, wenn sie verhängt wird; sie ist jedoch, wenn das Strafgesetz oder das Strafgebot dies ausdrücklich festlegt, eine Tatstrafe, so dass sie von selbst durch die Begehung der Straftat eintritt.“

Der Einsatz von Strafen und das Verhältnis zwischen Strafe und Schuld in der Kirche soll im Folgenden anhand einzelner Beispiele beleuchtet werden.

A) Kirchenstrafe als Folge sexuellen Missbrauchs?

In Fällen, in denen Kleriker, z.B. in katholischen Kirchengemeinden, Schulen, Jugend- und Erziehungseinrichtungen, Kinder oder Jugendliche sexuell missbrauchen oder sich in ähnlicher Weise an ihnen vergehen, könnte man angesichts der nun auch einer breiteren Öffentlichkeit bekannt gewordenen Fälle als Reaktion der Kirche an die Verhängung von Spruchstrafen i.S.d. Can. 1314 CC, die eine Suspendierung[6] ausspricht, denken.

---

4 Vgl. *Rees, W.*, Handbuch des katholischen Kirchenrechts, § 105, S. 1576.

5 Vgl. *Rees, W.*, Handbuch des katholischen Kirchenrechts, § 105, S. 1577 m.V.a. *Sabine Demel*, Kirchenrecht, Grundbegriffe für Studium und Praxis. Freiburg, Basel, Wien 2010, S. 306.

6 Die Suspension oder Suspendierung ist eine Beugestrafe im Sinne des CIC, mit dem einem kirchlichen Amtsträger (Kleriker) die Amtsausübung verboten werden kann. Sie soll den Betroffenen u.a. dazu bewegen, Verhaltensweisen (oder Auffassungen) aufzugeben, die mit der kirchlichen Lehre nicht vereinbar sind. Rechtsgrundlage sind die Canones 1333 ff. CIC. Der Umfang der Suspension wird durch Gesetz, Verwaltungsbefehl, Strafurteil oder Strafdekret festgelegt.

I. Die Missbrauchsstudie der Deutschen Bischofskonferenz

Nach einer 2013 von der DBK der katholischen Kirche in Deutschland in Auftrag gegebenen Studie haben in der Zeit zwischen 1946 und 2014 mindestens 1670 Priester an mindestens 3677 Betroffenen in Deutschland sexualisierte Gewalttaten begangen.[7] Die in der Studie vorkommenden Opfer waren meist männlich und die Hälfte von ihnen zum Tatzeitpunkt jünger als 14 Jahre. Mehr als ein Viertel, nämlich 26,4% aller Betroffenen, waren Ministranten. In mindestens jedem sechsten Fall kam es zu einer Form von Vergewaltigung. Bei der Anzahl der in der Studie bekundeten Missbrauchsfälle soll es sich allerdings nur um die „Spitze des Eisbergs" handeln. Der Studie lagen lediglich die noch in den Kirchenverwaltungen aufbewahrten Akten als auszuwertendes Material zugrunde, die auch nur von Kirchenmitarbeitern selbst ausgewertet wurden. Die die Auswertungen wissenschaftlich beurteilenden Forscher selbst hatten keinen Zugriff auf die Aktenbestände.[8] So wurden z.B. die Opfer des von Jesuiten geleiteten Berliner Canisius Kollegs, der Benediktinerabtei Kloster Ettal, der Regensburger Domspatzen und all der anderen von Missbrauchsfällen betroffenen Internate, Schulen und Heime der Studie zufolge von Anfang an nicht berücksichtigt, ebenso wenig wie etwa die Anhörungen von Betroffenen oder sonstige Zeugenaussagen. Ordensgemeinschaften wurden überhaupt nur dann untersucht, wenn deren Vertreter zugleich in Kirchengemeinden tätig waren. Nach der Studie gab es dagegen zumindest in zwei Bistümern „explizit die Information", dass „Akten oder Aktenbestandteile mit Bezug auf sexuellen Missbrauch Minderjähriger in früherer Zeit vernichtet wurden". Ohnehin hätten nur 9 der 27 katholischen Bistümer und Erzbistümer in Deutschland ihre Akten seit 1946 untersuchen lassen; die anderen hätten ihre Bestände teilweise erst ab dem Jahr 2000 geöffnet. Das Ausmaß der Problematik, das weltweit viele 10.000 Fälle betrifft, ist dem Vatikan ebenso bekannt wie der Umstand, dass diverse Kirchenleitungen häufig an den sich regelmäßig anschließenden Strukturen beteiligt sind, die

7 Im März 2014 hatte die Deutsche Bischofskonferenz ein aus Professoren bestehendes Forschungskonsortium mit der Aufarbeitung der Missbrauchsfälle beauftragt, nachdem sich die Bischöfe und der Kriminologe Christian Pfeiffer im Streit getrennt hatten. Pfeiffer hatte den Bischöfen Eingriffe in seine Forschungsfreiheit vorgeworfen und verlangt, dass unabhängige Juristen alle kirchlichen Personalakten selbst einsehen können, was die Bischofskonferenz unter Verweis auf den Datenschutz und Persönlichkeitsrechte abgelehnt hatte. Pfeiffer hatte darauf hingewiesen, dass es in mindestens zwei Bistümern Hinweise auf systematische Aktenvernichtungen gegeben habe (Quelle: Süddeutsche Zeitung v. 13.9.2018, S. 6 „Akten, die erschüttern"; Vorabveröffentlichung eines Auszuges aus dem Forschungsbericht in der Wochenzeitschrift DIE ZEIT v. 13.9.2018, S. 54 „Das Ausmaß der Verbrechen"; Vgl. auch DER SPIEGEL Nr. 38, v. 15.9.2018, S. 46 „Große Mitschuld").

8 Vgl. Frankfurter Rundschau v. 13.9.2018, „Tausende Fälle von Missbrauch in der Kirche".

Ereignisse bewusst zu verheimlichen. Andererseits bringen hohe Kirchenvertreter, werden sie unabweislich mit den Vorwürfen konfrontiert, immer wieder ihre Scham zum Ausdruck oder bitten die Betroffenen manchmal auch um Verzeihung.[9] Nach der Studie gehen die Missbrauchsfälle durch katholische Kleriker allerdings auch gegenwärtig teilweise weiter[10], ebenso so wie die Versuche, sie nachträglich zu vertuschen.[11] Das gilt vor allem für Länder, deren nationale Identität in besonderer Weise mit der katholischen Kirche verbunden ist. So schlägt die katholische Kirche in Polen statt Aufklärung „das Beten für die Opfer von Pädophilen“ vor. Gleichzeitig steht auf der Internetseite des polnischen Episkopats von Ende Februar 2018: „Der Schutz von Minderjährigen ist eine der wichtigsten Aufgaben der Kirche.“[12] Will man der Kirche nicht unterstellen, sie billige den Missbrauch, scheint sie jedenfalls mit dem Versuch einer Lösung der Problematik überfordert zu sein.[13]

II. Zur strafrechtlichen Reaktion der Kirche auf die Missbrauchsfälle

Umso problematischer erscheint die Reaktion der Deutschen Bischofskonferenz auf die eigene Studie über die Missbrauchsfälle. Nur gegen 38 Prozent

9 Im August 2018 hatte Papst Franziskus im katholisch geprägten Irland die Betroffenen erstmalig offiziell um Vergebung gebeten, ein Vorgang, der sich in ähnlicher Form in den Medien zunehmend wiederholt.

10 Vorabveröffentlichung eines Auszuges aus dem Forschungsbericht in der Wochenzeitschrift DIE ZEIT vom 13.9.2018, S. 54 „Das Ausmaß der Verbrechen“.

11 So stellte sich z.B. nach den Enthüllungen über die seriellen Übergriffe des inzwischen demissionierten Kardinals Theodore McCarrick heraus, dass sein Nachfolger im Amt Kardinal Wuerl aus Washington von dem Missbrauch McCarricks gewusst und sich in vielen Fällen für die Weiterverwendung der Täter in der Seelsorge eingesetzt haben soll. (Quelle: www.Katholisch.de/aktuelles/aktuelle-artiekl/Kardinal Wuerl wusste viel früher von Vorwürfen gegen McCarrick). Wuerl bestritt die Vorwürfe, reichte aber seinen Rücktritt ein, den Papst Franziskus mit dem Hinweis annahm, es zeuge von hoher Gesinnung, dass Wuerl auf eine Verteidigung gegen die Vorwürfe verzichtet habe. (Quelle: www.Katholisch.de/aktuelles/aktuelle-artikel/Papst nimmt Rücktritt von Washingtons Kardinal Wuerl an, letzter Aufruf: 7.8.2019, 09:45 Uhr).

12 Vgl. das online Portal der Frankfurter Rundschau: FR.de vom 15.9.2018, 08:09 Uhr: „Kirche in Polen schweigt zum Missbrauch“.

13 Am 24. Februar 2019 kamen die Leiter der Bischofskonferenzen der Erde zu einem Gipfeltreffen im Vatikan zusammen, um erneut zu beraten. Allerdings rechnete schon im Vorfeld niemand ernsthaft damit, dass eine Änderung ohne tiefgreifende, strukturelle Änderungen in der Kirche, zu denen etwa auch eine Änderung des CIC und die Abschaffung des Pflichtzölibates für katholische Priester gehören könnten, gelingen könnte. Vgl. FRANKFURTER ALLGEMEINE ZEITUNG v. 13.9.2018, S. 5. „Papst beruft Kirchengipfel ein“.

der Beschuldigten soll nach der Studie überhaupt eine Strafanzeige gestellt worden sein. Die meisten Anzeigen, soweit denn überhaupt welche gestellt wurden, kamen von den Betroffenen oder von ihren Familien selbst. Konkret ergibt sich hinsichtlich der strafrechtlichen Reaktion der Kirche, der Studie zufolge, bezogen auf die aktenkundig gewordenen Missbrauchsvorwürfe, folgendes Bild: Repräsentanten der Kirche sollen nur in 122 Fällen (7,3% der Fälle) die weltliche Justiz eingeschaltet haben. Von den 1670 aktenkundigen Fällen wurde nur gegen 566 Täter wenigstens ein kirchenrechtliches Verfahren eingeleitet. Davon endeten 154 Verfahren ohne jede Strafe oder Sanktion. Insgesamt seien nur 7,8% der Beschuldigten überhaupt bestraft worden. In 103 Fällen gab es eine Ermahnung. Zu Entlassungen aus dem Klerikerstand, also zur kirchenstrafrechtlich möglichen Suspension, kam es in den 68 Jahren lediglich in 41 Fällen.[14] Häufig wurden die beschuldigten Kleriker einfach in eine andere Gemeinde versetzt – ohne, dass diese über die Hintergründe Bescheid wusste.[15] Im Übrigen wählte die Kirche am liebsten „weiche Strafen“. Dazu gehörten etwa die Frühpensionierung oder die Beurlaubung, das Gebot, sich einer Therapie zu unterziehen oder auch in Exerzitien zu gehen.[16]

Dass die Kirche in vielen Fällen auf ernst zu nehmende Strafen ganz verzichtet und die Taten eher verheimlicht, könnte allerdings auch damit zusammenhängen, dass ihr jedes Verständnis für juridische Schuld im Sinne einer Verletzung der Autonomie der Missbrauchsopfer fehlt. Bezogen auf die Missbrauchsfälle ist allerdings auch festzustellen, dass sich das Kirchenstrafrecht darüber auch unter Berücksichtigung eines etwaigen eignen Verständnisses von rechtlicher Schuld ausschweigt. Bisher hat die Kirche weder das Gewicht noch das Ausmaß der Straftaten von Tätern aus ihren eigenen Reihen zum Anlass genommen, eine eigenständige, den Tatbestand des sexuellen Missbrauchs zumindest in groben Zügen fassende Regelung in den CIC aufzunehmen.

III. Zur Regelung des sexuellen Missbrauchs im Strafrecht des CIC

Nach der Kirche wird der sexuelle Missbrauch von Kindern und Jugendlichen, wie alle anderen sexuellen Verfehlungen auch, als Verstoß gegen das ebenfalls nicht näher geregelte Keuschheitsgebot beurteilt. Dieses Gebot leitet die Kir-

---

14 Vorabveröffentlichung eines Auszuges aus dem Forschungsbericht in der Wochenzeitschrift DIE ZEIT vom 13.9.2018, S. 54 „Das Ausmaß der Verbrechen“.

15 Vgl. Frankfurter Rundschau v. 13.9.2018 ebenfalls unter Bezugnahme auf die von der Bischofskonferenz in Auftrag gegebene Studie, deren Veröffentlichung von der DBK allerdings noch bis zum 25.9. zurückgehalten werden sollte.

16 Vorabveröffentlichung eines Auszuges aus dem Forschungsbericht in der Wochenzeitschrift DIE ZEIT vom 13.9.2018, S. 54 „Das Ausmaß der Verbrechen“.

che allgemein aus einem Verstoß gegen das sechste Gebot (Du sollst nicht die Ehe brechen!) ab.[17] Nach dem Katechismus der Kirche hat „die Überlieferung der Kirche“ das sechste Gebot auf die gesamte Geschlechtlichkeit bezogen.[18] Die einzige sich an Kleriker richtende Vorschrift des CIC, die sich mit Sexualdelikten befasst, ist can. 1395 CIC:

> § 1: „Ein Kleriker, der außer in dem Fall des can. 1394 (‘Eheschließungsversuch von Klerikern und Religiosen’) im Konkubinat lebt, und ein Kleriker, der in einer anderen äußeren Sünde gegen das sechste Gebot des Dekalogs mit Ärgernis verharrt, ist mit der Suspension zu bestrafen, der, wenn die Straftat nach Mahnung fortdauert, andere Strafen schrittweise hinzugefügt werden können bis zur Entlassung aus dem Klerikerstand.“
>
> § 2: „Ein Kleriker, der andere Straftaten gegen das sechste Gebot des Dekalogs begangen hat, ist, wenn nämlich die Straftat mit Gewalt oder mit Drohungen oder öffentlich oder mit einem Minderjährigen unter sechzehn Jahren begangen ist, mit gerechten Strafen zu bestrafen, nicht ausgeschlossen, wenn der Fall es erfordert, die Entlassung aus dem Klerikerstand.“

Dem Pater, der den Jungen, der ihm im Internat ohne eine realistische Möglichkeit zur Flucht oder Gegenwehr ausgeliefert ist, missbraucht, stellt sich mit Blick auf diesen Tatbestand also zumindest nach dem Strafgesetzbuch der Kirche nicht die Frage, ob und inwieweit er den Jungen in seiner personellen Integrität, seinem Recht auf sexuelle Selbstbestimmung, seiner Autonomie verletzt hat. Um dem *Schuldgehalt* seiner Tat(en) gerecht zu werden, muss sich der Kleriker nur fragen, ob er gesündigt hat. Die einzige Sünde, um die es gehen könnte, ist eine Verletzung des sechsten Gebotes, und dies in Form eines Verstoßes gegen das subjektive Keuschheitsgebot. Wie immer der sexuelle Missbrauch theologisch als ein Verstoß gegen das sechste Gebot begründet wird: Der Täter erkennt schnell, dass er mit seinem Missbrauch jedenfalls dem Wortlaut nach nicht gegen das sechste Gebot verstoßen hat. Ehebrecherische Belange sind von dem in Rede stehenden Geschehen nicht betroffen. Der Pater, die Ordensschwester usw. waren „unkeusch“, sonst nichts. Aus der kirchenstrafrechtlichen Regelung wird also weder die inkriminierte Handlung deutlich noch enthält sie einen Hinweis auf die besondere Verwerflichkeit gerade der Ausnutzung des Vertrauens der ihrer Obhut anvertrauten Kinder und Jugendlichen. Dementsprechend kann sie in Bezug auf die in Rede stehenden Missbrauchsfälle auch nicht eines der mit einer strafrechtlichen Ver-

17 Vgl. zur Einbeziehung „jeder Form von Sexualhandlungen, die mit der Pflicht des Christen zu keuscher, die Würde anderer Personen und die Enthaltsamkeitspflichten des Klerikers achtender Lebensweise nicht zu vereinbaren sind“ als Verstoß gegen das sechste Gebot: *Lüdicke*, MK CIC (Stand 2010) can. 1395 CIC, Rdnr. 4 f.

18 Vgl. Kathechismus der Katholischen Kirche, a.a.O., Nr. 2336.

botsnorm sonst angestrebten, z.B. general- oder individualpräventiv motivierte Strafzwecke entfalten. Im Gegenteil: Durch die vorgesehene Subsumierbarkeit aller möglichen Verstöße von Klerikern gegen das Keuschheitsgebot scheint die einzig vorhandene Regelung im Zusammenwirkenden mit dem Fehlen entsprechender Regelungen im CIC die Sachlage bewusst zu bagatellisieren. Der auch nach kirchlichem Recht geltende Grundsatz: Keine Strafe ohne Gesetz („Nulla poena sine lege") gilt auch für Kleriker und wirkt hier wie eine Strafvereitelungsmaßnahme. Dazu heißt es in Can. 221 § 3 CIC:

> „Die Gläubigen haben das Recht, dass kanonische Strafen über sie nur nach Maßgabe des Gesetzes verhängt werden."

Und weiter heißt es im Can. 1321 § 1 CIC:

> „Niemand wird bestraft, es sei denn, die von ihm begangene äußere Verletzung von Gesetz oder Verwaltungsbefehl ist wegen Vorsatz und Fahrlässigkeit schwerwiegend zurechenbar. § 2: Von einer durch Gesetz oder Verwaltungsbefehl festgesetzten Strafe wird betroffen, wer das Gesetz oder den Verwaltungsbefehl überlegt verletzt hat; wer dies aber aus Unterlassung der gebotenen Sorgfalt getan hat, wird nicht bestraft, es sei denn, das Gesetz oder der Verwaltungsbefehl sehen anderes vor."

Indem das kirchliche Strafrecht die nach ihren öffentlichen Bekundungen gleichwohl für strafwürdig erachteten Tatbestände nicht im CIC selbst benennt, sondern sie dort lediglich als einen Verstoß gegen das sechste Gebot „verschleiert", scheint die Nichtbeachtung der Missbrauchsfälle bereits auf der Ebene des kirchlichen Strafrechts angelegt.[19] Mit Blick auf die *normative* Wirkung ihres Strafrechts scheint es sogar, als wolle die Kirche den sexuellen Missbrauch in seiner offenbar immerhin angenommenen *Sündhaftigkeit* lediglich als ethischen Verstoß gegen das Keuschheitsgebot bewahren, statt ihn mit Blick auf die Beschädigung der Opfer in ihrem offiziellen und damit eigentlichen Strafgesetzbuch *juridisch* angemessen zu pönalisieren.[20]

---

19 Die in bestimmten, den einfachen Klerikern regelmäßig nicht bekannten Ausführungsbestimmungen zum CIC enthaltenen Normen vermögen eine Regelung in dem eigentlichen Strafgesetzbuch der Kirche schon mit Blick auf Can. 221 § 3 CIC nicht zu ersetzen. So werden zwar einzelne als strafwürdig erachtete Handlungen in bestimmten „Normae" benannt, auch dort jedoch nur rudimentär und im Übrigen wiederum nur unter Rekurs auf das sechste Gebot beschrieben (vgl. z.B. Artikel 6 der „Normae de gravioribus delictis Congregationi pro Doctrina Fidei reservatis – Vorschriften über schwerwiegende Straftaten, deren Aburteilung der Glaubenskongregation vorbehalten sind").

20 Immerhin hat die Kirche einiges unternommen, um zumindest neue Fälle anders zu verfolgen als früher. DIE ZEIT vom 27.9.2018 berichtet auf S. 1: „Glauben und Leiden", dass Kardinal Ratzinger als Leiter der Glaubenskongregation unter Johannes Paul II. eine kircheninterne Anzeigepflicht eingeführt hätte. Theoretisch müssten danach alle Bischöfe und andere leitende Geistliche jegliche Verdachtsfälle an die Glau-

Konkretisierte die Kirche die Missbrauchshandlungen als ungerechtfertigte Beeinträchtigung der Freiheit der Kinder und Jugendlichen, müsste sie sich indessen nicht nur mit der Frage auseinandersetzen, ob und warum es so etwas in diesem Ausmaß innerhalb der Kirche überhaupt geben kann. Sie müsste sich konsequenterweise auch mit ihren Begriffen von Vernunft und Freiheit und der sich ggf. auch für sie daraus ergebenden Frage nach dem *Recht* neu befassen. Offiziell stützt die Kirche die Definition des Begriffs Recht auf die Definition des Thomas von Aquin. Danach meint *Recht* das *ipsa res justa*[21], also das, was einer Person als ihr zustehend, d.h. *suum ex justitia* geschuldet wird. Dazu bedarf es nach dem Theologen Helmuth Pree eines Titels, aus dem konkret geschuldet wird. Das „Recht“ (*res justa*) sei dabei nicht die geschuldete Leistung, sondern ein *Geschuldetsein.* Ipsa res justa sei keine abstrakte Idee, sondern etwas Reales. Der Rechtsbegriff impliziere, dass es Recht nur in Verhältnissen gibt; Recht sei seinem Wesen nach eine relationale Wirklichkeit.[22] Das klingt zunächst vernünftig. Auf die Frage, woran sich dieses *Relationale* aber in Bezug auf den Menschen festmacht, gibt das Kirchenrecht keine Antwort mehr. Unter *Unrecht* versteht die Kirche in einem überpositiven Sinne „lediglich“ einen Verstoß gegen die *kirchlich interpretierten* Gebote Gottes. Die Frage, ob ein Verstoß gegen das Recht zu Unrecht im Sinne einer Missachtung der (ggf. von Gott stammenden) Freiheit Anderer führt[23], thematisiert sie nicht. Täte sie das, könnte sie das Wesen der Rechte der Opfer auch innerhalb der Kirche als Ausfluss ihrer Freiheit und ihrer personalen Autonomie begreifen und das schuldhaft begangene Unrecht als ihre Missachtung.

---

benskongregation in Rom melden. Seit 2010 gilt auch eine Leitlinie der Deutschen Bischofskonferenz, wonach bei einem Anfangsverdacht die Strafverfolgungsbehörden einzuschalten sind. Allerdings kontrollieren die Bischöfe selbst, ob sie die Leitlinie umsetzen. 2010 wurde im Bistum Hildesheim ein einzelner Missbrauch durch einen Geistlichen an die Justiz gemeldet. Der Täter sei als Ersttäter mit einer Geldbuße bestraft worden. Später stellte sich heraus, dass es sich bei ihm als Serientäter um einen der Haupttäter des Missbrauchsskandals am Berliner Casinius-Kolleg mit Dutzenden von Opfern handelte. Diese Information hätte die Kirche gegenüber den Behörden bewusst zurückgehalten.

21 *Thomas von Aquin*, Summa Theologica, II–II q. 57 a. 1.

22 Vgl. *Pree, H.*, Handbuch des katholischen Kirchenrechts, S. 62 f.

23 Soweit sich das Handbuch des katholischen Kirchenrechts als Standartwerk unter dem Titel Rechtsphilosophische Voraussetzungen auf Kant beziehen, erschöpft sich ihre Bezugnahme auf Kants Zitat aus der KrV „Noch suchen die Juristen eine Definition zu ihrem Begriff von Recht“ und den Hinweis, er habe sich geringschätzig über die Juristen geäußert, die immer noch auf der Suche nach ihrem Gegenstand seien. (Vgl. *Müller, Ludwig*, Handbuch des katholischen Kirchenrechts, S. 14 f.).

IV. Sexueller Missbrauch und Schuld

Belässt es die Kirche für die Frage nach der strafrechtlichen Schuld der Missbrauchstäter wie bisher bei der Frage nach der Erfüllung einer der auch nach dem Kirchenstrafrecht einzig angenommenen Schuldformen Vorsatz, („dolus“), und Fahrlässigkeit, („culpa“, vgl. can. 1321 CIC) in Bezug auf die dort benannten Straftatbestände, dann scheitert die Feststellung von juridischer Schuld innerhalb der Kirche also nicht erst an einem unzureichenden bzw. fehlenden Begriff von Schuld, sondern schon an dem Fehlen eines inhaltlich geklärten Unrechtsbegriffs. Hier verstößt das Handeln des Klerikers nicht einmal gegen ein, das inkriminierte Verhalten wenigstens grob umschreibendes Gesetz. Im kirchenstrafrechtlichen Sinne handelt der Täter mit seinen Taten im Sinne des kirchlichen Strafrechts nach Maßgabe des CIC also nicht einmal vorwerfbar. Niemand kann vorsätzlich oder fahrlässig gegen ein Gesetz verstoßen, das es nicht gibt.

Stellte man für die Frage nach der Schuld der Missbrauchstäter nicht lediglich auf die Frage nach einem sündhaften, d.h. subjektiven Verstoß gegen das sechste oder eines der anderen der zehn Gebote ab, sondern zumindest in praktischer Hinsicht auf einen inhaltlichen Begriff von Unrecht im ethischen wie im juridischen Sinne, dann würde zumindest der Schuldgehalt der Taten begreifbar.[24] Im Kantischen Verständnis von Unrecht richten die Kleriker den Gebrauch ihrer Willkür offenkundig darauf, die Freiheit der ihnen anvertrauten Kinder und Jugendlichen in einer Weise zu missachten, dass ihre Missbrauchshandlungen mit der Freiheit der Betroffenen nicht nach einem allgemeinen Gesetz der Freiheit bestehen können. Mit diesem Verständnis verstricken sich die Täter in ethischer und juridischer Hinsicht leicht feststellbar in Schuld.

V. Zur Geltung des Schuldprinzips in der katholischen Kirche

Da die Kirche die in Rede stehenden Missbrauchstaten auf der Grundlage ihres CIC jedenfalls nicht unmittelbar für strafwürdig erachtet, scheint es ihr für die Anwendung ihres Strafrechts in Bezug auf die unter ihrer Obhut tätigen Kleriker auf das Vorliegen von juridischer *Schuld* allerdings aus der Sicht der Kirche gar nicht anzukommen. Der von dem Kirchenstrafrecht insoweit einzig

24 Hier steht nicht zur Debatte, ob sich die betreffenden Kleriker bereits mit Blick auf das Pflichtzölibat einem für sie selbst fragwürdigen, ggf. heteronom bestimmten Keuschheitsideal unterworfen haben, dem sie mit zunehmenden Alter zumindest in ihrer Außendarstellung nicht mehr oder nur unter unzumutbaren Opfern entrinnen können.

vertretene Schuldbegriff ist reduziert auf den Begriff der Vorwerfbarkeit[25], d.h. gem. can. 1321 CIC auf die Schuldformen Vorsatz und Fahrlässigkeit; dies bezogen auf wenige, viele tatsächlich strafwürdige Sachverhalte unberücksichtigt lassende, „Straftatbestände". Eine über diese Tatbestände hinaus gehende Bestrafung schließt der CIC mit dem in Can. 221 § 3 CIC gesetzlich normierten Grundsatz: *Keine Strafe ohne Gesetz*[26] aus. Vor diesem Hintergrund drängt sich der Gedanke auf, dass die Kirche mit dem Verzicht auf die Strafe in den Missbrauchsfällen etwas schützen will, was sie nach ihrem Bild von sich selbst möglicherweise für schutzwürdiger erachtet als das infolge der Beeinträchtigung der Freiheit der Opfer missachtete Recht. Als schutzwürdiger könnte die Kirche etwa den *Anschein ihrer Heiligkeit* betrachten. Die Missbrauchsfälle passen nicht zur Kirche als Ort der heiligmachenden Gnade. Ist diese Analyse richtig, diente das kirchliche Strafrecht aber nicht einmal mittelbar auch dem Schutz der betroffenen Opfer.

Nach den kirchenstrafrechtlichen Regelungen des CIC kommt dem *Schuldprinzip*, insoweit es bei den Missbrauchsfällen um eine schuldhafte Verletzung der Integrität der betroffenen Kinder und Jugendlichen geht, de lege lata wie de lege ferenda keine Bedeutung zu. Die rechtlichen Vorgaben des CIC stehen einer „Begnadigung" der Täter im Sinne einer rechtlich unverdienten *Verzeihung* daher nicht nur nicht entgegen; sie legen sie vielmehr nahe.

VI. Papst Benedikt und der Umgang mit pädophil motivierten Straftaten

In einem mit Papst Franziskus abgestimmten Schreiben vom April 2019[27] hat sich Papst Benedikt XVI. öffentlich zu dem strafrechtlichen Umgang mit pädophilen Klerikern in der Kirche geäußert. Danach wäre die Frage der Pädophilie in der Kirche erst in der zweiten Hälfte der 80er Jahre brennend geworden, nachdem sie in den U.S.A. zu einem öffentlichen Problem angewachsen wäre. Die Bischöfe hätten um Hilfe gebeten, weil das Kirchenrecht, so wie es im neuen Kodex verfasst ist, nicht ausreichend schien, um die nötigen Maßnahmen zu ergreifen. Rom und die römischen Kanonisten hätten sich zunächst schwer mit diesen Anliegen getan. Ihrer Meinung nach hätte die zeitweilige

25 In dem von dem Kirchenrechtler Klaus Lüdicke geführten Kanonistenlateinisch-deutsches Lexikon, Stand 2015, wird der Begriff „imputabilitas – imputabilitatis" sogar direkt mit „Vorwerfbarkeit" statt mit Zurechenbarkeit übersetzt.

26 Vgl. zur Geltung des Grundsatzes nulla poena sine lege *Rees*, Handbuch des katholischen Kirchenrechts, § 105, S. 1578.

27 Wortlaut: Der Aufsatz von Benedikt dem XVI. zur Missbrauchskrise, VATICAN NEWS, (www.Vatcannews.va) abgerufen 11.4.2019.

Suspension vom priesterlichen Amt ausreichen müssen, um Reinigung und Klärung zu bewirken. Dies konnte von den amerikanischen Bischöfen jedoch nicht angenommen werden, weil die Priester damit im Dienst des Bischofs verblieben und so direkt als mit ihm verbunden beurteilt wurden.[28] Es erscheint bemerkenswert, dass die Diskussion zwischen den amerikanischen Bischöfen und dem Papst selbst in diesem Zusammenhang nicht vor allem aus Anlass der Betroffenheit angesichts des offenkundigen Unrechts erfolgte, das den Kindern und Jugendlichen angetan wurde, sondern es vielmehr die Sorge um das Ansehen der Bischöfe und der mit diesem Ansehen ggf. geschädigte Glaube an die heilige katholische Kirche war, die sie veranlasste, in kirchenstrafrechtlicher Hinsicht nach Abhilfe zu fragen.

Dem Schreiben Benedikts zufolge stieß das Anliegen der amerikanischen Bischöfe jedoch auf ein Problem, das Benedikt mit dem Begriff des „Garantismus" in den Griff zu bekommen versuchte. Danach hätten vor allem die Rechte der Angeklagten garantiert werden müssen und dies bis zu einem Punkt hin, der eine Verurteilung faktisch ausgeschlossen habe. Als Gegengewicht gegen die häufig ungenügende Verteidigungsmöglichkeit von angeklagten Theologen sei deren Recht auf Verteidigung im Sinne des *Garantismus* soweit ausgedehnt worden, dass Verurteilungen kaum noch möglich waren.[29] Die Ausführungen des emeritierten Papstes wirken wenig überzeugend, wenn man bedenkt, dass Benedikt selbst als Kardinal Josef Ratzinger der frühere Leiter der Glaubenskongregation und der engste Berater von Papst Johannes Paul II. war. Insoweit könnte es auch in seiner Macht gestanden haben, zumindest auf die Anfrage der amerikanischen Bischöfe hin mit einer Änderung des kirchlichen Strafrechts zu reagieren. In seinem Schreiben betont Benedikt dagegen, dass ein ausgewogenes Kirchenrecht, das dem Ganzen der Botschaft Jesu entspricht, vor allem den Glauben schützen müsse. Da damals vor allem der Garantismus die Situation beherrscht habe, sei er mit Papst Johannes Paul II.[30] einig geworden, daß es angemessen sei, die Kompetenz über diese Delikte der Glaubenskongregation zuzuweisen, und zwar unter dem Titel „Delicta maiora contra fidem". Mit dieser Zuweisung sei auch die Verhängung der Höchststrafe, das heißt der Ausschluß aus dem Klerus möglich gewesen, der unter ande-

---

28 Vgl. ebenda.

29 Vgl. ebenda.

30 Johannes Paul II. (lateinisch Ioannes Paulus PP. II. (1920–2005) war von 1978 bis zu seinem Tod 26 Jahre und 5 Monate lang Papst der römisch-katholischen Kirche. Ihm wird eine maßgebliche Rolle bei der Beendigung des Sozialismus in seinem Heimatland Polen zugeschrieben. Am 1. Mai 2011 sprach ihn Benedikt XVI. in Rom selig. Am 27. April 2014 wurde Johannes Paul von Papst Franziskus heiliggesprochen.

ren Rechtstiteln nicht zu verhängen gewesen wäre. Die Zuweisung an die Glaubenskongregation sei dabei nicht etwa ein Trick gewesen, um die Höchststrafe vergeben zu können, sondern folgte aus dem Gewicht des Glaubens für die Kirche. Es sei wichtig zu sehen, dass bei solchen Verfehlungen von Klerikern letztlich der Glaube beschädigt werde. Nur wo der Glaube nicht mehr das Handeln des Menschen bestimme, seien solche Vergehen möglich. Andererseits setze die Schwere dieser Strafe einen klaren Beweis für das Vergehen voraus – den in Geltung bleibenden Inhalt des Garantismus. Um die Höchststrafe rechtmäßig verhängen zu können, wäre ein wirklicher Strafprozess notwendig gewesen. Damit wären aber sowohl die Diözesen wie der Heilige Stuhl überfordert gewesen.[31] Aus kirchenrechtlicher Sicht erwies sich die Zuweisung der Missbrauchsfälle an die Glaubenskongregation, statt eine Änderung innerhalb des kirchlichen Strafrechts vorzunehmen, offenbar als schwerwiegender Fehler. Denn obwohl die Missbrauchsproblematik in der Kirche wie auch die Unmöglichkeit, auf die betroffenen Kleriker mit kirchenstrafrechtlichen Mitteln einzuwirken, seit Jahren bekannt war, änderte sich in der Folge praktisch nichts. Im Gegenteil; wie die oben zitierte Studie zeigt, sind die Missbrauchsfälle im Laufe der von der Studie betroffenen Jahre kaum zurückgegangen.

Speziell in Deutschland hatte man im Übrigen andere Sorgen. Dort begannen neben dem Glauben vor allem die Kirchensteuereinnahmen abzubröckeln. Dagegen sollte sich das *praktizierte Kirchenstrafrecht* nun viel dringlicher richten.[32]

B) Zur Kirchenstrafe der Exkommunikation

Für gläubige Laien gilt als einschneidendste Kirchenstrafe die „Exkommunikation“. Und zwar ist dem Exkommunizierten gemäß can. 1331 CIC § 1 untersagt:

1. jeglicher Dienst bei der Feier des eucharistischen Opfers oder bei irgendwelchen anderen gottesdienstlichen Feiern;
2. Sakramente oder Sakramentalien zu spenden oder Sakramentalien zu empfangen;
3. jedwede kirchlichen Ämter, Dienste oder Aufgaben auszuüben oder Akte der Leitungsgewalt zu setzen.

---

31 Wortlaut: Der Aufsatz von Benedikt dem XVI. zur Missbrauchskrise, VATICAN NEWS, (www.Vatcannews.va) abgerufen 11.4.2019.

32 Vgl. hierzu unten, Kap. 4, C).

Wenn die Exkommunikation verhängt o. festgestellt worden ist:

1. muss der Täter ferngehalten oder muss von der liturgischen Handlung abgesehen werden, wenn er der Vorschrift von § 1 Nr. 1 zuwiderhandeln will, es sei denn, es steht ein schwerwiegender Grund dagegen;

2. setzt der Täter ungültig Akte der Leitungsgewalt, die gemäß § 1 Nr. 3 unerlaubt sind;

3. ist dem Täter der Gebrauch vorher gewährter Privilegien untersagt;

4. kann der Täter gültig keine Würde, kein Amt und keinen anderen Dienst in der Kirche erlangen;

5. erwirbt der Täter die Erträge einer Würde, eines Amtes, jedweden Dienstes, einer Pension, die er etwa in der Kirche hat, nicht zu eigen (Vgl. can. 1331 § 2 CIC).

Als neutestamentarischer Präzedenzfall dieser Strafe wird eine Stelle im Matthäusevangelium angesehen, wonach Jesus seinen Jüngern befiehlt, einen Bruder, der sündigt und trotz wiederholter Ermahnung in seiner Sünde verharrt, wie einen Heiden oder einen Zöllner anzusehen (Vgl. Mt, 18,17). Paulus hat in seinem Brief an die Korinther dazu aufgerufen, diejenigen mit einem Bann zu belegen, d.h. „dem Satan zu übergeben", die in der Weise Unzucht miteinander treiben, dass sie mit der Frau ihres Vaters leben. (vgl.1 Kor 5 1–5, EÜ). Paulus ging noch weiter:

> „Schon manche haben die Stimme ihres Gewissens missachtet und haben im Glauben Schiffbruch erlitten, darunter Hymenäus und Alexander, die ich dem Satan übergeben habe, damit sie durch diese Strafe lernen, Gott nicht mehr zu lästern." (1 Tim. 1, 19–20)

I. Die Exkommunikation als „begrenzter" Ausschluss aus der Kirche

Einen näheren Hinweis auf das Verständnis des Begriffs *Exkommunikation* enthält der CIC nicht. Versteht man unter „Communio" die Gemeinschaft der Gläubigen, liegt es nahe, unter Exkommunikation den Ausschluss aus dieser Gemeinschaft zu verstehen, etwa so, wie man in der Folge einer Kündigung aus einer Gesellschaft bürgerlichen Rechts oder einem Verein ausgeschlossen werden kann. Ein endgültiger Ausschluss aus der katholischen Kirche ist kirchenrechtlich indessen nicht möglich. Nach der Lehre u.a. des II. Vatikanischen Konzils wird der Mensch durch den Empfang der Taufe zum (Mit-)Glied der Kirche. Durch dieses Sakrament wird er mit Christus verbunden und damit zugleich unwiderruflich in die Kirche eingegliedert.[33] Die Taufe begründet nicht nur die Zugehörigkeit zur Kirche Christi. Die Kirche knüpft an sie zu-

---

33 Vgl. *Hallermann, H.*, Apostasie, Häresie oder Schisma? Fragwürdige Schlussfolgerungen aus dem Kirchenaustritt von Katholiken, S. 229 m.w.H.

gleich das Personsein der Gläubigen und alle im kirchlichen Sinne damit verbundenen Rechte und Pflichten, setzt aber für deren Ausübung das Vorhandensein der kirchlichen Gemeinschaft voraus (quatenus in ecclesiastica communione) und kann durch eine rechtmäßig verhängte oder eigetretene Sanction (sanctio legitima lata) beschränkt werden.[34] Gemeint ist also nicht etwa die *Personwerdung*, die ihre Fundierung nicht erst in der Taufe, sondern in der Geschöpflichkeit des Menschen hat. „Taufe und Gliedstellung überformen den Menschen und binden ihn in eine Gemeinschaft ein, die sich göttlichem Willen verdankt, heben aber seine in der Geschöpflichkeit gründende Personhaftigkeit nicht auf."[35]

Die Androhung von Strafen hat präventiven Charakter.[36] Der Abschreckungsgedanke spielt also auch in der Kirche eine Rolle. *Innerhalb* der kirchlichen Gemeinschaft führt die Exkommunikation zu einem Ausschluss aus der Gemeinschaft. Jeder Dienst bei der Feier des eucharistischen Opfers oder bei anderen gottesdienstlichen Feiern, z.B. als Zelebrant, Prediger, Lektor, Kantor oder Kommunionhelfer, ebenso die Spendung von Sakramenten und Sakramentalien sowie der Empfang der Sakramente[37] sind dem Exkommunizierten verboten. Zwar kann er noch am Gottesdienst teilnehmen; die Kommunion darf er jedoch nicht mehr empfangen und er verliert seinen Anspruch auf ein katholisches Begräbnis. Damit führt die Exkommunikation aus der Sicht des Gläubigen zu einer massiven Beeinträchtigung seiner Interessen, die bei Bekanntwerden mittelbar auch Wirkungen in seinem gesellschaftlichen Kontext entfalten können.

II. Die Beugestrafe als Ausdruck von Gnade

Der Sinn und Zweck der Exkommunikation erschöpft sich jedoch nicht in dem mit ihr verbundenen Unwerturteil („Missbilligung") und der Beeinträchtigung der innerkirchlichen Interessen des Gläubigen. Damit soll die Strafe vor allem die kirchliche Gemeinschaft (Communio) selbst schützen. Dadurch, dass es sich bei dieser Strafe (und der Suspension im Falle eines Klerikers) um eine Besserungs- bzw. „Medizinalstrafe"[38] handelt, bleibt die Rückgewinnung der

34 Vgl. *Althaus, R.*, Handbuch des katholischen Kirchenrechts, § 16, S. 275.

35 *Höffe, O, Demmer, K., Hollerbach, A.*, Staatslexikon III. S. 1296–1318: „Naturrecht" S. 2014.

36 Vgl. *Rees, W.*, Handbuch des katholischen Kirchenrechts, § 105, S. 1578.

37 Vgl. *Rees, W.*, Handbuch des katholischen Kirchenrechts, § 105, S. 1598.

38 Vgl. zum Begriff: *Rees, W.*, Handbuch des katholischen Kirchenrechts, § 105, S. 1578, m.V.a. can. 1312 § 1, Abs.1 CIC.

vollen Rechtsstellung prinzipiell möglich. Darin zeigt sich der Charakter der Exkommunikation als „Beugestrafe“.[39] Da die Strafe nur bis zur Beendigung und Wiedergutmachung des missbilligten Fehlverhaltens gilt, die Kirche den Exkommunizierten also nicht endgültig ausschließt, sondern ihn zurück zur communio plena mit der Kirche führen will, könnte in der Kirchenstrafe auch ein Akt der Gnade gesehen werden. Durch die zur Strafe führende *Sünde* hat der Gläubige selbst das Band zerschnitten, dass es ihm ermöglichte, innerhalb der Kirche das Leben der Gnade zu empfangen. Die Strafe soll ihn nun zur Rückkehr in die communio veranlassen.

III. Die Exkommunikation für schwere Verstöße gegen den Glauben

Als die schwerste Kirchenstrafe kommt die Exkommunikation nur unter besonderen Voraussetzungen in Betracht. „Bestimmte besonders schwere Sünden werden mit der Exkommunikation, der strengsten Kirchenstrafe, belegt.“[40]

> Can. 1318 CIC: „Tatstrafen darf der Gesetzgeber nicht androhen, es sei denn etwa für einzelne, arglistig begangene Straftaten, die ein schweres Ärgernis hervorrufen können oder denen durch Spruchstrafen nicht wirksam begegnet werden kann; Beugestrafen aber, besonders die Exkommunikation, darf er nur mit allergrößter Zurückhaltung und nur für schwere Straftaten aufstellen.“

Die Tatbestände, die zur Exkommunikation führen und ihre einzelnen Voraussetzungen sind im kirchlichen Strafgesetzbuch, im VI. Buch des CIC, abschließend geregelt. Dazu gehören der Glaubensabfall selbst aber auch z.B. auch das Weihen eines Bischofs ohne päpstlichen Auftrag und die Abtreibung. Dass die Exkommunikation in den im Gesetz geregelten Fällen als „Tatstrafe“ (poena latae sententiae) verhängt wird, bedeutet, dass sie mit der Begehung der Tat von selbst eintritt. Ein Spruchkörper, z.B. das Kirchengericht, muss darüber nicht entscheiden.[41]

C) Zur Bestrafung des „Kirchenaustritts“

Die kirchenstrafrechtlichen Folgen eines Austritts aus der Kirche in Deutschland waren lange Zeit umstritten. Auch für die Loslösung von der Kirche gilt, dass es einen vollständigen „Kirchenaustritt“ nach kirchlichem Selbstverständnis nicht gibt. Zwar kannte der CIC bis 2009 eine *defectio ab Ecclesia actu formali* (vgl. CIC, cc 1086, 1117,1124) im Sinne eines formalen Aktes

39 Vgl. *Rees, W.*, Handbuch des katholischen Kirchenrechts, § 105, S. 1578.

40 Vgl. Katechismus der Katholischen Kirche, Rdnr. 1463.

41 Bei der „poena latae sententiae“ handelt es sich um eine „automatisch eintretende Strafe“. Sie wird von der Spruchstrafe unterschieden, der „poena ferendae sententiae“.

des Abfalls von der Kirche. Damit war nach dem Kirchenrechtler Klaus Lüdicke jedoch auch früher nicht bereits für sich genommen die Lösung von der Kirche oder gar der Kirche Jesu Christi verbunden gewesen. Das Faktum, dass jemand den Staat auffordert, ihn nicht mehr als Glied der katholischen Kirche zu behandeln, sei für die innerkirchlichen Konsequenzen nur von begrenzten Valenz. Die Angabe eines Grundes für den Kirchenaustritt ist mit der vor dem Amtsgericht abgegebenen Erklärung nicht verbunden. Insbesondere drücke sich in ihr nicht schon etwas aus, das die Kirche als Straftat subsumieren könne.[42]

I. Zur faktischen Strafgewalt der Deutschen Bischofskonferenz

Da der Gläubige die Kirche mit seinem Austritt also nicht verlassen kann, bleibt er nach kirchlichem Selbstverständnis auch danach noch der kirchlichen Strafgewalt unterworfen. Deshalb kann er nach seinem Austritt kirchenstrafrechtlich auch noch sanktioniert werden. Zu den Rechtsfolgen des Kirchenaustritts hatten sich die deutschen Bischöfe in ihrer „Erklärung zu Fragen des kirchlichen Finanzwesens“ von 1969 wie folgt geäußert:

> „Der katholische Christ, der vor den staatlichen Behörden seinen Kirchenaustritt erklärt und sich auf diese Weise der Besteuerung entzieht, verletzt damit vor der Öffentlichkeit unserer Gesellschaft die gebotene Solidarität in so grober Weise, dass die kirchliche Gemeinschaft dies auf keinen Fall hinnehmen darf. An der Gemeinschaftswidrigkeit kann auch ein die Austrittserklärung einschränkender Zusatz nichts ändern. (…) Der Austritt hat nicht nur Wirkungen im staatlichen Bereich, sondern auch in der Kirche. Die Ausübung der Grundrechte eines katholischen Christen ist untrennbar von der Erfüllung seiner Grundpflichten. Wenn also ein Katholik seinen Austritt aus der Kirche erklärt – aus welchen Gründen auch immer –, so stellt dies eine schwere Verfehlung gegenüber der kirchlichen Gemeinschaft dar. Er kann (...) am sakramentalen Leben erst wieder teilnehmen, wenn er bereit ist, seinen (...) Pflichten auch in Bezug auf die Kirchensteuer wieder nachzukommen.“[43]

Der Erklärung nach könnten die Ausführungen der Bischöfe nach den darin behaupteten Rechtsfolgen inhaltlich eine Exkommunikation bedeuten. Lüdicke kommentiert den Text allerdings mit dem Hinweis, er sei der Formulierung wie der Sache nach rein deklaratorisch und bedeute nicht mehr als eine Meinungsäußerung. Der Kette von „Erklärungen“ (Wer aus der Kirche austrete, verletzte seine Grundpflichten, verfehle sich schwer gegen die kirchliche Gemeinschaft, könne nicht am sakramentalen Leben teilnehmen, es sei denn er lasse das Finanzamt wieder seine Kirchensteuern einziehen, usw.) fehle jedes begründende, vor allem aber theologische Argument. Kanonistisch betrachtet

42 Vgl. *Lüdicke, K.*, Wirtschaftsstrafrecht in der Kirche? S. 275–282 (S. 278).

43 Vgl. *Althaus, R.*, Handbuch des katholischen Kirchenrechts, § 16, S. 282.

habe eine solche Erklärung keinerlei Rechtsfolgen. Sie sei weder ein gesetzgeberischer Akt noch eine Strafandrohung oder eine Strafverfügung. Das Verbot der Teilnahme an der Eucharistie entstehe aus der Erklärung also nicht.[44] Auch nach Abgabe der Erklärung der deutschen Bischöfe gilt daher das Gebot des can. 912 CIC ohne Einschränkung fort:

> Can. 912 CIC: „Jeder Getaufte, der rechtlich nicht daran gehindert ist, kann und muß zur heiligen Kommunion zugelassen werden."

II. Der Kirchenaustritt als Schisma

Die Verwaltungspraxis der deutschen Diözesen behandelte den Kirchenaustritt auf Anweisung der DBK allerdings trotzdem als ein „Sich-Lossagen von der Gemeinschaft mit Papst und Bischöfen" im Sinne eines sündhaften Schismas.[45] Ein Schisma ist ein so schwerer Verstoß gegen die Communio, dass er nach dem CIC automatisch die Tatstrafe der Exkommunikation nach sich zieht.

> Can. 751 CIC: „Schisma nennt man die Verweigerung der Unterordnung unter den Papst oder der Gemeinschaft mit den diesen untergeordneten Gliedern der Kirche."

> Can. 1364 § 1: „Der Apostat, der Häretiker oder der Schismatiker ziehen sich die Exkommunikation als Tatstrafe zu."

Nachdem die Frage nach den Folgen des Kirchenaustritts mit Blick auf den deutschen Sonderweg (d.h. der Kirchenfinanzierung über die Erhebung der Kirchensteuer im Wege der staatlichen Steuerveranlagung) unter den Kirchenrechtlern unterschiedlich bewertet wurde, positionierte sich der Päpstliche Rat für die Gesetzestexte in einem von Papst Benedikt XVI. approbierten Schreiben vom 13. März 2006 zu den Voraussetzungen eines „offenkundigen" und „öffentlichen" Glaubensabfall wie folgt:

> „Der Abfall von der katholischen Kirche muss, damit er sich gültig als *actus formalis defectionis ab Ecclesia catholica* darstellen kann, auch hinsichtlich der in den zitierten Canones vorgesehenen Ausnahmen konkretisiert werden in: a) einer inneren Entscheidung, die katholische Kirche zu verlassen; b) der Ausführung und äußeren Bekundung der Entscheidung und c) der Annahme dieser Entscheidung von Seiten der kirchlichen Autorität. Der Inhalt des Willensaktes muss bestehen im Zerbrechen jener Bande der Gemeinschaft – Glaube, Sakramente, pastorale Leitung –, die es den Gläubigen ermöglichen, in der Kirche das Leben der Gnade zu empfangen. Das bedeutet, dass ein derartiger *formaler* Akt des Abfalls nicht nur rechtlich – administrativen Charakter hat (das Verlassen der Kirche im meldeamt-

---

44 *Lüdicke, K.*, Wirtschaftsstrafrecht in der Kirche? 275–282 (S. 278).

45 Der Ausdruck Schisma (griechisch: „Spaltung", „Trennung") bezeichnet allgemein die Spaltung innerhalb einer etablierten religiösen Glaubensgemeinschaft ohne Ausbildung einer neuen theologischen Auffassung (Häresie).

> lichen Sinn mit den entsprechenden zivilrechtlichen Konsequenzen), sondern, dass er sich als wirkliche Trennung von den konstitutiven Elementen des Lebens der Kirche darstellt: er setzt also einen Akt der Apostasie[46], der Häresie[47] oder des Schismas voraus. (…) Daher wird der 'actus formalis defectionis ab Ecclesia catholica' mit den entsprechenden Kirchenrechtlichen Sanktionen (vgl. c. 1364 § 1) nur vom Vorhandensein der beiden Elemente konstituiert, nämlich vom theologischen Profil des inneren Aktes und seiner Bekundung in der festgelegten Weise."[48]

Bereits sechs Wochen nach dem Erlass dieses päpstlichen Schreibens, am 24. April 2006, erklärte die Deutsche Bischofskonferenz allerdings „zur Vermeidung von Missverständnissen" und „unter Berücksichtigung der deutschen Rechtstradition", erneut, dass es sich bei dem öffetnlich-rechtlich erklärten Kirchenaustritt um ein Schisma und damit um die Begehung einer schweren Sünde im Sinne des CIC handele:

> „Durch die Erklärung des Austritts aus der Katholischen Kirche vor der staatlichen Behörde wird mit öffentlicher Wirkung die Trennung von der Kirche vollzogen. Der Kirchenaustrit ist der öffentlich erklärte und amtlich bekundete Abfall von der Kirche und erfüllt den Tatbestand des Schismas im Sinne des can. 751 CIC."[49]

Zur Erläuterung führten die Bischöfe unter der Leitung von Kardinal Wetter, ähnlich wie in der „Erklärung zu Fragen des kirchlichen Finanzwesens" von 1969, aus:

> „Die Erklärung des Austritts vor der staatlichen Behörde wird durch die Zuleitung an die zuständige kirchliche Autorität auch kirchlich wirksam. Dies wird durch die Eintragung im Taufbuch auch dokumentiert. Wer – aus welchen Gründen auch immer – den Austritt aus der Katholischen Kirche erklärt, zieht sich die Tatstrafe der Exkommunikation zu, d.h. er verliert die mit der Zugehörigkeit zur kirchlichen Gemeinschaft (Communio) verbundenen Gliedschaftsrechte, insbesondere zum Empfang der Sakramente und zur Mitwirkung in der Kirche."[50]

---

46 Der Ausdruck Apostasie (griechisch: „Abfall", „Wegtreten") bezeichnet in der Theologie die Abwendung von einer Religionszugehörigkeit. Jemand, der eine Apostasie vollzieht, ist ein Apostat.

47 Der Ausdruck Häresie (griechisch: „Wahl" „Anschauung" „Schule") bezeichnet eine Aussage oder Lehre, die im Widerspruch zu kirchlich-religiösen Glaubensgrundsätzen steht. Während eine Häresie nur eine oder mehrere überlieferte Lehren der betreffenden Religionsgemeinschaft bestreitet, besteht die Apostasie in der Ablehnung der verlassenen Religion als solche.

48 Schreiben des päpstlichen Rates v. 13. März 2006, abgedr. in: AfkKR 175 (2006) S. 158–160.

49 Vgl. Fn. 4 der Erklärung der Deutschen Bischofskonferenz zum Austritt aus der Katholischen Kirche mit Schreiben vom 24. April 2006, – abgedr. in AfkKR 175 (2006) S. 160–162 (161).

50 Schreiben der DBK v. 24. April 2006, AfkKR 175 (2006). S. 160–162.

Auch für diese Erklärung gilt indessen, was Lüdicke bereits zu der Erklärung der DBK von 1969 kommentierte. Sie ist weder ein gesetzgeberischer Akt noch eine Strafverfügung, sondern schlicht die Wiedergabe einer Rechtsauffassung. Ein kirchenrechtliches Verbot der Teilnahme an der Eucharistie entsteht daraus nicht.[51]

III. Der Kirchenaustritt, doch ein Schisma im Sinne des CIC?

Indem der CIC das Schisma in can. 715 als die „Verweigerung der Unterordnung unter den Papst" definiert, hebt er wesentlich auf den Aspekt der hierarchischen Gemeinschaft ab. Bei dem weiteren Aspekt, der Verweigerung der „Gemeinschaft mit den diesen untergeordneten Gliedern der Kirche" geht es um die Verweigerung der Gemeinschaft mit den Gläubigen, der communio fidelium. Damit beschreibt das Schisma „eine schuldhafte Verweigerung der sowohl geistlich begründeten als auch nach außen hin in konkreter sozialer Form sichtbar werdenden Gemeinschaft mit einem Teil der Kirche oder mit der Kirche insgesamt".[52] Liegen diese beiden Voraussetzungen mit dem Kirchenaustritt kumulativ vor, bedeutet der Schritt vor dem Amtsgericht auch nach der Intention des Austretenden (d.h. nach seinem „theologischen Profil") den äußeren und inneren Ausdruck seiner Distanzierung von der Kirche. Erst dann erfüllt der Gläubige nach kirchenrechtlichem Verständnis tatsächlich den Straftatbestand des Schismas.

Um sich in Deutschland gegen die Kirchensteuer zu wehren, hat der steuerpflichtige Katholik allerdings nur die Möglichkeit, aus der Kirche als Körperschaft des öffentlichen Rechts insgesamt auszutreten. Ein isolierter Widerspruch gegen die mit der Einkommensteuer festgesetzte Kirchensteuer ist nicht möglich. Der Steuerpflichtige kann daher nicht in der Kirche als Körperschaft des öffentlichen Rechts bleiben, wenn sich der Widerspruch seiner Intention nach nicht gegen die Kirche als Communio, sondern nur gegen die Erhebung der Kirchensteuer richtet. Daraus folgt, dass mit dem Austritt allein aus dem Grund, die Kirchsteuer zu vermeiden, die (innere) Absicht, sich von der Kirche abzuwenden nicht per se verbunden ist. Gegenüber denjenigen, die sich mit ihrem Austritt lediglich gegen die Zwangsveranlagung zur Kirchensteuer wehren wollen, ist die Begründung der Bischofskonferenz, bei dem Kirchenaustritt handele es sich stets um einen Abfall von der Kirche im Sinne eines Schismas, rechtlich nicht haltbar. Das gilt auch für den Fall, dass jemand mit

51 *Lüdicke, K.*, Wirtschaftsstrafrecht in der Kirche? 275–282 (S. 278).

52 *Hallermann, H.*, Apostasie, Häresie oder Schisma? Fragwürdige Schlussfolgerungen aus dem Kirchensaustritt von Katholiken. UNA SANCTA, Heft 3, 1998, S. 226 f.

der Zahlung der Kirchensteuer wegen der Art ihrer Verwendung durch die Vertreter der Kirche nicht einverstanden ist. Dennoch bleibt es in der Folge des Schreibens der Bischöfe für die Verwaltungspraxis der Diözesen dabei, dass es sich bei dem Kirchenaustritt – aus welchen Gründen auch immer – um ein „Schisma“ und mithin um eine schwere Straftat handelt.

Die Erklärung des päpstlichen Rates, wonach dafür das „theologische Profil des Inneren Aktes“ erforderlich ist, wird mit Blick auf die „Deutsche Rechtstradition“ sowohl von den Bischöfen als auch innerhalb der kirchlichen Verwaltungspraxis ignoriert. Erst anlässlich eines von dem Kirchenhistoriker Hartmut Zapp geführten Rechtsstreites vor dem weltlichen Verwaltungsgericht lassen sich die Bischöfe zum Abschluss der schon seit langem zwischen ihnen und dem Vatikan geführten Auseinandersetzung davon überzeugen, dass der Austritt aus der Kirche als Körperschaft des öffentlichen Rechts eine Exkommunikation nicht begründet. Zapp hatte vor dem Gericht auch öffentlich erklärt, mit seinem Kirchenaustritt nicht die Glaubensgemeinschaft verlassen zu wollen.[53] Nach der Entscheidung des Verwaltungsgerichts ist es allerdings allein Sache der Kirche, darüber zu befinden, welche innerkirchlichen Konsequenzen der öffentlich-rechtlich erklärte Kirchenaustritt hat.[54] Anlässlich des Verfahrens wurde die Diskussion nun jedoch auch öffentlich geführt. Die Bischöfe konnten nicht mehr umhin einzuräumen, dass das für die Annahme eines Schismas (oder einer Apostasie) mit dem Kirchenaustritt verbundene, innere (theologische) Profil unter Umständen fehlt. Ein Festhalten an dem zwangsläufigen Eintritt des Verlustes der innerkirchlichen Rechte nach Maßgabe des CIC war danach nicht mehr vertretbar. Auf eine innerkirchliche Sanktion für den außerkirchlich erklärten Austritt wollen die deutschen Bischöfe dennoch nicht verzichten.

IV. Zur Strafwürdigkeit der bewussten Vermeidung der Kirchensteuer

Der Theologe Heribert Hallermann findet für das Strafansinnen der Bischöfe mit Blick auf die grundsätzliche Notwendigkeit der Zahlung von Beiträgen Verständnis. Er zeigt auf, wie sich ein solcher Straftatbestand begründen und installieren ließe.

53 Vgl. Urt. des BVerwG v. 26.9.2012 – 6 C 7.12 –.

54 Die Klage vor dem VG hat Zapp verloren. Nach dem VG konnte er sich durch seinen Kirchenaustritt nicht von der Kirchensteuer befreien lassen und gleichzeitig sämtliche Mitgliedschaftsrechte innerhalb der Kirche beanspruchen.

1. Die Beitragspflicht als naturrechtlich begründete Folge der Taufe.

Hallermann zufolge folgt die Pflicht der Gläubigen, die Kirche bei der Erfüllung ihrer Aufgaben materiell zu unterstützen, aus ihrer durch die Taufe als „untilgbares Prägemal“ initiierten Mitgliedschaft in der katholischen Kirche selbst. Die aus der Taufe als „geistlich begründeten Rechtsakt“ resultierende Verpflichtung zur materiellen Unterstützung korrespondiere mit dem „angeborenen“ Recht der Kirche, von den Gläubigen das zu fordern, was zur Erlangung ihrer eigenen Zwecke erforderlich sei. Der Verpflichtung der Gläubigen und dem damit korrespondierenden Recht der Kirche liege der „naturrechtlich begründete Gedanke“ zugrunde, dass alle Mitglieder einer Gemeinschaft auch zu deren Lasten beitragen müssen, damit die gemeinsamen Aufgaben erfüllt werden können. Daher erwachse die Pflicht zur materiellen Beitragsleistung aus dem Wesen der Kirche selbst.[55]

Bei der These, die Verpflichtung zur Unterstützung der Kirche durch die Gläubigen sei bereits naturrechtlich begründet, dürfte es sich jedoch allenfalls um eine petitio principii handeln. Die Taufe begründet nicht etwa eine Art synallagmatischen „Vertrag“[56], der zu bestimmten, im Erwachsenenalter zu realisierenden, materiellen Pflichten des Täuflings im Sinne einer „Gegenleistung“ führt. Selbst wenn man annähme, dass die Eltern als Personensorgeberechtigte den Täufling anlässlich seiner Aufnahme in die Kirche rechtswirksam gegenüber der Kirche vertreten, wären die mit der Taufe wie auch immer zustande gekommenen Verpflichtungen nicht so hinreichend bestimmt, dass dadurch bereits ein Rechtsanspruch auf eine bestimmte materielle Unterstützung begründet worden wäre. Bei Paulus heißt es zur Beitragspflicht schlicht: „Jeder gebe, wie er es sich in seinem Herzen vorgenommen hat, nicht verdrossen und nicht unter Zwang.“ (2. Korinther 9,7).

2. Die Verweigerung der Kirchensteuer als deutsches Spezifikum

Die Pflicht der Gläubigen, die Kirche materiell zu unterstützen, mag zwar plausibel erscheinen. Hinreichende Gründe, dass deren Umsetzung ohne weitere Zustimmung der betroffenen Gläubigen in der Form einer öffentlich-rechtlich beizutreibenden Steuer zu erfolgen hätte, sind jedoch nicht ersichtlich. Dass dies in Deutschland so praktiziert wird, folgt aus dem zwischen dem Heiligen Stuhl und dem Deutschen Reich 1933 geschlossenen Staatskirchen-

---

55 Vgl. *Hallermann, H.*, Apostasie, Häresie oder Schisma? Fragwürdige Schlussfolgerungen aus dem Kirchensaustritt von Katholiken. UNA SANCTA, Heft 3, 1998, S. 226–240.

56 Das im deutschen Schuldrecht bekannte Synallagma meint in seiner Übersetzung aus dem Griechischen „Tausch“ oder „Handel“.

vertrag.[57] Aus dem staatlicherseits den Kirchen eingeräumten Recht, von ihren Mitgliedern Steuern zu erheben, folgt jedoch nicht etwa bereits die *Pflicht* der Kirchen, dies in dieser Weise auch zu tun.[58]

Bei der missbilligenden Behandlung der Gläubigen, die sich weigern, einen Unterstützungsbeitrag in dieser Form zu zahlen, handelt es sich ebenfalls um ein deutsches Spezifikum. Die Einforderung der Kirchenunterstützung im Wege einer staatlicherseits beizutreibenden Steuer ist ein Phänomen, das es in anderen Ländern der Erde nicht gibt. Wäre der Betroffene Mitglied der katholischen Kirche in Polen oder in Brasilien, der größten katholischen Gemeinde der Erde, bräuchte er weder eine Kirchensteuer noch eine andere Zwangsabgabe zu entrichten. Dort können die Gläubigen ihren Solidaritätspflichten durch freiwillige Spenden nachkommen. Ein Kirchenaustritt aus diesem Grund kommt dort nicht in Betracht, geschweige denn eine sich daran auch noch anschließende Kirchenstrafe. Zu einer entsprechenden Gleichbehandlung sieht sich die katholische[59] Kirche in Deutschland allerdings nicht gehalten.

3. Faktische „Bestrafung" trotz fehlender Rechtsgrundlage

Immerhin wäre die Einführung eines Straftatbestandes grundsätzlich möglich. Die Pflichten zur materiellen Unterstützung der Kirche gelten im Geltungsbereich des CIC und mithin in der katholischen Kirche überall auf der Welt.

---

57 Die Staatskirchenverträge zwischen der katholischen Kirche, d.h. dem Heiligen Stuhl, und einem Staat heißen Konkordate, wobei die Kirche solche Konkordate nur mit einem katholischen Staatsoberhaupt abschließen soll. Die Verträge mit nichtkatholischen Regierungen heißen dagegen Vereinbarungen. Staatsverträge mit nichtkatholischen Religionsgemeinschaften, vor allem mit evangelischen Kirchen, nennt man dagegen einfach Kirchenverträge.

58 Für einen in Deutschland Steuerpflichtigen ergibt sich die Pflicht zur Entrichtung der Kirchensteuer allerdings per se aus seiner Mitgliedschaft in einer in Deutschland als Körperschaft des öffentlichen Rechts anerkannten Religionsgemeinschaft. Die Grundlage für die Erhebung der Steuer durch die staatlichen Stellen bilden die staatlichen Steuerlisten (Art. 140 GG i.V.m. Art 137 Abs. 6 WRV). Der Steuerfreibetrag 2018 betrug in Deutschland 8.354 EUR. Bis zur Höhe eines darüber hinaus gehenden, zu versteuernden Einkommens fällt keine Einkommensteuer bzw. Lohnsteuer an, die als Bemessungsgrundlage für die Kirchensteuer dient. Die Kirchensteuerpflicht beginnt also erst bei einem zu versteuernden Einkommen von über 8.354 EUR. Sie gilt nur für natürliche Personen und beträgt 8% (in Bayern und Baden-Württemberg) und 9% (in allen anderen Bundesländern) der Einkommensteuer. Im Jahre 2015 bezifferten sich die Kirchensteuereinnahmen beider Kirchen auf 11,46 Milliarden EUR (katholische Kirche: ca. 6,09 Milliarden, evangelische Kirche: ca. 5,36 Milliarden EUR), wobei die Einnahmen seither, trotz sinkender Mitgliedszahlen, weiter ansteigen.

59 Der Begriff „katholisch" kommt von griechisch „allumfassend".

Can. 222 — § 1. „Die Gläubigen sind verpflichtet, für die Erfordernisse der Kirche Beiträge zu leisten, damit ihr die Mittel zur Verfügung stehen, die für den Gottesdienst, die Werke des Apostolats und der Caritas sowie für einen angemessenen Unterhalt der in ihrem Dienst Stehenden notwendig sind."

Die Festlegung, auf welche Weise die Gläubigen ihrer Verpflichtung zur Unterstützung der Kirche nachkommen müssen, fällt nach dem CIC in den Zuständigkeitsbereich der Bischofskonferenzen.[60] Die von ihnen aufgestellten Normen verpflichten die Gläubigen nach Hallermann bereits aufgrund des „von Rechts wegen geforderten Gesetzesgehorsams".[61] Und zwar heißt es in can. 212 § 1 CIC:

„Was die geistlichen Hirten in Stellvertretung Christi als Lehrer des Glaubens erklären, haben die Gläubigen im Bewusstsein ihrer eigenen Verantwortung in christlichem Gehorsam zu befolgen."

Nach dem heute gültigen CIC führt die allgemeine Verweigerung der Beitragspflichten deshalb aber nicht bereits zur Verletzung eines kirchenrechtlichen Tatbestandes. Es wäre also, wie Hallermann ausführt, zunächst eine Änderung des CIC erforderlich. Bis dahin gilt der auch im Kirchenrecht herrschende, offenbar von Papst Benedikt als „Garantismus"[62] diskreditierte Grundsatz: Keine Strafe ohne Gesetz.

V. Zum heutigen Umgang der Bischöfe mit dem Kirchenaustritt

Um der „unterschiedlichen Bewertung" des lediglich vor einer staatlichen Behörde abgegebenen Kirchenaustritts gerecht zu werden, verabschiedete die Deutsche Bischofskonferenz schließlich ein am 24. September 2012 in Kraft getretenes Generaldekret, in dem sie den Kirchenaustritt zwar nicht mehr ausdrücklich als schismatischen Akt bezeichnet. Gleichwohl behauptet sie darin, in ihm liege ein so schwerwiegender Verstoß gegen die grundlegenden Pflichten der Gläubigen, dass er das automatische Ruhen sämtlicher Gliedschaftsrechte rechtfertige. Die Exkommunikation im Vollsinn ihrer Bedeutung soll sich der Ausgetretene dann zuziehen, wenn er gegenüber dem zuständigen Pfarrer erklärt, dass er sich mit seinem Austritt auch innerlich von der Kirche abgewandt hat. Heute hat der Pfarrer den Gläubigen, der seinen Kirchenaustritt vor dem Amtsgericht erklärt hat, deshalb anzuschreiben und ihm ein „pastorales Gespräch" über die Gründe seines Kirchenaustritts anzubieten. Reagiert der

60 *Hallermann, H.*, Apostasie, Häresie oder Schisma? Fragwürdige Schlussfolgerungen aus dem Kirchensaustritt von Katholiken. S. 230 m.w.N.

61 *Hallermann, H.*, Apostasie, Häresie oder Schisma? Fragwürdige Schlussfolgerungen aus dem Kirchensaustritt von Katholiken. UNA SANCTA, Heft 3, 1998, S. 226 f.

62 Teil 2, 4. Kap., VI.

Gläubige darauf und lässt seine in dem Gespräch bekundete Haltung auf einen schismatischen, häretischen oder apostatischen Akt schließen, muss der Pfarrer nun den zuständigen Ordinarius benachrichtigen. Dieser hat dann die notwendigen Maßnahmen zu ergreifen und den Eintritt der Exkommunikation förmlich festzustellen.[63]

Soweit die Gläubigen auf das „pastorale Schreiben" nicht reagieren, ändert dies nichts an den kirchenrechtlichen Folgen ihres Austritts. Auch ohne Feststellung eines Schismas bleibt es nach dem Willen der DBK dabei, dass die Verwaltungspraxis den Gläubigen die innerkirchlichen Rechte, d.h. den Empfang der Sakramente und ein kirchliches Begräbnis zu verwehren hat. Mit dieser Handhabung des Kirchenaustritts kommt es somit auf Geheiß der Deutschen Bischofskonferenz ohne eine kirchenstrafrechtliche Rechtsgrundlage, und damit „ohne Gesetz", zu einer faktischen „Bestrafung", die inhaltlich der Höchststrafe, der Exkommunikation, entspricht.

VI. Die Verweigerung der Kirchensteuer als Ausdruck von Schuld

Katholiken, die ihrer Beitragsschuld in der von den Bischöfen geforderten Form, d.h. durch die Zahlung der Kirchensteuer nachkommen und zu deren Vermeidung nicht aus der Kirche austreten, könnten ihre, im Vergleich zu den Ausgetretenen, finanzielle Mehrbelastung als *Unrecht* empfinden. Immerhin dürfen sich die „Steuervermeider" trotz ihres Austritts als zur Kirche zugehörig betrachten und Katholiken nennen. Eine kirchenrechtlich gültige Bestrafung wegen des abweichlerischen Verhaltens kommt de lege lata nicht in Betracht.

Mit dem Kantischen Verständnis von Recht wäre bereits fraglich, ob der Kirchenaustritt mit dem Ziel der Steuervermeidung mit der Freiheit derjenigen, die zur Gewährleistung der kirchlichen Aufgaben, wie can. 222 CIC dies beschreibt, nicht aus der Kirche austreten, sondern weiterhin ihre Steuern an die Kirche entrichten, „nach einem allgemeinen Gesetz" zusammen bestehen könnte. „Allgemein" ist ein Gesetz, wenn es für alle davon Betroffenen, d.h. hier für alle Katholiken Geltung beanspruchen kann. Zwar mag die Allgemeinheit eines Gesetzes nationale Besonderheiten nicht bereits per se ausschließen. Soweit sich eine Verletzung dieser Besonderheiten indessen derart auswirkt, dass damit schon die innere Zugehörigkeit zur katholischen Kirche als solche auf dem Prüfstand steht, erhalten die nationalen Besonderheiten ein Gewicht, dass sie, für den Fall des Ausschlusses aus der Kirche, zumindest

63 Vgl. *Althaus, R.*, Handbuch des katholischen Kirchenrechts, § 16, S. 287.

einer kirchenrechtlichen Begründung bedürfen. Die im Grundgesetz festgeschriebene Befugnis der Kirchen, von ihren Mitgliedern Steuern zu verlangen, reicht als deutsches Spezifikum dafür nicht aus. Als ein für das „ganze kirchliche Volk in Kirche und Welt (Lumen Gentium 31)"[64] geltendes Gesetz bleibt nur der CIC, dem die nationalen Besonderheiten zumindest im Grundsatz nicht wiedersprechen dürfen. Nulla poena sine lege. Damit ändert sich der Vergleichsmaßstab, der nun für die Strafe nicht mehr lediglich auf die deutschen Besonderheiten abstellen kann. Die Frage nach der Rechtmäßigkeit der Kirchensteuerpflicht zur Vermeidung der faktischen Exkommunikation lautete daher: Müssten nicht auch all diejenigen Katholiken, die kraft ihrer Gliedschaft in der katholischen Kirche dem CIC überall in Kirche und Welt als „Rechtsunterworfene" unterstellt sind, zur Vermeidung einer Strafe, die in ihren Wirkungen einer Exkommunikation entspricht, verpflichtet werden, eine Steuer zu entrichten? Eine bejahende Antwort würde voraussetzen, dass die deutsche Regelung rechtens und die der anderen Länder unrecht wäre. Nirgendwo auf der Welt wird ein Katholik, der sich seiner Beitragspflicht entzieht, mit einer Strafe überzogen, die in ihren Wirkungen einer Exkommunikation gleichkommt, außer in Deutschland. Anhaltspunkte dafür, dass die Unterstützung der Kirche in Deutschland durch die Leistung freiwilliger Zahlungen oder sonstiger Leistungen dem Schutz und der Verbreitung des von ihr zu verkündenden Glaubens weniger entspräche, sind allerdings nicht ersichtlich.

1. Die „Bestrafung" der Gläubigen als „Unrecht"

Solange die Katholiken in Deutschland mit der Erhebung der Kirchensteuer zur Umsetzung ihrer Beitrags- und Unterstützungspflicht einverstanden sind, könnte es für sie im Sinne einer *freiwilligen Zahlung* dabei bleiben. Die mit der Bestrafung des Kirchenaustritts verbundenen innerkirchlichen Verbote zur Teilhabe an den Sakramenten und die damit einhergehende Absonderung derjenigen Gläubigen, die ihren ggf. als solche anerkannten Beitragspflichten nicht so, d.h. in Form einer staatlichen Zwangsabgabe, nachkommen wollen, stellt sich für sie jedoch als Unrecht dar. Ist der Kirchenaustritt, wie in Deutschland, die einzige Möglichkeit, sich der Kirchensteuerpflicht im Sinne einer Zwangsabgabe zu entziehen, wäre dieser Schritt im Kantischen Sinne *recht* und im juridischen Sinne gerade nicht *unrecht*. Denn,

> „wenn ein gewisser Gebrauch der Freiheit selbst ein Hinderniß der Freiheit nach allgemeinen Gesetzen (d.i. unrecht) ist, so ist der Zwang, der diesem entgegenge-

64 Pressemitteilung der Deutschen Bischofskonferenz vom 20.9.2012, 145b.

setzt wird, als *Verhinderung* eines *Hindernisses der Freiheit* mit der Freiheit nach allgemeinen Gesetzen zusammen stimmend, d.i. recht.“[65]

2. Der eigentliche Grund der „Bestrafung“ der Gläubigen

Nach allem liegt der Sinn und Zweck der kirchlichen Bestrafung in den Fällen des Austritts weder in der Ahndung einer Straftat nach Maßgabe des CIC noch darin, die Gläubigen *von Rechts wegen* in die Gemeinschaft des Glaubens (communio fidei) bzw. in die Gemeinschaft der Gläubigen (communio fidelibus) zurückzuführen. Die Strafe lässt sich aus kirchlicher Sicht aber auch nicht unter dem Aspekt der Nützlichkeit mit Blick auf die Finanzierung der Kirche in Deutschland rechtfertigen. Die kirchenrechtlichen Normen werden durch die Bestrafung des Kirchenaustritts vielmehr bewusst umgangen. Der Sinn der Bestrafung durch die von der DBK angeordneten Rechtsfolgen als Folge des Kirchenaustritts besteht offenkundig allein in der Sicherung des deutschen Kirchenvermögens und der Autorität der DBK. Dass sich diese dazu gegenüber den Gläubigen allerdings einer offensichtlich utilitaristisch motivierten *Lüge* bedient haben könnte, erscheint schwer nachvollziehbar. Um was aber könnte es sich sonst handeln, wenn die DBK in ihrem Schreiben von 24. September 2012 mit der von ihr beanspruchten Autorität behauptet, in dem öffentlich-rechtlich erklärten Kirchenaustritt liege „ein so schwerwiegender Verstoß gegen die grundlegenden Pflichten der Gläubigen, dass er das automatische Ruhen sämtlicher Gliedschaftsrechte *rechtfertige*“? Ein Irrtum seitens der DBK dürfte mit Blick auf die intime Kenntnis der kirchenrechtlichen Situation und das päpstliche Schreiben von Benedikt XVI. vom 24. April 2006 und dessen Jurisdiktionsprimates[66] ausgeschlossen sein. Die DBK wollte mit ihrer Erklärung offenkundig auch nicht lediglich eine Meinungsäußerung kundtun, sondern, so scheint es zumindest, ihre eigene Autorität als DBK[67] mittels der ihr als weisungsgebunden unterstellten Verwaltung dazu nutzen, die der Kirche angeschlossenen Gläubigen unter dem Vorwand, sich andernfalls schwer zu verfehlen, zur Zahlung eines Zwangsbeitrages zu nötigen.

65 *Kant*, AA VI, MSR, S. 231.

66 Der „Jurisdiktionsprimat“ bezeichnet die volle, höchste und universale Gewalt des Papstes. In der umstrittenen Dogmatischen Konstitution Pastor aeternus des Ersten Vatikanischen Konzils (1870) wurde der Jurisdiktionsprimat definiert. Der Papst hat damit die letzte Instanz inne.

67 Dass die DBK ihrem Papst selbst in einer derat grundsätzlichen Frage, die Frage nach der Sünde, die Gefolgschaft verweigerte, könnte ein Grund mit dafür gewesen sein, dass sich Benedikt XVI. schon bald danach aus seinem Amt zurückzog.

D) Abtreibung nach Maßgabe des CIC

Dass jedenfalls eine Abtreibung[68] die Tatstrafe der Exkommunikation als Höchststrafe rechtfertigt, ergibt sich unmittelbar aus dem kirchlichen Strafgesetzbuch:

> Can. 1398 CIC: „Wer eine Abtreibung vornimmt, zieht sich mit erfolgter Ausführung die Tatstrafe der Exkommunikation zu."[69]

Als Täter kommt jeder in der katholischen Kirche Getaufte in Betracht, d.h. jeder Katholik, der für das Ende der Schwangerschaft eine nicht hinwegzudenkende Ursache gesetzt hat.[70] Gemeint ist die Autorschaft einer jeden gegen das ungeborene Leben gerichteten Handlung, die damit außer der Mutter auch dem die Abtreibung ggf. veranlassenden „Vater" (Erzeuger) zukommen kann. Als Anstifter und Beihelfer kommen prinzipiell alle Personen in Betracht, die durch gemeinsame Planung an der Abtreibung mitwirken.[71] Damit sind vor allem die Ärzte gemeint, die die Abtreibung in Person durchführen.

I. Abtreibung als Missachtung der Heiligkeit des Lebens

Der katholischen Kirche kommt es für die Frage nach der Zulässigkeit einer Abtreibung weder auf das konkrete Entwicklungsstadium der Leibesfrucht an noch auf eine in der Erfahrung bestätigte Fähigkeit des Menschen zur Autonomie. Nach dem Katechismus ist das menschliche Leben vom Augenblick der Empfängnis[72] an absolut zu achten und zu schützen. Zur Begründung beruft sich die Kirche u.a. auf ein Zitat aus dem Alten Testament, dort aus der Geschichte der Berufung des Jeremias zum Propheten: „Noch ehe ich dich im

---

68 Abtreibung, (medizinisch: *Interruptio*) ist die vorzeitige, willentliche Beendigung einer Schwangerschaft. Der menschliche Embryo überlebt den Eingriff normalerweise nicht. Davon zu unterscheiden ist der medizinische Begriff *Abort*; der auch einen natürlichen Spontanabort, d.h. eine Fehlgeburt umfasst.

69 In der lateinischen Originalfassung des CIC heißt es: „Qui abortum procurat, effectu secuto, in excommunicationem latae sententiae incurrit." (zu Deutsch: „Wer eine Abtreibung besorgt, zieht sich, wenn der Erfolg eingetreten ist, die Exkommunikation als Tatstrafe zu").

70 Das Abtreibungsverbot hat auch in der Kirche eine wechselvolle Tradition. Im Jahre 306 wurde die Abtreibung auf der Synode von Elvira erstmalig in einem Konzil verurteilt. Nach der Konstantinischen Wende setzte Kaiser Konstantin die Todesstrafe durch das Schwert auf Abtreibungen; dies bedeutete eine gravierende Änderung im Römischen Recht, das vorher überhaupt keine Bestrafung dafür vorsah (vgl. *Saner, Hans*, Vorgänge Nr. 10, Heft 4, S. 9–17 [1974]).

71 *Lüdicke, K.*, MK CIC, can. 1398, Rn. 5.

72 Empfängnis oder Konzeption (von lateinisch conceptio) bezeichnet die Verschmelzung der Eizelle mit einem Spermium bei der Befruchtung vor der Entstehung eines Keims.

Mutterleibe formte, habe ich dich ausersehen, noch ehe du aus dem Mutterschoß hervorkamst, habe ich dich geheiligt." (Jeremia, 1,5)[73] Und weiter heißt es im Katechismus: „Gott der Herr des Lebens hat nämlich den Menschen die hohe Aufgabe der Erhaltung des Lebens übertragen (...) Das Leben ist daher von der Empfängnis an mit höchster Sorgfalt zu schützen."[74] Dabei beschreibt die Kirche das menschliche Wesen vor seiner Geburt als „unschuldig" und zugleich als mit einem „Recht" auf Leben ausgestattet: „Schon im ersten Augenblick seines Daseins sind dem menschlichen Wesen die Rechte der Person zuzuerkennen, darunter das unverletzliche Recht unschuldiger Wesen auf das Leben."[75] Recht knüpft aus Sicht der Kirche also nicht erst an eine „Handlung" zurechnungsfähiger Personen an. Das Recht selbst ist hier also etwas unmittelbar von Gott Gegebenes, nicht nur etwas Relationales zwischen den Menschen. Da Gott selbst es ist, der dem Menschen mit seiner Schöpfung das „Recht" auf Leben geschenkt hat, ist eine Abtreibung ein eigenmächtiger Eingriff in die von ihm gegebene Ordnung. Eine Trennung des subjektiven Glaubens der Betroffenen von dem als objektiv richtig angenommenen, offiziellen Glauben der katholischen Kirche kommt mit Blick auf die Frage der Menschwerdung und in der Konsequenz der Zulässigkeit der Abtreibung aus katholischer Sicht nicht in Betracht. Eine Abtreibung ist daher nicht nur in ethischer Hinsicht, sondern ganz unmittelbar auch in juridischer Hinsicht stets ein verwerfliches *Unrecht*.[76]

II. Zum Tatbestand der Abtreibung nach dem CIC

Der objektive Tatbestand der Abtreibung ist gegeben, wenn eine bestehende Schwangerschaft erfolgreich beendet wurde. Darunter fällt nach kirchenrechtlicher Interpretation nicht nur das Ausstoßen des unreifen Fötus, sondern auch

73 Zit. n. Katechismus der Katholischen Kirche, S. 577 f.

74 Ebenda.

75 Ebenda.

76 Bereits frühe christliche Quellen lehnen die Abtreibung ab, häufig in bewusstem Gegensatz zu den Ansichten der paganen (= heidnischen) Mehrheitsgesellschaft. Die katholische Kirche hat sich aber stets auch um eine ihrem Glauben entsprechende Rechtslage innerhalb der staatlichen Regelungen bemüht. So hat sich Johannes Paul II. in den 1990er Jahren mit Nachdruck gegen eine Liberalisierung der Abtreibungsgesetze in seinem Heimatland Polen ausgesprochen: Abtreibung sei Mord. Unter Berufung auf sein Jurisdiktionsprimat veranlasste er die deutschen Bischöfe 1999, bei Schwangerschaftskonfliktberatungen durch kirchliche Träger das Ausstellen einer Beratungsbescheinigung zu verbieten, da sie in Deutschland Voraussetzung für einen straffreien Schwangerschaftsabbruch bis zum dritten Schwangerschaftsmonat sei. Beratungsstellen in kirchlicher Trägerschaft verloren damit ihre staatliche Anerkennung. (Quelle: www.Wikipedia.de).

seine Tötung auf jede Art und zu jeder Zeit nach der Empfängnis. Für den Beginn des zu schützenden Lebens stellt die Kirche allein auf den Zeitpunkt der Befruchtung der Eizelle ab. Der Tatbestand reicht so weit, dass er im Zweifel auch den Abbruch einer Schwangerschaft erfasst, die noch gar nicht feststeht. So gilt der Tatbestand auch durch die Anwendung eines Intrauterinpessars[77], das die Nidation der ggf. schon befruchteten Eizelle verhindert, als erfüllt. Ob es wegen dieses Pessars tatsächlich zur Abtreibung gekommen ist, ist nicht feststellbar. Die Befruchtung einer Eizelle ist letztlich nicht verifizierbar.[78]

1. Die Abtreibungsregelung als besonderes Tötungsdelikt im CIC

Soweit der CIC bei jeder Abtreibung von der Tötung eines Menschen ausgeht, hätte es ggf. ausgereicht, es bei der Regelung des can. 1397 CIC bewenden zu lassen und die Leibesfrucht unter den Begriff Mensch zu subsumieren.

> Can. 1397 — Wer einen Menschen tötet oder durch Gewalt oder Täuschung entführt, festhält, verstümmelt oder schwer verletzt, soll je nach Schwere der Straftat mit den in can. 1336 genannten Rechtsentzügen und Verboten bestraft werden; die Tötung aber einer der in can. 1370 genannten Personen wird mit den dort festgesetzten Strafen belegt.

Wie die Abtreibungsregelung zeigt, erachtet es die Kirche über das allgemeine Tötungsverbot hinaus als erforderlich, das ungeborene Leben gesondert zu schützen. Damit betont sie offenbar etwas auch mit ihrem Verständnis nicht bereits Selbstverständliches. Der Mensch ist schon vor seiner Zeugung von Gott gewollt und als sein Ebenbild so wertvoll wie jeder andere Mensch auch. Verzichtete die Kirche auf eine Regelung, deren Schutz bereits mit der Empfängnis ansetzt, würde sie die Antwort auf die Frage, wer oder ab wann das menschliche Leben als *Person* anzusehen ist, dem gewöhnlichen, möglicherweise atheistisch gesinnten Menschen zu überlassen. Mit der Regelung entzieht sie auch dem Einwand, eine Frau wolle mit der Abtreibung ihrer Leibesfrucht nicht bereits einen Menschen töten, die Grundlage. Ob die befruchtete Eizelle sich bereits eingenistet hat oder die Schwangere zuvor vergewaltigt wurde, kann mit Blick auf die prinzipielle Gleichwertigkeit des menschlichen Lebens keine Rolle spielen. Die Vielzahl der in Deutschland stattfindenden Abtreibungen[79] oder der Hinweis, dass es sich bei der Täterin um die

---

77 Intrauterinpessare (lateinisch intra, innerhalb; uterus, Gebärmutter) auch kurz Spiralen genannt, sind Medizinprodukte zur Empfängnisverhütung für die Frau, die in die Gebärmutter eingesetzt werden.

78 Vgl. *Lüdicke, K.*, MK CIC, can. 1398, Rn. 2, m.w.N.

79 Nach der Auskunft des Statistischen Bundesamtes nahm die Zahl der Schwangerschaftsabbrüche 2017 gegenüber dem Vorjahr um 2,5% zu. In 2017 wurden 101.200

Trägerin der Leibesfrucht selbst handelt, führt deshalb auch nicht zu einer anderen Beurteilung.

2. Der Zeitpunkt der Menschwerdung des Menschen

Die Haltung der Kirche erscheint aus ihrem Rechtsverständnis heraus konsequent: Handelt es sich bei der befruchteten Eizelle um einen vollwertigen Menschen mit Personenstatus im Rechtssinne, darf niemand ihm das Leben nehmen. Für die Entwicklung zum vollwertigen *Menschen* stellt allerdings selbst Thomas von Aquin (wie vor ihm Aristoteles) nicht bereits auf den Moment der Empfängnis ab, sondern beruft sich auf die Grundsätze der Lehre von der Sukzessivbeseelung[80]: „In generatione hominis prius est vivum, deinde animal, ultimo autem homo" („In der Entstehung des Menschen gibt es zuerst ein lebendiges Wesen, dann ein Tier, zuletzt jedoch einen Menschen").[81] Auf diese Lehre beruft sich im 20 Jahrhundert auch der Theologe Karl Rahner SJ (1904–1984). Im Zusammenhang mit der Frage nach der Zulässigkeit der Verwendung menschlicher Keimzellen für die Forschung meint er:

Schwangerschaftsabbrüche gemeldet. Die Zahl sank in 2018 wieder leicht ab, bleibt aber tendeziell ähnlich.

80 Nach der Lehre von der Sukzessivbeseelung, auch Epigenismus genannt, findet die Beseelung stufenweise statt. Sie geht auf Aristoteles zurück, der meinte, ein Embryo bzw. Fetus habe zunächst eine pflanzliche Seele (anima vegetativa oder vegetalis), aufgrund deren er überhaupt lebe, dann eine empfindende tierische Seele (anima sensitiva oder animalis) und 40 Tage (bei einem männlichen Fetus) bzw. 90 Tage (bei einem weiblichen Fetus) nach der Empfängnis eine vernunftbegabte menschliche Seele (anima intellectiva oder rationalis oder humana). (vgl. *Aristoteles*, Historia animalium 7,3 und Degeneratione animalium 2,3). Die Scholastik definiert einen Menschen als ein Wesen mit vernünftiger Seele. Papst Innozenz III († 1216) entschied im Fall der Geliebten eines Karthäusermönchs, die auf Drängen des Mönches abgetrieben hatte, dass der Mönch keiner Tötung schuldig sei, falls der Embryo gemäß der aristotelischen Biologie noch nicht beseelt war. (Quelle: homepage von Wikipedia: „Schwangerschaftsabbruch").

81 Vgl. *Thomas von Aquin*, Summa Theologica, II, II q. 64 a 1. Die Unterscheidung zwischen dem unbeseelten und dem beseelten Fetus wurde von Papst Pius IX. 1869 in der Bulle Apostolicae Sedis aufgehoben. Seitdem spricht das Kirchenrecht nur noch vom Fetus. In der deutschen Fassung des CIC wird *fetus* allerdings mit „Kind" übertragen (vgl. Canon 871 CIC 1983.) Das Kind empfange seine Seele bereits zum Zeitpunkt der Zeugung (Simultanbeseelung). Bei dieser Änderung spielte das 1854 vom selben Papst erklärte Dogma der Unbefleckten Empfängnis Mariens eine wichtige Rolle. Pius IX. stützte sich auf den Leibarzt des Papstes Innozenz X., Paul Zacchias, der schon 1661 sagte, die vernunftbegabte Seele (*anima rationalis*) werde dem Menschen im Augenblick der Empfängnis eingegossen, denn sonst würde ja das Fest der Unbefleckten Empfängnis Mariens eine vernunftlose Materie feiern, was jedoch der allerseligsten Jungfrau „unangemessen" sei. (Vgl. *Uta Ranke Heinemann*, „Nun lächelt Maria nicht mehr". In: „Der Freitag, Das Meinungsmedium", online portal, v. 24.12.2000, zit. nach: www.Wikipedia.de: „Schwangerschaftsabbruch").

> „Auch aus dogmatischen Definitionen der Kirche ist nicht zu entnehmen, dass es gegen den Glauben wäre, wenn man annähme, dass der Sprung in die Geist-Person erst im Laufe der Entwicklung des Embryos geschieht. Kein Theologe wird behaupten, den Nachweis führen zu können, dass Schwangerschaftsunterbrechung in jedem Fall ein Menschenmord ist.“[82]

Seine Auffassung beeindruckt die kirchliche Lehre indessen so wenig wie die Überlegung, dass möglicherweise außer Gott selbst niemand über den Zeitpunkt der Beseelung des werdenden Lebens entscheiden kann. Nach der Kirche ist die Sache klar: Für die Frage nach der Entstehung des Menschen kommt es auf den Zeitpunkt der Befruchtung an. Um einen *Menschen* handelt es sich deshalb ab dem Vorliegen eines empirisch feststellbaren, naturwissenschaftlich möglichen, im biologischen Sinne menschlichen Wesens. Im Gegensatz zu Aristoteles und Thomas von Aquin weiß die Kirche viel eher um die Erkenntnisse der modernen Medizin. Die exakte Bestimmung der Empfängnis wurde erst lange Zeit nach Aristoteles, Thomas und auch Kant, nämlich erst durch die Forschungen des Embryologen Karl Ernst von Baer (1792–1876) gefunden. Der entdeckte im Jahre 1827 die menschliche Eizelle, die wir heute unter dem Mikroskop studieren können. Bis dahin ging man davon aus, dass die Spermien des Mannes eine Art von Samen darstellen, der allein den Embryo enthält, den die Frau beim Koitus als fruchtbare Erde „empfängt“, ohne dass auch ihre Erbanlagen zur Entstehung des Kindes beitragen (sog. „Präformationslehre“). Die Entdeckung der Eizelle durch die moderne Genetik führte nun zu der moralisch fortschrittlichen und zugleich entlastenden Erkenntnis, dass es sich bei der lasterhaften Selbstbefriedigung des Mannes ggf. doch nicht bereits um einen Massenmord handeln muss. Andererseits kommt man nach Auffassung der Kirche an dem Faktum der Natur, wonach es sich jedenfalls ab der Verschmelzung der männlichen Samenzelle mit der weiblichen Eizelle um einen *Menschen* handelt, nicht mehr vorbei.

3. Das Postulat der Personwerdung als Antwort auf das biologisch Faktische

Aus der Sicht der Kirche spricht das biologisch Faktische somit eine eindeutige Sprache. Allerdings handelt es sich bei der Begründung, die für das Vorhandensein eines personalen Menschen auf die Verschmelzung der Chromo-

82 Vgl. *Rahner, K.*, Dokumente der Paulusgesellschaft, Band II. 1962, S. 391 f. Zur Verwendung von menschlichem Keimmaterial für die Forschung schreibt er: „Es wäre doch an sich denkbar, dass (…) Gründe für ein Experiment sprechen, die in einer vernünftigen Abwägung stärker sind als das unsichere Recht einer dem Zweifel unterliegenden Existenz eines Menschen.“ (*Rahner, K.*, Zum Problem der genetischen Manipulation in: Schriften zur Theologie Bd. 8, S. 307 f.).

somensätze abstellt, um eine lediglich biologische, um nicht zu sagen *biologistische* Argumentation. Es erscheint bemerkenswert, dass sie hinsichtlich der Beseelung des Menschen nicht auf mehr auf den Geist oder die Liebe, sondern auf einen, dann metaphysisch zur Beseelung erhöhten, biochemischen Vorgang abstellt. Dass die Kirche auf dieser Argumentationsgrundlage dann jede Abtreibung zugleich als eine zu schwerer Schuld führende „Sünde" im Sinne der Tötung einer Person bewertet, ohne die Feststellung, ob sich die Betroffene damit nach dem „theologischen Profil" ihrer Tat gegen Gott auflehnen wollte, erscheint nicht zwingend. Das gilt zumal, als sie die Ausweitung des Tatbestandes auf Fälle erstreckt, in denen die Befruchtung nicht einmal nachweisbar ist.

III. Abtreibung und Schuld nach Maßgabe des CIC

Mit der äußeren Verletzung des Gesetzes (oder eines förmlichen Verwaltungsbefehls) wird die Imputabilitas Zurechenbarkeit vermutet, sofern nicht etwas anderes offenkundig ist.[83] Die Kirche unterscheidet nicht weiter zwischen Imputabilitas und Schuld. Jemand, der weiß, dass er eine Abtreibung vornimmt und dies auch will, handelt vorsätzlich. Damit ist ihm die Tat auch normativ zuzuschreiben. Liegen die Voraussetzungen vor, hat die Schwangere ihre Tat daher auch im Sinne einer Sünde *verschuldet*. Was den kirchenstrafrechtlichen Umgang mit der Schuld angeht, kommt die Kirche den Sündern im Übrigen allerdings durch „Abstufungen" weit entgegen.

1. „Abstufungen der Schuld"

So hält der CIC einen umfangreichen Katalog von Strafausschließungs- (vgl. can. 1323 und 1325 CIC), Strafmilderungs- (vgl. can. 1324 CIC) und Strafverschärfungsgründen (vgl. can. 1326 CIC) vor. In der kirchenrechtlichen Kommentierung werden sie als „Abstufungen der Schuld" verstanden.[84] Die Tatstrafe (poena latae sententiae) der Exkommunikation ist zwar dadurch gekennzeichnet, dass sie bereits mit der Begehung der Tat eintritt.[85] In vielen Fällen ist dieser Selbsteintritt der Strafe jedoch ausgeschlossen. Der Täter bleibt z.B. *straffrei*, wenn er *schuldlos* nicht gewusst hat, ein (kirchliches) Gesetz zu übertreten (vgl. can. 1323 Nr. 2 CIC) oder wenn er *schuldlos* nicht gewusst hat, dass die Tat (nach kirchlichem Recht) überhaupt strafbar ist. Solche Unkenntnis ist dem Kirchenrechtler Klaus Lüdicke zufolge sogar grundsätzlich zu vermuten. Die Kenntnis des kirchlichen Gesetzbuches könne von Laien nicht

83 Vgl. *Rees, W.*, Handbuch des katholischen Kirchenrechts, § 105, S. 1595.

84 Vgl. *Rees, W.*, Handbuch des katholischen Kirchenrechts, § 105, S. 1595.

85 Vgl. *Rees, W.*, Handbuch des katholischen Kirchenrechts, § 105, S. 1580.

erwartet werden.[86] Zur Exkommunikation kommt es in vielen Fällen weiter dann nicht, wenn der Täter aus „schwerer Furcht“, oder aus „Notwendigkeit“ oder „drohendem schweren Nachteil“ gehandelt hat (vgl. Can. 1323 Nr. 4, can. 1323 Nr. 8–14 CIC). Das gleiche gilt, wenn er aus „schwerer Leidenschaft“ handelt, soweit diese die Verstandesüberlegung und die willentliche Zustimmung nicht gänzlich ausschaltet und behindert und die Leidenschaft selbst nicht willentlich hervorgerufen oder genährt wurde. Die Tatstrafe der sofortigen Exkommunikation tritt auch dann nicht ein, wenn der Täter sich in einer Lage befindet, in der er erst „durch schwere Furcht“, wenngleich nur relativ schwer, gezwungen wurde oder in bestimmten Fällen aufgrund einer „Notlage“ oder „erheblicher Beschwernis“ handelt. Und schließlich bleibt der Täter straffrei, wenn er „ohne volle Zurechnung“ handelt, sofern nur die Zurechenbarkeit schwerwiegend bleibt.[87] Was im konkreten Fall als schwerwiegend gilt, wird im CIC allerdings über die Unterscheidung von Vorsatz und Fahrlässigkeit und die zuvor beschriebenen Abstufungen der Schuld nicht näher definiert.

Da die Tatstrafe der Exkommunikation nicht durch äußerlich gesetzte Maßnahmen der kirchlichen Autorität verifiziert wird, entfaltet sie auch ihre strafrechtlichen Wirkungen nur im Rahmen des Bewusstseins des Täters. Weiß die Schwangere nicht, dass die Abtreibung die Exkommunikation zur Folge hat, fehlt es im kirchlichenstrafrechtlichen Sinne bereits an einem Vorsatz. Dann tritt die Exkommunikation nicht ein.[88] Das im weltlichen Strafrecht anerkannte Moment der *Parallelwertung in der Laiensphäre* kennt das Kirchenrecht allerdings nicht. Es geht nicht um die Wertung der Laien, sondern um die *richtige Wertung* nach Maßgabe der Atutorität der Kirche. Lüdicke weist weiter darauf hin, dass die Strafe auch nicht eintritt, wenn der Beichtvater dem Täter erst eine „Belehrung“ über den Eintritt der Strafe bei Erfüllung der Tatbestandsvoraussetzungen des can. 1398 CIC erteilt. Der pastorale Hinweis, dass die Kirche die Abtreibung bei Strafe verbietet, könne nur bewirken, dass sich der Täter erst im Wiederholungsfalle eine Strafe zuzieht.[89] Nur wenn die Schwangere vor der Tat positiv wisse, dass die Kirche auf die Abtreibung auch kirchenstrafrechtlich reagiert, könne sie sich auf eine dahin gehende Entschuldigung nicht berufen. Allerdings hat die Kirche von ihren strafrechtlichen Auffassungen zur Abtreibung auch öffentlich nie einen Hehl gemacht.

86 *Lüdicke, K.*, MK CIC, can. 1398, Rdn. 7.

87 Ebenda.

88 *Lüdicke, K.*, MK CIC, can. 1364, Rdn. 7.

89 *Lüdicke, K.*, MK CIC, can. 1398, Rdn. 7.

2. *Abtreibung als „intrinsece malum“*[90]

Hat die Schwangere die Erfüllung des Tatbestands des can. 1398 CIC vorsätzlich im Sinne des can. 1321 CIC begangen, kommt es im Falle einer Abtreibung auch dann nicht zu einem Strafausschluss, wenn die Schwangere durch schwere Furcht zur Abtreibung gezwungen wurde oder aus einer „Notlage“ oder einer „erheblichen Beschwernis“ heraus gehandelt hat. Immerhin führt die Tat in einer solchen Ausnahmesituation nicht bereits zu einer Tatstrafe (vgl. can. 1324 § 3 CIC), sondern nur zu einer Spruchstrafe, wobei dann auch eine Milderung der Strafe vorgesehen ist.

> Can. 1324 — § 1. „Der Straftäter bleibt nicht straffrei, aber die im Gesetz oder Verwaltungsbefehl festgesetzte Strafe muss gemildert werden oder an ihre Stelle muss eine Buße treten, wenn die Straftat begangen worden ist: (Nr. 5) von jemandem, der durch schwere Furcht, wenngleich nur relativ schwer, gezwungen oder aufgrund einer Notlage oder erheblicher Beschwernis gehandelt hat, wenn die Straftat in sich schlecht ist oder zum Schaden der Seelen gereicht.“

Um eine solche „in sich schlechte“ Straftat handelt es sich bei der Abtreibung, nicht anders als bei einem vorsätzlichen Mord. Ihre Handlung gereicht den Betroffenen stets zum Schaden der Seele. Dass es bei ihr stets um ein „intrinsece malum“ geht, ergibt sich zunächst aus der Wertung des can. 1398 CIC, der bereits auf die erfolgte Abtreibung als solche die Tatstrafe der Exkommunikation folgen lässt. Zum anderen ergibt sich diese Wertung aus der von Papst Johannes Paul II. in der Enzyklika *Veritatis splendor* vom 6. August 1993 dazu abgegebenen Begründung:

> „79. (…) Das vorrangige und entscheidende Element für das moralische Urteil ist das Objekt der menschlichen Handlung, das darüber entscheidet, ob sie auf das Gute und auf das letzte Ziel, das Gott ist, hingeordnet werden kann. Ob dies so ist, erkennt die Vernunft im Sein des Menschen selbst, verstanden in seiner vollumfänglichen Wahrheit, und damit unter Berücksichtigung seiner natürlichen Neigungen, seiner Triebkräfte und seiner Zweckbestimmtheiten, die immer auch eine geistige Dimension besitzen: Genau das sind die Inhalte des Naturgesetzes und damit die geordnete Gesamtheit der ‘Güter für die menschliche Person’, die sich in den Dienst des ‘Gutes der Person’ stellen, des Gutes, das sie selbst und ihre Vollendung ist. Das sind die von den Geboten (des Dekalogs) geschützten Güter, der nach dem hl. Thomas das ganze Naturgesetz enthält.[91] (…) Nun bezeugt die Vernunft, dass es Objekte menschlicher Handlungen gibt, die sich ‘nicht auf Gott hinordnen’ lassen, weil sie in radikalem Widerspruch zum Gut der nach seinem Bild geschaffenen Person stehen. Es sind die Handlungen, die in der moralischen Überlieferung der Kirche ‘in sich schlecht’ (intrinsece malum), genannt wurden: Sie sind immer und an und für sich schon schlecht, d.h. allein schon aufgrund ihres

90 Intrinsece malum (lat.: ein „in sich Schlechtes“).

91 www.dbk.de/fileadmin/veroeffentlichungen/verlautbarungen/VE_111.pdf 1.

> Objektes, unabhängig von den weiteren Absichten des Handelnden und den Umständen. Darum lehrt die Kirche – ohne im Geringsten den Einfluss zu leugnen, den die Umstände und vor allem die Absichten auf die Sittlichkeit haben –, dass 'es Handlungen gibt, die durch sich selbst und in sich, unabhängig von den Umständen, wegen ihres Objekts immer schwerwiegend unerlaubt sind'. (…) Das Zweite Vatikanische Konzil bietet im Zusammenhang mit der Achtung, die der menschlichen Person gebührt, eine ausführliche Erläuterung solcher Handlungsweisen anhand von Beispielen: Was zum Leben selbst in Gegensatz steht, wie jede Art von Mord, Völkermord, *Abtreibung*, Euthanasie und auch der freiwillige Selbstmord; was immer die Unantastbarkeit der menschlichen Person verletzt, wie Verstümmelung, körperliche oder seelische Folter und der Versuch, psychischen Zwang auszuüben; was immer die menschliche Würde angreift, wie unmenschliche Lebensbedingungen, willkürliche Verhaftung, Verschleppung, Sklaverei, Prostitution, Mädchenhandel und Handel mit Jugendlichen, sodann auch unwürdige Arbeitsbedingungen, bei denen der Arbeiter als bloßes Erwerbsmittel und nicht als freie und verantwortliche Person behandelt wird: all diese und andere ähnliche Taten sind an sich schon eine Schande; sie sind eine Zersetzung der menschlichen Kultur, entwürdigen weit mehr jene, die das Unrecht tun, als jene, die es erleiden. Zugleich sind sie in höchstem Maße ein Widerspruch gegen die Ehre des Schöpfers."[92]

Selbst wenn man in der befruchteten Eizelle nicht nur ein in der Entwicklung befindliches *menschliches Leben*, sondern in ihr als „Objekt eines moralischen Urteils" bereits als solches eine mit Achtung und Würde ausgestattete menschlichen *Person* erkennt, erscheint die moralische Gleichsetzung der Abtreibung mit einem Völkermord schwer nachvollziehbar. Soweit sich der Papst zur Begründung auf die göttliche Ordnung der Dinge und als Zeugen dafür auf Thomas von Aquin beruft, erscheint dies unter Berücksichtigung der Ansicht von Thomas nicht plausibel.

3. Benedikt XVI. zum „intrinsece malum" in der Enzyklika Veritatis splendor

Nach der Kommentierung der Missbrauchsfälle von Benedikt XVI.[93] ist sich Johannes Paul II. des Gewichts seiner Erklärung voll bewusst gewesen. Gerade für den Teil der in sich schlechten Handlungen habe er noch einmal Spezialisten befragt, die an sich nicht an der Redaktion der Enzyklika Veritatis splendor beteiligt waren. Der Papst habe keinen Zweifel daran lassen wollen, dass die „Moral der Güterabwägung" eine letzte Grenze respektieren müsse. Es gebe Güter, die nie zur Abwägung ständen und es gebe Werte, die nie um eines noch höheren Wertes wegen preisgegeben werden dürften. Es gebe das Marty-

---

92 Enzyklika Veritatis splendor vom 6. August 1993, 2. Kapitel, Abschnitt IV.

93 Vgl. Wortlaut: Der Aufsatz von Benedikt dem XVI. zur Missbrauchskrise, VATICAN NEWS, (www.Vatcannews.va) abgerufen 11.4.2019.

rium. Gott sei mehr, auch als das physische Überleben (des Menschen)[94] Ein Leben, das durch die Leugnung Gottes erkauft werde, ein Leben, das deshalb nach Benedikt auf einer letzten Lüge beruht, sei ein Unleben.[95]

Auch soweit man mit dem kategorischen Imperativ Kants in Bezug auf den Menschen als Zweck an sich zu einem ähnlichen Ergebnis kommt, setzt die päpstliche Sicht in Bezug auf die Abtreibung nicht nur den Glauben an ein höheres Gut als den Menschen voraus, nämlich Gott als den Schöpfer jedweden Lebens. Sie verlangt vielmehr den Mitvollzug einer ganz bestimmten kirchlichen Interpretation des biologischen Zellsubstrates. Danach vernichtet die Schwangere mit der Abtreibung nicht nur jenes mit der befruchteten Zelle bereits existente menschliche Leben. Nach der päpstlichen Sicht vernichtet sie vielmehr auch die darin bereits von Gott gewollte und geschaffene *Person.* Mehr noch: Sie *ermordet* einen mit personalen Rechten ausgestatteten Menschen durch eine Tat, die eben deshalb in sich schlecht ist. Auf die subjektive Bewertung der Schwangeren kommt es der Kirche nicht an. Die äußere Tat sagt ihr hinreichend, dass die Tat nicht nur in ethischer, sondern auch in rechtlicher Hinsicht nur als in sich schlecht bewertet werden kann. *Wertet die Schwangere falsch,* muss sie in kirchenstrafrechtlicher Hinsicht bestraft werden. Und weil sie sich mit ihrer Tötung außerhalb der Communio stellt, hat sie die Höchststrafe verdient. Heute hat die Kirche nicht mehr die Möglichkeit, die Todesstrafe zu verhängen. Ihr bleibt in kirchenrechtlicher Hinsicht nur die Exkommunikation und damit die innerkirchliche Ausgrenzung der „Mörderin" und ihrer Gehilfen. Die Frage, ob die von der Bewertung der Kirche ggf. abweichende Gewissensentscheidung für die Schwangere zwingend sein könnte[96], ist für sie in ethischer wie in juridischer Hinsicht ohnehin nicht interessant.

Auch wenn Benedikt darauf nicht expressis verbis eingeht, dürfte, seinen Ausführungen zufolge, ein zentraler Unterschied zwischen dem kategorischen Imperativ und dem christlichen Gebot der Gottes- und Menschenliebe in der Bereitschaft liegen, das *Martyrium* der Nachfolge Christi auf sich zu nehmen. Insoweit dies vom Menschen, und d.h. in dem hier in Rede stehenden Zusammenhang von der Schwangeren, eine Selbstverleugnung verlangt, bedeutete das mit einem von den kirchlichen Vorgaben abweichenden Verständnis von Person für sie allerdings ggf. zugleich die Verleugnung ihrer eigenen Person.

---

94 Klammereinschub durch den Verfasser.

95 Ebenda.

96 Vgl. zur Gewissensbindung o. Teil 1, Kapitel 3, B) sowie zur Bewertung der zwingenden Selbstbindung durch das Gewissen den Beschluss des BVerfG vom 20.12.1960 – BVerfGE 12, 45, 55 – dort bezogen auf die Frage der Zulässigkeit der Kriegsdienstverweigerung.

Soweit wir uns in unserem Glauben der theologischen Interpretation der Kirche anschließen, tun wir das ggf. als Ausfluß unserer Freiheit. Jene Freiheit gebietet uns indessen auch, die Freiheit und den *Glauben* der Schwangeren zu respektieren, mit Blick auf die Menschheit in uns allen.

IV. Der Schutz der communio als Zweck der Kirchenstrafe

Dem Kirchenstrafrechtler Lüdicke zufolge geht es bei der Kirchenstrafe allerdings bereits grundsätzlich nicht um die Frage, ob ein ethisch oder juridisch begründetes Unwerturteil in allgemeiner Hinsicht gerechtfertigt ist oder nicht.[97] Nach ihm ist die Frage der Vorwerfbarkeit kirchenrechtlich allein im Zusammenhang des Schutzes der communio fidei und der communio fidelium zu beurteilen. Die Notwendigkeit eines innerkirchlichen Ausschlusses im Wege der Exkommunikation bemisst sich nicht an der ethischen oder juridischen Schuld einer Person. Es geht allein um den Schutz des Glaubens und ihrer Autoritäten. Unter diesen beiden Aspekten gilt es die Communio zu schützen – durch Ausgrenzung von Menschen, deren Fehlverhalten, wenn es toleriert würde, Zweifel über die Inhalte und Grenzen jenes, um der Autorität willen schutzwürdigen katholischen Glaubens verursachen müsste.[98]

Der Zweck der Kirchenstrafe besteht damit nicht darin, den Täter zur Erlangung der Gnade, d.h. um der ihm von Gott mit seiner Taufe zugedachten Heiligkeit willen zu „bessern". Es geht darum, den Täter dazu zu bringen, sein dem katholischen Glauben widersprechendes, als gemeinschafts- und autoritätswidrig interpretierbares Verhalten aufzugeben.[99] Die Rückkehr zu gemeinschaftskonformem Verhalten ist nicht etwa gleichbedeutend mit einer reuevollen Umkehr. Eine solche *Bekehrung* könnte ohnehin nicht auf der Ebene einer ggf. juridisch zu begründenden Strafe erfolgen, sondern müsste, so Lüdicke, erachtete man das katholische Leitbild als verbindlich, auf der Ebene des Bußsakraments, der inneren Haltung, d.h. auf der Ebene des Glaubens vollzogen werden. Das aber setzte auch aus der Sicht des Täters voraus, dass er mit seinem Verhalten tatsächlich zugleich *Sünder* geworden wäre.[100] Die auf der Basis des CIC ausgesprochene bzw. angedrohte *Strafe der Exkommunikation,* die gerade keine *Buße* darstellt, ist dazu bestimmt, die Betroffenen von einer Bewertung abzuhalten, die von den Vorgaben des Glaubens abweichen könnte.

---

97 Vgl. *Lüdicke, K.*, Münsterischer Kommentar zum Kirchenrecht, Einf. vor 1321, Rdn. 8.

98 Vgl. *Lüdicke, K.*, Münsterischer Kommentar zum Kirchenrecht, Einf. vor 1311, Rdn.16.

99 Vgl. *Lüdicke, K.*, Münsterischer Kommentar zum Kirchenrecht, Einf. vor 1311, Rdn. 23.

100 Vgl. *Lüdicke, K.*, Münsterischer Kommentar zum Kirchenrecht, Einf. vor 1321, Rdn. 5.

Die Androhung der Exkommunikation soll nicht eine *vernünftige* Antwort auf ein begangenes, überpositiv verstandenes Unrecht oder gar auf die individuelle Schuld des Täters sein. Sie soll abschrecken – im Sinne und für Zwecke der Erhaltung des Glaubens und der Autorität.

Aus der Sicht der Päpste Benedikt XVI. und Johannes Paul II. ist der strafrechtliche Schutz des jeweils aktuell verkündeten Glaubens unbedingt vorrangig und maßgeblich nicht nur für den kirchlichen Bereich. „Wieso konnte Pädophilie ein solches Ausmaß erreichen?" fragt Benedikt in seinem Schreiben vom 11. April 2019 und verweist in seiner Antwort auf die Abwesenheit Gottes. Nach der Erschütterung des 2. Weltkrieges hätten wir unsere Verfassung in Deutschland noch ausdrücklich unter die Verantwortung vor Gott als Leitmaß gestellt. Ein halbes Jahrhundert später sei es dagegen schon nicht mehr möglich, Gott als Maßstab in die europäische Verfassung aufzunehmen. Gott werde als Privatangelegenheit einer Minderheit angesehen.[101] Was Benedikt XVI. dabei jedoch zu verkennen scheint, ist, dass sich der Glaube an Gott prinzipiell nicht „verrechtlichen" lässt. Der Mensch ist kein konditionierbares Tier, sondern mit Vernunft und Freiheit ausgestattet. Der Glaube betrifft eine Frage des persönlichen Bekenntnisses, das sich als solches, soll es authentisch sein, nicht erzwingen lässt. Voraussetzung eines authentischen Bekenntnisses ist die innere Freiheit, die es deshalb vorrangig zu respektieren gilt. Soll das Bekenntnis auch nach außen hin glaubwürdig sein, kommt es entscheidend darauf an, dass seine Vertreter glaubwürdig sind. Das aber setzt eine Haltung zur Wahrheit voraus, um die sich jeder von uns nur bemühen kann, die aber niemand bereits besitzt, außer vielleicht Gott.

101 Vgl. Wortlaut: Der Aufsatz von Benedikt dem XVI. zur Missbrauchskrise, VATICAN NEWS, (www.Vatcannews.va) abgerufen am 11.4.2019.

Fünftes Kapitel: Schwangerschaftsabbruch in einem säkularen „Rechtsstaat“

Anders als das kirchlichen Strafrechtssystem, dessen Rechtswirkungen der Einzelne aus seiner Perspektive öffentlich-rechtlich durch einen Austritt und innerlich durch eine Abkehr vom kirchlichen Glauben vermeiden kann, können sich die Rechtsunterworfenen eines säkularen Staates dessen Regelungen nicht entziehen. Der demokratisch legitimierte Staat soll die Mitglieder einer Gesellschaft nicht durch die Androhung einer Strafe dazu zwingen, bestimmte Glaubensinhalte zu teilen. In einer staatlichen Rechtsordnung könnte es nach allem eher als in der Kirche darum gehen, die Gemeinschaft durch die Gewährleistung der Bedingungen von Recht zu schützen. Strafe käme dann nur „in Betracht, wenn sie zur Einwirkung auf den Täter oder zur Verteidigung der Rechtsordnung erforderlich erscheint“.[1] In einem Rechtsstaat sollen die Bürger ihr Leben in einem möglichst weitgehenden Sinne frei und selbstbestimmt gestalten können, innerhalb der Grenzen, die ihnen der Respekt vor der Freiheit des anderen gebietet. Strafbewehrte Verbote können sich deshalb nur dort als legitim erweisen, wo es notwendig erscheint, die Freiheitsordnung vor der ungerechtfertigten Übertretung der Freiheitsgrenzen der Bürger (oder der Funktionsträger der staatlichen Institutionen) mit dem Mittel der Strafe als Zwang, der einem Hindernis der Freiheit entgegensteht, zu schützen. Das ist allerdings nicht immer so. Manchmal scheint es auch im Falle staatlicher Regelungen weniger um den Schutz einer freiheitlichen Ordnung des Rechts, als eher um den Schutz bestimmter Glaubensinhalte zu gehen. Dazu soll im Folgenden beispielhaft und zu Vergleichszwecken mit dem Vorangegangenen der Umgang mit der Abtreibung bzw. dem Schwangerschaftsabbruch näher besprochen werden. Auch hier stellt sich den Betroffenen häufig die Frage nicht nur nach der ethischen, sondern auch nach der juridischen Schuld.

A) Strafrechtlichen Regelungen zum Schwangerschaftsabbruch in Deutschland

Während die katholische Kirche auf eine Abtreibung, die sie nach Papst Johannes Paul II. als *Mord* bewertet, mit der nach ihrem Strafrechtssystem

1 So die Formulierung in § 44 StGB.

https://doi.org/10.1515/9783110696462-016

möglichen Höchststrafe reagiert[2], gilt dieselbe Tat als „Schwangerschaftsabbruch“ auch innerhalb des deutschen Strafrechtssystems regelmäßig als eine rechtswidrige Tötung menschlichen Lebens:

> § 218 StGB:
>
> „(1) Wer eine Schwangerschaft abbricht, wird mit Freiheitsstrafe bis zu drei Jahren oder mit Geldstrafe bestraft. Handlungen, deren Wirkung vor Abschluss der Einnistung[3] des befruchteten Eies in der Gebärmutter eintritt, gelten nicht als Schwangerschaftsabbruch im Sinne dieses Gesetzes.
>
> (2) In besonders schweren Fällen ist die Strafe Freiheitsstrafe von sechs Monaten bis zu fünf Jahren. Ein besonders schwerer Fall liegt in der Regel vor,
>
> a) wenn der Täter gegen den Willen der Schwangeren handelt oder
>
> b) die Gefahr des Todes oder einer schwerwiegenden Gesundheitsschädigung der Schwangeren verursacht.
>
> (3) Begeht die Schwangere die Tat, so ist die Strafe Freiheitsstrafe bis zu einem Jahr oder Geldstrafe.
>
> (4) Der Versuch ist strafbar. Die Schwangere wird nicht wegen Versuchs bestraft.“

Die Strafandrohung richtet sich prinzipiell an alle Bürger. Als Täter kommen vor allem die Schwangere selbst, ggf. auch ihr Partner und die ausführenden Ärzte in Betracht. Der Regelung des strafbaren Schwangerschaftsabbruchs folgt eine Regelung über seine Straflosigkeit:

> § 218a StGB (Straflosigkeit des Schwangerschaftsabbruchs):
>
> „(1) Der Tatbestand des § 218 ist nicht verwirklicht, wenn
>
> 1. die Schwangere den Schwangerschaftsabbruch verlangt und dem Arzt durch eine Bescheinigung nach § 219 Abs. 2 Satz 2 nachgewiesen hat, daß sie sich mindestens drei Tage vor dem Eingriff hat beraten lassen,
>
> 2. der Schwangerschaftsabbruch von einem Arzt vorgenommen wird und
>
> 3. seit der Empfängnis nicht mehr als zwölf Wochen vergangen sind.“

Anders als in der Kirche sieht der Staat von einer *Bestrafung* der Schwangeren gemäß § 218a StGB also im Falle eines *beratenen ärztlichen Abbruchs innerhalb von 12 Wochen* nach der Empfängnis ab. Zwar ist gem. § 218a Abs. 1

---

2 Vgl. can. 1398 CIC: „Wer eine Abtreibung vornimmt, zieht sich mit erfolgter Ausführung die Tatstrafe der Exkommunikation zu“.

3 Die Einnistung, nach lateinisch nidus, deutsch „Nest“, bezeichnet die Einnistung der befruchteten Eizelle im Stadium der Blastozyste in die Gebärmutterschleimhaut. Die auch als Nidation bezeichnete Einnistung beginnt beim Menschen am fünften oder sechsten Tag nach der Befruchtung der Eizelle. Die sich einnistende Blastozyste schüttet das Hormon humanes Choriongonadotropin (hCG) aus, das die Abstoßung der Gebärmutterschleimhaut im Rahmen der Menstruation verhindert.

StGB bereits der *Tatbestand* des § 218 nicht verwirklicht. Gemeint ist damit nach dem Strafrechtler Thomas Fischer jedoch nur, dass unter den benannten Voraussetzungen die *Strafbarkeit* entfiele. An der *Rechtswidrigkeit* der Straftat ändert sich dadurch nichts. Nach Fischer ist die Regelung nur vor dem Hintergrund der jahrzehntelangen rechtspolitischen Auseinandersetzungen um die Strafbarkeit des Schwangerschaftsabbruchs verständlich.[4]

Nachdem sich die Gesetzgebung zum Schwangerschaftsabbruch nach dem Erlass des Grundgesetzes wiederholt geändert hatte[5], beschloss das Parlament 1974 die sog. Fristenregelung, wobei *Frist* den Zeitraum meinte, in dem, berechnet ab der Befruchtung, die wiederum gemessen wird ab dem ersten Tag der letzten Periode, ein Abbruch nicht rechtswidrig und mithin rechtlich erlaubt scin sollte. Diese Regelung wurde vom BVerfG allerdings noch vor ihrem Inkrafttreten mit Urteil vom 25. Februar 1975 für verfassungswidrig erklärt. Bestand behielt dennoch die sog. Indikationenregelung, die 1976 in Gesetzesform gebracht wurde. Danach war der Schwangerschaftsabbruch in den ersten drei Monaten (bis zur 14. Schwangerschaftswoche bzw. der 12. Woche nach der Befruchtung) bei Vorliegen entweder einer medizinischen[6], einer eugenischen[7], einer sozialen[8] oder einer ethischen bzw. kriminologischen[9] Indikation zulässig. Im Übrigen, also ohne, dass der Arzt eine der benannten Indikationen zu erkennen vermochte, galt der Schwangerschaftsabbruch als ein mit Strafe bedrohtes Verbrechen. Ob der Unrechtstatbestand erfüllt war oder nicht, hing damit wesentlich von der Auslegung *des auf eine Indikation erkennenden* Arztes an. Je nach der Einstellung des Arztes ließ sich eine soziale Indikation praktisch mit jeder Art von Notlage begründen. Nachdem die Diskussion nicht zur Ruhe kam, beschloss die Bundesregierung am 26. Juni 1992 das *Gesetz zum Schutz des vorgeburtlichen/werdenden Lebens, zur Förderung*

---

4 *Fischer, T.*, Strafgesetzbuch, § 218a Rn. 3.

5 Vgl. zur Gesetzgebungsgeschichte und den berücksichtigten Stellungnahmen die Ausführungen in BVerfGE, 88, 203, Urteil v. 28.5.1993 – 2 BVF 2/90 u. 4,5 92 – dort unter A. I. S. 214 ff.

6 Die *medizinische Indikation* meinte allgemein die Gefahr für die „gegenwärtige oder künftige körperliche und/oder psychische Gesundheit“ der Schwangeren. (Quelle: Wikipedia: „Fristenlösung“).

7 Die *eugenische oder embryopathische Indikation* wurde angenommen, wenn eine „schwerwiegende Behinderung“ des werdenden menschlichen Lebens diagnostiziert wurde. (Quelle: Wikipedia).

8 Unter die *soziale Indikation* wurde eine „drohende Notlage“ subsumiert. (Quelle: Wikipedia).

9 Von einer *ethischen bzw. kriminologischen Indikation* spricht man, wenn die Schwangerschaft durch eine „Vergewaltigung oder sexuellen Missbrauch“ verursacht worden war. (Quelle: Wikipedia).

einer kinderfreundlichen Gesellschaft, für Hilfen im Schwangerschaftskonflikt und zur Regelung des Schwangerschaftsabbruchs (Schwangeren- und Familienhilfegesetz,).[10] Damit sprach sich der Deutsche Bundestag für die sog. „Fristenregelung mit Beratungspflicht“ aus. Allerdings verhinderte das Bundesverfassungsgericht deren Inkrafttretens durch den Erlass einer einstweiligen Anordnung[11] und erklärte das Gesetz mit seinem Urteil vom 28. Mai 1993[12] erneut als mit Art. 1 und 2 des Grundgesetzes nicht vereinbar und mithin als verfassungswidrig.

Auch nach Fischer ist eine Fristenlösung mit Art. 2 Abs. 2 S. 1 i.V.m. Art. 1 GG unvereinbar. Deshalb sei der Schwangerschaftsabbruch also grundsätzlich *Unrecht.* Daraus folge aber nicht zugleich seine *Strafrechtswidrigkeit.*[13] Fischers Rechtsauffassung zum gesetzlichen Unrechtsgehalt des Abbruchs erscheint schon mit Blick auf die Formulierung des § 218a Abs.1 StGB, wonach „der Tatbestand des § 218 nicht verwirklicht ist“, fragwürdig. Handelt es sich um einen „Tatbestandsausschluss“, wofür jedenfalls der Wortlaut spricht, dürfte der Tatbestand ganz wegfallen, mit der Folge, dass der Abbruch unter den Voraussetzungen des Abs. 1 „aus dem strafrechtlich vertypten Unrecht herausgenommen“ und jedenfalls im Bereich des Strafrechts „nicht als *Unrecht* zu betrachten“ wäre.[14] Nach der Vorstellung des BVerfG soll die *Nichtverwirklichungsformel* von Abs. 1 jedoch nur als „Tatbestandsausschluss unter Aufrechterhaltung der Missbilligung als rechtswidrig“ zu verstehen sein.[15] Der Abbruch bleibt also rechtswidrig, führt aber ggf. nicht zu einer Strafe. Nicht rechtswidrig ist der Abbruch ausdrücklich nur in den Fällen der nach der Gesetzesänderung von 1995 verbliebenen medizinischen und der kriminologischen Indikation. In § 218a StGB heißt es weiter:

> „(2) Der mit Einwilligung der Schwangeren von einem Arzt vorgenommene Schwangerschaftsabbruch ist nicht rechtswidrig[16], wenn der Abbruch der Schwangerschaft unter Berücksichtigung der gegenwärtigen und zukünftigen Lebensverhältnisse der Schwangeren nach ärztlicher Erkenntnis angezeigt ist, um eine Gefahr für das Leben oder die Gefahr einer schwerwiegenden Beeinträchtigung des körperlichen oder seelischen Gesundheitszustandes der Schwangeren abzuwenden,

---

10 Bundesgesetzblatt 1992 I S. 1398.

11 BVerfGE 86, 390, Urteil vom 4. August 1992 – 2 BvQ 16,1 –.

12 BVerfGE, Urteil v. 28.5.1993 – 2 BVF 2/90 –.

13 *Fischer, T.*, Strafgesetzbuch, § 218a, Rn. 3.

14 Vgl. Schönke / Schröder / *Eser* / *Weißer*, § 218a, Rn. 13.

15 Schönke / Schröder / *Eser* / *Weißer*, Vor §§ 218–219b, Rn.7 m.V.a. BVerfGE 55, 273 ff; 336 f.

16 Soweit im StGB von „rechtswidrig“ die Rede ist, ist damit gemäß § 11 Abs. 1 Nr. 5 StGB nur die Strafrechtswidrigkeit gemeint.

und die Gefahr nicht auf eine andere für sie zumutbare[17] Weise abgewendet werden kann.

(3) Die Voraussetzungen des Absatzes 2 gelten bei einem Schwangerschaftsabbruch, der mit Einwilligung der Schwangeren von einem Arzt vorgenommen wird, auch als erfüllt, wenn nach ärztlicher Erkenntnis an der Schwangeren eine rechtswidrige Tat nach den §§ 176 bis 178 des Strafgesetzbuches begangen worden ist, dringende Gründe für die Annahme sprechen, daß die Schwangerschaft auf der Tat beruht, und seit der Empfängnis nicht mehr als zwölf Wochen vergangen sind.

(4) Die Schwangere ist nicht nach § 218 strafbar, wenn der Schwangerschaftsabbruch nach Beratung (§ 219) von einem Arzt vorgenommen worden ist und seit der Empfängnis nicht mehr als zweiundzwanzig Wochen verstrichen sind. Das Gericht kann von Strafe nach § 218 absehen, wenn die Schwangere sich zur Zeit des Eingriffs in besonderer Bedrängnis befunden hat."

Liegen die Voraussetzungen des § 218a StGB nicht vor, bleibt es allerdings für die betroffene Frau auch heute bei der Bestrafung nach § 218 StGB.[18] Für die Frage der Rechtswidrigkeit nach Abs.2 dürfte es für die Frau vor allem darauf ankommen, den „richtigen" Arzt zu finden, den, der nach seiner „ärztlichen Erkenntnis" zu dem erwünschten Ergebnis gelangt. Zwar soll der Begriff der „ärztlichen Erkenntnis" dem Arzt nach Fischer nur einen Ermessensspielraum einräumen. Der schließe eine detaillierte gerichtliche Nachprüfbarkeit der Einzelfallentscheidung aus. Andererseits gehe es bei der ärztlichen Entscheidung jedoch auch nicht um ein jeder gerichtlichen Prüfung entzogenes „Letztentscheidungs"-Ermessen. Erforderlich sei vielmehr ein ex-ante-Urteil auf der Grundlage des „ärztlichen Standards".[19] Im Ergebnis müsse der Schwangerschaftsabbruch nach ärztlicher Erkenntnis notwendig sein, um eine Lebens- oder schwere Gesundheitsgefahr von der Schwangeren abzuwenden. Der Grad der erforderlichen Wahrscheinlichkeit sei abhängig von der Schwere des drohenden Schadens, nicht allerdings von einer voraussichtlichen Schädigung des Kindes.[20] Nach Eser und Weißer kann der Arzt dagegen auch aufgrund einer Erkrankung des Embryos oder Fetus zur Annahme einer medizinischen Indikation gelangen. Mit der Einordnung der embryopatischen unter die medizinische Indikation habe der Gesetzgeber nicht zuletzt den von den Behindertenverbänden vorgetragenen Bedenken Rechnung tragen wollen. Danach könne das Abheben auf eine bestimmte Schädigung als Diskriminierung und Abwertung behinderten Lebens missverstanden werden. Mit der Strei-

---

17 Vgl. Schönke / Schröder / *Eser* / *Weißer*, § 218a, Rn. 38.

18 Vgl. zur Entwicklungsgeschichte und dem derzeitigen Stand der Regelungen zum Schwangerschaftsabbruch: Schönke / Schröder / *Eser* / *Weißer*, 30. Aufl. 2019, Vor §§ 218–219b, Rn. 1 f.

19 *Fischer, T.*, Strafgesetzbuch, § 218a Rn. 19.

20 *Fischer, T.*, Strafgesetzbuch, § 218a Rn. 24.

chung der früher unter § 218a Abs. 2 Nr. 1 a.F. StGB geregelten eugenischen Indikation sollte jedoch den damit erfassten Fallkonstellationen keineswegs ersatzlos die Möglichkeit einer Rechtfertigung entzogen werden. Insoweit komme es entscheidend auf die Vorlage einer notstandsähnlichen Konfliktlage an, in der sich die Schwangere angesichts der mit dem Austragen und Betreuen eines behinderten Kindes verbundenen außergewöhnlichen Belastungen sehe. Diese ständen seelischen Überforderungen im Sinne einer medizinischen Indikation nicht nach. Ihre Hinnahme könne der Schwangeren nicht abverlangt werden.[21]

Damit besteht die embryopathische Indikation also auch nach ihrer Abschaffung im Jahre 1995 faktisch weiter, je nachdem, welchen Arzt die Frau um die Feststellung einer Indikation bittet. „Böse" formuliert könnte man fragen, ob behinderte *Kinder* in Deutschland also doch wieder getötet werden dürfen, *nur* weil sie noch nicht geboren und eben behindert sind. Betrachtet man allein die zuvor wiedergegebenen, unterschiedlichen Auffassungen zur Zulässigkeit des Abbruchs aufgrund einer Erkrankung des Ungeborenen, scheint der strafrechtliche Schutz des Ungeborenen für den Fall einer Behinderung jedenfalls praktisch nicht gewährleistet zu sein.

B) Das Rechtsgut der §§ 218, 218a StGB

Die strafrechtlichen Regelungen zum Schwangerschaftsabbruch dienen angeblich dem Schutz des ungeborenen menschlichen Lebens.[22]

> „Das menschliche Leben ist (auch) beim Schwangerschaftsabbruch, wie sich schon aus seiner systematischen Stellung im Abschnitt 'Straftaten gegen das Leben' ergibt, das in erster Linie zu schützende Rechtsgut, und zwar vom Zeitpunkt seiner Individuation an, durch die es, wenn auch erst keimhaft und entwicklungsbedürftig, als nicht teil- und austauschbare 'Lebensprgrammeinheit' einer bestimmten Person abschließend festgelegt ist."[23]

Vergleicht man die staatlichen Regelungen zum Schwangerschaftsabbruch mit der kirchenrechtlichen Regelung der Abtreibung, fällt allerdings auf, dass der Staat selbst (und nicht erst einzelne mit unterschiedlicher Zielsetzung argumentierenden Kommentatoren) hinsichtlich der Qualität des zu schützenden Rechtsgutes anders wertet als die Kirche. Für den Staat scheint das menschliche Leben vor der Nidation gar nicht schützenswert zu sein und (mit Blick auf die Regelung zur Straflosigkeit des Abbruchs gem. § 218a StGB) ab der Nida-

---

21 Schönke / Schröder / *Eser* / *Weißer*, § 218a, Rn. 38.

22 Vgl. z.B. *Fischer*, *T.*, Strafgesetzbuch, Vor §§ 218 219b StGB, Rn. 2.

23 Schönke / Schröder / *Eser* / *Weißer*, Vor §§ 218–219b, Rn. 9.

tion bis zum Abschluss der zweiundzwanzigsten Schwangerschaftswoche zumindest deutlich weniger als in der Kirche. Dort genießt die befruchtete Eizelle bereits ab dem Zeitpunkt einer nur möglichen Empfängnis[24] den vollen „Schutz" der kirchlichen Strafrechtsordnung, als eine von Gott gewollte menschliche Person.

I. Zum Status des ungeborenen Lebens nach dem Grundgesetz

Um die Bedeutung des ungeborenen, menschlichen Lebens innerhalb der Rechtsordnung zu erfassen, kommt es auf seinen verfassungsrechtlichen Status an.

In Art. 2. Abs. 2 Satz 1 GG heißt es indessen schlicht:

> „Jeder hat das Recht auf Leben und körperliche Unversehrtheit."

1. „Jeder" als Rechtsinhaber im Sinne des Art. 2 GG

Jeder, so könnte man annehmen, ist jeder Mensch. Die Selbstverständlichkeit dieser Annahme gerät jedoch ins Wanken, wenn wir uns bewusst machen, dass es bei der Verfassungsregelung nicht um die Frage nach dem biologischen Menschen, sondern um Rechte und zwar um Grundrechte, geht, die *„Jeder hat*". Die Frage lautet daher in Bezug auf die Frage nach dem Schutzgut des Schwangerschaftsabbruchs: Ist bereits die befruchtete Eizelle mit der Nidation ein „Jeder", der ein *Recht* auf Leben und körperliche Unversehrtheit hat oder ist ein Jeder erst das menschliche Leben nach einer gewissen Entwicklung, also z.B. im Alter von zwei, zwölf oder zweiundzwanzig Wochen oder erst noch später, z.B. ab dem Zeitpunkt seiner Geburt?

Die mit § 218 Abs. 1 S. 2 StGB nahegelegte Vorstellung, dass vor der Nidation niemand ein „Jeder" sein soll, geht offenbar davon aus, dass die Eizelle unmittelbar nach der Befruchtung zwar ein biologisch erfassbares, menschliches Substrat und mithin ggf. nur ein *Etwas* ist, aber eben noch kein „Jeder". Der strafrechtliche Schutz beginnt erst mit der Einnistung in die Gebärmutter. In verfassungsrechtlicher Hinsicht kann also, anders als z.B. Spaemann annimmt[25], aus einem „Etwas" doch ein „Jeder" werden; auch wenn nicht klar ist, wie das gehen soll.

---

24 S.o. S. 268.

25 *Spaemann, R.*, Personen (…) a.a.O. S. 252.

2. Zum Begriff „Jeder" nach einer Auslegung des Art. 2 GG

Um sich der inhaltlichen Bedeutung des Wortes „Jeder" in *rechtlicher* Hinsicht weiter anzunähern, könnte es auf eine Auslegung des Begriffs im Rahmen seines Regelungskontextes ankommen. Der Begriff wird in beiden Absätzen des Art. 2 GG verwandt:

> „(1) *Jeder* hat das Recht auf die freie Entfaltung seiner Persönlichkeit, soweit er nicht die Rechte anderer verletzt und nicht gegen die verfassungsmäßige Ordnung oder das Sittengesetz verstößt.
>
> (2) *Jeder* hat das Recht auf Leben und körperliche Unversehrtheit. Die Freiheit der *Person* ist unverletzlich. In diese Rechte darf nur auf Grund eines Gesetzes eingegriffen werden."

Mit Art. 2 Abs. 1 GG scheint das Grundgesetz zunächst auf ein bestimmtes Verständnis von *Recht* abzustellen. Eine Legaldefinition des Begriffs Recht findet sich im Grundgesetz indessen nicht. Gehen wir von Kants Rechtsbegriff (als Inbegriff der Bedingungen, unter denen die Willkür des einen mit der Willkür des anderen nach einem allgemeinen Gesetze der Freiheit zusammen vereinigt werden kann[26]) aus und sehen das zentrale Menschenrecht in der Freiheit des Menschen, dann bekäme der Begriff *Jeder* in Art. 2 Abs. 2 GG eine verständliche Bedeutung: Jeder wäre jede mit Freiheit ausgestattete *Person*. Das Grundgesetz unterscheidet nicht zwischen „Jeder", der ein Recht auf Leben und körperliche Unversehrtheit hat und „Jeder", der ein Recht auf Freiheit hat. Es sagt aber, dass es die Freiheit der *Person* ist, die nach Art. 2 Abs. 2 S. 1 GG unverletzlich ist. Während das menschliche Leben der Verfassung in seinem ontologischen Status vorgegeben ist, werden positive *Rechte* ihm in einer rechtlich konstituierten Gesellschaft erst gewährt. Soll hinsichtlich der Rechtsträgereigenschaft des Menschen nicht zwischen dem menschlichen Wesen, das ein *Recht* auf Leben und körperliche Unversehrtheit hat und demjenigen, das ein Recht auf Freiheit hat, unterschieden werden, dann ist „Jeder" derjenige, der auch *Person* ist. Im Übrigen sagt uns das Grundgesetz auch nicht, was wir dort unter *Person* verstehen sollen.

Hätten die Väter und Mütter des Grundgesetzes mit *Jeder* bereits jedes biologisch-menschliche Leben als *Person* schützen und ihn als Träger von Grundrechten ausstatten wollen, hätte es nahe gelegen, sich auch außerhalb des Strafrechts dahingehend zu positionieren. Dass sie das nicht getan haben, die Frage vielmehr der rechtspolitischen Entscheidung überließen, mag noch nicht bedeuten, dass sie das ungeborene Leben aus dem Grundrechtsschutz ausnehmen wollten. Es bedeutet aber auch nicht, dass sie es mit einbeziehen wollten. Ohne

---

26 *Kant*, AA, VI, MSR, Einleitung, § B III, 34 f.

Rückgriff auf religiöse Annahmen lässt sich die Personalität einer befruchteten Eizelle, zumal wenn sie mit Freiheit ausgestattet sein soll, in juridischer Hinsicht kaum begründen.

II. Das ungeborene Leben in der Rechtsprechung des BVerfG

Eine über die Regelungen des Grundgesetzes hinaus gehende Bestimmung des verfassungsechtlichen Status des ungeborenen Lebens könnte sich aber aus den, die jeweiligen Gesetzesentwürfe ablehnende Entscheidungen des BVerfG ergeben. Bereits in den Leitsätzen seiner Entscheidung vom 25. Februar 1975 führt das Gericht aus:

> „1. Das sich im Mutterleib entwickelnde Leben steht als selbständiges Rechtsgut unter dem Schutz der Verfassung (Art. 2 Abs. 2 S. 1, Art. 1 Abs. 1 GG). Die Schutzpflicht des Staates verbietet nicht nur unmittelbare staatliche Eingriffe in das werdende Leben, sondern gebietet dem Staat auch, sich schützend und fördernd vor dieses Leben zu stellen.
>
> 2. Die Verpflichtung des Staates, das sich entwickelnde Leben in Schutz zu nehmen, besteht auch gegenüber der Mutter."[27]

In der Begründung seiner Entscheidung führte das BVerfG aus:

> „Die ausdrückliche Aufnahme des an sich selbstverständlichen Rechts auf Leben in das Grundgesetz – anders als etwa in der Weimarer Verfassung – erklärt sich hauptsächlich als Reaktion auf die 'Vernichtung lebensunwerten Lebens', auf 'Endlösung' und 'Liquidierung', die vom nationalsozialistischen Regime als staatliche Maßnahmen durchgeführt wurden. Art. 2 Abs. 2 Satz 1 GG enthält ebenso wie die Abschaffung der Todesstrafe durch Art. 102 GG 'ein Bekenntnis zum grundsätzlichen Wert des Menschenlebens und zu einer Staatsauffassung, die sich in betonten Gegensatz zu den Anschauungen eines politischen Regimes stellt, dem das einzelne Leben wenig bedeutete und das deshalb mit dem angemaßten Recht über Leben und Tod des Bürgers schrankenlosen Missbrauch trieb' (BVerfGE 18, 112 (117)."[28]

Vor dem Hintergrund dieses, alles menschliche Leben umfassenden Bekenntnisses erscheint es mit der Kirche allerdings fraglich, warum das BVerfG dann zwischen dem ungeborenen Leben vor und nach der Nidation unterscheidet. Ausführlich hat sich das Gericht mit dieser Frage nicht befasst, sondern nur kurz angemerkt:

---

27 BVerfGE, Urteil v. 25.2.1975 – 1 BVF 1, 2, 3, 4, 5, 6/74 –, abgedr. in: BVerfGE 39, 1.

28 BVerfGE 39, S. 36, 37.

> „Leben im Sinne der geschichtlichen Existenz eines menschlichen Individuums besteht nach gesicherter biologisch-physiologischer Erkenntnis jedenfalls vom 14. Tage nach der Empfängnis (…) Individuation.“[29]

Mit seinem Urteil vom 28. Mai 1993 bestätigt das Gericht die Vorentscheidung und erklärt in seinen Leitsätzen erneut:

> „1. Das Grundgesetz verpflichtet den Staat, menschliches Leben, auch das ungeborene, zu schützen. Diese Schutzpflicht hat ihren Grund in Art. 1 GG; ihr Gegenstand und – von ihm her – ihr Maß werden durch Art. 2 Abs. 2 GG näher bestimmt. Menschenwürde kommt schon dem ungeboren menschlichen Leben zu. Die Rechtsordnung muss die rechtlichen Voraussetzungen seiner Entfaltung im Sinne eines eigenen Lebensrechts des Ungeborenen gewährleisten. Dieses Lebensrecht ist nicht erst durch die Annahme seitens der Mutter begründet.
>
> 2. Die Schutzpflicht für das ungeborene Leben ist bezogen auf das einzelne Leben, nicht nur bezogen auf das menschliche Leben allgemein.
>
> 3. Rechtlicher Schutz gebührt dem Ungeborenen auch gegenüber seiner Mutter. Ein solcher Schutz ist nur möglich, wenn der Gesetzgeber ihr einen Schwangerschaftsabbruch grundsätzlich verbietet und ihr damit die grundsätzliche Rechtspflicht auferlegt, das Kind auszutragen. Das grundsätzliche Verbot des Schwangerschaftsabbruchs und die grundsätzliche Pflicht zum Austragen des Kindes sind zwei untrennbare verbundene Elemente des verfassungsrechtlich gebotenen Schutzes.
>
> 4. Der Schwangerschaftsabbruch muss für die ganze Dauer der Schwangerschaft grundsätzlich als Unrecht angesehen und demgemäß rechtlich verboten sein (Bestätigung von BVerfGE 39, 1 (44). Das Lebensrecht des Ungeborenen darf nicht, wenn auch nur für eine bestimmte Zeit, der freien, rechtlich nicht gebundenen Entscheidung eines Dritten, und sei es selbst der Mutter, überantwortet werden. (…).“[30]

Die Grundsätze der Urteile fasst Fischer wie folgt zusammen:

> „Der *Nasciturus* entwickelt sich nicht *zum* Menschen, sondern *als* Mensch. Dem Ungeborenen kommt *Menschenwürde* zu (…); diese setzt keine ausgebildete Personalität voraus. Der ungeborene Mensch hat ein eigenes *Lebensrecht*, das nicht erst durch die Annahme seitens der Mutter begründet wird (…). Die Schutzpflicht

---

29 BVerfGE 39, S. 36, 37. Das Gericht befasst sich in seiner Entscheidung ausführlich mit den unterschiedlichen, rechtspolitischen Anschauungen der Parteien.

30 BVerfGE, Urteil v. 28.5.1993 – 2 BVF 2/90 u. 4, 5/92 –, abgedr. in: BVerfGE 88, 203. Die vom BVerfG in seinen Entscheidungen erlassenen Leitsätze erwachsen in Rechtskraft und haben Gesetzesqualität. (Vgl. § 31 BVerfGG). In der Folge des Urteils vom Mai 1993 wurde die in der Bundesrepublik bestehende Rechtslage wie auch die bis dahin davon abweichende Rechtslage in der DDR insgesamt einheitlich geändert. In der DDR wurde 1950 das „Gesetz über den Mutter- und Kinderschutz und die Rechte der Frau“ erlassen, das einen Schwangerschaftsabbruch bei medizinischer oder embryopathischer und in Ausnahmefällen ab 1965 auch bei sozialer Indikation erlaubte. Mit dem Gesetz über die Unterbrechung der Schwangerschaft von 1972 wurde der Schwangerschaftsabbruch legalisiert. Voraussetzung war u.a., dass er nach einer Beratung und von einem Arzt innerhalb der ersten zwölf Wochen vorgenommen wurde. Vgl. zum Beitritt der DDR und der weiteren Rechtsentwicklung auch *Fischer*, Vor 218–219b StGB, Rn. 5 f.

> des Staates bezieht sich 'auf das einzelne Leben', nicht nur auf das menschliche Leben allgemein. Das grundsätzliche Verbot des Schwangerschaftsabbruchs und die grundsätzliche Pflicht zum Austragen des Kindes sind untrennbar verbundene Elemente des verfassungsrechtlich gebotenen Schutzes (...). Der Schwangerschaftsabbruch muss für die ganze Dauer der Schwangerschaft als Unrecht angesehen werden und verboten sein (...); nur in Ausnahmefällen kann es zulässig oder geboten sein, eine Rechtspflicht zum Austragen des Kiindes nicht aufzuerlegen; maßgeblich für die Anerkennung solcher Ausnahmetatbestände ist das Kriterium der Unzumutbarkeit."[31]

Die Diskussion, ob die Entscheidungen des BVerfG den Vorgaben des Grundgesetzes entspricht und ob sie überzeugend begründet sind, ist allerdings nicht verstummt.[32]

1. Zur Aufnahme eines „Recht auf Leben" in das Grundgesetz

Geht man, z.B. mit der konsequent utilitaristischen Position von Peter Singer davon aus, dass die Vorstellung von Person erst an die Entwicklung des Menschen zu einem rationalen und selbstbewussten Wesen anknüpft[33], wäre nicht nachvollziehbar, warum das ungeborene Leben überhaupt eines vorgängigen, *rechtlichen* Schutzes bedarf. Geht man dagegen, mit dem theologischen Verständnis der Kirche davon aus, dass die Rechte der Person bereits in der von

---

31 *Fischer, T.*, Vor §§ 218 Rn. 7.

32 Der Streit auch um das staatliche Abtreibungsrecht hat eine lange Geschichte. Versuche einer Liberalisierung des Gesetzes wurden wiederholt vom Bundesverfassungsgericht als verfassungswidrig zurückgewiesen. Nachdem der Bundestag am 26. April 1974 mit knapper SPD/FDP-Mehrheit ein Fristenmodell verabschiedet hatte, legte die CDU/CSU dagegen eine Verfassungsbeschwerde ein, mit der Folge, dass das Bundesverfassungsgericht die Fristenlösung mit Urteil vom 25.2.1975 verworfen hat. Sie genüge nicht dem verfassungsrechtlich gebotenen Schutz des ungeborenen Lebens. Im Juni 1976 wurde Paragraph 218 wieder gelockert: Neben der medizinischen, der kriminologischen und der eugenischen (bei Schädigung des Kindes) Indikation bleibt eine Abtreibung innerhalb der ersten zwölf Wochen nun auch bei sozialer Indikation straffrei. Da im Westen ein Indikationsmodell im Osten aber nach altem DDR-Recht ein Fristenmodell galt, war nach der Wiedervereinigung eine Neuregelung erforderlich. Am 26. Juni 1992 verabschiedet der Bundestag nach 16stündiger Verhandlung ein Modell, das eine Fristenlösung mit Beratungspflicht vorsieht. Am 4. August 1992 stoppt das Bundesverfassungsgericht wesentliche Teile des neuen Abtreibungsrechts per Einstweiliger Anordnung. Am 28. Mai 1993 erklärt das Bundesverfassungsgericht das Fristenmodell in wesentlichen Teilen für verfassungswidrig. Am 29. Juni 1995 beschließt der Bundestag ein neues Abtreibungsrecht. Abbrüche bleiben innerhalb der ersten zwölf Wochen zwar rechtswidrig aber straffrei, wenn die Frau eine vorschriftsgemäße Beratung nachweist. Im Januar 1998 drängt Papst Johannes Paul II. die deutschen Bischöfe zum Ausstieg aus der gesetzlichen Schwangerenberatung, was sie am 1. Januar 2001 tun (Quelle: Wikipedia.de).

33 Vgl. *Singer, P.*, Praktische Ethik, S. 142 (s.o. S. 178).

Gott gegebenen Geschöpflichkeit des Menschen liegen, die dem Ungeborenen mit seiner Entstehung, d.h. dem Zeitpunkt der Befruchtung der Eizelle gegeben sind, diente die Aufnahme eines „Rechts auf Leben“ für *jedes* menschliche Leben in das Grundgesetz zugleich dem Schutz jener von Gott vorgegebenen Ordnung oder zumindest des Glaubens daran. Eine dahin gehende Aussage findet sich indessen weder in den Leitsätzen noch in den Begründungen der Entscheidungen des BVerfG vom 25. Februar 1975 und 28. Mai 1993.

Wie die Kirche so weiß jedoch auch das BVerfG, dass die jeweils haploiden Chromosomensätze bereits dann einen neuen diploiden Chromosomensatz bilden, sobald das Spermium in die Eizelle eindringt und die beiden Zellkerne miteinander verschmelzen. In diesem Moment und nicht erst mit der Nidation entsteht genetisch ein neues menschliches Individuum. Das Gericht erörtert die Frage nicht näher, sondern erklärt die Herausnahme der befruchteten Eizelle aus dem Schutzbereich des § 218 StGB für „verfassungsrechtlich unbedenklich“.[34] In seiner Entscheidung aus dem Jahre 1975 hatte es dazu gesagt, dass eine mit der Nidation vergleichbare Zäsur innerhalb der späteren Entwicklung des menschlichen Lebens nicht mehr feststellbar sei.[35]

Mit Blick auf das vom BVerfG angenommene Bekenntnis und dem unterstellten Wunsch, ihm innerhalb des Grundgesetzes zu genügen, hätte es vielleicht näher gelegen, sich der kirchlichen Vorstellung insgesamt anzuschließen und deren Bekenntnis auch hinsichtlich der Begründung der Würde des Menschen dem Grundgesetz zugrunde zu legen. Dann müsste, was ja, z.B. nach der Auffassung von Benedikt XVI. ggf. wünschenswert wäre[36], auch in Bezug auf die Abtreibungsproblematik kein Unterschied mehr zwischen kirchlicher Moral und öffentlichem Recht gemacht werden. Interpretierte man den Begriff der Würde des Menschen rein theologisch und in der Folge auch die Menschenrechte, dann passten die Regelungen des Art. 2 mit denen des Art. 1 GG schlüssig zusammen.

In Art. 1 GG heißt es:

> „(1) Die Würde des Menschen ist unantastbar. Sie zu achten und zu schützen ist Verpflichtung aller staatlichen Gewalt.

---

34 BVerfGE 88, S. 203, 251. In der Strafrechtswissenschaft soll dieser Umstand damit erklärt werden, dass es andernfalls zu „unlösbaren Beweisproblemen“ käme. Deshalb sei der nur eingeschränkte Grundrechtsschutz mit der Argumentation des BVerfG „verfassungsrechtlich hinnehmbar“. Vgl. *Merkel*, *Reinhard*, Grundrechte für frühe Embryonen, a.a.O., S. 496, m.w.N.

35 BVerfGE 39, S. 40 ff.

36 Vgl. Wortlaut: Der Aufsatz von Benedikt dem XVI. zur Missbrauchskrise, VATICAN NEWS, (www.Vatcannews.va) abgerufen am 11.4.2019. (S.a.o. S. 296).

(2) Das deutsche Volk bekennt sich darum zu unverletzlichen und unveräußerlichen Menschenrechten als Grundlage jeder menschlichen Gemeinschaft, des Friedens und der Gerechtigkeit in der Welt.

(3) Die nachfolgenden Grundrechte binden Gesetzgebung, vollziehende Gewalt und Rechtsprechung als unmittelbar geltendes Recht."

Begründen wir die Menschenwürde damit, dass wir als Menschen das Geschöpf und das Ebenbild Gottes sind, wären auch die Reglungen des Art. 2 GG nicht weiter widersprüchlich. Auch Art. 2 Abs. 2, S. 2 GG passte in das Konzept, wonach die (letztlich von Gott gegebene) Freiheit der *Person* unverletzlich ist. Neben der Übernahme des theologisch begründeten Personenverständnisses, z.B. im Sinne Spaemanns[37], hätte man auch das kirchliche Freiheitsverständnis, etwa im Sinne des späten Augustinus, übernehmen können. Danach verdankt der Mensch nicht nur seine Würde, sondern prinzipiell alles Gute, das er tut, der Gnade Gottes.[38] Etwaige Widersprüche, die sich aus einem von der kirchlichen Interpretation abweichenden Personen- und Freiheitsbegriff ergeben könnten, lösten sich dann ebenso schnell auf.

2. Vom „menschlichen Leben" zum Träger von Grundrechten

Eine rein theologische bzw. „gottesstaatliche" Intention wollte das BVerfG den Vätern des Grundgesetzes jedoch nicht unterstellen. Die Frage, ob bereits mit der Zygote[39] ein neuer Rechtsinhaber, ein Rechtssubjekt, geschaffen wird, lässt das Gericht in der Folge offen.[40] Erst für die Zeit nach der Nidation erklärt es das ungeborene menschliche Leben als Höchstwert der Verfassung, als Träger der Rechte aus Art. 1 und 2 GG:

„Nach der ständigen Rechtsprechung des Bundesverfassungsgerichts enthalten die Grundrechtsnormen nicht nur subjektive Abwehrrechte des Einzelnen gegen den

---

37 Vgl. *Spaemann, R.*, Personen (...) a.a.O. S. 252.

38 *Kraus, G.*, Gnadenlehre – das Heil als Gnade, 157 f., S. 208 (s.o. S. 100).

39 Eine Zygote ist eine eukaryotische diploide Zelle, die bei der geschlechtlichen Fortpflanzung durch Verschmelzung zweier haploider Geschlechtszellen (Gameten) entsteht, aus einer Eizelle (weiblich) und einem Spermium (männlich). Die Vereinigung der Geschlechtszellen, bei der die beiden Zellkerne miteinander verschmelzen (Karyogamie), bezeichnet man als Befruchtung.

40 Das dürfte auch für die Zygote gelten, die im Wege einer In-Vitro-Fertilisation entsteht, anschließend in einem Reagenzglas aufbewahrt wird, um später z.B. für die Stammzellenforschung Verwendung zu finden. Die In-vitro-Fertilisation (IVF) – lateinisch für „Befruchtung im Glas" – ist eine Methode zur künstlichen Befruchtung. Sie wurde in den 1960er und 1970er Jahren von Robert Edwards und Patrick Steptoe entwickelt. In Deutschland ist diese Behandlung zulässig, wenn bei einem (Ehe-)Paar ein Jahr lang trotz regelmäßigem, ungeschütztem Geschlechtsverkehr die Schwangerschaft ausbleibt o. eine Präimplantationsdiagnostik (PID) angezeigt ist.

Staat, sondern sie verkörpern zugleich eine objektive Wertordnung, die als verfassungsrechtliche Grundentscheidung für alle Bereiche des Rechts gilt und Richtlinien und Impulse für Gesetzgebung, Verwaltung und Rechtsprechung gibt (BVerfGE 7, 198 [205] – Lüth –; 35, 79 [114] – Hochschulurteil – m.w.N.). (…) Die Schutzpflicht des Staates ist umfassend. Sie verbietet nicht nur (…) unmittelbare staatliche Eingriffe in das sich entwickelnde Leben, sondern gebietet dem Staat auch, sich schützend und fördernd vor dieses Leben zu stellen, d.h. vor allem, es auch vor rechtswidrigen Eingriffen von Seiten Anderer zu bewahren. (…) Die Schutzverpflichtung des Staates muss umso ernster genommen werden, je höher der Rang des in Frage stehenden Rechtsgutes innerhalb der Wertordnung des Grundgesetzes anzusetzen ist. Das menschliche Leben stellt, wie nicht näher begründet werden muss, innerhalb der grundgesetzlichen Ordnung einen Höchstwert dar; es ist die vitale Basis der Menschenwürde und die Voraussetzung aller anderen Grundrechte.“

Dabei ist in einer Art logischer Sekunde offenbar aus einem „etwas“ (das in der Zygote vor der Nidation gesehen werden könnte), ein Rechtsträger geworden, ein Jeder, der nicht mehr nur ein „jedes“ ist, sondern jetzt ein menschlicher „Jeder“ ist und zwar ein jeder, *„der“ lebt*:

„Bei der Auslegung des Art. 2 Abs. 2 Satz 1 GG ist auszugehen von seinem Wortlaut: ‘Jeder hat das Recht auf Leben…’. (…) Der (…) Entwicklungsprozess ist ein kontinuierlicher Vorgang, der keine scharfen Einschnitte aufweist und eine genaue Abgrenzung der verschiedenen Entwicklungsstufen des menschlichen Lebens nicht zulässt. Er ist auch nicht mit der Geburt beendet; die für die menschliche Persönlichkeit spezifischen Bewusstseinsphänomene z.B. treten erst längere Zeit nach der Geburt auf. Deshalb kann der Schutz des Art. 2 Abs. 2 Satz 1 GG weder auf den ‘fertigen’ Menschen nach der Geburt noch auf den selbständig lebensfähigen Nasciturus beschränkt werden. Das Recht auf Leben wird jedem gewährleistet, der ‘lebt’; zwischen einzelnen Abschnitten des sich entwickelnden Lebens vor der Geburt oder zwischen ungeborenem und geborenem Leben kann hier kein Unterschied gemacht werden.“[41]

Nach dem BVerfG ist „Jeder“ im Sinne des Art. 2 Abs. 2 Satz 1 GG

„‘jeder Lebende’, anders ausgedrückt: jedes Leben besitzende menschliche Individuum; ‘jeder’ ist daher auch das noch ungeborene menschliche Wesen (…). Gegenüber dem Einwand, ‘jeder’ bezeichne sowohl in der Umgangs- als auch in der Rechtssprache gemeinhin eine ‘fertige’ menschliche Person, eine reine Wortinterpretation spreche daher gegen die Einbeziehung des ungeborenen Lebens in den Wirkungsbereich des Art. 2 Abs. 2 Satz 1 GG, ist zu betonen, dass jedenfalls Sinn und Zweck dieser Grundgesetzbestimmung es erfordern, den Lebensschutz auch auf das sich entwickelnde Leben auszudehnen. Die Sicherung der menschlichen Existenz gegenüber staatlichen Übergriffen wäre unvollständig, wenn sie nicht auch die Vorstufe des ‘fertigen Lebens’ das ungeborene Leben, umfasste. Diese extensive Auslegung entspricht dem in der Rechtsprechung des Bundesverfassungsgerichts aufgestellten Grundsatz, ‘wonach in Zweifelsfällen diejenige Ausle-

41 BVerfGE 39, S. 41.

> gung zu wählen ist, welche die juristische Wirkungskraft der Grundrechtsnorm am stärksten entfaltet'.[42] (...) Die Pflicht des Staates, jedes menschliche Leben zu schützen (...) ergibt sich (...) auch aus der ausdrücklichen Vorschrift des Art. 1 Abs. 1 Satz 2 GG; denn das sich entwickelnde Leben nimmt auch an dem Schutz teil, den Art. 1 Abs. 1 GG der Menschenwürde gewährt. Wo menschliches Leben existiert, kommt ihm Menschenwürde zu; es ist nicht entscheidend, ob der Träger sich dieser Würde bewusst ist und sie selbst zu wahren weiß. Die von Anfang an im menschlichen Sein angelegten potentiellen Fähigkeiten genügen, um die Menschenwürde zu begründen."[43]

Eine nähere Begründung, warum für die Gewährung der Menschenwürde und mithin die Zuerkennung der Rechtsträgereigenschaft die „von Anfang an im menschlichen Sein angelegten potentiellen Fähigkeiten genügen" sollen, enthält die Entscheidung trotz des offensichtlichen Unterschiedes zwischen einem Menschen als Subjekt der Zurechnung und einem erst potentiell zurechnungsfähigen Subjekt nicht. Dass dafür die rein biologische Individuation durch das Faktum der Befruchtung und die anschließende Niedation ausreichend sein soll, erscheint nicht schlüssig. Für das Gericht ist dennoch jedes menschliche Leben mit Würde ausgestattet, weil es *menschliches* Leben ist. Deshalb reicht ihm sein Sein offenbar aus, um „*es*" mit Grundrechten auszustatten. Es erscheint bemerkenswert, dass sich das Gericht selbst in diesem Zusammenhang weder mit den rechtsethischen Aspekten dieses „Potentials", seien sie christlicher, utilitaristischer oder sonstiger Provenienz befasst, noch mit dem Begriff der Person.

III. Der Nasciturus als „Anderer" und die „Rechte" der Frau

Der aus dem „grundsätzlichen Wert des menschlichen Lebens" abgeleiteten Rechtsträgereigenschaft und seinem sich daraus ergebenden Status als „Jeder" im Sinne des Art. 2 GG stellt das BVerfG nun die Rechte der Schwangeren gegenüber, um diese mit dem Lebensrecht des Ungeborenen abzuwägen. Dass dabei dem Recht auf Leben der Vorrang gegenüber dem Selbstbestimmungsrecht einzuräumen ist, ergibt sich praktisch aus der Fragestellung. Die Ausführungen wirken deshalb wie vorgeschoben:

> „Unzweifelhaft begründet die natürliche Verbindung des ungeborenen Lebens mit dem der Mutter eine besonders geartete Beziehung, für die es in anderen Lebenssachverhalten keine Parallele gibt. Die Schwangerschaft gehört zur Intimsphäre der Frau, deren Schutz durch Artikel 2 Abs. 2 in Verbindung mit Artikel 1 Abs. 1 GG verfassungsrechtlich verbürgt ist. Wäre der Embryo nur als Teil des mütterlichen Organismus anzusehen, so würde auch der Schwangerschaftsabbruch in den

42 BVerfGE 39, S. 37, 38 m.V.a. BVerfGE 32, 54 (71); 6, 55 (72).

43 BVerfGE 39, S. 41.

> Bereich privater Lebensgestaltung verbleiben, in den einzudringen dem Gesetzgeber verwehrt ist (BVerfGE 6, 32 [41]; 6, 389 [433]; 27, 344 [350]; 32, 373 [379]). Da indessen der Nasciturus ein selbständiges menschliches Wesen ist, das unter dem Schutz der Verfassung steht, kommt dem Schwangerschaftsabbruch eine soziale Dimension zu, die ihn der Regelung durch den Staat zugänglich und bedürftig macht. Das Recht der Frau auf freie Entfaltung ihrer Persönlichkeit, welches die Handlungsfreiheit im umfassenden Sinn zum Inhalt hat und damit auch die Selbstverantwortung der Frau umfasst, sich gegen eine Elternschaft und die daraus folgenden Pflichten zu entscheiden, kann zwar ebenfalls Anerkennung und Schutz beanspruchen. Dieses Recht ist aber nicht uneingeschränkt gewährt – die Rechte anderer, die verfassungsmäßige Ordnung, das Sittengesetz begrenzen es. Von vornherein kann es niemals die Befugnis umfassen, in die geschützte Rechtsphäre eines Anderen ohne rechtfertigenden Grund einzugreifen oder sie gar mit dem Leben selbst zu zerstören, am wenigsten dann, wenn nach der Natur der Sache eine besondere Verantwortung gerade für dieses Leben besteht.“[44]

Das Gericht verfährt mit dem Begriff eines „Anderen“ in gleicher Weise wie mit dem Begriff „Jeder“ im Sinne des Art. 2 Abs. 2 S. 1 GG. Es unterstellt, dass es sich bei dem menschlichen Leben ab dem Stadium der Nidation um einen anderen handelt, der Träger von Grundrechten und mit *Freiheit* ausgestattet ist (vgl. Art. 2 Abs. 2 S. 2 GG). Ob das hinsichtlich des Fötus tatsächlich so ist und was unter Person zu verstehen ist, ist allerdings gerade die im Raum stehende, klärungsbedürftige Frage. Aus dem „objektiv-rechtlichen Gehalt der grundrechtlichen Normen“ erschließt sich ihre Antwort ohne weiteres nicht. Ebenso wenig ergibt sie sich aus einer Abwägung widerstreitender Interessen:

> „Ein Ausgleich, der sowohl den Lebensschutz des Nasciturus gewährleistet als auch der Schwangeren die Freiheit des Schwangerschaftsabbruchs belässt, ist nicht möglich da Schwangerschaftsabbruch immer Vernichtung des ungeborenen Lebens bedeutet. Bei der deshalb immer erforderlichen Abwägung (sind) beide Verfassungswerte in ihrer Beziehung zur Menschenwürde als den Mittelpunkt des Wertsystems der Verfassung zu sehen (BVerfGE 35, 202 [225]). Bei einer Orientierung an Artikel 1 Abs. 1 GG muss die Entscheidung zu Gunsten des Vorrangs des Lebensschutzes für die Leibesfrucht vor dem Selbstbestimmungsrecht der Schwangeren fallen. Diese kann durch Schwangerschaft, Geburt und Kindeserziehung in manchen persönlichen Entfaltungsmöglichkeiten beeinträchtigt sein. Das ungeborene Leben hingegen wird durch den Schwangerschaftsabbruch vernichtet. Nach dem Prinzip des schonendsten Ausgleichs konkurrierender grundgesetzlich geschützter Positionen unter Berücksichtigung des Grundgedankens des Artikel 19 Abs. 2 GG[45] muss deshalb dem Lebensschutz des Nasciturus der Vorzug gegeben werden. Dieser Vorrang gilt grundsätzlich für die gesamte Dauer der Schwangerschaft und darf auch nicht für eine bestimmte Frist infrage gestellt werden. Die bei

44 BVerfGE 39, S. 43.

45 Art. 19 Abs. 2 GG: „In keinem Falle darf ein Grundrecht in seinem Wesensgehalt angetastet werden“.

> der dritten Beratung des Strafrechtsreformgesetzes im Bundestag geäußerte Meinung, es gehe darum, den Vorrang 'des aus der Menschenwürde fließenden Selbstbestimmungsrechtes der Frau gegenüber allem anderen, auch dem Lebensrecht des Kindes, für eine bestimmte Frist herauszustellen' (Deutscher Bundestag 7. WP., 96. Sitzung, StenBer. S. 6492), ist mit der grundgesetzlichen Wertordnung nicht vereinbar. (…) Von hier aus erschließt sich die von der Verfassung geforderte Grundhaltung der Rechtsordnung zum Schwangerschaftsabbruch: Die Rechtsordnung darf nicht das Selbstbestimmungsrecht der Frau zur alleinigen Richtschnur ihrer Regelungen machen. Der Staat muss grundsätzlich von einer Pflicht zur Austragung der Schwangerschaft ausgehen, ihren Abbruch also grundsätzlich als Unrecht ansehen. In der Rechtsordnung muss die Mißbilligung des Schwangerschaftsabbruchs klar zum Ausdruck kommen. Es muss der falsche Eindruck vermieden werden, als handle es sich beim Schwangerschaftsabbruch um den gleichen sozialen Vorgang wie etwa den Gang zum Arzt zwecks Heilung einer Krankheit oder gar um eine rechtlich irrelevante Alternative zur Empfängnisverhütung. Der Staat darf sich seiner Verantwortung auch nicht durch Anerkennung eines 'rechtsfreien Raumes' entziehen, indem er sich der Wertung enthält und diese der eigenverantwortlichen Entscheidung des Einzelnen überlässt."[46]

Das Gericht lässt nicht nur den Begriff der Person aus seinen Erörterungen heraus. Es behauptet zugleich eine Pflicht zur Austragung und erklärt den Abbruch als Unrecht. Indem es den Status des Ungeborenen in der Folge seines Bekenntnisses zu dem grundsätzlichen Wert jedweden menschlichen Lebens von der Nidation an auf die gleiche Höhe mit dem rechtlichen Status der Schwangeren setzt, räumt es nun beiden „Anderen" auch in *rechtlicher* Hinsicht den gleichen Rang ein. In der Folge muss das Lebensrecht des Ungeborenen Vorrang vor dem Selbstbestimmungsrecht der Frau haben, welches das Lebensrecht als das umfassendere Recht voraussetzt.

C) Das „normativ gesetzte Unrecht" der §§ 218, 218a StGB

Spaemann stellt für die Unbedingtheit des Anspruchs auf Anerkennung des Nasciturus als Person maßgeblich auf den genealogischen Zusammenhang ab, den er letztlich auf den für ihn eigentlichen Schöpfer, Gott, zurückführt.[47] Aus diesem Verständnis heraus hat er zusammen mit dem an der Entscheidung des Bundesverfassungsgerichts vom 28. Mai 1993 zum Verbot der Fristenlösung mitwirkenden Verfassungsrichter Ernst Wolfgang Böckenförde (1930–2019) den Satz geprägt:

46 BVerfGE 39, S. 44.

47 *Spaemann, R.*, Personen (…), S. 252–256.

> „Wenn es überhaupt so etwas wie Rechte der Person geben soll, kann es sie nur geben unter der Voraussetzung, dass niemand befugt ist, darüber zu urteilen, wer Subjekt solcher Rechte ist."[48]

Das mag der Grund dafür sein, warum das BVerfG in den Gründen seiner Entscheidung zum Verbot des Schwangerschaftsabbruchs nach Maßgabe der Fristenlösung den Begriff der *Person* konsequent umgeht. Denn „niemand" würde bedeuten, dass auch das Gericht nicht befugt wäre, über die Frage zu urteilen, ob der Nasciturus Subjekt personaler Rechte ist. Rein faktisch hat das BVerfG dieses Urteil allerdings durch sein „Bekenntnis" zum ungeborenen Leben als „Jeder" im Sinne des Art. 2 Abs. 2 GG „normativ setzend" gefällt und sich dabei offenbar implizit auch zu einer mit dem Glauben der Kirche kompatiblen Vorstellung von *Person* bekannt.

In strafrechtlicher Hinsicht ergibt sich aus der personalen Gleichstellung des Ungeborenen mit der Schwangern jedoch eine gravierende Konsequenz. Der behauptete Unrechtsgehalt der Verwirklichung der §§ 218 StGB ff, die innerhalb des Strafgesetzbuches im selben Abschnitt wie der Mord (§ 211 StGB) und der Totschlag (§ 212 StGB) geregelt sind, besteht in nichts weniger als in der vorsätzlichen oder fahrlässigen Tötung eines vollwertigen personalen Menschen. „Normativ" gesprochen geht es bei einem Schwangerschaftsabbruch also um ein besonders verwerfliches Verbrechen. An diesem Befund ändert sich nichts durch den Umstand, dass sich die *Strafbarkeit* der Schwangeren als solche schon durch eine einfache Beratung vermeiden lässt und die Umsetzung der „Tötung" durch einen Arzt erfolgt. Diesen „Trick" hat das BVerfG in seiner Entscheidung bekanntlich ausdrücklich für Recht erklärt.

Die Frage, ob und in wie weit die Schwangere mit dem Abbruch ihrerseits auch ein über die gesetzlichen Normen hinaus begründbares *Unrecht* verwirklicht, etwa in einem kirchlichen oder in dem oben aus dem Kantischen Rechtsbegriff abgeleiteten Sinne, erörtert das BVerfG nicht. Dabei drängt sich die Frage auf. Denn kann sich die Schwangere hinsichtlich der *Tat* nicht ausnahmsweise auf einen Rechtfertigungsgrund oder ihre mangelnde Schuldunfähigkeit wegen einer seelischen Störung (§ 20 StGB) bzw. auf eine verminderte Schuldfähigkeit nach § 21 StGB berufen, handelt sie rechtswidrig und schuldhaft und begeht mit ihrer Tat ein schweres, wenn auch vom BVerfG ggf. nur „normativ gesetztes" Unrecht. Kommt die Schwangere zu einer von der Wertung der Kirche oder des Gerichts abweichenden Bewertung, meint sie etwa, sie hätte mit der Abtreibung der befruchteten Eizelle nach der Nidation keinen

---

48 *Ritter, H.*, Zeitgenössisches – Philosoph der Person: Robert Spaemann zum Achtzigsten, in: Frankfurter Allgemeine Zeitung vom 5. Mai 2007, S. 39.

mit Vernunft und Freiheit ausgestatteten Menschen, keine Person, getötet, ändert dies nichts. Auch wenn sie nicht bestraft wird, muss sie sich *vorwerfen* lassen, entgegen den Wertvorstellungen der Rechtsordnung in Bezug auf das höchste Gut unserer Verfassung *falsch gewertet* zu haben, Gewissen hin oder her.

I. Die Anordnungen des BVerfG zur Ermöglichung des rechtswidrigen Schwangerschaftsabbruchs

Dass der eigentlich Unrechtsgehalt der §§ 218, 218a StGB tatsächlich in der Tötung des personalen Menschen als nicht teil- und austauschbare „Lebensprogrammeinheit" einer *Person*[49] liegen soll, erscheint allerdings schon angesichts der Anordnungen fragwürdig, die das BVerfG dem Gesetzgeber zur Umsetzung der beratenen Schwangerschaftsabbrüche selbst vorgeschrieben hat. Und zwar derogiert das Gericht in seiner Entscheidung ausdrücklich jene Normen, die das ungeborene Leben als Träger der Grundrechte im Sinne der Art. 1 und 2 GG im gesellschaftlichen Kontext überhaupt erst hätten schützen können: Obwohl der auf einen Schwangerschaftsabbruch gerichtete Vertrag zwischen dem Arzt und der Schwangeren mit der Wertung der Leitsätze des BVerfG die Verabredung zur rechtswidrigen Tötung einer durch das Grundgesetz geschützten Person bedeutet, erklärt das BVerfG diesen Vertrag in seiner Entscheidung entgegen der Regelungen der §§ 134, 138 BGB[50] ausdrücklich als rechtmäßig.[51] Weiter bestimmt es, dass gegen das Handeln der Frau und des Arztes zugunsten des Ungeborenen keinerlei Nothilfe gewährt werden dürfe.[52] Die Rechtswidrigkeit des Schwangerschaftsabbruchs dürfe auch nicht, wie etwa in Fällen des Lohnfortzahlungsrechts, dazu führen, dass der Anspruch der Schwangeren auf Lohnfortzahlung für die Dauer des Abbruchs ausgeschlossen werde.[53] Mehr noch: Das BVerfG verpflichtet den Staat ausdrücklich, ein ausreichendes und flächendeckendes Angebot sowohl ambulanter als auch stationärer Einrichtungen zu Vornahme von Schwangerschaftsabbrüchen sicherzustellen.[54]

---

49 Vgl. Schönke / Schröder / *Eser* / *Weißer*, Vor §§ 218–219b, Rn. 9, Vgl. auch *Fischer, T.*, Strafgesetzbuch, Vor §§ 218–219 StGB, Rn. 2.

50 Gem. § 134 BGB ist ein Rechtsgeschäft, das gegen ein gesetzliches Verbot verstößt, nichtig, wenn sich nicht aus dem Gesetz ein anderes ergibt. Gem. § 138 Abs. 1 BGB ist ein Rechtsgeschäft, das gegen die guten Sitten verstößt, ebenfalls nichtig.

51 Vgl. BVerfGE, 88, S. 203 (295).

52 Vgl. BVerfGE, 88, S. 203 (279).

53 Vgl. BVerfGE, 88, S. 203 (324).

54 Vgl. BVerfGE, 88, S. 203 (328).

Das BVerfG relativiert seine Anordnungen auch später nicht. Mit seinem Urteil vom 27. Oktober 1998 bestätigt es seine bisherigen Entscheidungen zum Verbot der Fristenlösung aus den Jahren 1975 und 1993 vielmehr ebenso wie seine Anordnungen. Dabei unterstellt es den rechtswidrigen Schwangerschaftsabbruch sogar ausdrücklich dem Schutz der Berufsfreiheit des Arztes im Sinne des Art.12 GG.[55] Von einem ernsthaften, seinen ihm nach den Leitsätzen eingeräumten Verfassungsrang gerecht werdenden Schutz des ungeborenen Lebens kann nach den Anordnungen des BVerfG daher sowenig gesprochen[56] werden wie von einem durch die §§ 218 f. StGB erstrebten Schutz des menschlichen Lebens allgemein.

1. Die Anordnungen des BVerfG als „perverses Verlangen"

Nach der Auffassung des Strafrechtlers Günther Jakobs ist die Verpflichtung des Staates durch das BVerfG, eine hinreichende Zahl von Beratungsstellen zu gewährleiten und für den Abbruch eine hinreichende Menge geeigneter Einrichtungen anzubieten, sogar

> „entweder als Aufforderung an den Staat zur Mitwirkung bei der Zerstörung der Struktur der Gesellschaft (nämlich des Rechts) ein – wörtlich – perverses Verlangen oder aber die Preisgabe des eben nur noch nominell durchgehaltenen Postulats der Rechtswidrigkeit des Abbruchs. (…) Soweit man abtreiben *darf*, und auch nach Beratung ist der Schwangersachaftsabbruch *erlaubt*, kann die Leibesfrucht nicht als Person begriffen werden."[57]

Jakobs Schluss, wonach die Leibesfrucht deshalb nicht als Person begriffen werden *könne*, weil der Schwangerschaftsabbruch nach Beratung „erlaubt" sei, erscheint indessen nicht schlüssig. Nur weil eine Person nicht wie eine solche behandelt wird, ist sie deshalb nicht etwa schon keine mehr. Anders als der Titel seines Aufsatzes (*Rechtmäßige Abtreibung von Personen?*)[58] nahelegt, diskutiert auch Jakobs die eigentlich interessante Frage, ob es sich bei der ungeborenen Leibesfrucht überhaupt um eine *Person* handelt, nicht.

Mit dem aus dem Glauben der Kirche heraus vertretenen Personenverständnis *kann* die Leibesfrucht durchaus als Person begriffen werden, wenn diese Annahme mit der Argumentation von Jakobs auch dazu führte, dass man in der Umsetzung der Anordnungen des BVerfG dann tatsächlich ein „perverses Verlangen" erkennen müsste.

---

55 Vgl. BVerfGE, 88, S. 203 (295).

56 Vgl. *Merkel, R.*, Grundrechte für frühe Embryonen, S. 498.

57 *Jakobs, Günther*, Rechtmäßige Abtreibung von Personen? JR 2000, (404–407) S. 407.

58 Ebenda, S. 404.

2. Zur Verfassungswidrigkeit die Regelungen der §§ 218, 218a StGB

Handelt es sich bei dem Embryo tatsächlich um eine *Person im Sinne des Art. 2 Abs. 2 S.2 GG*, käme seine Tötung nur in Betracht, wenn dafür ein entsprechend gewichtiger, gesetzlich hinreichend bestimmter Rechtfertigungsgrund vorläge. „Rechtfertigungsgründe“ kommen jedoch, sieht man von den Indikationen nach § 218a Abs. 2 und Abs. 3 StGB ab, nicht in Betracht. Dass sich ein solcher Grund auch nicht aus der „staatlichen Beihilfe zur rechtswidrigen Abtreibung“[59] ergibt, hält der Strafrechtler Reinhard Merkel mit utilitaristischen Erwägungen immerhin für überlegenswert. Das sei auch insoweit nicht der Fall, als man der Überlegung folgte, dass das vom BVerfG gebilligte Beratungskonzept des § 218a StGB die bestmögliche Strategie sei, die Abtreibungszahlen insgesamt zu reduzieren (und damit auch die beste Strategie zum Schutz jedes einzelnen Embryos, selbst wenn dieser nachträglich abgetrieben werde). Sei der „beratene“ Schwangerschaftsabbruch aber von der Verfassung her rechtswidrig, dann gelte dies auch für die Bereitstellung staatlicher Mittel dazu. Zwar könne das Gericht in Verfassungsfragen Normen und hoheitliche Akte mit dem Prädikat „rechtswidrig“ versehen. Über den Begriff der Rechtswidrigkeit selbst könne es dagegen so wenig verfügen wie über die Regeln der Logik. Deshalb seien nicht nur die vom BVerfG vorgeschriebenen Anordnungen[60] zur Umsetzung der *straflos bleibenden Abtreibungen* verfassungswidrig, sondern vielmehr auch die Leitsätze selbst. Verfassungsrang käme den Leitsätzen nur zu, wenn der Grundrechtsschutz des Embryos auch unabhängig von der Entscheidung festgestellt werden könnte. Eine unabhängige Quelle für den Einbezug des Embryos in Art. 1 Abs. 1 und Art. 2, Abs. 2 S. 1 GG existiere aber nicht.[61]

3. Die Regelungen der §§ 218, 218a StGB und die faktische Rechtmäßigkeit des Schwangerschaftsabbruchs

Der Umstand, dass der Schwangerschaftsabbruch lediglich rechtswidrig *genannt* werde, ist nach Merkel für die Frage, ob er dies auch ist, im Übrigen allerdings auch ohne Bedeutung. Nachdem die „zuständigen Instanzen der Rechtsanwendung“ die vom Gericht als verpflichtend vorgegebenen Anordnungen vollständig verwirklicht hätten, wird der „beratene“ Schwangerschaftsabbruch in Deutschland nach Merkel in Wahrheit auch als rechtmäßig behandelt. Rechtliche Normen existierten nur im Modus ihrer Geltung, nicht

59 Vgl. *Merkel, R.*, Grundrechte für frühe Embryonen, S. 507.

60 BVerfGE 88, S. 328.

61 Vgl. *Merkel, R.*, Grundrechte für frühe Embryonen, S. 503.

dagegen lediglich im Modus ihres Aufgeschriebenseins („wo auch immer"). „Geltung" heiße für einzelne Normen innerhalb eines Rechtssystems „eine wenigstens erkennbare soziale Wirksamkeit, ein Minimum an faktischer Steuerungskraft, eine zumindest geringe (ex-ante-)Chance der Wirkung vor jedem einzelnen ihrer nominellen Anwendungsfälle oder, für den Fall des Scheiterns dieser Chance, die Anordnung irgendeiner Sanktion".[62] Dies alles gibt es nach Merkel für die Norm „Rechtswidrigkeit *beratener* Schwangerschaftsabbrüche" nicht. Solange die Schwangere beraten werde, sei ein konkreter Anwendungsfall des Abtreibungsverbots, das er als „Rechtswidrigkeitsnorm" bezeichnet, nocht nicht gegeben. Erst wenn die Beratung erfolglos geblieben sei und die Frau abtreibe, könnte die Wirkung einer staatlichen Norm, die die Abtreibung verböte, einsetzen. Genau dann werde sie indessen zurückgezogen. Im Falle einer „beratenen" Abtreibung habe deshalb nach der gebilligten Entscheidung des BVerfG die Schwangere „die Letztverantwortung für den Schwangerschaftsabbruch".[63] Sie selbst sei die letzte Instanz, vor der sie ihre Entscheidung zu verantworten habe. Eine *Norm*, vor der sie das zu tun habe, gibt es nach Merkel aber nicht mehr. Überlasse die Rechtsordnung die „Letztverantwortung" für eine Handlung aber der Privatperson, dann sei die Handlung, Merkel zufolge, tatsächlich *rechtmäßig*. Dass das BVerfG das anders lautende Etikett der Rechtswidrigkeit auf eine normative Wirklichkeit klebe, ändere nichts an dem Befund. Faktisch werde der Embryo bei seiner Tötung nicht mehr als Rechtsperson behandelt, sondern aus dem Recht exkludiert. Er dürfe *von Rechts wegen getötet* werden und sei nirgendwo mehr Träger der Grundrechte auf Leben und Achtung seiner Menschenwürde.[64]

Allerdings erörtert auch Merkel nicht näher, inwieweit der Embryo als „Rechtsperson" aus dem Recht exkludiert werde. Was unter *Person* verstanden werden könnte, diskutiert er so wenig wie die Frage nach den Voraussetzungen der Begriffe Recht und Unrecht. In der Folge bleibt seine These, die Tötung des Embryos sei „rechtmäßig", praktisch unbegründet im Raum stehen. Nach dem Gesetz ist seine Tötung jedenfalls nicht rechtmäßig, sondern Unrecht. Um daraus das Gegenteil abzuleiten, reicht nicht die Aufstellung irgendeiner Norm, die dann in Abhängigkeit von ihrer faktischen Wirkung vielleicht *Geltung* beanspruchen kann oder nicht.

---

62 Vgl. *Merkel, R.*, Grundrechte für frühe Embryonen, S. 504, m. Verw. *Alexy, R.*, Begriff und Geltung des Rechts, 1992, S. 147.

63 BVerfGE 88, 268, 318.

64 Vgl. *Merkel, R.*, Grundrechte für frühe Embryonen, S. 505.

4. Zur Einstufung des Schwangerschaftsabbruchs als „erlaubt"

Zuzugeben ist, dass die Regelungen zum Schwangerschaftsabbruch in Deutschland kompliziert und widersprüchlich erscheinen. Hatte das BVerfG dem ungeborenen Leben die Rechte aus Art. 1 und 2 GG, insbesondere die Würde des Menschen und das *Recht* auf Leben auch im Verhältnis zu der Schwangeren in seinen Leitsätzen zunächst ausdrücklich zuerkannt, wird ihm dieser verfassungsrechtlich höchste Status, den ein Mensch in Deutschland überhaupt haben kann, de lege lata aus Anlass der Umsetzung der Anordnungen desselben Gerichts „faktisch" wieder abgesprochen. Entweder fällt das Ungeborene mit der Wertung des § 218 StGB auch gegen den Willen der Schwangeren in den Schutzbereich der Art. 1 und 2 GG. Dann können seine *Rechte* nicht durch eine anders gerichtete Willensbildung der Schwangeren aufgehoben und ihr gegenüber, entgegen den Leitsätzen in den Entscheidungen des Bundesverfassungsgerichts, schutzlos gelassen werden. Oder aber dem Ungeborenen sollen *faktisch* gar keine *Rechte* zukommen. Dann wäre nicht verständlich, warum die willentliche, fristgerechte und „beratene" Abtreibung durch die Schwangere überhaupt als *rechtswidrig* missbilligt und nicht gleich als rechtmäßig behandelt wird.

Eser und Weißer weisen allerdings auch darauf hin, dass der „beratene" Schwangerschaftsabbruch in Deutschland innerhalb der ersten drei Monate von juristischen Laien häufig ohnehin als *prinzipiell erlaubt* eingestuft werde. Diese, mit der „tatbestandlichen Ausgrenzung für das allgemeine Rechtsbewusstsein" nicht auszuschließende, aber irrtümliche Deutung als faktisch rechtmäßig soll nach dem Strafrechtler Albin Eser sogar den *rechtstechnischen Vorteil einer gewissen Widerspruchsfreiheit* mit sich bringen.[65] Im Übrigen sei die Unterscheidung zwischen rechtswidrig und straflos für viele Frauen und Ärzte allerdings nicht nachvollziehbar. Weder der Schwangeren noch dem Arzt sei verständlich zu machen, dass ihr Verhalten trotz peinlichster Beachtung des Gesetzes möglicherweise dennoch rechtswidrig sein soll.[66] Die vom

65 Schönke / Schröder / *Eser* / *Weißer*, Kommentar zum Strafgesetzbuch, 29. Aufl., § 218a Rn. 13.

66 Tatsächlich fühlen sich viele Ärzte, die sich zur Durchführung von Schwangerschaftsabbrüchen ehedem noch bereitfanden, durch die aus Anlass der öffentlichen Besprechung von Urteilen z.T. erst ins Bewusstsein gerückte Bewertung des Schwangerschaftsabbruchs als rechtswidrig teilweise diskriminiert und gesellschaftlich ausgegrenzt. Das hat dazu geführt, dass z.B. in katholisch geprägten Städten wie Münster (Nordrhein-Westfalen) gegenwärtig kaum noch ein Arzt bereit ist, trotz der nachgewiesenen Beratung der Schwangeren durch eine dafür vorgesehene Stelle und entgegen der in den Anordnungen der Entscheidungen des BVerfG zum Ausdruck gebrachten Intention, überhaupt noch einen Schwangerschaftsabbruch durchzuführen. Mit zunehmen-

BVerfG vorgegebene Regelung präsentiere sich daher „nicht als Gesetzgebung für Bürgerinnen und Bürger, sondern nur noch für Juristen, und selbst bei diesen nur für Spezialisten".[67] Die Regelungen der §§ 218, 218a StGB sind aber in einer Weise mit einander verflochten, dass es sich dabei nicht nur um eine „ambivalente Gemengelage"[68] handelt, sondern, dass der Unterschied zwischen Recht und Unrecht, nicht mehr erkennbar ist.[69] Tatsächlich hält das BVerfG einem Abtreibungsgegner, der von *Babycaust* gesprochen hatte, selbst entgegen, er wende sich in seinem Kampf nur gegen „ein vermeintliches Unrecht".[70] Nach allem stellt sich hinsichtlich der Regelungen der §§ 218, 218a StGB also nicht nur die vom BVerfG umgangene und damit letztlich offengelassene Frage nach der *Person* des ungeborenen Lebens. Fraglich erscheint vielmehr, worin eigentlich das durch die Regelungen der §§ 218 f. StGB offenbar bisher nur normativ gesetzte *Unrecht* liegen könnte.

D) Zum materiellen Unrechtsgehalt der §§ 218,218a StGB

I. Zur Frage der Verfassungswidrigkeit der Regelungen der §§ 218 f. StGB zum Schwangerschaftsabbruch

Nach Kant kommt dem Menschen die Würde deshalb zu, weil er als eine mit Vernunft und Freiheit ausgestattete Person autonom in der Lage ist, einen an und für sich guten Willen zu bilden und praktisch vernünftig zu handeln.[71] Nach der Kirche folgt der Personenstatus dagegen unmittelbar aus der Geschöpflichkeit des Menschen als Ebenbild Gottes, der den Menschen schon vor seiner Zeugung gewollt und berufen hat. Das Grundgesetz der Bundessrepublik Deutschland bekennt sich in seiner Präambel zu seiner Verantwortung vor Gott und den Menschen[72], überlässt aber die *inhaltlich* Antwort auf die Fragen,

---

dem Ärztemangel wird es für die betroffenen Schwangeren immer schwerer, einen Arzt zu finden, der die Abbrüche durchführt. Die Folge dürfte sein, dass sich viele Frauen wie ehedem gehalten sehen, zur Durchführung eines Schwangerschaftsabbruchs ins Ausland zu flüchten.

67 Schönke / Schröder / *Eser* / *Weißer*, Kommentar zum Strafgesetzbuch, 30. Aufl., § 218a Rn. 17.

68 Ebenda.

69 Ebenda.

70 BVerfG, Beschluss vom 6.9.1999 – 1 BvR 1204/99.

71 S.o. S. 37.

72 Die Präambel des Grundgesetzes wird wie folgt eingeleitet: „Im Bewußtsein seiner Verantwortung vor Gott und den Menschenvon dem Willen beseelt, als gleichberechtigtes Glied in einem vereinten Europa dem Frieden der Welt zu dienen, hat sich das Deutsche Volk kraft seiner verfassungsgebenden Gewalt dieses Grundgesetz gegeben".

was wir unter der „Würde" des Menschen i.S.d. Art. 1 GG verstehen und warum sie „unantastbar" sein soll, ebenso dem persönlichen Bekenntnis des Bürgers, wie die Antwort auf die Frage, was wir unter „Jeder" im Sinne des Art. 2 GG verstehen könnten. Das ergibt sich schon aus dem Gebot der prinzipiellen Trennung von Kirche und Staat, vor allem aber aus dem Rechtsstaatsprinzip des Art. 20 Abs. 3 GG.[73] Art. 2 Abs. 2 S. 2 GG betont allerdings, dass es die Freiheit der *Person* ist, die unverletzlich ist – woher diese Freiheit auch immer stammen mag (von Gott oder aus der ggf. empirisch nicht messbaren *Natur* des Menschen). Man mag die Antworten auf die dem Grundgesetz offenbar vorgelagerten Fragen nach der „Würde", nach „Jeder" und der „Person" dem Bereich der Ethik zuweisen. Für das Recht haben wir nur zu respektieren, dass es dazu unterschiedliche Auffassungen geben kann.

Kants ethischer Begriff von Sittlichkeit bezieht sich auf die subjektive Gesetzgebung, auf das, was die/der Betreffende als Gebot ihrer/seiner Autonomie für gut, d.h. für praktisch vernünftig hält. Der juridische Begriff von Sittlichkeit bezieht sich dagegen auf die Gewährleistung der äußeren Bedingungen, unter denen praktisch vernünftiges Handeln der Menschen untereinander möglich ist. Im Bereich der Ethik können wir uns von unserem Glauben bestimmen lassen. Im Bereich des Rechts geht es darum zu gewährleisten, dass sich auch Menschen mit einem anderen Glauben in ihrem Handeln von dem bestimmen lassen können, was sie selbst für praktisch vernünftig, d.h. für gut halten. Darum lautet Kants kategorischer Imperativ des Rechts:

> „handle äußerlich so, daß der freie Gebrauch deiner Willkür mit der Freiheit von jedermann nach einem allgemeinen Gesetze zusammen bestehen könne."[74]

Aber selbst wenn man die Auffassungen Kants nicht teilt und sich insoweit rein positiv-rechtlichen auf das demokratisch legitimierte Gesetz berufen möchte: Für den Bereich des Strafrechts kann es auf den Inhalt des persönlichen Bekenntniss des Einzelnen zumindest insoweit nicht entscheidend ankommen, als dies zu einer Beeinträchtigung der personalen Freiheit anderer, hier der Frau führt. Das gebietet außer Art. 20 Abs. 3 GG insbesondere der Gleichheitsgrundsatz des Art. 3 GG. Gem. Art. 3 Abs. 3 S. 1 GG darf niemand wegen seines Glaubens benachteiligt oder bevorzugt werden. Die Glaubensfreiheit i.S.d. Art 4 GG umfasst auch die Freiheit, einzelne Glaubensinhalte nicht zu teilen. Bei der Frage, ob es sich bereits bei dem befruchteten Ei im Sinne des § 218 Abs. 1 S. 2 GG zum Zeitpunkt ab der Nidation oder überhaupt

---

73 Art. 20 (3) GG: „Die Gesetzgebung ist an die verfassungsmäßige Ordnung, die vollziehende Gewalt und die Rechtsprechung sind an Gesetz und Recht gebunden".

74 *Kant*, AA VI, MSR, S. 231.

bei dem ungeborenen Leben während der Schwangerschaft um einen „Jeder" bzw. um eine Person und um einen Träger von Grundrechten im Sinne des Grundgesetzes handelt oder nicht, geht es offenkundig um eine Frage des persönlichen Bekenntnisses und mithin um eine Frage des Glaubens. Die in Rede stehenden Entscheidungen des BVerfG vom 25. Februar 1975 und 28. Mai 1993 interpretieren den Begriff „Jeder" i.S.v. Art 2 Abs. 2 S. 1 GG so weit, dass sie darunter entgegen einem etwa anders ausfallenden Bekenntnis der Schwangeren auch das befruchtete Ei und in der Folge insgesamt das ungeborene menschliche Leben ab der Nidation subsumieren; dies aber nicht etwa im Sinne einer gut gemeinten, aber eben nur *ethischen* Überzeugung, sondern um daraus den strafrechtlichen Schutz der Leibesfrucht gegen die Schwangere im Sinne des §§ 218 ff. StGB abzuleiten. Ab dem Zeitpunkt der Nidation und für die weitere Schwangerschaft ist die Leibesfrucht plötzlich ihrerseits eine mit Freiheit ausgestattete Person, die der Schwangeren nun als gleichwertige Grundrechtsträgerin gegenübergestellt wird. Obwohl sich die Entscheidungen nicht expressis verbis dazu äußern, scheinen sie sich mit dieser Bewertung im Sinne eines Bekenntnisses ohne eine Auseinandersetzung mit dem Begriff der Person unkritisch der religiösen Auffassung der katholischen Kirche anzuschließen. Dabei knüpft das Bekenntnis des BVerfG, abgesehen vom *Glauben*, an keinerlei objektivierbare Umstände an, die den Status des Ungeborenen als Person rechtfertigen könnten. Dass der in der Präambel zum Grundgesetz aufgenommene „*Gottes*-Bezug" nicht geeignet ist, bereits einzelne Glaubensannahmen *der Kirche*, die nicht etwa dasselbe ist wie Gott, ohne nähere Begründung zur Grundlage einer Art „Legaldefinition" für den Begriff „Jeder" im Sinne des Art. 2 GG zu machen, ergibt sich wiederum aus dem Rechtsstaatsgebot der Art. 20 Abs. 3 GG. Dabei gilt es zu bedenken und vor allem zu respektieren, dass auch der Abbruch der Schwangerschaft durch die betroffene Frau Ausdruck *ihrer Verantwortung vor Gott und den Menschen* sein könnte. Es ist weder Sache der Kirche noch des Bundesverfassungsgerichts, ihre dahin gehende, höchstpersönlich und autonom zu treffende Entscheidung zu bewerten, auf ihre Gesinnung hin zu hinterfragen oder gar als Straftatbestand zu poenalisieren. Keiner der „Entscheider" ist gehalten oder wäre bereit, die mit der Fortstzung einer Schwangerschaft später verbundenen Lasten persönlich zu tragen oder auch nur mitzutragen. Vor allem da die Entscheidungen des BVerfG, entgegen der rechtspolitischen Entscheidung des seinerzeit demokratisch legitimierten Palamentes, die Autonomie und das Selbstbestimmungsrecht derjenigen Frauen nicht berücksichtigten, sondern diskriminierten, die sich dem Verständnis von Person und in der Folge von „Jeder" im Sinne des Art. 2 GG, wie es vom BVerfG vertreten wird, nicht anschließen können, sind die Entscheidungen und in der Folge die strafrechtlichen Regelungen zum Verbot des Schwangerschaftsabbruchs insgesamt als Verstoß gegen Art. 3 Abs. 3 S. 1 des Grundgesetzes verfassungswidrig und mithin *Unrecht* nach Maßgabe des Grundgesetzes.

II. Die Bedeutung der „Person" für die Frage nach dem juridischen Unrechtsgehalt der §§ 218 f. StGB

Mit Kant hatten wir unter Recht verstanden

> „den Inbegriff der Bedingungen, unter denen die Willkür des einen mit der Willkür des anderen nach einem allgemeinen Gesetze der Freiheit zusammen vereinigt werden kann."[75]

Als Unrecht haben wir im Umkehrschluss daraus ein System von Bedingungen bezeichnet, unter denen die Willkür des einen nicht mit der Willkür des anderen nach einem allgemeinen Gesetz der Freiheit zusammen vereinigt werden kann.[76] Wie im Bereich der Ethik für die Frage nach der subjektiven Schuld, so kommt es auch für die juridische Frage nach dem Unrechtsgehalt des Schwangerschaftsabbruchs gem. § 218 StGB darauf an, ob es sich bei dem Ungeborenen bereits um eine schützenswerte *Person*, d.h. um einen „Jeder" als Träger von Rechten im Sinne des Art. 2 Abs. 2 S. 2 GG handelt. Insoweit sei zunächst auf die im Zusammenhang der Frage nach der ethischen Zulässigkeit der Abtreibung gemachten Ausführungen Bezug genommen.[77] In Ergänzung dazu sei für die Frage nach dem *Unrecht* als Voraussetzung für die Frage nach der juridischen Schuld des Schwangerschaftsabbruchs noch einmal hervorgehoben, dass als Voraussetzung dafür, dass jemand Person ist, d.h. überhaupt erst Subjekt der Zurechnung seiner Handlungen[78] sein kann, ein Mindesmaß an Handlungsfähigkeit erforderlich ist. Denn

> „*Zurechnung* (imputatio) (...) ist das *Urtheil*, wodurch jemand als Urheber (causa libera) einer Handlung, die alsdann *That* (factum) heißt und unter Gesetzen steht, angesehen wird; welches, wenn es zugleich die rechtlichen Folgen aus dieser That bei sich führt, eine rechtskräftige (imputatio iudiciaria s. valida), sonst aber nur eine beurtheilende Zurechnung (imputatio diiudicattoria) sein würde."[79]

Der weitere Sinn, jemandem seine Tat zuzurechnen, d.h. ihn als Urheber zu erklären liegt nach Stübinger darin, ihn aus dem Naturzustand hervorzuhe-

---

75 *Kant*, AA, VI, MSR, Einleitung, § B III, 34 f.

76 S.o. S. 221.

77 Vgl. hierzu Teil 1, 8. Kap., D).

78 Vgl. *Kant*, AA VI. MST S. 223.

79 *Kant*, AA VI, MSR, S. 227.

ben.[80] Ohne einen solchen Zurechnungsakt könne nichts als Gegenstand des Rechts ausgewiesen werden.[81] Das bedeutet, dass auch nur unter Berücksichtigung der Frage nach der Zurechnungsfähigkeit von Handlungen eine Unterscheidung zwischen Recht und Nicht-Recht (Natur) getroffen werden kann. In normativen Kontexten, und mit solchen Kontext haben wir es im Zusammenhang der grundgesetzlichen und strafrechtlichen Regelungen zu tun, können die maßgeblichen Akteure nach Stübinger daher nur *Personen* sein, die sich *wechselseitig* in ihrem Personensein anerkennen und daher rechtliche Gleichheit garantieren.[82]

Die befruchtete Eizelle, ob vor oder nach der Nidation, ist *naturgemäß* zu einer *wechselseitigen* Anerkennung etwa in Bezug auf die Frau, von deren Organismus sie während der Schwangerschaft ein Teil ist, nicht in der Lage. Zumal unter dem Aspekt der Gleichheit kann sie nicht bereits Subjekt der Zurechnung von Handlungen sein, so wenig wie der Embryo oder der Fötus. Freiheit als das einzige, allen Menschen in prinzipiell gleicher Weise zukommende Menschenrecht, kommt dem ungeborenen Leben, zumal im Sinne einer Eigenschaft der Kausalität seiner Vernunft (noch) nicht zu. Als eine nicht vernünftige, sondern lediglich ihrer biologischen Natur nach als „menschlich“ zu bezeichnende Substanz ist die Leibesfrucht daher im Gegensatz zu der Schwangeren nicht bereits Person. Mit dem Kantischen Verständnis von Person kommen als Rechtsträger nach allem weder die Zygote (vor oder nach der Nidation) noch der Embryo oder der Fötus in Betracht. Sie sind nicht „Jeder“ und damit auch nicht Träger der Grundrechte der Art. 1 und 2 GG.

Unrecht wäre der Schwangerschaftsabbruch somit, wenn der äußere Gebrauch der Willkür der Schwangeren im Zusammenhang eines Schwangerschaftsabbruchs darauf gerichtet wäre, die *Freiheit eines anderen*, als solche käme hier nur das Ungeborene in Betracht, in der Weise zu missachten, dass ihr Tun mit jener Freiheit nicht zusammen bestehen kann. Da das Ungeborene kein mit Vernunft und Freiheit ausgestattetes Subjekt der Zurechnung ist, nicht Person und mihin auch kein *anderer* im Sinne des vorstehenden Unrechtsbegriffs, handelt es sich bei einem Schwangerschaftsabbruch nicht um Unrecht.

---

80 *Stübinger, S.*, „Person oder Patient“ – Anmerkungen zur Sicht der Hirnforschung auf das Schuldprinzip im Strafrecht, S. 211 (220) m.w.H. (in Fn. 42) zum Begriff der Zurechnung.

81 Vgl. *Stübinger, S.*, „Person oder Patient“ – Anmerkungen zur Sicht der Hirnforschung auf das Schuldprinzip im Strafrecht, S. 211 (220).

82 Ebenda.

E) §§ 218 ff. StGB und das Schuldprinzip

Versteht man unter Schuld die wegen Vorsatz oder Fahrlässigkeit vorwerfbare Verwirklichung (irgend) eines gesetzlich normierten Unrechtstatbestandes, dann handelt die Schwangere mit einem nicht nach Maßgabe des § 218a Abs. 2 oder Abs. 3 StGB ausnahmsweise gerechtfertigten Schwangerschaftsabbruch nicht nur rechtswidrig, sondern, soweit ihr die Tat nicht wegen verminderter oder vollständiger Schuldunfähigkeit (gem. §§ 20,21 StGB) ausnahmsweise nicht zurechenbar ist, auch schuldhaft. Dass sie dafür mit Blick auf die Regelung des § 218a StGB gleichwohl nicht bestraft würde, änderte nichts an der Vorwerfbarkeit der Tat und damit nichts an ihrer Schuld.

Mit einem aus Kants Begriff des Rechts abgeleiteten materiellen Begriff des Unrechts handelt dagen nur schuldhaft, dessen äußerer Gebrauch seiner Willkür (willentlich und wissentlich, d.h. vorsätzlich oder vermeidbar fahrlässig) darauf gerichtet ist, die Freiheit eines Anderen in der Weise zu missachten, dass sein Tun mit der Freiheit dieses Anderen nicht nach einem allgemeinen Gesetz (der Freiheit) zusammen bestehen kann. Wie wir gesehen haben, missachtet die Schwangere mit ihrem Schwangerschaftsabbruch jedoch nicht bereits unter Verstoß gegen den kategorischen Imperativ des Rechts die Freiheit eines anderen. Schwangerschaftsabbruch bedeutet kein Unrecht, so dass die Schwangere damit im juridisch Sinne auch nicht schuldhaft handelt.

Nach allem sollten die Regelungen der §§ 218, 218a StGB aufgehoben werden. Wenngleich die weiteren im Zusammenhang des strafrechtlichen Verbotes des Schwangerschaftsabbruchs geregelten Normen, insbesondere die §§ 219, 219a StGB, bereits aus Anlass der vorstehenden Ausführungen ihre strafrechtliche Bedeutung verloren haben könnten, soll darauf der Vollständigkeit zumindest kurz eingegangen werden. Insbesondere die Beratungsnotwendigkeit vor einem Abbruch und das Verbot der Werbung für Schwangerschaftsabbrüche wurde, soweit es um ihre Regelung als Strafvorschriften geht, grundsätzlich bisher kaum in Frage gestellt.

F) §§ 219 ff. StGB und das Schuldprinzip

I. Zur „Beratung der Schwangeren in einer Not- und Konfliktlage"

Nur die katholische Kirche hatte die gem. §§ 218, 218a Abs. 1 StGB gesetzlich vorgesehene „Schwangerschaftskonfliktberatung" nach Maßgabe des § 219 StGB schon frühzeitig kritisiert und wenige Jahre nach der Neuregelung der Vorschriften zum Schwangerschaftsabbruch im Jahre 1995 vollständig abgelehnt.

Zum Inhalt der „Beratung der Schwangeren in einer Not- und Konfliktlage" heißt es in § 219 StGB:

> „(1) Die Beratung dient dem Schutz des ungeborenen Lebens. Sie hat sich von dem Bemühen leiten zu lassen, die Frau zur Fortsetzung der Schwangerschaft zu ermutigen und ihr Perspektiven für ein Leben mit dem Kind zu eröffnen; sie soll ihr helfen, eine verantwortliche und gewissenhafte Entscheidung zu treffen. Dabei muss der Frau bewusst sein, dass das Ungeborene in jedem Stadium der Schwangerschaft auch ihr gegenüber ein eigenes Recht auf Leben hat und dass deshalb nach der Rechtsordnung ein Schwangerschaftsabbruch nur in Ausnahmesituationen in Betracht kommen kann, wenn der Frau durch das Austragen des Kindes eine Belastung erwächst, die so schwer und außergewöhnlich ist, dass sie die zumutbare Opfergrenze übersteigt. Die Beratung soll durch Rat und Hilfe dazu beitragen, die in Zusammenhang mit der Schwangerschaft bestehende Konfliktlage zu bewältigen und einer Notlage abzuhelfen. Das Nähere regelt das Schwangerschaftskonfliktgesetz.
>
> (2) Die Beratung hat nach dem Schwangerschaftskonfliktgesetz durch eine anerkannte Schwangerschaftskonfliktberatungsstelle zu erfolgen. Die Beratungsstelle hat der Schwangeren nach Abschluss der Beratung hierüber eine mit dem Datum des letzten Beratungsgesprächs und dem Namen der Schwangeren versehene Bescheinigung nach Maßgabe des Schwangerschaftskonfliktgesetzes auszustellen. Der Arzt, der den Abbruch der Schwangerschaft vornimmt, ist als Berater ausgeschlossen."

1. Die Kirche und die „Schwangerschaftskonfliktberatung"

Nach der Theologie der Kirche handelt es sich bei einer Abtreibung, unabhängig von ihrer gesetzlichen Normierung, immer um ein schweres Verbrechen.[83] Als Verstoß gegen das 5. Gebot (Du sollst nicht töten!) bedeutet eine Abtreibung eine besonders schwere Sünde und regelmäßig ein „intrinsece malum".[84] Mit einer bewussten und gewollten Abtreibung kehrt sich die Frau innerlich und äußerlich von der Kirche ab und zwar sowohl von der Gemeinschaft des Glaubens als auch von der Gemeinschaft der Gläubigen. Die Abkehr vom Glauben durch die Vornahme einer Abtreibung würde nach der Auffassung der Kirche durch ihre Beteiligung an der Beratungspraxis aber im Grunde auch noch begünstigt, wenn nicht gar legitimiert. Die Vergabe eines Beratungsscheines liefert erst die wesentlichen Voraussetzungen für eine dann auch noch straflose Abtreibung nach staatlichem Recht in Deutschland. Beteiligte sich die Kirche an der Beratung mit der zwingende Folge, der Frau die für eine Abtreibung erforderliche Beratung zu bescheinigen (vgl. § 219 Abs. 2 S. 2 StGB) beteiligte sie sich zugleich an dem System der systematischen Tötung in Deutschland. Sie verhinderte die von den Frauen in Betracht gezogenen Morde

83 S.o. Teil 2, 4. Kap., D).

84 S.o. Teil 2, 4. Kap., D), III., 2.

an deren eigenen Kindern also nicht nur nicht, sondern beförderte sie auch noch. Mit dieser Argumentation verweigert die Kirche die Bereitstellung von Beratungsstellen und Beratern seit dem Jahre 2000 für Zwecke der staatlichen Schwangerschaftskonfliktberatung[85], was aus ihrer Perspektive einzig konsequent und richtig erscheint.[86] Da es sich bei dem ungeborenen Leben mit ihrem Verständnis um *Kinder* und vollwertige *Personen* handelt, wäre jede Beteiligung an Vorbereitungsmaßnahmen oder gar einer Bereitstellung von „Erlaubnisscheinen“ zynisch und mit Blick auf den angenommenen hohen Wert des menschlichen Lebens in der Kirche unvereinbar. Für die Kirche geht es nicht um einen „Konflikt“, sondern offenkundig um Massenmord, d.h. tatsächlich um ein „perverses Verlangen“.

2. Zur „Zielsetzung“ des § 219 StGB

Eser und Weißer sehen die Strafvorschrift des § 219 StGB dagegen als auf den Schutz des ungeborenen Lebens ausgerichtet, der mit Hilfe einer verantwortlichen und gewissenhaften Entscheidung der Schwangeren gewährleistet werden soll.[87]

> „Durch das Verhältnis von Ziel und Mittel ist die – in § 219 Abs. 1 S. 1 idF des SFHG[88] unter dem allgemeinen ‘Lebensschutz’ eingeräumte – Gleichstellung der ‘Eigenverantwortung der Frau’ mit dem ‘hohen Wert des vorgeburtlichen Lebens’ zurecht dahin gehend korrigiert, dass Verantwortung und Gewissen der Schwangeren weniger als dem Lebensschutz material gleichwertige Schutzgüter, sondern

85 Vgl. z. Ganzen: *Spieker, Manfred*, Kirche und Abtreibung in Deutschland, Ursachen und Verlauf eines Konflikts, 2. Aufl. 2008.

86 Nachdem Papst Johannes Paul II. mit seinem Schreiben an die deutschen Bischöfe vom 11. Januar 1998 den Ausstieg aus der Praxis der Schwangerschaftskonfliktberatung verlangt hatte, setzte der Vorsitzende der DBK, Bischof Karl Lehmann, die Verfügung gegen den z.T. heftigen Widerstand aus deutschen Kirchenkreisen zögerlich um. Ab Anfang 2000 stellten die ersten Bistümer keine Beratungsscheine mehr aus. Vor allem der Limburger Bischof Franz Kamphaus, der in dem Ausstieg aus der Beratung eine „Vergabe von Lebenschancen für Kinder“ sah, wehrte sich zunächst heftig gegen das päpstliche Verbot der Konfliktberatung bis Johannes Paul II. seinen Alleingang schließlich im März 2002 beendete, den Bischof aber im Amt beließ. (Quelle: katholisch.de „Schwangerschaftskonfliktberatung“.

87 Schönke / Schröder / *Eser / Weißer*, § 219 Rn. 4 m.V.a. § 218 Abs.1, S. 1, § 5 Abs. 1, S. 3 Schwangerschaftskonfliktgesetz, BT-Drs. 13/1850 S. 26.

88 SFHG = Gesetz zum Schutz des vorgeburtlichen/werdenden Lebens, zur Förderung einer kinderfreundlichen Gesellschaft für Hilfen im Schwangerschaftskonflikt und zur Regelung des Schwangerschaftsabbruchs (Schwangeren- und Familienhilfegesetz) abgdr.: Bundesgesetzblatt, 1992, Teil I, S. 1398.

> mehr instrumentell zur bestmöglichen Gewährleistung einer verantwortungsbewussten Entscheidung fungieren."[89]

Die *anzustrebende Ermutigung* der Frau zur Fortsetzung ihrer Schwangerschaft sei dadurch zu erreichen, dass sich die Schwangere ohne Bevormundung ihrer Verantwortung bewusst werde und sich ohne Zwang für eine umfassende Erörterung ihrer Konfliktlage öffne. Deshalb sei die Beratung zwar *zielorientiert*, aber *ergebnisoffen* zu führen. Eser und Weißer räumen selber ein, dass die Einhaltung dieser Vorgaben einen schwierigen Ballanceakt erfordere. Dies gelte vor allem für die Art und Weise, wie der Frau bewusstgemacht werden könnte, dass das Ungebore in jedem Stadium der Schwangerschaft auch ihr gegenüber ein eigenes Recht auf Leben habe und ein Schwangerschaftsabbruch nur in außergewöhnlichen Ausnahmesituationen in Bertracht kommen könne.[90]

Es bedarf keiner längeren Ausführungen, um die Fragwürdigkeit der Regelung offenzulegen. Selbst Fischer, der die Sicht des BVerfG in den benannten Grundsatzentscheidungen prinzipiell zu teilen scheint[91] hält die gesetzliche Überschrift und die in § 219 Abs. 1, S. 4 StGB benannte „Not-und Konfliktlage", als behauptete Voraussetzung der Beratung immerhin für missverständlich. Der Abbruch nach § 218a Abs. 1 StGB setze weder eine Notlage noch eine Konfliktlage voraus. In den Inidikationsfällen, d.h. in den einzigen Fällen, in denen tatsächlich ein Konflikt bestehen könnte, sei eine Beratung aber gar nicht vorgesehen.[92]

Es liegt auf der Hand, dass der von Eser und Weißer so benannte Balanceakt jedenfalls in den Fällen, in denen die Frau die Beratungsstelle aufsucht, um sich den für einen Schwangerschaftsabbruch erforderlichen Beratungsschein zu besorgen, nicht gelingen kann. Die Beratung kann nur entweder „zielorientiert" oder „ergebnisoffen" geführt werden. Wird die Schwangere mit dem Ziel beraten, ihr bewusst zu machen, dass das in ihr werdende Leben in jedem Stadium der Schwangerschaft auch ihr gegenüber ein eigenes Recht auf Leben hat, erfährt die Schwangere jedenfalls aus den diesen Umstand begründenden Ausführungen des Beraters, dass es sich bei einem Schwangerschaftsabbruch mangels Vorliegen einer der rechtfertigenden Indikationen des § 218a Abs. 2 und Abs. 3 StGB in *normativer* Hinsicht jedenfalls um die rechtswidrige Tötung ihres eigenen Kindes, praktisch also um einen „Mord", handelt. Ent-

89 Schönke / Schröder / *Eser* / *Weißer*, § 219 Rn. 4.

90 Ebenda.

91 Vgl. *Fischer*, *T.*, Vor §§ 218 Rn. 7.

92 *Fischer*, *T.*, Strafgesetzbuch, § 219, Rn. 1.

spricht dies auch der Auffassung des Beraters, und nur dann wird er eine dahin gehende „zielorientierte“ Beratung durchführen, wird er sich, zumal als Arzt, der es ja gerade nicht mehr mit einer PatientIn in einer Konfliktlage zu tun hat, aus dem System der beratenen Schwangerschaftsabbrüche in Deutschland zurückziehen. Tut er es nicht, werden bald auch weitere Schwangere, die einen Schein haben wollen, *diesen* Berater als solchen nicht mehr in Betracht ziehen. Sie wollen eben auch keine *Mörderinnen* bzw. entsprechend *herzlose* Frauen sein, die bereit sind, ihr Kind, ohne dass ein Rechtfertigungsgrund vorliegt, „einfach so“ zu töten. Wird die Beratung dagegen „ergebnisoffen“ geführt, scheidet eine ernsthafte Bewusstmachung des Lebensrechtes der Leibesfrucht als ein Wesen mit Personenstatus im Sinne des Art. 2 Abs. 2 GG praktisch von vorneherein aus. Die Entscheidung *für* einen Schwangeschaftsabbruch wäre dann jedoch in keinem Falle mehr „verantwortungsvoll“ und „gewissenhaft“, wie Eser und Weßer dies offenbar intendieren möchten. Tatsächlich dürfte sich die Beratung in Fällen, in den die Schwangere kein Kind haben und von der Beratungsstelle auch nicht entsprechend „überzeugt“ werden möchte, auf das beschränken, was für die Erfüllung lediglich der formalen Voraussetzungen für die Ausstellung eines Beratungsscheines erforderlich ist. Damit liefe der inhaltliche, auf den „Lebensschutz“ gerichtet Sinn und Zweck der Vorschrift des § 219 StGB ins Leere.

II. Zur Abschaffungswürdigkeit des § 219 StGB

In den wenigen immerhin denkbaren Fällen, in denen die Schwangere die Beratungsstelle nicht mit dem vorgängig abschließend gefassten Entschluss aufsucht, einen Beratungsschein als Voraussetzung für einen Schwangerschaftsabbruch zu erlangen, sondern sich *nur informieren* möchte, kann sie mit Blick auf den „Schutzzweck der Regelung“ umgekehrt allerdings auch keine neutrale Beratung erwarten. Insoweit bleibt zu hoffen, dass sie die für sie selbst in jedem Falle gewichtige Entscheidung nicht von der Meinung eines mit Blick auf die Rechtslage offenkundig befangenen, sich in einem ihm vom Gesetz her vorgeschriebenen Interessenkonflikt befindenden Beraters abhängig macht, sondern sich zumindest hinsichtlich der medizinischen und psychologischen Implikationen auch noch von anderer Seite her sachlich informiert.

Die „Gemengelage“, aus der heraus der Berater sich unter Berücksichtigung der inhaltlichen Anforderungen des § 219 StGB *verantwortlich* verhalten soll, bedeutet schon für ihn selbst eine Zumutung. Sie bietet schon von ihrer Zielsetzung her keinen ernst zu nehmenden Spielraum für eine tatsächlich ergebnisoffene Beratung. Soweit die Beratung dann aber lediglich noch der Strafvermeidung der Schwangeren und des den Abbruch später durchführenden Arztes dienen soll[93], wäre zumindest jeder nichtärztliche Berater „gut beraten“, wenn er die Schwangere an denjenigen verweist, der auch vor sonstigen vergleichbar starken, medizinischen Eingriffen zu einer *neutralen und kompetenten Aufklärung* befugt und berufen sind. Das aber wäre regelmäßig niemand anderes als der den Eingriff in Person durchführende Arzt selbst. Gerade dieser Arzt ist jedoch von der Beratung der Schwangeren gem. § 219 Abs. 2 S. 3 StGB ausgeschlossen. Die Regelungen der Aufklärung, wie sie das Patientenrechtegesetz und die Berufsordnung der Ärzte bereits hinlänglich vorsehen[94], kommen zugunsten der abtreibungswilligen Schwangern damit häufig nicht mehr zum Tragen.

Nach allem verstärkt die Regelung des § 219 StGB das bereits durch die Regelung des § 218 StGB normierte Unrecht und führt zu einer weiteren Verhinderung der Wahrnehmung der Autonomie der Schwangeren. § 219 StGB ist darüber hinaus allerdings geeignet, die Betroffene mit Blick auf die inhaltliche Zielrichtung der Vorschrift (Schutz des ungeborenen Lebens) von einer sachlichen, alle in medizinischer und psychologischer Hinsicht relevanten Fakten und Daten berücksichtigenden Beratung durch einen unbefangenen Arzt oder

---

93 Die strafrechtlichen Konsequenzen eines Verstoßes gegen § 219 StGB sind für die Schwangere eine Bestrafung nach § 218 StGB (Freiheitsstrafe bis zu drei Jahren oder Geldstrafe), ebenso für den den Schwangerschaftsabbruch ohne vorgängige Beratung durch eine andere Stelle durchführenden Arzt, wobei in besonders schweren Fällen eine Freiheitsstrafe von 6 Monaten bis zu fünf Jahren in Betracht kommt (Vgl. § 218 Abs. 1, S. 1, Abs. 2, S. 1, Abs. 3 StGB).

94 Zur Aufklärung des Patienten durch den behandelnden Arzt heißt es in § 630e BGB: Der Behandelnde ist verpflichtet, den Patienten über sämtliche für die Einwilligung wesentlichen Umstände aufzuklären. Dazu gehören in der Regel insbesondere Art, Umfang, Durchführung, zu erwartende Folgen und Risiken der Maßnahme sowie ihre Notwendigkeit, Dringlichkeit, Eignung und Erfolgsaussichten im Hinblick auf die Diagnose oder die Therapie. Bei der Aufklärung ist auch auf Alternativen zur Maßnahme hinzuweisen, wenn mehrere medizinisch gleichermaßen indizierte und übliche Methoden zu wesentlich unterschiedlichen Belastungen, Risiken oder Heilungschancen führen können. Darüber hinaus ergibt sich die Aufklärungspflicht auch unmittelbar aus der Berufsordnung der Ärzte. Dazu heißt es in § 8 der Musterberufsordnung der Ärzte: Zur Behandlung bedürfen (…) Ärzte der Einwilligung der Patientin (…). Der Einwilligung hat grundsätzlich die erforderliche Aufklärung im persönlichen Gespräch vorauszugehen. Die Aufklärung hat der Patientin (…) insbesondere vor operativen Eingriffen Wesen, Bedeutung und Tragweite der Behandlung einschließlich Behandlungsalternativen und die mit ihnen verbundenen Risiken in verständlicher und angemessener Weise zu verdeutlichen. Insbesondere vor diagnostischen oder operativen Eingriffen ist soweit möglich eine ausreichende Bedenkzeit vor der weiteren Behandlung zu gewährleisten. Je weniger eine Maßnahme medizinisch geboten oder je größer ihre Tragweite ist, umso ausführlicher und eindrücklicher sind die Patientinnen über erreichbare Ergebnisse und Risiken aufzuklären.

Therapeuten eher abzuhalten. Der den Abbruch durchführende Arzt wird sich gerade mit Blick auf die ggf. notwendige Beratung auf die Beratung des Vorberaters verlassen (müssen). Nach allem führt die Regelung insgesamt zu einer weiteren Verhinderung des Selbstbestimmungsrechts der Patientin und bedeutet damit einen unzulässigen Eingriff in ihr durch Art. 2 Abs. 2 GG geschütztes allgemeines Persönlichkeitsrecht. Die „Beratungsregelung" ist somit zugunsten einer nach den medizinrechtlichen Vorgaben im BGB und der Berufsordnung der Ärzte ohnehin vorgesehenen „Aufklärung" aufzuheben.

G) § 219a StGB: Werbung für den Abbruch der Schwangerschaft

Der bis zu seiner Änderung zum 29. März 2019 gültige § 219a StGB verbot Ärzten in Deutschland, überhaupt darüber zu informieren, dass sie Schwangerschaftsabbrüche durchführen. Selbst in einem dahin gehenden neutralen Hinweis auf der Homepage erkannte man eine unzulässige, weil entgeltliche Werbung. Dabei fällt jede Mitteilung über die Tätigkeit eines Arztes, die er selbst z.B. über seine Homepage über sich abgibt, bereits unter das Verbot, weil eben auch Ärzte ihre Leistungen prinzipiell gegen Honorar anbieten. Seit dem 29. März 2019 hat § 219a StGB nun die um den Absatz 4 erweiterte folgende Fassung:

> (1) Wer öffentlich, in einer Versammlung oder durch Verbreiten von Schriften (§ 11 Abs. 3) seines Vermögensvorteils wegen oder in grob anstößiger Weise
>
> 1. eigene oder fremde Dienste zur Vornahme oder Förderung eines Schwangerschaftsabbruches oder
>
> 2. Mittel, Gegenstände oder Verfahren, die zum Abbruch der Schwangerschaft geeignet sind, unter Hinweis auf diese Eignung
>
> anbietet, ankündigt, anpreist oder Erklärungen solchen Inhalts bekannt gibt, wird mit Freiheitsstrafe bis zu zwei Jahren oder mit Geldstrafe bestraft.
>
> (2) Absatz 1 Nr. 1 gilt nicht, wenn Ärzte oder auf Grund Gesetzes anerkannte Beratungsstellen darüber unterrichtet werden, welche Ärzte, Krankenhäuser oder Einrichtungen bereit sind, einen Schwangerschaftsabbruch unter den Voraussetzungen des § 218a Abs. 1 bis 3 vorzunehmen.
>
> (3) Absatz 1 Nr. 2 gilt nicht, wenn die Tat gegenüber Ärzten oder Personen, die zum Handel mit den in Absatz 1 Nr. 2 erwähnten Mitteln oder Gegenständen befugt sind, oder durch eine Veröffentlichung in ärztlichen oder pharmazeutischen Fachblättern begangen wird.
>
> (4) Absatz 1 gilt nicht, wenn Ärzte, Krankenhäuser oder Einrichtungen
>
> 1. auf die Tatsache hinweisen, dass sie Schwangerschaftsabbrüche unter den Voraussetzungen des § 218a Abs. 1 bis 3 vornehmen, oder

2. auf Informationen einer insoweit zuständigen Bundes- oder Landesbehörde, einer Beratungsstelle nach dem Schwangerschaftskonfliktgesetz oder einer Ärztekammer über einen Schwangerschaftsabbruch hinweisen.

Nun dürfen Ärzte also gem. § 219a Abs. 4 StGB sagen, *dass* sie Schwangerschaftsabbrüche unter den Voraussetzungen des § 218a Abs. 1 bis 3 StGB vornehmen, mehr allerdings nicht. Bereits wenige Wochen nach der „Reform" der Vorschrift, wurden zwei Berliner Frauenärztinnen wegen unzulässiger Werbung für den Abbruch der Schwangerschaft nach § 219a StGB zu einer Geldstrafe verurteilt. Dafür, dass sie auf ihrer Internetseite auf ein Angebot zur Durchführung eines „medikamentösen, narkosefreien" Schwangerschaftsabbruch „in geschützter Atmosphäre" aufmerksam gemacht hatten, verurteilte das AG Tiergarten sie mit Urteil vom 14. Juni 2019 (– Az.: 253 Ds 143/18 –) zu Geldstrafen von jeweils 20 Tagessätzen a 100 EUR. Das Gericht vertrat die Auffassung, dass die Regelung zwar reformiert worden sei, die Ärztinnen aber nach wie vor nur über das Ob nicht aber über das Wie informieren dürften.[95]

Auch bei der Neuregelung des § 219a StGB handelt es sich praktisch um ein „Schwangerschaftsabbruchverhinderungsgesetz", erneut vor allem zum Nachteil der betroffenen Schwangeren. Ihr legitimes Interesse, sich nach der Person eines selbstgewählten Arztes ihres Vertrauens zu erkundigen und danach, wie der den Abbruch ggf. durchführen würde, wird unterlaufen mit der offenkundig vorgeschobenen Begründung, bei der dahingehenden Information handele sich um eine verwerfiche Werbung für ein unrechtes Tun.

Sachlich ist die Regelung des § 219a StGB schon mit Blick auf die Norm des § 27 der Berufsordnung der Ärzte überflüssig: Nach § 27 Abs. 3 MBO ist Ärzten eine *berufswidrige* Werbung ohnehin

„untersagt. Berufswidrig ist insbesondere eine anpreisende, irreführende oder vergleichende Werbung. Ärztinnen und Ärzte dürfen eine solche Werbung durch andere weder veranlassen noch dulden. Eine Werbung für eigene oder fremde gewerbliche Tätigkeiten oder Produkte im Zusammenhang mit der ärztlichen Tätigkeit ist unzulässig. Werbeverbote aufgrund anderer gesetzlicher Bestimmungen bleiben unberührt."

Zurecht geht die Berufsordnung mit der allgemeinen Werbung für ärztliche Leistungen vorsichtig um. Hier besteht prinzipiell die Gefahr, dass Patienten in einem Bereich, indem sie in besonderer Weise auf die Bonität des Heilberuflers vertrauen müssen, für kommerzielle Belange ausgenutzt werden. Statistische Erhebungen darüber, dass das in Bezug auf einen Schwangerschaftsabbruch anders, besser oder schlechter sein könnte, gibt es naturgemäß nicht. Umgekehrt ist eine sachliche Information über das, was und wie eine Praxis

95 Quelle: ZEIT Online, dpa, KANN, afp, sho, 14. Juni 2019, 16:34 Uhr.

etwas tut, zur Gewährleistung einer selbstbestimmten Behandlung auf Augenhöhe zwischen Arzt und Patient unabdingbar. Alles andere verstieße nicht nur gegen grundlegende, internatinal anerkannte ethische Prinzipien[96], sondern, als eines davon, gegen die vorangig zu respektierende Patientenautonomie. Nach Eser und Weißer richtet sich § 219a StGB jedoch gegen die bedenkenlose *Propagierung* und *Kommerzialisierung* des Schwangerschaftsabbruchs, und zwar gleichgültig, ob dessen Durchführung im Einzelfall *legal* oder *illegal* wäre. Ihrer Struktur nach handele es sich bei den einzelnen Tatbeständen um abstrakte Gefährdungstatbestände, die bereits in einem vorgelagerten Vorfeld des § 218 StGB das ungeborene Leben gegen die *Verharmlosung* und *Ausbeutung* des Schwangerschaftsabbruchs abschirmen wollten.[97]

Nicht erst aufgrund der widersprüchlichen und diskriminierenden Regelungen zum Schwangerschaftsabbruch selbst und der insoweit manchmal bigott geführten Debatte, sondern vor allem, weil ein Schwangerschaftsabbruch normalerweise für jede Frau mit einer schweren Entscheidung verbunden ist, besteht in Deutschland (über die von der ärztlichen Berufordnung geschützten Belange hinaus) weder die Gefahr einer „Propagierung" oder „Kommerzialisierung" noch die einer „Verharmlosung" oder „Ausbeutung" des Schwangerschaftsabbruchs. Leider ist eher das Gegenteil der Fall: Kaum eine Frau kann sich in Deutschland unbefangen selbst an einen vertrauten Arzt wenden, um sich sachlich zu informieren. Aber auch die Stigmatisierung der Ärzte, die sich überhaupt offen dazu zu bekennen, dass sie Abbrüche vornehmen, führt innerhalb ihrer eigenen Kollegenschaft seit längerem dazu, dass sich nur noch wenige Ärzte dazu bereitfinden. Angesichts des größer werdenden Ärztemangels haben es Frauenärzte in finanzieller Hinsicht regelmäßig nicht nötig, Schwangerschaftsabbrüche durchzuführen. Tun sie es doch, dann häufig schlicht deshalb, weil sie die Frauen nicht allein lassen, sondern ihnen helfen wollen. Das verdient Respekt statt Verachtung. Ärzte, die auf ihrer Internetseite darauf hinweisen, dass sie einen „medikamentösen, narkosefreien" Schwangerschaftsabbruch „in geschützter Atmosphäre" durchführen, betreiben weder eine reißerische noch eine irreführende „Werbung", sondern signalisieren sachlich, dass die hilfesuchenden Patientinnen bei ihnen willkommen sind. Praxen, die Schwangerschaftsabbrüche durchführen, werden nicht zuletzt wegen solcher Urteile als „Abtreibungspraxen" diffamiert. Werden sie dann auch noch Opfer entsprechender „Mahnwachen" von „Lebensschützern" (wie sich die Abtreibungsgegener gerne nennen), ist der Ruf des Arztes schnell dahin. Um einen Arzt zu finden aber auch weil sich die Frauen angesichts der

96 Vgl. hierzu z.B. § 3 Abs. 2 der Musterberufsordnung der Psychotherapeuten.

97 Schönke / Schröder / *Eser* / *Weißer*, § 219a Rn. 1.

öffentlichen Meinung gehalten sehen, möglichst „heimlich" abzutreiben, müssen sie manchmal weit fahren, oder – wie ehedem – ins Ausland, z.B. in die Niederlande oder nach Österreich.

Außer den Frauen und Ärzten und den z.T. von fragwürdigen Motiven getriebenen Demonstranten der einen wie der anderen Seite, muss sich in Deutschland niemand mit der Abtreibungsprobleamtik befassen. Abtreibung ist kein *appetitliches* Thema. Juristen, solche, die sich fragen, was Recht und Unrecht ist, oder was wir unter Person verstehen und vor allem, was wir in unserer freiheitlichen Gesellschaft eigentlich schützen sollen, kann der sich verschärfende Umgang mit den Frauen, die sich zu einem Schwangerschaftsabbruch veranlasst sehen, allerdings nicht gleichgültig sein. Abtreibung ist für sich genommen kein *Unrecht*. – Der Umgang mit den sich regelmäßig in einer Notsituation befindenden Frauen ist es schon! Sie haben niemandes Freiheit verletzt und verdienen nicht behandelt zu werden, als seien sie schuldig, keine Strafe, sondern unsere Solidarität und unser Vertrauen in ihre Autonomie und unser aller Leben.

Nach allem sollten diejenigen Strafvorschriften, die den Frauen einen Schwangerschaftsabbruch verbieten oder erschweren, zugunsten von ggf. verbesserungswürdigeren Vorschriften im Gesundheitsrecht vollständig abgeschafft werden.

Sechstes Kapitel: Strafe – Gnade oder Abschreckung

A) Gnade oder Abschreckung als Grundidee der Strafe

Die bisherigen Ausführungen haben gezeigt, dass dem Gnadengedanken im Zusammenhang mit der Begründung von Strafe weder innerhalb des kirchlichen noch innerhalb des staatlichen Strafrechts eine tragende Bedeutung zukommt. Zwar betrachtet sich zumindest die katholische Kirche nach ihrem Selbstverständnis als einen „heiligmachenden Ort der Gnade"[1]. Der Sinn und Zweck ihrer Kirchenstrafe nach Maßgabe des CIC besteht indessen allein in dem äußeren Schutz der Communio als einer Gemeinschaft des Glaubens und der Gläubigen nach Maßgabe der kirchlichen Ordnung. Die Gemeinschaft des Glaubens und die sie repräsentierenden Autoritäten gilt es mit dem Mittel der Strafe in ihrem Bestand zu erhalten, nach den Vorgaben ihrer, die Kirche leitenden Autoritäten. Verstoßen die Gläubigen gegen die kirchlichen Vorgaben, werden sie, um der Communio und ihrer Autoritäten willen, mit Kirchenstrafen belegt und nötigenfalls aus der innerkirchlichen Gemeinschaft ausgegrenzt – auf welcher Rechtsgrundlage auch immer. Die Communio kann ein den Vorgaben der Kirche widersprechendes, d.h. ein insoweit „sozialschädliches" Verhalten nicht tolerieren, auch wenn es für den Betroffenen Ausfluss einer ggf. zwingenden Gewissensentscheidung ist. Auch dort, wo die Kirche auf Strafe trotz offenkundiger Verfehlungen ihrer eigenen Vertreter verzichtet, wie in den vielen nicht weiter verfolgten Fällen des sexuellen Missbrauchs durch Kleriker an Kindern und Jugendlichen in kirchlichen Einrichtungen, bedeutet dies keinen Akt der Gnade, etwa im Sinne einer unverdienten Verzeihung. Denn auch bei dem Verzicht auf eine Strafe geht es nicht etwa um das Seelenheil des Straftäters, sondern wiederum allein um die Communio, deren Ansehen als Ort der heiligmachenden Gnade es zur Not auch durch die Verheimlichung („Vertuschung") und eben den Verzicht auf eine öffentlichkeitswirksame Strafe, die die Taten erst einer größeren Öffentlichkeit bekannt machen könnte, zu schützen gilt.

Ähnliches gilt manchmal jedoch auch für die staatliche Strafe. Wie das Beispiel der §§ 218 ff. StGB zeigt, stellt auch der Staat für die Frage nach dem Unrechtsgehalt des als Straftatbestand ausgekleideten Schwangerschaftsab-

1 Schreiben des päpstlichen Rates vom 13.3.2006, abgedr. in AfkKR 175 (2006) S. 158–160.

https://doi.org/10.1515/9783110696462-017

bruchs weder auf die für die Schwangere ggf. zwingende, persönliche Gewissensentscheidung noch überhaupt auf das Vorliegen einer Freiheitsbeeinträchtigung ab. Für die Frage nach der Schuld knüpft auch der Staat lediglich an die Verwirklichung einzelner normativ aufgeladener Tatbestandsmerkmale (z.B. „Jeder" = eine Person, die Träger der Grundrechte aus Art. 1 und 2 GG ist), d.h. an den sog. „normativen" Schuldbegriff an, auf dessen Grundlage praktisch jedes unerwünschte Verhalten zum Straftatbestand erklärt werden könnte. Der normative Gehalt des § 218 StGB (als strafbare Tötung eines personalen Menschen) widerspricht sich mit dem des § 218a StGB (als erlaubte Tötung menschlichen Lebens nach Durchführung einer Beratung) in einer wertenden Zusammenschau. Für eine juridisch ungeschulte Schwangere ist der verbleibende normative Gehalt der Regelungen kaum mehr auszumachen. Trotzdem hält der staatliche Gesetzgeber an der widersprüchlichen Normierung des Schwangerschaftsabbruches fest. Deren Sinn besteht offenbar rein paternalistisch[2] motiviert lediglich noch darin, die Schwangere durch das strafrechtliche Stigma der Rechtswidrigkeit von einer für unerwünscht bzw. für „sozialschädlich" erachteten Handlung „abzuschrecken".

Versteht man unter Gnade allerdings die Ausstattung des Menschen mit Vernunft und seiner Fähigkeit zur Autonomie, könnte der Gnadengedanke innerhalb des Strafrechts insoweit eine Rolle spielen, als sich der Richter einem Menschenbild verpflichtet fühlt, nach dem das zentrale, alle Menschen miteinander verbindende Recht die Freiheit ist. *Recht* könnte man mit Kant verstehen als „den Inbegriff der Bedingungen, unter denen die Willkür des einen mit der Willkür des anderen nach einem allgemeinen Gesetz der Freiheit zusammen vereinigt werden kann".[3] Mit einer auf diesem Verständnis von Recht aufbauenden Strafrechtstheorie wollte Kant das Konzept einer vernunftrechtlich begründeten Theorie der Strafe vorlegen. In ihr könnte sich die Vorstellung von Strafe als einer letztlich unverdienten Antwort eines den Menschen in seiner Freiheit ernst nehmenden Staates mit der gesellschaftlichen Forderung nach Gerechtigkeit verbinden. Kants Straftheorie stößt jedoch nicht nur bei Interessenethikern auf zum Teil heftigen Widerstand.[4] Vor allem sein Eintreten

---

2 Als Paternalismus lässt sich eine Ordnung beschreiben, die ihre Autorität und Legitimation auf eine bevormundende Beziehung zu den Rechtsunterworfenen stützt. Während der sog. „harte Paternalismus" als Handeln gegen den Willen der Betroffenen überwiegend für unzulässig erachtet wird, wird der sog. „weiche Paternalismus" manchmal als legitim angesehen. Vgl. zur ablehnenden Begründung auch des „weichen Paternalismus": *Kirste, Stephan*, Harter und weicher Paternalismus – Unter besonderer Berücksichtigung der Medizinethik, JZ 2011, S. 805 ff.

3 *Kant*, AA VI. MSR, S. 230.

4 Vgl. z.B. *Hoerster Norbert*, Muss Strafe sein? Positionen der Philosophie, S. 29 ff.

für das jus talionis wurde bereits seit der Vorlage seiner Rechtslehre im Jahre 1797 kritisiert.[5]

B) Strafe als Vergeltung von Schuld

Kant lässt sich auch für seine Strafrechtslehre von dem Sittengesetz leiten. Auch der ggf. zu bestrafende Mensch ist als Zweck an sich und nicht nur als Mittel für andere Zwecke zu behandeln.

> „Die bloße Idee einer Staatsverfassung unter Menschen führt schon den Begriff einer Strafgerechtigkeit bei sich, welcher der obersten Gewalt zusteht. Es fragt sich nur, ob die Strafarten dem Gesetzgeber gleichgültig sind, wenn sie nur als Mittel dazu taugen, das Verbrechen (als Verletzung der Staatssicherheit im Besitz des Seinen eines jeden) zu entfernen, oder ob auch noch auf Achtung für die Menschheit in der Person des Missethäters (d.i. für die Gattung) Rücksicht genommen werden müsse, und zwar aus bloßen Rechtsgründen, indem ich das jus talions der Form nach noch immer für die einzige a priori bestimmende (nicht aus der Erfahrung, welche Heilmittel zu dieser Absicht die kräftigsten wären, hergenommene) Idee als Prinzip des Strafrechts halte."[6]

Das jus talionis[7] wird häufig als antiquiert und rückwärtsgewandt beurteilt. Es stütze sich auf alttestamentarische Grundsätze[8] und leiste dem Rachegedanken Vorschub. Dabei müsse das Ziel der modernen Strafe vor allem in der Verhinderung zukünftiger Straftaten gesehen werden, sodass es viel eher auf präventive Zwecke als auf Vergeltung ankomme.

Mit seiner Berufung auf das jus talionis erteilt Kant jedoch sowohl staatsutilitaristischen Überlegungen eine Absage wie auch solchen Moralvorstellungen, die, statt den Täter als eine mit Vernunft und Autonomie begabte Person ernst zu nehmen, auf anderweitige heteronome Bevormundung setzen. Mit Kants Verständnis kann man in dem Talionsprinzip einen vernunftrechtlichen Grundsatz angemessener Strafe erkennen, der die legitimen Grenzen staatlichen Zwangs aufzeigt und sich dadurch einer willkürlichen Entgrenzung strafrechtlicher Abschreckung entgegenstellt. Dabei erfüllt der Ausgleich begangenen Unrechts durch eine angemessene Bestrafung nicht nur eine legitime, gesellschaftlich formulierte Forderung der Gerechtigkeit, sondern eröffnet zugleich

5 Vgl. hierzu die Darstellung von *Hüning, Dieter*, Kants Straftheorie und das jus talionis, in: Aufklärung durch Kritik, S. 349 f.

6 *Kant*, AA, VI, MSR, S. 362, 363.

7 Von lat. jus = Recht und lat. Talio = Vergeltung im Sinne eines Ausgleichs.

8 Vgl. Ex. 21, 23–25: „Ist ein weiterer Schaden entstanden, dann must Du geben: Leben für Leben, Auge für Auge, Zahn für Zahn, Hand für Hand, Fuß für Fuß, Brandmal für Brandmal, Wunde für Wunde, Strieme für Strieme".

die Möglichkeit einer realistischen Sühne für den Täter. Das Wesen der Vergeltung besteht damit gerade nicht in *Rache*, sondern verhindert sie eher, indem sie auf Wiedergutmachung gerichtet ist. Das ergibt sich schon aus dem biblischen Verständnis, wonach eben nur ein Auge für ein Auge gefordert wird und nicht etwa der ganze Kopf. Die mit der Strafe verbundene Abschreckung für den Täter selbst und potentielle, andere Täter ist also nicht das Ziel des jus talionis, wenn man in ihr auch einen positiven Nebeneffekt der Strafe erkennen kann.

I. Der formale Charakter von Kants Rechtsbegriff

Indem Kant den formalen Charakter des kategorischen Imperativs des Rechts betont, unterstreicht er ein Prinzip, wonach allein die Gerechtigkeit, in deren Zentrum die Gewährleistung der äußeren Freiheit als Möglichkeitsraum der Umsetzung praktischer Vernunft steht, der entscheidende Maßstab staatlichen Strafens ist.

> „Der Begriff des Rechts, sofern er sich auf eine ihm correspondierende Verbindlichkeit bezieht, (d.i. der moralische Begriff desselben) betrifft *erstlich* nur das äußere und zwar praktische Verhältnis einer Person gegen eine andere, sofern ihre Handlungen als Facta aufeinander (unmittelbar oder mittelbar) Einfluß haben können. Aber *zweitens* bedeutet er nicht das Verhältniß der Willkür auf den *Wunsch* (folglich auch nicht auf das bloße Bedürfnis) des Anderen, wie etwa in den Handlungen der Wohltätigkeit oder Hartherzigkeit, sondern lediglich für die *Willkür* des Anderen. *Drittens*, in diesem wechselseitigen Verhältniß der Willkür, d.i. der Zweck, den ein jeder mit dem Objekt, was er will, zur Absicht hat, in Betrachtung, z.B. es wird nicht gefragt, ob jemand bei der Waare, die er zu seinem eigenen Handel von mir kauft, auch seinen Vortheil finden möge, oder nicht, sondern nur nach der Form im Verhältnis der beiderseitigen Willkür, sofern sie bloß als *frei* betrachtet wird, und ob durch die Handlung eines von beiden sich mit der Freiheit des anderen nach einem allgemeinen Gesetze zusammen vereinigen lasse."[9]

Dem Philosophen Dieter Hüning zufolge gibt Kant mit seiner konsequenten Formalisierung des Rechtsbegriffs zugleich die Antwort auf die wesentlichen Probleme, überhaupt ein a priori gültiges, allgemeines Prinzip der rechtlich möglichen Freiheitseinschränkung anzugeben, wie es die zu Kants Zeit vertretene Naturrechtslehre hatte. Nach Kants Prinzipien der Rechtslehre der Freiheit darf ihr äußerer Gebrauch nur insoweit eingeschränkt werden, wie dies zur Gewährleistung und Sicherung der Freiheit anderer unbedingt notwendig ist. Nur in Bezug auf einen durch die Vernunft selbst notwendig gemachten allgemeinen Rechtswillen, der die gesetzlichen Bedingungen des äußeren Freiheitsgebrauchs wolle, sei Kant zufolge überhaupt eine Zwangsgesetzgebung

9 *Kant*, AA, VI MSR, S. 230.

möglich. Dieser Rechtswille sei zugleich das allgemeine Prinzip, das den Übergang vom status naturalis zum status civilis konstituiere, insofern die Unterwerfung aller unter eine öffentliche Zwangsgesetzgebung die notwendige Bedingung darstelle, dass das Recht eines jeden gesichert werden könne. Der entscheidende Einwand Kants gegen die Naturrechtstradition seiner Zeit liegt nach Hüning darin, dass er alle materialen Prinzipien für die Bestimmung der rechtlichen Bedingungen des äußeren Freiheitsgebrauchs für untauglich erklärt. Ob die Übereinstimmung mit der natürlichen Einheit der Dinge nach Zweckgesetzen, die Vollkommenheit, das Glück der größten Zahl, das bonum commune oder irgendein anderes materiales Prinzip der Rechtsbegründung zugrunde gelegt werde, immer sei das Ergebnis das gleiche: nämlich die Unbestimmbarkeit der Grenzen legitimen Rechtszwangs.[10]

II. Das Strafgesetz als kategorischer Imperativ (nur) für den Richter

> „Das *Strafrecht* ist das Recht des Befehlshabers gegen den Unterwürfigen, ihn wegen seines Verbrechens mit einem Schmerz zu belegen.“[11]

Kant versteht unter Strafe nur die durch den gesetzlichen Souverän, als die einzige zur Ausübung der Strafgewalt berufene Instanz, festgesetzte Strafe, nicht also etwa die natürliche Strafe, „dadurch das Laster sich selbst bestraft und auf welche der Gesetzgeber gar nicht Rücksicht nimmt“.[12] Der Rechtsgrund der Strafgewalt liegt also nicht in einem ursprünglichen oder natürlichen Recht eines jeden Einzelnen. Das bedeutet nicht, Kant sei der Auffassung, die Prinzipien der Strafgerechtigkeit lägen ausschließlich in der Rechtslehre begründet.[13] Der Begriff der Strafe ist kein ausschließlich juridischer, sondern vielmehr ein Grundbegriff der Moral überhaupt, die dem Recht und der Ethik als Oberbegriff vorsteht. Der Grund für die Verknüpfung von richterlicher Strafe und Staatsgewalt liegt Hüning zufolge in Kants Übernahme eines zentralen Aspekts der Hobbesschen[14] Naturzustandskonzeption, wonach der Naturzustand derjenige Zustand ist, in welchem es überhaupt – wegen der Unbestimmtheit und Unbestimmbarkeit ihrer Rechtsansprüche – nur einen privaten

10 Vgl. *Hüning, Dieter*, Zur Aktualität der Kantischen Strafrechtstheorie – erläutert an einer Entscheidung des Bundesverfassungsgerichts – S. 156–172.

11 *Kant*, AA, VI, MSR, S. 331.

12 *Kant*, AA, VI, MSR, S. 331.

13 *Hüning, Dieter*, Kants Straftheorie und das jus talionis, a.a.O. S. 349.

14 Thomas Hobbes (1588–1679) war ein englischer Mathematiker, Staatstheoretiker und Philosoph. Er wurde durch sein Hauptwerk *Leviathan* bekannt und gilt als Begründer eines aufgeklärten Absolutismus.

Modus der Rechtsbestimmung und Rechtsdurchsetzung geben könne. Der Naturzustand sei deshalb ein Zustand „äußerlich gesetzloser Freiheit“, in welchem jeder, und zwar rechtmäßig, Richter in eigener Sache und also dem Rechtsurteil anderer nicht unterworfen sei.[15]

> „Bei dem Vorsatze, in diesem Zustande äußerlich gesetzloser Freiheit zu sein und zu bleiben, thun sie *einander* auch gar nicht unrecht, wenn sie sich untereinander befehden; denn was dem Einen gilt, das gilt auch wechselseitig dem Anderen, gleich als durch eine Übereinkunft.“[16]

Im Naturzustand lässt sich daher auch keine Befugnis denken, gemäß welcher die Handlungen, die jemand zwecks Durchsetzung seiner Rechte vornehmen zu müssen glaubt, von anderen bestraft werden könnte. Die Aufhebung der privaten Rechtsdurchsetzung durch die Bestimmung der Strafe nach positiven Gesetzen des Staates und die Verhängung der Strafe durch die staatlich legitimierten Gerichtshöfe ist daher konstitutiv für die Überwindung jenes Naturzustandes.[17] Indem Kant den Regelungsbereich der juridischen Gesetzgebung auf den äußeren Gebrauch der freien Willkür beschränkt, betrifft sein Begriff des Rechts deshalb nur „das äußere und zwar praktische Verhältnis einer Person gegen eine andere, sofern ihre Handlungen als *Facta* aufeinander (unmittelbar oder mittelbar) Einfluß haben können“.[18] Die Grundlage des Strafzwangs bzw. die Bedingung der Strafbarkeit einer Tat ist daher ausschließlich die durch die Tat bewirkte Verletzung der äußeren Rechte eines anderen. Mit dieser Einschränkung der juridischen Gesetzgebung und der staatlichen Strafgewalt auf die Gewährleistung wechselseitiger Sicherheit im äußeren Freiheitsgebrauch unterschied sich Kants *Rechtslehre*, Hüning zufolge, deutlich etwa von Wolffs Straftheorie, die auch Laster für strafbar erklärte. Nach Wolff sollten lediglich lasterhafte Handlungen selbst dann bestraft werden, wenn ein Dritter durch diese Handlungen gar keinen Schaden erleidet und dadurch auch nicht in seinen Rechten verletzt wurde.[19] Für Wolff sei der entscheidende Gesichtspunkt der Strafbarkeit nicht die Rechtsverletzung, sondern vielmehr die Sozialschädlichkeit einer Tat. Rechtsbruch und Laster seien nach Wolff gleichermaßen Handlungsweisen, deren Ausbreitung die Staatsgewalt durch Strafdrohungen zu verhindern befugt sei.[20]

---

15 *Hüning, Dieter*, Kants Straftheorie und das jus talionis, a.a.O. S. 349.

16 *Kant*, AA, VI, MSR, S. 307.

17 *Hüning, Dieter*, Kants Straftheorie und das jus talionis, a.a.O. S. 349.

18 *Kant*, AA, VI, MSR, S. 230.

19 Vgl. *Hüning, Dieter*, Kants Straftheorie und das jus talionis, a.a.O. S. 350 m.V.a. *Wolff*, Jus naturae VIII, Halle 1748 (Reprint Hildesheim 1968), §§ 653 f.

20 Vgl. *Hüning, Dieter*, Kants Straftheorie und das jus talionis, a.a.O. S. 350.

Wenn es Kant bei der Strafe somit auch nur um die Gewährleistung der Bedingungen der äußeren Freiheit der Willkür geht, so ist das Strafgesetz für den Bereich des Rechts dennoch ein *kategorischer* Imperativ. Nach Kants Auffassung sind Verbrechen nicht erst in Abhängigkeit von bestimmten außerhalb des Rechts liegenden Interessen zu ahnden, sondern *unbedingt* zu bestrafen. Der Täter hat durch seine Tat Schuld auf sich geladen und deshalb als Ausgleich für seine Gesetzesübertretung Strafe verdient.[21] Dabei ist jedoch wichtig zu sehen, dass nicht das einzelne Individuum der Adressat dieses unbedingten Imperativs ist, sondern allein die zur Bestrafung autorisierten Instanzen und ihre Inhaber.[22] Dass Verbrechen bestraft bzw. vergolten werden müssen, ist für Kant eine Folge der Idee der juridischen Gerechtigkeit für den äußeren Willkürgebrauch. Der Eintritt in den status civilis erfolgt wegen der Notwendigkeit der Gewährleistung wechselseitiger Rechtssicherheit. Wer im Widerspruch mit der Möglichkeit allgemeiner Rechtssicherheit handelt, indem er die Rechte anderer verletzt, der verdient eben gerade deshalb, bestraft zu werden.[23] Aus der Perspektive des das Gewaltmonopol vertretenden Richters hat der Straftäter die Strafe somit nicht nur verdient. Er *muss* vielmehr bestraft werden, zur Wahrung der allgemeinen Rechtssicherheit, der der Richter unbedingt verpflichtet ist.

III. Die Prinzipien der Vergeltung und der Wiedervergeltung

Zu Recht weist Hüning weiter darauf hin, dass mit der Einsicht in die juridische Möglichkeit und Notwendigkeit der Vergeltungsstrafe noch nichts über die richtige Qualität und auch nichts über die Quantität der Strafe gesagt ist. Die Frage, *wie* zu bestrafen ist, bedarf deshalb einer weiteren Begründung. Nach Hüning ist zu unterscheiden zwischen dem Prinzip der Vergeltung als solchem (Verbrechen müssen gesühnt werden) und dem Prinzip der Wiedervergeltung (das Strafmaß bestimmt sich nach der juridischen Qualität des Verbrechens). Zweck der Strafe sei nach Kant die Vergeltung von Schuld, die in der Übertretung des Rechtsgesetzes liege. Weitere Gründe außer der Schuld, relative Strafzwecke also, sind für die Bestrafung nicht erforderlich. Das Prinzip der Gerechtigkeit in Bezug auf die Strafe fordert nun aber weiter, dass die Strafe zur rechtswidrigen Tat in einem angemessenen Verhältnis steht. Gleiches muss mit Gleichem vergolten werden. Das gilt allerdings nur der Form

21 *Kant*, AA, VI, MSR, S. 331.

22 Vgl. *Hüning, Dieter*, Kants Straftheorie und das jus talionis, a.a.O. S. 351 m.V.a. *Byrd*, Kant's Theorie of punishment, S. 153.

23 *Hüning, Dieter*, Kants Straftheorie und das jus talionis, a.a.O. S. 351.

nach. *Dass* das Verbrechen mit Strafe vergolten werden muss, ist nach Kant ein kategorischer Imperativ. Dass diese Vergeltung ihren *Maßstab aus der Tat selbst* entnimmt, sei nach Hüning eine daraus resultierende Schlussfolgerung und eine kategorische Forderung der Gerechtigkeit selbst. Das genau meine das jus talionis im Sinne Kants. Gerecht sei die Zumessung einer Strafe nur dann, wenn sie in einem möglichen Verhältnis zur Tat steht, wenn also der Maßstab der Strafe der Schwere der Schuld entspricht.[24]

Indem Kant an die Stelle des Abschreckungs-, Präventions- oder Besserungszwecks der Strafen das Prinzip der Wiedervergeltung, das Talionsprinzip, setzt, löst er nach Hüning zugleich die strafrechtstheoretischen Probleme einerseits der Beliebigkeit und andererseits der Prinzipienlosigkeit der Strafzumessung. Die Primate der Abschreckung und Besserung führen dazu, dass der Täter der *Willkür* und den *Zufällen* der kriminalpolitischen Absichten der jeweiligen Staatsgewalt unterworfen ist. Damit wird der Mensch bloß als Mittel zu den Absichten Anderer gebraucht, nicht aber als Zweck an sich.

Ähnliches ließe sich auch für den Einsatz des Strafrechts sagen, wo es, wie in den Fällen des Schwangerschaftsabbruchs, in denen die Frauen zu „Mörderinnen" erklärt werden, lediglich darum zu gehen scheint, ein als unerwünscht bzw. „sozialschädlich" erachtetes Verhalten, das die äußere Freiheit eines anderen gar nicht betrifft, juridisch zu sanktionieren. Auch hier scheint es nur um Abschreckung und Besserung zu gehen, wobei die Schwangeren bloß als Mittel der religiös oder sozialpolitisch motivierten Absichten anderer behandelt werden, nicht aber mehr als Zweck an sich.

Der leitende Gesichtspunkt für Kants Ausführungen über das Strafmaß ist Hüning zufolge die *Sicherung des angeborenen Rechts der Person gegen die Willkür der Strafzumessung.* „In jeder Strafe als solcher muss zuerst Gerechtigkeit sein und diese macht das Wesentliche dieses Begriffes aus."[25] Aus diesem Grunde seien „schimpfliche, die Menschheit selbst entehrende Strafen" wie „das Viertheilen, von Hunden zerreißen lassen, Nasen und Ohren abschneiden"[26], die Wolff und Engelhard für kriminalpolitische Zwecke der Abschreckung für geeignet hielten, unzulässig.[27]

> „*Willkürlich* Strafen für sie zu verhängen ist dem Begriff einer *Straf-Gerechtigkeit* buchstäblich zuwider. Nur dann kann der Verbrecher nicht klagen, dass ihm un-

---

24 Vgl. *Hüning, Dieter*, Kants Straftheorie und das jus talionis, a.a.O. S. 353.

25 Vgl. *Hüning, Dieter*, Kants Straftheorie und das jus talionis, a.a.O. S. 355 m.V.a. *Kant*, AA V, KpV, S. 37.

26 *Kant*, AA, VI, MST, S. 463.

27 *Hüning, Dieter*, Kants Straftheorie und das jus talionis, a.a.O. S. 355.

> recht geschehe, wenn er seine Übelthat sich selbst über den Hals zieht und ihm, wenn gleich nicht dem Buchstaben, doch dem Geiste des Strafgesetzes gemäß das widerfährt, was er an anderen verbrochen hat."[28]

Es ist das uns als Menschen mit einander für die Frage nach dem Recht verbindende Prinzip der Gleichheit, das die „Art" und den „Grad der Bestrafung" bestimmt.

> „Was für unverschuldetes Übel du an einem Anderen im Volk zufügst, das thust du dir selbst an. Beschimpfst du ihn, so beschimpfst du dich selbst; bestiehlst du ihn, so bestiehlst du dich selbst; schlägst du ihn, so schlägst du dich selbst; tödtest du ihn, so tödtest du dich selbst". Nur das *Wiedervergeltungsrecht* jus talionis aber, wohl zu verstehen, vor den Schranken des Gerichts (nicht in deinem Privaturtheil) kann die Dualität und die Quantität der Strafe bestimmt angeben; alle anderen sind hin und her schwankend und können anderer sich einmischenden Rücksichten wegen keine Angemessenheit mit dem Spruch der reinen und strengen Gerechtigkeit enthalten."[29]

IV. Umstrittene Strafen auf der Grundlage des Talionsprinzips

Häufig kritisiert wurde Kants Position zum Talionsprinzip vor allem wegen seiner Ausführungen zu bestimmten Strafen. Als Beispiele seien die Kastration als Strafe für pädophile Übergriffe und die Todesstrafe für den Mord genannt.

1. Zur Bestrafung pädophiler Übergriffe durch Kleriker

Für Kant ist die angemessene, die Tat ausgleichende Strafe in Fällen von „Nothzüchtigung" und „Päderastie" die Kastration, im Falle einer „Bestialität" die „Ausstoßung aus der bürgerlichen Gesellschaft auf immer".

> „Wie wird es aber mit den Strafen gehalten werden, die keine *Erwiederung* zulassen, weil diese entweder an sich unmöglich, oder selbst ein strafbares Verbrechen an der *Menschheit* überhaupt sein würden, wie z.B. das der Notzüchtigung, imgleichen das der Päderastie, oder Bestialität? Die beiden ersteren durch Castration (entweder wie eines weißen oder schwarzen Verschnittenen im Serail), das letztere durch Ausstoßung aus der Gesellschaft auf immer, weil er sich selbst der menschlichen unwürdig gemacht hat."[30]

Hüning weist darauf hin, dass Kant in Sachen der Sittlichkeitsdelikte offenbar der Position der Wolffianer treu geblieben sei. Das gelte insbesondere für Alexander Gottlieb Baumgarten, dessen Lehrbücher er seinen Ethik-Vorlesungen zugrunde gelegt habe. Auffällig ist hier vor allem, dass er sich damit in einen

---

28 *Kant*, AA, VI, MSR, S. 363.

29 *Kant*, AA, VI, MSR, S. 332.

30 *Kant*, AA, VI, MSR, S. 363.

Widerspruch zu seinem eigenen Rechtsbegriff setzte.[31] Dass das eigentliche (und damit letztlich allein zu bestrafende) Unrecht auch bei den Übergriffen von „Päderasten“ nicht lediglich in der Verletzung sittlicher *Gefühle* oder eines bestimmten, z.B. aus einer kirchlichen Motivation heraus besonders kultivierten Keuschheitsideals liegt, sondern in der gravierenden Missachtung der Freiheit der Betroffenen, machen die Missbrauchsfälle auch wie sie in Bezug auf Kleriker heutiger Tage zu beklagen sind, deutlich. Zwar erscheint es nicht erträglich, dass die Kleriker in den angesprochenen Fällen zum Teil gar nicht bestraft werden, sondern sich trotz der allerdings ebenfalls fragwürdigen Versuche des Papstes, eine flächendeckende Anzeigepflicht innerhalb der Klerikerschaft zu etablieren, wohl auch weiterhin darauf verlassen können, dass die Kirche ihre Taten zum Schutz der Communio möglichst verschweigt („vertuscht“). Denn die juridische Schuld im Sinne eines Missbrauchs der Freiheit der Opfer ist offenkundig. Allerdings erscheint die Kastration der betroffenen Kleriker nicht bereits prinzipiell als die angemessene Antwort auf die Schuld der Täter.

Benedikt XVI. ruft im Zusammenhang des Umgangs mit den Pädophilie-Verfehlungen ein Wort Jesu ins Gedächtnis, welches sagt: „Wer einen von diesen Kleinen, die an mich glauben, zum Bösen verführt, für den wäre es besser, wenn er mit einem Mühlstein um den Hals ins Meer geworfen würde“ (Mk 9,42). Zwar spreche dieses Wort in seinem ursprünglichen Sinn nicht von sexueller Verführung von Kindern. Das Wort „die Kleinen“ bezeichnete in der Sprache Jesu die einfachen Glaubenden, die durch den intellektuellen Hochmut der sich gescheit Dünkenden in ihrem Glauben zu Fall gebracht werden können. Jesus schütze hier vielmehr das Gut des Glaubens mit einer nachdrücklichen Strafdrohung an diejenigen, die daran Schaden tun. Die moderne Verwendung des Satzes ist Benedikt zufolge an sich nicht falsch. Allerdings dürfe sie ihren Ursinn nicht verdecken. Ebenso wichtig wie das Recht des Angeklagten sei das hohe Schutzgut des Glaubens.[32] Es besteht kein Zweifel daran, dass Benedikt XVI. die Missbrauchstaten stets scharf verurteilt hat. Dass er als Reaktion darauf jedoch vor allem auf die Schutzbedürftigkeit des Glaubens hinweist, statt den Kern der Schuld, die Beeinträchtigung der Autonomie der Opfer zu benennen und eine Antwort auf diese Beeinträchtigung zu suchen, wird in strafrechtlicher Hinsicht nicht nur den Opfern nicht gerecht, sondern auch nicht den Tätern.

---

31 Vgl. *Hüning, Dieter*, Zur Aktualität der Kantischen Strafrechtstheorie – erläutert an einer Entscheidung des Bundesverfassungsgerichts – S. 156–172.

32 Vgl. Wortlaut: Der Aufsatz von Benedikt dem XVI. zur Missbrauchskrise, VATICAN NEWS, (www.Vatcannews.va) abgerufen 11.4.2019.

Bei den Verletzungen der Missbrauchsopfer durch sexuelle Übergriffe handelt es sich um ungerechtfertigte Eingriffe in die zentralen Freiheitsrechte der Betroffenen, genauer: in ihr Recht auf sexuelle Selbstbestimmung. Die Schwere der Beeinträchtigung der Freiheit ihrer Opfer gibt daher das eigentliche Maß der Schuld der Täter an und bietet zugleich die Grundlage der Qualität und der Quantität ihrer Bestrafung. Das Strafrecht Kants fordert daher, nimmt man den Kantischen Rechtsbegriff und seine Folgen für die Strafe ernst, unter Zugrundelegung des jus talionis als Strafe eine die Interessen der betroffenen Kleriker ebenso beeinträchtigende Beschränkung ihrer eigenen Freiheitsrechte. Als angemessene Bestrafung kommt daher (mit Blick auf die Bedeutung des Geldes für die Umsetzung der Handlungsfreiheit in unserer Gesellschaft) bei leichten Fällen noch eine Geldstrafe, bei gravierenden Fällen, wie denen, in denen Ministranten konsequent für die Verrichtung sexueller Dienste missbraucht oder gar vergewaltigt wurden, jedoch nur eine empfindliche, der Schwere ihrer Taten entsprechende Freiheitsstrafe in Betracht.

2. Zur Todesstrafe bei Kant

Die wohl bekannteste Kritik an Kants Strafrechtstheorie entzündete sich schon zu seiner Zeit vor allem an seinem Eintreten für die Todesstrafe.

> „Hat er aber gemordet, so muss er *sterben.* Es gibt kein Surrogat zur Befriedigung der Gerechtigkeit. Es ist keine *Gleichartigkeit* zwischen einem noch so kummervollen Leben und dem Tode, also auch keine Gleichheit des Verbrechens und der Wiedervergeltung, als durch den Thäter gerichtlich vollzogenen, doch von aller Mißhandlung, welche die Menschheit in der leidenden Person zum Scheusal machen könnte, befreiten Tod – Selbst wenn sich die bürgerliche Gesellschaft mit aller Glieder Zustimmung auflösete (z.B. das eine Insel bewohnenden Volk beschlösse auseinander zu gehen und sich in alle Welt zu zerstreuen), müßte der letzte im Gefängnis befindliche Mörder vorher hingerichtet werden, damit jedermann das widerfahre, was seine Thaten werth sind, und die Blutschuld nicht auf dem Volke hafte, das auf diese Bestrafung nicht gedrungen hat: weil es als Theilnehmer an dieser öffentlichen Verletzung der Gerechtigkeit betrachtet werden kann."[33]

Vor allem die Redeweise von der Blutschuld galt schon Kants Zeitgenossen als anachronistischer Rückfall in eine rein theokratisch begründete Strafrechtstheorie. Danach galt es als Pflicht des Herrschers, die Sünden der Untertanen streng zu bestrafen, um auf diese Weise dafür Sorge zu tragen, dass nicht das gesamte Volk durch die Blutschuld, die durch die Unterlassung der Bestrafung entstehen würde, selbst zum Gegenstand der göttlichen Vergeltung werde. Die Kritik an einer derart unaufgeklärten Strafrechtsbegründung disqualifizierte den Talionsgedanken noch mehr. Nach Hüning konnten die Kritiker Kants hier

---

33 *Kant*, AA, VI, MSR, S. 333.

auf eine lange Reihe von Naturrechtslehren verweisen, welche die Vergeltung als ein mit der Rache identisches Prinzip angesehen hatten.[34] Das aber galt als naturrechtlich unzulässig, grausam und unmenschlich, zumal es nur auf eine in der Vergangenheit liegende Tat abstellte und nicht mit einem künftigen Zweck verbunden war. Neuzeitliche Strafrechtstheoretiker forderten dagegen ein Strafrecht, das sich eher auf die Abschreckung der zu Verbrechen neigenden Personen richtet. Das entspricht der Theorie von Thomas Hobbes, der in seinem Leviathan verkündet hatte: „the aym of Punishment is not revange, but terrour".[35] „(...da das Ziel der Strafe nicht Rache, sondern Abschreckung ist...").[36] Auch soweit mit der Abschreckung zugleich eine „Besserung" des Täters angestrebt wird, steckt hinter diesen Überlegungen allerdings eine utilitaristische Position und zugleich ein Menschenbild, das den Straftäter weniger als mit Vernunft und Freiheit ausgestattet betrachtet, sondern als ein prinzipiell konditionierbares Wesen. Das Talionsprinzip nimmt den Täter dagegen sehr viel eher in seiner Rechtspersönlichkeit ernst und bietet ihm die Chance, eine gerechte, auf die Wiedergutmachung einer Freiheitsbeeinträchtigung abzielende Strafe auch innerlich zu akzeptieren. Was die Todesstrafe als einzige Konsequenz eines Mordes betrifft, scheint Kant jedoch seinen eigenen, in seiner Rechtslehre entwickelten Begriffen nicht trauen zu wollen. Auch neuere Autoren sehen in Kants Umgang mit der Todesstrafe eine unkritische Parteinahme für das Talionsprinzip, die umso unverständlicher sei, als doch im Zentrum seiner Strafrechtstheorie der Schutz der Freiheit und die Sicherheit des Staates stehe.[37]

Nach dem Strafrechtler Hans-Ludwig Schreiber wollte Kant die Todesstrafe zwar von allem Nutzen, von aller Rache entfernen und in die Höhen des Gerechten heben. Schon die Aufklärung habe aber die idealistische Überhöhung der Todesstrafe auf die Ebene der Gleichheit und Gerechtigkeit beanstandet und die archaischen Wurzeln hervorgehoben. Sie war in der Vergangenheit häufig an das menschlich verständliche, aber vernunftrechtlich nicht hinterfragte Motiv der Rache geknüpft worden. Rache aber ist Schreiber zufolge, wie schon Hegel zugegeben hätte, deshalb unmoralisch, weil sie ein Unrecht durch ein anderes ausgleichen wolle. Nietzsche hat zu Recht darauf hingewiesen, dass die einseitig auf der Gerechtigkeitsmoral gründende Strafe Gefahr laufe, Verhüllungen und Ideologiesierungen der Rache und ihrer Überhöhung

34 *Hüning, Dieter*, Kants Straftheorie und das jus talionis, a.a.O. S. 340 f., m.w.N.

35 *Hobbes, Thomas*, Leviathan, chap. XXVIII, pp. 215 f., zit. n. *Hüning, Dieter*, Kants Straftheorie und das jus talionis, a.a.O. S. 341, m.w.N.

36 Vgl. zur Übersetzung *Klein, Jürgen* (Hrsg.), Leviathan, übersetzt von Hanowell, Holger, S. 659.

37 *Hüning, Dieter*, Kants Straftheorie und das jus talionis, a.a.O. S. 342 f., m.w.N.

darzustellen.[38] Nach Schreiber verkennt die Betonung der Autonomie in der Strafe die sozialen und psychologischen Bedingtheiten aber nicht nur von Tötungshandlungen, sondern von Straftaten überhaupt. Schreiber scheint das Talionsprinzip daher insgesamt abzulehnen und eher eine vertragstheoretische Argumentation zur Strafbegründung zu bevorzugen. Eine Gleichwertigkeit zwischen der Schwere des Verbrechens und der Schwere der Strafe lasse sich (ohnehin) nie herstellen.[39] So habe schon Beccaria, gegen dessen Ansichten sich Kant ausdrücklich wandte, vertragstheoretisch richtig argumentiert, es sei nicht möglich, anzunehmen, dass Menschen bei der Konstituierung der staatlichen Gewalt und des Strafsystems ihre Einwilligung zur Todesstrafe gegeben hätten:

> „Wer könne jemals den Willen gehabt haben, sein Leben dem Belieben eines anderen anheim zu stellen? Wie kann in der Aufopferung eines möglichen kleinen Teils der Freiheit im Gesellschaftsvertrag die Verzichtleistung auf das Größte aller Güter, das Leben, enthalten sein?“[40]

Schreiber ist insoweit zuzustimmen, als es wenig Sinn ergibt, ein Unrecht durch ein anderes auszugleichen. Einen Menschen zu töten, bedeutet, ihn nicht mehr als Zweck an sich, sondern nur noch als Mittel zur Beförderung heteronomer Interessen zu behandeln. Das aber entspricht nicht dem eigentlichen Anliegen von Kants Rechtsphilosophie. Schreiber ist daher insoweit zu widersprechen, als er annimmt, die Betonung der Autonomie in der Strafe verkenne die sozialen und psychologischen Bedingtheiten von Straftaten überhaupt. Seine scheinbar plausibel anmutende Auffassung, zwischen der Schwere des Verbrechens und der Schwere der Strafe lasse sich schon grundsätzlich keine Gleichwertigkeit herstellen, ist unzutreffend. Soweit Kant sich selbst konesequent für die Todesstrafe als die einzig richtige Rechtsfolge für einen Mord ausspricht, muss man dieser Meinung mit seinen eigenen Prinzipien nicht folgen. Auch im Falle eines Mordes ist nach dem eigentlichen Unrechtsgehalt und der Schuld des Täters zu fragen und von dort her das Maß und die Höhe der Strafe zu bestimmen. Gerade dafür steht das Talionsprinzip. Im Falle eines Mordes nimmt der Täter dem Opfer mit seiner Tat das Leben. Das tut aber auch der in Notwehr Handelnde oder der Polizist, der einen finalen Rettungsschuss anbringt. In den beiden zuletzt genannten Fällen handeln die Betroffenen jedoch nicht schuldhaft. Sie begehen kein Unrecht und tun mit ihren Taten der Freiheit keinen Abbruch. Im Gegenteil: Sie handeln recht, weil sie mit ihren Taten ein Hindernis beseitigen, das verhindert, das der zu Schützende von seiner Willkür in einer Weise Gebrauch machen kann, die mit der Freiheit

---

38 *Schreiber*, *Hans-Ludwig*, Todesstrafe, ZIS 8/2006, S. 327 f. (328).

39 *Schreiber*, *Hans-Ludwig*, Todesstrafe, ZIS 8/2006, S. 327 f. (328).

40 Zit. n. *Schreiber*, *Hans-Ludwig*, Todesstrafe, ZIS 8/2006, S. 327 (328).

des anderen nach einem allgemeinen Gesetz der Freiheit zusammen bestehen kann. Mit der (vollständigen) Beeinträchtug bzw. Entziehung der Freiheit, ist auch der Kern des Unrechts beschrieben, für das allein auch derjenige Strafe verdient, der einen anderen ermordet. Dieses Unrecht aber lässt sicht nicht durch den Tod des Täters ausgleichen, der dann auch als moralische Persönlichkeit einfach weg wäre, wohl aber durch die Entziehung seiner Freiheit, die er zum Ausgleich für den Raub der Freiheit, den er einem anderen angetan hat, zu verbüßen hat: „Lebenslänglich"! Das Maß der lebenslänglichen Freiheitsstrafe richtet sich dabei freilich wiederum danach, ab wann der Mensch, der seine Strafe verbüßt, wiederum nur noch als Mittel zur Beförderung der Interessen des Staates (z.B. nach Rache oder Abschreckung) und nicht mehr zugleich als Zweck an sich behandelt wird.

Aus den vorstehenden Überlegungen folgt umgekehrt allerdings auch, dass dort, wo sich der Kern einer Handlung nicht zumindest auch als eine Beeinträchtigung der Freiheit eines anderen darstellt, das Strafrecht überhaupt keinen legitimen Platz hat.

3. Schlussfolgerungen

Das Wesen einer gerechten Strafe besteht in der Vergeltung als Ausgleich selbst zu verantwortender Schuld. Dabei ist nur die Strafe nach Maßgabe des jus talionis den Prinzipien der Vernunft verpflichtet, das sowohl den Ansprüchen der Gesellschaft als auch denen des Täters selbst, wie wenn er selbst der Richter wäre, gerecht wird. Das Talionsprinzip kann als ein der Gerechtigkeit verpflichtetes Prinzip der Strafe sowohl die Frage nach der Art wie die nach der Höhe der Strafe zu einer angemessenen Antwort führen. Auch soweit so verstandene Strafe von ihrem Effekt her betrachtet zugleich dem Gedanken des Strafzwecks der Abschreckung entgegenkommt, besteht der Sinn und Zweck des Talionsprinzips in der Wiederherstellung der Gerechtigkeit im Wege eines Ausgleichs durch Vergeltung. Dabei gilt die Vergeltung allein der Beeinträchtigung des allen Menschen in gleicher Weise zukommenden Menschenrechts: der Freiheit. Ihre Wiederherstellung durch die Strafe ist die vornehme Aufgabe allein des staatlichen Richters, für den die Strafe deshalb zum Schutz einer freiheitlichen Gesellschaft ein kategorischer Imperativ ist. Insoweit die Strafe damit auch für den Straftäter ein faires, annehmbares Angebot für seine Wiedereingliederung in die Familie der Menschen, d.h. in die uns alle verbindende Menschheit, bedeutet, ist sie zugleich Ausdruck von Gnade im Sinne eines dem Menschen qua seines Menschseins zukommenden, unverdienten Geschenkes, das ihn als ein mit Vernunft und Freiheit ausgestattetes Wesen ernst nimmt.

Schluss

Die Untersuchung hat gezeigt, dass sich aus Kants formalem Prinzip sittlichen Handelns ein von religiösen oder politischen Interessen unabhängiger, d.h. als solcher für alle Menschen konsensfähiger Ansatz für das Verständnis von Schuld gewinnen lässt. Seine Kraft ergibt sich dabei aus der Formalität des Prinzips, das, in Form des allgemeinen und des Kategorischen Imperativs des Rechts die Unabhängigkeit von heteronomen Einflüssen erst verbürgt. Inhaltlich geht es um den Schutz bzw. um die Erhaltung der Bedingungen unserer Freiheit. Bestreiten wir unsere Freiheit, bestreiten wir auch die Möglichkeit, schuldig zu werden. Auf die Frage nach einem materiellen Begriff von Unrecht und damit auf die Gewährleistung von Recht käme es dann auch für die Strafe nicht mehr an. Allerdings ist der Preis, den wir für die Aufgabe von Freiheit und Schuld zahlen müssten, hoch. Wir entmenschlichten uns, weil wir uns dann nicht nur auf unser naturales Wesen reduzierten, das wir *natürlich auch* sind, sondern unsere Würde zu einer relativen Größe und damit letztlich uns selbst zur Ware machten. Als Menschheit wären wir nicht nur Tierheit. Wir wären auch steuerbar wie eine Masse, die sich nicht selbst bestimmt, sondern fremd bestimmen ließe. Die Bedingungen unserer Freiheit und unserer Schuld gewährleisen unsere Autonomie, als die eigentliche Essenz unserer Würde.

Ein lediglich auf ein bestimmtes theologisches Verständnis gestützter Freiheitsbegriff, der nicht die Freiheit des Menschen, wo immer sie herkommt – denn niemand kann sie im Letzten „erklären“ – sondern eher den Glauben schützen will, erlaubt in ethischer Hinsicht nur ein von der jeweiligen religiösen Interpretation abhängiges Verständnis von Schuld. Damit besteht prinzipiell die Gefahr, für die Beantwortung der Frage nach dem richtigen Handeln einerseits den inneren Zusammenhang von Vernunft und Freiheit und andererseits den zwischen Ethik und Recht mit Blick auf den Menschen als Zweck an sich aus dem Auge zu verlieren. Unser Bild von Gott behielte dann möglicherweise seine unverrückbare Position, fest verankert in der Autorität der Kirche. Auf der Strecke bliebe aber möglicherweise die Menschlichkeit und vielleicht ein Stück Wahrheit in unserer Person.

Für rein konsequentialistisch argumentierenden Ethiker, auch soweit sie ein anderes Ziel als die Rettung oder Stärkung eines bestimmten Glaubens verfolgen, kommt *Schuld* ohnehin nur insoweit in Betracht, als das als *schuldhaft bezeichnete* Verhalten die Durchsetzung bestimmter Interessen gefährden könnte. Ein überpositiver, von gesetztem Recht unabhängiger Begriff von

https://doi.org/10.1515/9783110696462-018

Unrecht stört dort mehr als er *nützt*. Für diese Ethiker hat auch das Strafrecht nicht die Aufgabe, ein an die Menschheit in unserer Person gebundenes Recht, d.h. Freiheit und Gleichheit, zu schützen, sondern ist dazu bestimmt, in Abhängigkeit von Interessenabwägungen, ggf. noch auf der Grundlage von Mehrheitsentscheidungen, dem Schutz von Rechtsgütern zu dienen, soweit sie es denn zu normativer Setzung gebracht haben.

Statt sich auf eine von einem bestimmten Glauben oder den Interessen der Mächtigen abhängige Antwort auf die Frage nach dem in einer Konfliktsituation Richtigen stützen zu können, ist der Mensch als eine mit Vernunft und Freiheit ausgestattete *Person* auf sein *Gewissen* und seine *Autonomie* verwiesen. Wir sind selbst verantwortlich für das, was wir tun und können uns insoweit nicht rausreden.

Das gilt auch für die Frage nach der Strafe, die im Grunde niemand gerne stellt. So wie es sich bei dem ethischen und dem juridischen Imperativ um unbedingte Sollensgebote handelt, so handelt es sich auch bei dem Gebot der Bestrafung, zur Beseitigung eines Hindernisses der Freiheit, um einen von unserer Gesellschaft aus Gründen der Gerechtigkeit und der Rechtssicherheit zu beachtenden *kategorischen* Imperativ. Relativierten wir ihn, etwa indem wir das Gebot der Strafe statt an eine Verletzung von Recht und Freiheit, d.h. an Unrecht, an eine Abweichung von dem als richtig angenommenen Glauben und ein daraus ggf. abgeleitetes „sozialschädliches“ Verhalten anknüpften, überließen wir nicht nur unsere Handlungsfreiheit, sondern auch unsere Würde der Willkür Anderer. Nach allem ist nur das sich an einer Verletzung der Freiheit als *Unrecht* orientierende, strafrechtliche Schuldprinzip geeignet, die richterlich festzusetzende Strafe zu begründen und zugleich den Einzelnen als Person in seiner Würde ernst zu nehmen.

Literaturverzeichnis

Anzenbacher, Arno: Einführung in die Philosophie, 7. Auflage (14. Gesamtauflage), Freiburg 2010.

Augustinus: Bekenntnisse Confessiones, herausgegeben von Jörg Ulrich, Verlag der Weltreligionen, Insel, Frankfurt am Main/Leipzig 2007.

Bibel: Einheitsübersetzung der heiligen Schrift 1980, Katholische Bibelanstalt GmbH, Stuttgart.

Brasser, Martin (Hrsg): Person, Philosophische Texte von der Antike bis zur Gegenwart, 1999, Philipp Reclam jun. GmbH & Co., Stuttgart.

Cramer, Karl Friedrich (Hrsg.): Des reactiones politiques – Von den politischen Gegenwirkungen, in: Frankreich im Jahr 1797. Aus den Briefen deutscher Männer in Paris, Band 2, Altona 1797.

Dilling, H. / Freyberger, H. J. (Hrsg.): Taschenführer zur ICD-10-Klassifikation psychischer Störungen, nach dem englischsprachigen Pocket Guide von J. E. Cooper, World Health Organization Geneva Churchill, Livingstone/Edinburgh/London/Melbourne/New York/Tokyo 1994, 7. Auflage, Hans Huber, 2014.

Duro, Boris: Gießener Erneuerung des Strafrechts – Reinhard Frank und der Schuldbegriff; in: Zeitschrift für das juristische Studium (ZJS) 5/2012, S. 734–738.

Eisler, Rudolf: Kant-Lexikon, Nachdruck der Ausgabe Berlin 1930, Weidmannsche Verlagsbuchhandlung, Hildesheim 2015.

Fasel, R. / Blattner, C. / Mannino, A. / Baumann, T.: Grundrechte für Primaten, 2016, Positionspapier von Sentience Politics (1).

Fischer, Norbert (Hrsg.): Kant und der Katholizismus. Stationen einer wechselhaften Geschichte. Herder, Freiburg 2005.

Fischer, Thomas: Strafgesetzbuch und Nebengesetze, 62. Auflage des von Otto Schwarz begründeten, in der 23. bis 37. Auflage von Eduard Dreher und von der 38. bis 49. Auflage von Herbert Tröndle bearbeiteten Werks, C.H. Beck, München 2015.

Frank, Reinhard: Über den Aufbau des Schuldbegriffs, 1907, Sonderabdruck aus der Festschrift für die juristische Fakultät in Gießen ZUR DRITTEN JAHRHUNDERTFEIER DER ALMA MATER LUDOVICIANA, Alfred

https://doi.org/10.1515/9783110696462-019

Töpelmann (Vormals J. Ricker's Verlag), Giessen 1907 (Festschrift zum Universitätsjubiläum, 1907)

Gemeinsame Texte 1: Organtransplantationen – Erklärung der Deutschen Bischofskonferenz und des Rates der EKD, Bonn/Hannover 1990.

Greshake, Gisbert: Gnade als konkrete Freiheit, Eine Untersuchung zur Gnadenlehre des Pelagius, Matthias-Grünewald, Mainz, 1972.

Hallermann, Heribert: Apostasie, Häresie oder Schisma? Fragwürdige Schlussfolgerungen aus dem Kirchensaustritt von Katholiken, UNA SANCTA, Heft 3, 1998, S. 226–240.

Hartmann, Nicolai: Ethik, Walter de Gruyter & Co., 4. Auflage, Berlin 1962.

Haering, Stephan / Rees, Wilhelm / Schmitz, Heribert (Hrsg.): Handbuch des katholischen Kirchenrechts, Verlag Friedrich Pustet, 3. Auflage, Regensburg 2015.

Höffe, Ottfried / Demmer, Klaus / Hollerbach, Alexander: Staatslexikon B. III., Herder, Freiburg im Breisgau 1987.

Moldenhauer, Eva / Michel, Karl Markus (Hrsg): Hegel, Georg Wilhelm Friedrich, Vorlesungen über die Geschichte der Philosophie III., Werke in 20 Bänden, Band 20, Suhrkamp, Frankfurt 1971/1986.

Honnefelder, Ludger: Was soll ich tun, wer will ich sein? Vernunft und Verantwortung, Gewissen und Schuld, Berlin University Press 2008.

Hörster, Norbert: Die Frage nach Gott, C.H. Beck o.H.G., 3. Auflage, München 2010.

Hörster, Norbert: Muss Strafe sein? Positionen der Philosophie. C.H. Beck o.H.G., München 2012.

Hörster, Norbert: Abtreibung in einem säkularen Staat. Suhrkamp. 3. Auflage, Frankfurt am Main 1991.

Hüning, Dieter: Kants Straftheorie und das jus talionis, in: Aufklärung durch Kritik, Festschrift für Manfred Baum zum 65. Geburtstag, hrsg. v. Dieter Hüning / Karin Michel / Andreas Thoma, Duncker & Humblot, Berlin 2004, a.a.O. S. 333–360.

Hüning, Dieter: Zur Aktualität der Kantischen Strafrechtstheorie – erläutert an einer Entscheidung des Bundesverfassungsgerichts, 10. Internationale Kant Konferenz. Klassische Vernunft und die Herausforderungen der modernen Zivilisation: Materialien der internationalen Konferenz: in Band 2, hrsg. v.

Wladimir N. Brjuschinkin, Kaliningrad: Verlag der Immanuel Kant Universität Kaliningrad, 2010, B. 2, S. 156–172.

JAKOBS, Günther: Rechtmäßige Abtreibung von Personen, Juristische Rundschau 2000 (10), S. 404–407.

JEDIN, Hubert (Hrsg.): Handbuch der Kirchengeschichte, 10 Bände, Standartwerk der Kirchengeschichte, Herder-Verlag, zwischen 1962 und 1979.

JEDIN, Hubert (Hrsg.): Handbuch der Kirchengeschichte, Herder, Freiburg im Breisgau, Band II/1, 1973/1985.

KANT, Immanuel: Kant's gesammelte Schriften „Akademieausgabe", Königlich Preußische Akademie der Wissenschaften, Berlin 1900 ff. (bisher 29 Bände), Reimer, ab 1922 de Gruyter. (Zitierbeispiel: *Kant*, GMS, AA VI. S.)

KATH.DE: Erbsünde und Augustinus, www.kath.de/lexikon/philosophie_theologie/erbsuende_augustinus.php – letzter Zugriff: 22.11.2017.

KATECHISMUS der Katholischen Kirche. Deutsche Ausgabe, R. Oldenbourg Verlag, München 1993.

KIRSTE, Stephan: Harter und weicher Paternalismus – Unter besonderer Berücksichtigung der Medizinethik, JZ 17, 66. Jahrgang 2011, S. 805–814.

KLEIN, Jürgen, (Hrsg.): Thomas Hobbes Leviathan, eine Auswahl, englisch/deutsch, übersetzt von Holger Hanowell, Philipp Reclam jun. GmbH & Co. KG, Stuttgart 2013.

KNAUER, Peter: Der Glaube kommt vom Hören. Ökumenische Fundamentaltheologie, Styria, Graz/Wien/Köln 1978.

KOHLRAUSCH, Eduard: Zur Achtzigsten Wiederkehr Seines Geburtstages, in: Festgabe für Karl Guterbock, Scientia Verlag (Nachdruck der Ausgabe Berlin 1910), Aalen 1981.

KOLMER, Petra / WILDFEUER, Armin G. (Hrsg.): Neues Handbuch philosophischer Grundbegriffe. Band 1–3. Verlag Karl Alber, Freiburg im Breisgau 2011.

KONFUZIUS: Gespräche (Lun-Yu), Reclam, Ditzingen bei Stuttgart 1998.

KRAUS, Georg: Gnadenlehre – das Heil als Gnade, in: Wolfgang Beinert (Hrsg.): Glaubenszugänge, Lehrbuch der katholischen Dogmatik (Band 3), Paderborn 1995, S. 157–305.

LEE, Patrick / GEORGE, Robert P.: The Wrong of Abortion in: Body-Self Dualism in Cotemporary, Ethics and Politics, Cambridge University Press 2009.

Ludwig, Bernd: „Positive und negative Freiheit“ bei Kant? – Wie begriffliche Konfusion auf philosophie(histori)sche Abwege führt, Jahrbuch für Recht und Ethik, Band 21, Jahr 2013, hrsg. v. B. Sharon Byrd / Joachim Hruschka / Jan C. Joerden, Duncker & Humblot.

Ludwig, Bernd: „Die Freiheit des Willens und die Freiheit zum Bösen. Inhaltliche Inversionen und terminologische Ausdifferenzierungen in Kants Moralphilosophie zwischen 1781 und 1797“, in: Puls, Heiko (Hrsg.): Kants Rechtfertigung des Sittengesetzes in Grundlegung III, Untertitel: Deduktion oder Faktum? De Gruyter, 2014.

Lüdicke, Klaus: Wirtschaftsstrafrecht in der Kirche? in: H. Paarhammer (Hrsg.), Administrator bonorum, Festschrift für Sebastian Ritter, Thaur/Tirol 1987, S. 275–282.

Lüdicke, Klaus: Münsterischer Kommentar zum Kirchenrecht, Wingenverlag Essen, Loseblattkommentar zur Fortsetzung, Stand 56 Erg.-Lfg. 2018 (zit. *Lüdicke, K.*, MK CIC, can., Rn.).

Marquis, Donald: Why Abortion is Immoral, Journal of Philosophie Vol. 86, April 1989, S. 183 ff.

Merkel, Grischa / Roth, Gerhard: Bestrafung oder Therapie? Das Schuldprinzip des Strafrechts aus der Sicht der Hirnforschung, Bonner Rechtsjournal 1/2010, S. 47–56.

Merkel, Reinhard: Grundrechte für frühe Embryonen? Normative Grundlagen der Präimplantationsdiagnostik und der Stammzellenforschung, in: Grundfragen staatlichen Strafens, Festschrift für Heinz-Müller Dietz, C.H. Beck, München 2001.

Merkel, Reinhard: Schuld, Charakter und normative Ansprechbarkeit – Zu den Grundlagen der Schuldlehre Claus Roxin, in: Heinrich u.a. (Hrsg.): Festschrift für Claus Roxin zum 80. Geburtstag am 15. Mai 2011, Berlin 2011.

Papst Benedikt der XVI.: Wortlaut: Der Aufsatz zur Missbrauchskrise, VATICAN NEWS, (www.Vatcannews.va) abgerufen am 11.4.2019.

Papst Johannes Paul II.: Enzyklika Veritatis splendor vom 6. August 1993, www.dbk.de/fileadmin/veroeffentlichungen/verlautbarungen/VE_111.pdf 1.

Rahner, Karl: Dokumente der Paulusgesellschaft, Band II, 1962, S. 391 f.

Rahner, Karl: Schriften zur Theologie VI., Einsiedeln/Zürich/Köln 1968.

Regenbogen, Arnim / Meyer, Uwe (Hrsg.): Wörterbuch der philosophischen Begriffe. Begründet von Friedrich Krichner und Carl Michaelis, fortgesetzt von Johannes Hoffmeister, vollständig neu herausgegeben von Arnim Regenbogen und Uwe Meyer, Felix Meiner, Hamburg 2013.

RICOEUR, Paul: Symbolik des Bösen, Phänomenologie der Schuld II., Erstveröffentlichung: 1960, Karl Alber, Freiburg/München 1971.

RICOEUR, Paul: Hermeneutik und Psychoanalyse. Der Konflikt der Interpretationen II., München 1972.

SANER, Hans: Der Fötus ist auch nur ein Mensch, in: Vorgänge, Zeitschrift für Gesellschaftspolitik, Heft 10, 13. Jahrgang, 1974, S. 9–17.

SARTRE, Jean-Paul: Das Sein und das Nichts (Original: L'être et le néant. Essai d'ontologie phénoménologique), Erstveröffentlichung 1943, Rowohlt TB, Hamburg 1970.

SCHÖNKE / SCHRÖDER: Strafgesetzbuch Kommentar, Albin Eser (Gesamtredaktion), C.H. Beck, 29. Auflage 2014 (zit. Schönke / Schröder / *Eser* / *Weißer*, §, Rn.).

SCHÖNKE / SCHRÖDER: Strafgesetzbuch Kommentar, Albin Eser (Gesamtredaktion), C.H. Beck, 30. Auflage 2019 (zit. Schönke / Schröder / *Eser* / *Weißer,* §, Rn.*)*.

SCHRIEFL, Anna: Stoische Philosophie – Eine Einführung. Reklam, Reclamus Universalbibliothek Nr. 19557, Stuttgart 2019.

SCHULZ, Walter: Philosophie in der veränderten Welt. Pfullingen, 1972.

SCHULZ, Walter: Wandlungen der Begriffe „Schuld" und „Verantwortung", in: Jahrbuch für Psychologie, Psychotherapie und medizinische Anthropologie 16 (1968).

SCHREIBER, Hans-Ludwig: Todesstrafe, Zeitschrift für internationale Strafrechtsdogmatik 2006, S. 327 f.

SHAVER, Robert: Ethical Egoism, Standfort Encyclopedia of Philosophy, Stand 2014.

SINGER, Peter: Praktische Ethik, Dritte Auflage, (Original: Practical Ethics, Cambridge University Press, Third Edition 2011) Philipp Reclam jun. GmbH & Co., Stuttgart 2013.

SPAEMANN, Robert: Personen, Versuche über den Unterschied zwischen „etwas" und „jemand", Klett-Cotta, Stuttgart 1996.

SPIEKER, Manfred: Kirche und Abtreibung in Deutschland, Ursachen und Verlauf eines Konflikts, Ferdinand Schöningh, 2. Auflage, Paderborn 2008.

STARK, Werner (Hrsg): Immanuel Kant, Vorlesung zur Moralphilosophie, Walter de Gruyter Verlag, Berlin 2004.

STÜBINGER, Stephan: Das „idealisierte" Strafrecht, Über Freiheit und Wahrheit in der Straftheorie und Strafprozessrechtslehre, Juristische Abhandlungen, Band 50, Vittorio Klostermann, Frankfurt am Main 2008.

STÜBINGER, Stephan: Schuld, Strafrecht und Geschichte, Die Entstehung der Schuldzurechnung in der deutschen Strafrechtstheorie, Böhlau Verlag, Köln/Weimar/Wien 2000.

STÜBINGER, Stephan: Person oder Patient – Anmerkungen zur Sicht der Hirnforschung auf das Schuldprinzip im Strafrecht, Bonner Rechtsjournal 02/2010, S. 211–221.

STÜBINGER, Stephan: Nicht ohne meine „Schuld"! – Kritik der systemtheoretischen Reformulierung des Strafrechts am Beispiel der Schuldlehre Günther Jakobs, in: Kritische Justiz 26 (1993), S. 13–48.

STÜBINGER, Stephan: Die Unbestimmtheit des Verbrechensbegriffs – Neues zu einer alten Geschichte, in: Strafe und Prozess im freiheitlichen Rechtsstaat, Festschrift für Hans-Ullrich Paeffgen zum 70. Geburtstag am 2. Juli 2015, Carl-Friedrich Stuckenberg / Klaus Ferdinand Gärditz (Hrsg.), Duncker & Humblot, Berlin 2015.

STÜBINGER, Stephan: Von der alten Imputationen-Lehre zum klassischen Verbrechensbegriff – Ein Beitrag zur Geschichte des strafrechtlichen Zurechnungsbegriff, Rechtswissenschaft 2011, Heft 2, S. 154–176.

VON AQUIN, Thomas: Summe der Theologie (Original: *Summa Theologica*), hrsg. v. Joseph Bernhart / Alfred Kröner Verlag, Bände 1–3, Stuttgart 1985.

VON DER PFORDTEN, Dietmar: Zum Begriff des Staates bei Kant und Hegel, PDF, abrufbar im Internet.

VON LISZT, Franz: Lehrbuch des Deutschen Strafrechts, J. Guttentag Verlagsbuchhandlung, 15. Auflage, Berlin 1905.

VON SECKENDORFF, Veit Ludwig: Teutscher Fürsten-Stat, Franckfurth am Mayn 1656.

VORGRIMLER, Herbert: Neues Theologisches Wörterbuch, 6. Auflage, Herder, Freiburg 2008.

WIKIPEDIA: www.wikipedia.de/Goldene Regel – letzter Zugriff: 22.11.2017.

WIKTIONARY: Eschatologie. https://de.wiktionary.org/wiki/Eschatologie – letzter Zugriff: 22.11.2017.

Willaschek, Marcus / Stolzenberg, Jürgen / Mohr, Georg / Bacin, Stefano (Hrsg.): Kant-Lexikon, Studienausgabe. Bände 1–3, Walter de Gruyter GmbH, Berlin/Boston 2015.

Wolff, Heinrich Amadeus: Ungeschriebenes Verfassungsrecht unter dem Grundgesetz, Mohr Siebeck Verlag, Tübingen 2000.

Zaczyk, Rainer: Das Recht und die Lüge, in: Strafe und Prozess im freiheitlichen Rechtsstaat, Festschrift für Hans-Ullrich Paeffgen zum 70. Geburtstag am 2. Juli 2015, Carl-Friedrich Stuckenberg / Klaus Ferdinand Gärditz (Hrsg.), Duncker & Humblot, Berlin 2015.

Zippelius, Reinhold: Rechtsphilosophie, 6. Auflage, C.H. Beck, München 2011.

Juristische Zeitgeschichte

Herausgeber: Prof. Dr. Dr. Dr. h.c. Thomas Vormbaum, FernUniversität in Hagen

Abteilung 1: Allgemeine Reihe

1 *Thomas Vormbaum (Hrsg.):* Die Sozialdemokratie und die Entstehung des Bürgerlichen Gesetzbuchs. Quellen aus der sozialdemokratischen Partei und Presse (1997)
2 *Heiko Ahlbrecht:* Geschichte der völkerrechtlichen Strafgerichtsbarkeit im 20. Jahrhundert (1999)
3 *Dominik Westerkamp:* Pressefreiheit und Zensur im Sachsen des Vormärz (1999)
4 *Wolfgang Naucke:* Über die Zerbrechlichkeit des rechtsstaatlichen Strafrechts. Gesammelte Aufsätze zur Strafrechtsgeschichte (2000)
5 *Jörg Ernst August Waldow:* Der strafrechtliche Ehrenschutz in der NS-Zeit (2000)
6 *Bernhard Diestelkamp:* Rechtsgeschichte als Zeitgeschichte. Beiträge zur Rechtsgeschichte des 20. Jahrhunderts (2001)
7 *Michael Damnitz:* Bürgerliches Recht zwischen Staat und Kirche. Mitwirkung der Zentrumspartei am Bürgerlichen Gesetzbuch (2001)
8 *Massimo Nobili:* Die freie richterliche Überzeugungsbildung. Reformdiskussion und Gesetzgebung in Italien, Frankreich und Deutschland seit dem Ausgang des 18. Jahrhunderts (2001)
9 *Diemut Majer:* Nationalsozialismus im Lichte der Juristischen Zeitgeschichte (2002)
10 *Bianca Vieregge:* Die Gerichtsbarkeit einer „Elite“. Nationalsozialistische Rechtsprechung am Beispiel der SS- und Polizeigerichtsbarkeit (2002)
11 *Norbert Berthold Wagner:* Die deutschen Schutzgebiete (2002)
12 *Miloš Vec:* Die Spur des Täters. Methoden der Identifikation in der Kriminalistik (1879–1933), (2002)
13 *Christian Amann:* Ordentliche Jugendgerichtsbarkeit und Justizalltag im OLG-Bezirk Hamm von 1939 bis 1945 (2003)
14 *Günter Gribbohm:* Das Reichskriegsgericht (2004)
15 *Martin M. Arnold:* Pressefreiheit und Zensur im Baden des Vormärz. Im Spannungsfeld zwischen Bundestreue und Liberalismus (2003)
16 *Ettore Dezza:* Beiträge zur Geschichte des modernen italienischen Strafrechts (2004)
17 *Thomas Vormbaum (Hrsg.):* „Euthanasie“ vor Gericht. Die Anklageschrift des Generalstaatsanwalts beim OLG Frankfurt/M. gegen Werner Heyde u. a. vom 22. Mai 1962 (2005)
18 *Kai Cornelius:* Vom spurlosen Verschwindenlassen zur Benachrichtigungspflicht bei Festnahmen (2006)
19 *Kristina Brümmer-Pauly:* Desertion im Recht des Nationalsozialismus (2006)
20 *Hanns-Jürgen Wiegand:* Direktdemokratische Elemente in der deutschen Verfassungsgeschichte (2006)
21 *Hans-Peter Marutschke (Hrsg.):* Beiträge zur modernen japanischen Rechtsgeschichte (2006)
22 *Katrin Stoll:* Die Herstellung der Wahrheit (2011)
23 *Thorsten Kurtz:* Das Oberste Rückerstattungsgericht in Herford (2014)

24 *Sebastian Schermaul:* Die Umsetzung der Karlsbader Beschlüsse an der Universität Leipzig 1819–1848 (2013)

25 *Minoru Honda:* Beiträge zur Geschichte des japanischen Strafrechts (2020)

26 *Michael Seiters* Das strafrechtliche Schuldprinzip. Im Spannungsfeld zwischen philosophischem, theologischem und juridischem Verständnis von Schuld (2020)

Abteilung 2: Forum Juristische Zeitgeschichte

1 *Franz-Josef Düwell / Thomas Vormbaum (Hrsg.):* Themen juristischer Zeitgeschichte (1) – Schwerpunktthema: Recht und Nationalsozialismus (1998)

2 *Karl-Heinz Keldungs:* Das Sondergericht Duisburg 1943–1945 (1998)

3 *Franz-Josef Düwell / Thomas Vormbaum (Hrsg.):* Themen juristischer Zeitgeschichte (2) – Schwerpunktthema: Recht und Juristen in der Revolution von 1848/49 (1998)

4 *Thomas Vormbaum:* Beiträge zur juristischen Zeitgeschichte (1999)

5 *Franz-Josef Düwell / Thomas Vormbaum:* Themen juristischer Zeitgeschichte (3), (1999)

6 *Thomas Vormbaum (Hrsg.):* Themen juristischer Zeitgeschichte (4), (2000)

7 *Frank Roeser:* Das Sondergericht Essen 1942–1945 (2000)

8 *Heinz Müller-Dietz:* Recht und Nationalsozialismus – Gesammelte Beiträge (2000)

9 *Franz-Josef Düwell (Hrsg.):* Licht und Schatten. Der 9. November in der deutschen Geschichte und Rechtsgeschichte – Symposium der Arnold-Freymuth-Gesellschaft, Hamm (2000)

10 *Bernd-Rüdiger Kern / Klaus-Peter Schroeder (Hrsg.):* Eduard von Simson (1810–1899). „Chorführer der Deutschen“ und erster Präsident des Reichsgerichts (2001)

11 *Norbert Haase / Bert Pampel (Hrsg.):* Die Waldheimer „Prozesse“ – fünfzig Jahre danach. Dokumentation der Tagung der Stiftung Sächsische Gedenkstätten am 28. und 29. September in Waldheim (2001)

12 *Wolfgang Form (Hrsg.):* Literatur- und Urteilsverzeichnis zum politischen NS-Strafrecht (2001)

13 *Sabine Hain:* Die Individualverfassungsbeschwerde nach Bundesrecht (2002)

14 *Gerhard Pauli / Thomas Vormbaum (Hrsg.):* Justiz und Nationalsozialismus – Kontinuität und Diskontinuität. Fachtagung in der Justizakademie des Landes NRW, Recklinghausen, am 19. und 20. November 2001 (2003)

15 *Mario Da Passano (Hrsg.):* Europäische Strafkolonien im 19. Jahrhundert. Internationaler Kongreß des Dipartimento di Storia der Universität Sassari und des Parco nazionale di Asinara, Porto Torres, 25. Mai 2001 (2006)

16 *Sylvia Kesper-Biermann / Petra Overath (Hrsg.):* Die Internationalisierung von Strafrechtswissenschaft und Kriminalpolitik (1870–1930). Deutschland im Vergleich (2007)

17 *Hermann Weber (Hrsg.):* Literatur, Recht und Musik. Tagung im Nordkolleg Rendsburg vom 16. bis 18. September 2005 (2007)

18 *Hermann Weber (Hrsg.):* Literatur, Recht und (bildende) Kunst. Tagung im Nordkolleg Rendsburg vom 21. bis 23. September 2007 (2008)

19 *Francisco Muñoz Conde / Thomas Vormbaum (Hrsg.):* Transformation von Diktaturen in Demokratien und Aufarbeitung der Vergangenheit (2010)

20 *Kirsten Scheiwe / Johanna Krawietz* (Hrsg.): (K)Eine Arbeit wie jede andere? Die Regulierung von Arbeit im Privathaushalt (2014)

21 *Helmut Irmen:* Das Sondergericht Aachen 1941–1945 (2018)

Abteilung 3: Beiträge zur modernen deutschen Strafgesetzgebung. Materialien zu einem historischen Kommentar

1 *Thomas Vormbaum / Jürgen Welp (Hrsg.):* Das Strafgesetzbuch seit 1870. Sammlung der Änderungen und Neubekanntmachungen; fünf Textbände (1999–2020) und drei Supplementbände (2005, 2006)

2 *Christian Müller:* Das Gewohnheitsverbrechergesetz vom 24. November 1933. Kriminalpolitik als Rassenpolitik (1998)

3 *Maria Meyer-Höger:* Der Jugendarrest. Entstehung und Weiterentwicklung einer Sanktion (1998)

4 *Kirsten Gieseler:* Unterlassene Hilfeleistung – § 323c StGB. Reformdiskussion und Gesetzgebung seit 1870. (1999)

5 *Robert Weber:* Die Entwicklung des Nebenstrafrechts 1871–1914 (1999)

6 *Frank Nobis:* Die Strafprozeßgesetzgebung der späten Weimarer Republik (2000)

7 *Karsten Felske:* Kriminelle und terroristische Vereinigungen – §§ 129, 129a StGB (2002)

8 *Ralf Baumgarten:* Zweikampf – §§ 201–210 a.F. StGB (2003)

9 *Felix Prinz:* Diebstahl – §§ 242 ff. StGB (2003)

10 *Werner Schubert / Thomas Vormbaum (Hrsg.):* Entstehung des Strafgesetzbuchs. Kommissionsprotokolle und Entwürfe. Band 1: 1869 (2002); Band 2: 1870 (2004)

11 *Lars Bernhard:* Falsche Verdächtigung (§§ 164, 165 StGB) und Vortäuschen einer Straftat (§ 145d StGB), (2003)

12 *Frank Korn:* Körperverletzungsdelikte – §§ 223 ff., 340 StGB. Reformdiskussion und Gesetzgebung von 1870 bis 1933 (2003)

13 *Christian Gröning:* Körperverletzungsdelikte – §§ 223 ff., 340 StGB. Reformdiskussion und Gesetzgebung seit 1933 (2004)

14 *Sabine Putzke:* Die Strafbarkeit der Abtreibung in der Kaiserzeit und in der Weimarer Zeit. Eine Analyse der Reformdiskussion und der Straftatbestände in den Reformentwürfen (1908–1931), (2003)

15 *Eckard Voßiek:* Strafbare Veröffentlichung amtlicher Schriftstücke (§ 353d Nr. 3 StGB). Gesetzgebung und Rechtsanwendung seit 1851 (2004)

16 *Stefan Lindenberg:* Brandstiftungsdelikte – §§ 306 ff. StGB. Reformdiskussion und Gesetzgebung seit 1870 (2004)

17 *Ninette Barreneche †:* Materialien zu einer Strafrechtsgeschichte der Münchener Räterepublik 1918/1919 (2004)

18 *Carsten Thiel:* Rechtsbeugung – § 339 StGB. Reformdiskussion und Gesetzgebung seit 1870 (2005)

19 *Vera Große-Vehne:* Tötung auf Verlangen (§ 216 StGB), „Euthanasie" und Sterbehilfe. Reformdiskussion und Gesetzgebung seit 1870 (2005)

20 *Thomas Vormbaum / Kathrin Rentrop (Hrsg.):* Reform des Strafgesetzbuchs. Sammlung der Reformentwürfe. Band 1: 1909 bis 1919. Band 2: 1922 bis 1939. Band 3: 1959 bis 1996 (2008)

21 *Dietmar Prechtel:* Urkundendelikte (§§ 267 ff. StGB). Reformdiskussion und Gesetzgebung seit 1870 (2005)

22 *Ilya Hartmann:* Prostitution, Kuppelei, Zuhälterei. Reformdiskussion und Gesetzgebung seit 1870 (2006)

23 *Ralf Seemann:* Strafbare Vereitelung von Gläubigerrechten (§§ 283 ff., 288 StGB). Reformdiskussion und Gesetzgebung seit 1870 (2006)

24 *Andrea Hartmann:* Majestätsbeleidigung (§§ 94 ff. StGB a.F.) und Verunglimpfung des Staatsoberhauptes (§ 90 StGB). Reformdiskussion und Gesetzgebung seit dem 19. Jahrhundert (2006)

25 *Christina Rampf:* Hausfriedensbruch (§ 123 StGB). Reformdiskussion und Gesetzgebung seit 1870 (2006)

26 *Christian Schäfer:* „Widernatürliche Unzucht" (§§ 175, 175a, 175b, 182, a.F. StGB). Reformdiskussion und Gesetzgebung seit 1945 (2006)

27 *Kathrin Rentrop:* Untreue und Unterschlagung (§§ 266 und 246 StGB). Reformdiskussion und Gesetzgebung seit dem 19. Jahrhundert (2007)

28 *Martin Asholt:* Straßenverkehrsstrafrecht. Reformdiskussion und Gesetzgebung seit dem Ausgang des 19. Jahrhunderts (2007)

29 *Katharina Linka:* Mord und Totschlag (§§ 211–213 StGB). Reformdiskussion und Gesetzgebung seit 1870 (2008)

30 *Juliane Sophia Dettmar:* Legalität und Opportunität im Strafprozess. Reformdiskussion und Gesetzgebung von 1877 bis 1933 (2008)

31 *Jürgen Durynek:* Korruptionsdelikte (§§ 331 ff. StGB). Reformdiskussion und Gesetzgebung seit dem 19. Jahrhundert (2008)

32 *Judith Weber:* Das sächsische Strafrecht im 19. Jahrhundert bis zum Reichsstrafgesetzbuch (2009)

33 *Denis Matthies:* Exemplifikationen und Regelbeispiele. Eine Untersuchung zum 100-jährigen Beitrag von Adolf Wach zur „Legislativen Technik" (2009)

34 *Benedikt Rohrßen:* Von der „Anreizung zum Klassenkampf" zur „Volksverhetzung" (§ 130 StGB). Reformdiskussion und Gesetzgebung seit dem 19. Jahrhundert (2009)

35 *Friederike Goltsche:* Der Entwurf eines Allgemeinen Deutschen Strafgesetzbuches von 1922 (Entwurf Radbruch) (2010)

36 *Tarig Elobied:* Die Entwicklung des Strafbefehlsverfahrens von 1846 bis in die Gegenwart (2010)

37 *Christina Müting:* Sexuelle Nötigung; Vergewaltigung (§ 177 StGB) (2010)

38 *Nadeschda Wilkitzki:* Entstehung des Gesetzes über Internationale Rechtshilfe in Strafsachen (IRG) (2010)

39 *André Brambring:* Kindestötung (§ 217 a.F. StGB). Reformdiskussion und Gesetzgebung seit 1870 (2010)

40 *Wilhelm Rettler:* Der strafrechtliche Schutz des sozialistischen Eigentums in der DDR (2010)

41 *Yvonne Hötzel:* Debatten um die Todesstrafe in der Bundesrepublik Deutschland von 1949 bis 1990 (2010)

42 *Dagmar Kolbe:* Strafbarkeit im Vorfeld und im Umfeld der Teilnahme (§§ 88a, 110, 111, 130a und 140 StGB). Reformdiskussion und Gesetzgebung seit dem 19. Jahrhundert (2011)

43 *Sami Bdeiwi:* Beischlaf zwischen Verwandten (§ 173 StGB). Reform und Gesetzgebung seit 1870 (2014)

44 *Michaela Arnold:* Verfall, Einziehung und Unbrauchbarmachung (§§ 73 bis 76a StGB). Reformdiskussion und Gesetzgebung seit dem 19. Jahrhundert (2015)

45 *Andrea Schurig:* „Republikflucht" (§§ 213, 214 StGB/DDR). Gesetzgeberische Entwicklung, Einfluss des MfS und Gerichtspraxis am Beispiel von Sachsen (2016)
46 *Sandra Knaudt:* Das Strafrecht im Großherzogtum Hessen im 19. Jahrhundert bis zum Reichsstrafgesetzbuch (2017)
47 *Michael Rudlof:* Das Gesetz zur Strafbarkeit der geschäftsmäßigen Förderung der Selbsttötung (§ 217 StGB nF.) (2018)
48 *Karl Müller:* Steuerhinterziehung (§§ 370, 371 AO). Gesetzgebung und Reformdiskussion seit dem 19. Jahrhundert (2018)
49 *Katharina Kühne:* Die Entwicklung des Internetstrafrechts unter besonderer Berücksichtigung der §§ 202a–202c StGB sowie § 303a und § 303b StGB (2018)
50 *Benedikt Beßmann:* Das Strafrecht des Herzogtums Braunschweig im 19. Jahrhundert bis zum Reichsstrafgesetzbuch (2019)
51 *Josef Roth:* Die Entwicklung des Weinstrafrechts seit 1871 (2020)

Abteilung 4: Leben und Werk. Biographien und Werkanalysen

1 *Mario A. Cattaneo:* Karl Grolmans strafrechtlicher Humanismus (1998)
2 *Gerit Thulfaut:* Kriminalpolitik und Strafrechtstheorie bei Edmund Mezger (2000)
3 *Adolf Laufs:* Persönlichkeit und Recht. Gesammelte Aufsätze (2001)
4 *Hanno Durth:* Der Kampf gegen das Unrecht. Gustav Radbruchs Theorie eines Kulturverfassungsrechts (2001)
5 *Volker Tausch:* Max Güde (1902–1984). Generalbundesanwalt und Rechtspolitiker (2002)
6 *Bernd Schmalhausen:* Josef Neuberger (1902–1977). Ein Leben für eine menschliche Justiz (2002)
7 *Wolf Christian von Arnswald:* Savigny als Strafrechtspraktiker. Ministerium für die Gesetzesrevision (1842–1848), (2003)
8 *Thilo Ramm:* Ferdinand Lassalle. Der Revolutionär und das Recht (2004)
9 *Martin D. Klein:* Demokratisches Denken bei Gustav Radbruch (2007)
10 *Francisco Muñoz Conde:* Edmund Mezger – Beiträge zu einem Juristenleben (2007)
11 *Whitney R. Harris:* Tyrannen vor Gericht. Das Verfahren gegen die deutschen Hauptkriegsverbrecher nach dem Zweiten Weltkrieg in Nürnberg 1945–1946 (2008)
12 *Eric Hilgendorf (Hrsg.):* Die deutschsprachige Strafrechtswissenschaft in Selbstdarstellungen (2010)
13 *Tamara Cipolla:* Friedrich Karl von Strombeck. Leben und Werk – Unter besonderer Berücksichtigung des Entwurfes eines Strafgesetzbuches für ein Norddeutsches Staatsgebiet (2010)
14 *Karoline Peters:* J.D.H. Temme und das preußische Strafverfahren in der Mitte des 19. Jahrhunderts (2010)
15 *Eric Hilgendorf (Hrsg.):* Die ausländische Strafrechtswissenschaft in Selbstdarstellungen. Die internationale Rezeption des deutschen Strafrechts (2019)
16 *Hannes Ludyga:* Otto Kahn-Freund (1900–1979). Ein Arbeitsrechtler in der Weimarer Zeit (2016)

17 *Rudolf Bastuck:* Rudolf Wassermann. Vision und Umsetzung einer inneren Justizreform (2020)

Abteilung 5: Juristisches Zeitgeschehen. Rechtspolitik und Justiz aus zeitgenössischer Perspektive

Mitherausgegeben von Gisela Friedrichsen („Der Spiegel“)
und RA Prof. Dr. Franz Salditt

1 *Diether Posser:* Anwalt im Kalten Krieg. Ein Stück deutscher Geschichte in politischen Prozessen 1951–1968. 3. Auflage (1999)
2 *Jörg Arnold (Hrsg.):* Strafrechtliche Auseinandersetzung mit Systemvergangenheit am Beispiel der DDR (2000)
3 *Thomas Vormbaum (Hrsg.):* Vichy vor Gericht: Der Papon-Prozeß (2000)
4 *Heiko Ahlbrecht / Kai Ambos (Hrsg.):* Der Fall Pinochet(s). Auslieferung wegen staatsverstärkter Kriminalität? (1999)
5 *Oliver Franz:* Ausgehverbot für Jugendliche („Juvenile Curfew“) in den USA. Reformdiskussion und Gesetzgebung seit dem 19. Jahrhundert (2000)
6 *Gabriele Zwiehoff (Hrsg.):* „Großer Lauschangriff“. Die Entstehung des Gesetzes zur Änderung des Grundgesetzes vom 26. März 1998 und des Gesetzes zur Änderung der Strafprozeßordnung vom 4. Mai 1998 in der Presseberichterstattung 1997/98 (2000)
7 *Mario A. Cattaneo:* Strafrechtstotalitarismus. Terrorismus und Willkür (2001)
8 *Gisela Friedrichsen / Gerhard Mauz:* Er oder sie? Der Strafprozeß Böttcher/Weimar. Prozeßberichte 1987 bis 1999 (2001)
9 *Heribert Prantl / Thomas Vormbaum (Hrsg.):* Juristisches Zeitgeschehen 2000 in der Süddeutschen Zeitung (2001)
10 *Helmut Kreicker:* Art. 7 EMRK und die Gewalttaten an der deutsch-deutschen Grenze (2002)
11 *Heribert Prantl / Thomas Vormbaum (Hrsg.):* Juristisches Zeitgeschehen 2001 in der Süddeutschen Zeitung (2002)
12 *Henning Floto:* Der Rechtsstatus des Johanniterordens. Eine rechtsgeschichtliche und rechtsdogmatische Untersuchung zum Rechtsstatus der Balley Brandenburg des ritterlichen Ordens St. Johannis vom Spital zu Jerusalem (2003)
13 *Heribert Prantl / Thomas Vormbaum (Hrsg.):* Juristisches Zeitgeschehen 2002 in der Süddeutschen Zeitung (2003)
14 *Kai Ambos / Jörg Arnold (Hrsg.):* Der Irak-Krieg und das Völkerrecht (2004)
15 *Heribert Prantl / Thomas Vormbaum (Hrsg.)*: Juristisches Zeitgeschehen 2003 in der Süddeutschen Zeitung (2004)
16 *Sascha Rolf Lüder:* Völkerrechtliche Verantwortlichkeit bei Teilnahme an „Peacekeeping“-Missionen der Vereinten Nationen (2004)
17 *Heribert Prantl / Thomas Vormbaum (Hrsg.)*: Juristisches Zeitgeschehen 2004 in der Süddeutschen Zeitung (2005)
18 *Christian Haumann:* Die „gewichtende Arbeitsweise“ der Finanzverwaltung. Eine Untersuchung über die Aufgabenerfüllung der Finanzverwaltung bei der Festsetzung der Veranlagungssteuern (2008)
19 *Asmerom Ogbamichael:* Das neue deutsche Geldwäscherecht (2011)

20 *Lars Chr. Barnewitz:* Die Entschädigung der Freimaurerlogen nach 1945 und nach 1989 (2011)
21 *Ralf Gnüchtel:* Jugendschutztatbestände im 13. Abschnitt des StGB (2013)
22 *Helmut Irmen:* Stasi und DDR-Militärjustiz. Der Einfluss des MfS auf Militärjustiz und Militärstrafvollzug in der DDR (2014)
23 *Pascal Johann:* Möglichkeiten und Grenzen des neuen Vermögenschabschöpfungsrechts. Eine Untersuchung zur vorläufigen Sicherstellung und der Einziehung von Vermögen unklarer Herkunft (2019)
24 *Zekai Dağaşan:* Das Ansehen des Staates im türkischen und deutschen Strafrecht (2015)
25 *Camilla Bertheau:* Politisch unwürdig? Entschädigung von Kommunisten für nationalsozialistische Gewaltmaßnahmen. Bundesdeutsche Gesetzgebung und Rechtsprechung der 50er Jahre (2016)

Abteilung 6: Recht in der Kunst

Mitherausgegeben von Prof. Dr. Gunter Reiß

1 *Heinz Müller-Dietz:* Recht und Kriminalität im literarischen Widerschein. Gesammelte Aufsätze (1999)
2 *Klaus Lüderssen (Hrsg.):* »Die wahre Liberalität ist Anerkennung«. Goethe und die Juris prudenz (1999)
3 *Bertolt Brecht:* Die Dreigroschenoper (1928) / Dreigroschenroman (1934). Mit Kommentaren von Iring Fetscher und Bodo Plachta (2001)
4 *Annette von Droste-Hülshoff:* Die Judenbuche (1842) / Die Vergeltung (1841). Mit Kommentaren von Heinz Holzhauer und Winfried Woesler (2000)
5 *Theodor Fontane:* Unterm Birnbaum (1885). Mit Kommentaren von Hugo Aust und Klaus Lüderssen (2001)
6 *Heinrich von Kleist:* Michael Kohlhaas (1810). Mit Kommentaren von Wolfgang Naucke und Joachim Linder (2000)
7 *Anja Sya:* Literatur und juristisches Erkenntnisinteresse. Joachim Maass' Roman „Der Fall Gouffé“ und sein Verhältnis zu der historischen Vorlage (2001)
8 *Heiner Mückenberger:* Theodor Storm – Dichter und Richter. Eine rechtsgeschichtliche Lebensbeschreibung (2001)
9 *Hermann Weber (Hrsg.):* Annäherung an das Thema „Recht und Literatur“. Recht, Literatur und Kunst in der NJW (1), (2002)
10 *Hermann Weber (Hrsg.):* Juristen als Dichter. Recht, Literatur und Kunst in der NJW (2), (2002)
11 *Hermann Weber (Hrsg.):* Prozesse und Rechtsstreitigkeiten um Recht, Literatur und Kunst. Recht, Literatur und Kunst in der NJW (3), (2002)
12 *Klaus Lüderssen:* Produktive Spiegelungen. 2., erweiterte Auflage (2002)
13 *Lion Feuchtwanger:* Erfolg. Drei Jahre Geschichte einer Provinz. Roman (1929). Mit Kommentaren von Theo Rasehorn und Ernst Ribbat (2002)
14 *Jakob Wassermann:* Der Fall Maurizius. Roman (1928). Mit Kommentaren von Thomas Vormbaum und Regina Schäfer (2003)
15 *Hermann Weber (Hrsg.):* Recht, Staat und Politik im Bild der Dichtung. Recht, Literatur und Kunst in der Neuen Juristischen Wochenschrift (4), (2003)

16 *Hermann Weber (Hrsg.):* Reale und fiktive Kriminalfälle als Gegenstand der Literatur. Recht, Literatur und Kunst in der Neuen Juristischen Wochenschrift (5), (2003)
17 *Karl Kraus:* Sittlichkeit und Kriminalität. (1908). Mit Kommentaren von Helmut Arntzen und Heinz Müller-Dietz (2004)
18 *Hermann Weber (Hrsg.):* Dichter als Juristen. Recht, Literatur und Kunst in der Neuen Juristischen Wochenschrift (6), (2004)
19 *Hermann Weber (Hrsg.):* Recht und Juristen im Bild der Literatur. Recht, Literatur und Kunst in der Neuen Juristischen Wochenschrift (7), (2005)
20 *Heinrich von Kleist:* Der zerbrochne Krug. Ein Lustspiel (1811). Mit Kommentaren von Michael Walter und Regina Schäfer (2005)
21 *Francisco Muñoz Conde / Marta Muñoz Aunión:* „Das Urteil von Nürnberg". Juristischer und filmwissenschaftlicher Kommentar zum Film von Stanley Kramer (1961), (2006)
22 *Fjodor Dostojewski:* Aufzeichnungen aus einem Totenhaus (1860). Mit Kommentaren von Heinz Müller-Dietz und Dunja Brötz (2005)
23 *Thomas Vormbaum (Hrsg.):* Anton Matthias Sprickmann. Dichter und Jurist. Mit Kommentaren von Walter Gödden, Jörg Löffler und Thomas Vormbaum (2006)
24 *Friedrich Schiller:* Verbrecher aus Infamie (1786). Mit Kommentaren von Heinz Müller-Dietz und Martin Huber (2006)
25 *Franz Kafka:* Der Proceß. Roman (1925). Mit Kommentaren von Detlef Kremer und Jörg Tenckhoff (2006)
26 *Heinrich Heine:* Deutschland. Ein Wintermährchen. Geschrieben im Januar 1844. Mit Kommentaren von Winfried Woesler und Thomas Vormbaum (2006)
27 *Thomas Vormbaum (Hrsg.):* Recht, Rechtswissenschaft und Juristen im Werk Heinrich Heines (2006)
28 *Heinz Müller-Dietz:* Recht und Kriminalität in literarischen Spiegelungen (2007)
29 *Alexander Puschkin:* Pique Dame (1834). Mit Kommentaren von Barbara Aufschnaiter/Dunja Brötz und Friedrich-Christian Schroeder (2007)
30 *Georg Büchner:* Danton's Tod. Dramatische Bilder aus Frankreichs Schreckensherrschaft. Mit Kommentaren von Sven Kramer und Bodo Pieroth (2007)
31 *Daniel Halft:* Die Szene wird zum Tribunal! Eine Studie zu den Beziehungen von Recht und Literatur am Beispiel des Schauspiels „Cyankali" von Friedrich Wolf (2007)
32 *Erich Wulffen:* Kriminalpsychologie und Psychopathologie in Schillers Räubern (1907). Herausgegeben von Jürgen Seul (2007)
33 *Klaus Lüderssen:* Produktive Spiegelungen: Recht in Literatur, Theater und Film. Band II (2007)
34 *Albert Camus:* Der Fall. Roman (1956). Mit Kommentaren von Brigitte Sändig und Sven Grotendiek (2008)
35 *Thomas Vormbaum (Hrsg.):* Pest, Folter und Schandsäule. Der Mailänder Prozess wegen „Pestschmierereien" in Rechtskritik und Literatur. Mit Kommentaren von Ezequiel Malarino und Helmut C. Jacobs (2008)
36 *E.T.A. Hoffmann:* Das Fräulein von Scuderi – Erzählung aus dem Zeitalter Ludwigs des Vierzehnten (1819). Mit Kommentaren von Heinz Müller-Dietz und Marion Bönnighausen (2010)
37 *Leonardo Sciascia:* Der Tag der Eule. Mit Kommentaren von Gisela Schlüter und Daniele Negri (2010)

38 *Franz Werfel:* Eine blaßblaue Frauenschrift. Novelle (1941). Mit Kommentaren von Matthias Pape und Wilhelm Brauneder (2011)
39 *Thomas Mann:* Das Gesetz. Novelle (1944). Mit Kommentaren von Volker Ladenthin und Thomas Vormbaum (2013)
40 *Theodor Storm:* Ein Doppelgänger. Novelle (1886) (2013)
41 *Dorothea Peters:* Der Kriminalrechtsfall ‚Kaspar Hauser' und seine Rezeption in Jakob Wassermanns Caspar-Hauser-Roman (2014)
42 *Jörg Schönert:* Kriminalität erzählen (2015)
43 *Klaus Lüderssen:* Produktive Spiegelungen. Recht im künstlerischen Kontext. Band 3 (2014)
44 *Franz Kafka:* In der Strafkolonie. Erzählung (1919) (2015)
45 *Heinz Müller-Dietz:* Recht und Kriminalität in literarischen Brechungen (2016)
46 *Hermann Weber (Hrsg.):* Das Recht als Rahmen für Literatur und Kunst. Tagung im Nordkolleg Rendsburg vom 4. bis 6. September 2015 (2017)
47 *Walter Müller-Seidel:* Rechtsdenken im literarischen Text. Deutsche Literatur von der Weimarer Klassik zur Weimarer Republik (2017)
48 *Honoré de Balzac:* Eine dunkle Geschichte. Roman (1841). Mit Kommentaren von Luigi Lacchè und Christian von Tschilschke (2018)
49 *Anja Schiemann:* Der Kriminalfall Woyzeck. Der historische Fall und Büchners Drama (2018)
50 *E.T.A. Hoffmann:* Meister Floh. Ein Mährchen in sieben Abentheuern zweier Freunde (1822). Mit Kommentaren von Michael Niehaus und Thomas Vormbaum (2018)
51 *Bodo Pieroth:* Deutsche Schriftsteller als angehende Juristen (2018)
52 *Theodor Fontane:* Grete Minde. Nach einer altmärkischen Chronik (1880). Mit Kommentaren von Anja Schiemann und Walter Zimorski (2018)
53 *Britta Lange / Martin Roeber / Christoph Schmitz-Scholemann (Hrsg.):* Grenzüberschreitungen: Recht, Normen, Literatur und Musik. Tagung im Nordkolleg Rendsburg vom 8. bis 10. September 2017 (2019)
54 *Wolfgang Schild* Richard Wagner *recht* betrachtet (2020)

Abteilung 7: Beiträge zur Anwaltsgeschichte

Mitherausgegeben von Gerhard Jungfer, Dr. Tilmann Krach und Prof. Dr. Hinrich Rüping

1 *Babette Tondorf:* Strafverteidigung in der Frühphase des reformierten Strafprozesses. Das Hochverratsverfahren gegen die badischen Aufständischen Gustav Struve und Karl Blind (1848/49), (2006)
2 *Hinrich Rüping:* Rechtsanwälte im Bezirk Celle während des Nationalsozialismus (2007)
3 *Dieter Finzel:* Geschichte der Rechtsanwaltskammer Hamm (2018)

Abteilung 8: Judaica

1 *Hannes Ludyga:* Philipp Auerbach (1906–1952). „Staatskommissar für rassisch, religiös und politisch Verfolgte" (2005)
2 *Thomas Vormbaum:* Der Judeneid im 19. Jahrhundert, vornehmlich in Preußen. Ein Beitrag zur juristischen Zeitgeschichte (2006)

3 *Hannes Ludyga:* Die Rechtsstellung der Juden in Bayern von 1819 bis 1918. Studie im Spiegel der Verhandlungen der Kammer der Abgeordneten des bayerischen Landtags (2007)

4 *Michele Sarfatti:* Die Juden im faschistischen Italien. Geschichte, Identität, Verfolgung (2014)

Abteilung 9: Beiträge zur modernen Verfassungsgeschichte

1 *Olaf Kroon: Die Verfassung von Cádiz (1812). Spaniens Sprung in die Moderne, gespiegelt an der Verfassung Kurhessens von 1831 (2019)*